대체투자 파헤치기 상

Digging into Alternative Investment

– 세계 경제동향, 헤지펀드 편 –

대체투자 파헤치기 上 : 세계 경제동향, 헤지펀드 편

초판 1쇄 발행	2014년 08월 27일		
초판 2쇄 발행	2015년 03월 02일		

지은이	이 원 희		
펴낸이	손 형 국		
펴낸곳	(주)북랩		
편집인	선일영	편집	이소현, 김아름, 이탄석
디자인	이현수, 김루리, 윤미리내	제작	박기성, 황동현, 구성우
마케팅	김회란, 박진관, 이희정		
출판등록	2004. 12. 1(제2012-000051호)		
주소	서울시 금천구 가산디지털 1로 168, 우림라이온스밸리 B동 B113, 114호		
홈페이지	www.book.co.kr		
전화번호	(02)2026-5777	팩스	(02)2026-5747

ISBN   979-11-5585-346-7 14320   979-11-5585-347-4 15320(전자책)
          979-11-5585-348-1 14320(set)

이 책의 내용은 정보제공 목적의 투자 참고사항이므로 투자에 대한 최종 책임은 투자자에게 있습니다.

이 도서의 국립중앙도서관 출판예정도서목록(CIP)은 서지정보유통지원시스템 홈페이지(http://seoji.nl.go.kr)와
국가자료공동목록시스템(http://www.nl.go.kr/kolisnet)에서 이용하실 수 있습니다.
(CIP제어번호 : CIP2014025419)

대체투자 파헤치기 상

Digging into Alternative Investment

- 세계 경제동향, 헤지펀드 편 -

이원희 지음

필자는 리먼 파산 직후인 2008년 9월부터 산업자원부에서 한국 제조업의 구조조정을 총괄하는 서기관으로 근무하였다. 그 자리에서 2008년 금융위기가 만들어낸 그 이전에는 한번도 보지 못한 충격파를 온몸으로 체험할 수 있었다. 당시 기억을 떠올리면 2008년 금융위기는 공룡을 멸종시킨 크기의 소행성이 전세계 경제를 향해 충돌한 것과 같은 충격이었다. 1차적인 충격은 미국이었다. 2008년부터 2009년 3월 9일까지 S&P500 시가총액의 53%가 증발하였다. 특히 2008~2009년 2년 동안 870만 명의 일자리가 사라졌다. 비농업부문 고용통계(Non- Farm Payroll: NFP)가 공식적으로 기록된 1939년 이래 연간단위에서 가장 많은 일자리가 사라진 것이다. 최악의 상황이었던 2009년 10월의 공식적인 실업률은 10.2%였다. 하지만, 실제 실업률은 미국에서 실업률이 기록된 이후 가장 높은 수치인 17.5%였다. 부동산 시장은 가장 큰 피해를 입었다. 2007년 미국 전체의 부동산 거래액은 5,000억불이었으나, 2009년은 그 1/10인 고작 500억불에 불과했다. 리먼 사건은 단 1개의 투자은행 파산이었지만 엄청난 파장으로 헤지펀드 업계를 휩쓸고 지나갔다. 결국 리먼의 파산으로 2008~2009년 사이에 전체 헤지펀드의 약 25%인 2,500개가 파산하였다. 나아가 리먼의 파산은 미국 제조업체의 주요한 단기운용자금 조달원이었던 상업어음(Commercial Paper) 시장을 단번에 마비시켰다. 단기자금 조달불가와 판매 급감으로 세계 최대의 자동차 제조업체인 GM은 양방향으로 타격을 받았다. 1929년 대공황 시절에도 없었던 국유화 조치가 단행되면서 미국의 자존심 GM은 힘없이 무너졌다. 다른 제조업체도 상황은 마찬가지였다. 만약 버냉키의 FRB가 미국 제조업체에 직접 유동성을 공급하는 프로그램인 3,317억 달러 규모의 CPFF(Commercial Paper Funding Facility)를 시행하지 않았다면 세계는 1929년의 대공황에 이은 또 다른 대공황을 겪었을 것이 확실하다.

금융위기는 미국 경제에 직격탄을 날린 이후 방향을 바꾸어 그 파괴적 충격파를 전세계를 향해 쓰나미처럼 퍼뜨려 나갔다. 2009년 전세계 교역량은 10.6%나 감소하였다. 이는 2차 세계대전 이후 가장 급격한 감소세이다. 특히 2003~2008 기간 동안 전세계 교역량 증가가 7.4%인 점을 감안하면 실제 감소폭은 18%였다. 아울러 국가 간 금융자금 이동도 급격히 위축되었다. 2007년 G20 국가 간 국제금융자금의 유입액은 해당 국가 GDP 총합의 18%에 이르

렀다. 하지만, 2013년 중반에는 2007년 피크에 비교하여 67.5% 하락한 4.3%에 불과하였다. 미국은 더욱 극적이었다. 미국으로의 자금유입은 2007년에 최고점을 기록하여 2.5조 달러 수준이었다. 하지만, 2009년 초반에는 자금이 오히려 미국 밖으로 유출되었다.

2010년에 들어서 위기는 잠시 소강상태에 접어들었다. 필자는 2011년 7월부터는 우정사업본부 대체투자팀장으로 근무하였다. 이 자리에서 1개월 뒤 또 다른 초대형 위기를 온몸으로 느낄 수 있었다. 바로 유럽재정 위기였다. 2008년 금융위기에 대한 EU의 대응은 재정지출 확대였다. 2008년 금융위기의 대응공식이었다. 특별히 EU가 잘못한 것은 없었다. 하지만 EU는 회원국간 경제적 수준이 엄연히 달랐다. 그럼에도 불구하고 유로화라는 단일 통화를 사용하는 협정을 체결한 상태였다. 따라서 EU 회원국가가 재정지출에 필요한 자금을 국채발행으로 조달하는 과정에서 회원국들은 EU라는 단일 경제권의 혜택을 받았다. 예컨대 그리스와 독일의 10년 국채 금리가 거의 같았다. 믿기지 않지만 그리스의 Moody's 등급은 2009년 12월 A2이었고 S&P도 이와 동일한 A 등급이었다. 하지만 국채를 상환하는 기일이 도래하자 그리스와 독일의 국채상환능력에 너무나 명백한 차이가 있다는 사실이 갑자기 부각되기 시작했다. 이 차이는 1999년 유로화 출범 당시에도 알려진 사실이었다. 하지만 2008년 금융위기 이후 시장의 시각은 달라졌다. 기존의 리스크 관념이 2008년 금융위기를 계기로 근본적으로 변화된 것이다. 그리스가 2010년 4월 13일 자국이 발행한 국채의 원리금을 상환할 수 없다며 유럽연합에 구제금융을 요청하자 헤지펀드는 하이에나 떼처럼 그리스 국채를 공격하였다. 그리스 국채에 대한 short position이 급격히 증가한 것이다. 2010년 6월, 그리스 5년물 국채에 대한 CDS 프리미엄이 1,000을 넘었다. 2011년 6월에는 재정긴축 프로그램을 시행하기 위한 그리스 거국내각이 실패로 돌아갔다는 사실이 시장에 알려졌다. 이 와중에 2011년 8월 5일, 미국 주식시장 종료 직후 S&P가 미국 신용등급을 AAA에서 AA+로 강등한다고 발표하였다. 시장은 공포가 만연하였다. 2011년 9월 그리스 5년물 국채에 대한 CDS 프리미엄은 5,000을 넘었다.

2008년 금융위기는 달러의 자동조절 메카니즘이 없어진 상태에서 레버리지를 부추겼던 파생상품의 폭발적인 증가가 결합되면서 분출되었다. 특히 미국 정부는 1990년대부터 전국민의 주택소유를 장려하고 Fannie와 Freddie 등의 공기업으로 하여금 주택 모기지 채권을 매입하도록 장려하였다. 하지만 이것만으로는 집값이 그토록 오랜 동안 상승하기는 어려웠다. 무엇인가 다른 근본적인 원인이 있었다. 당시 FRB는 그 원인이 무엇인지 몰랐다. 다만 집값 상승이 심상치 않다고 판단한 FRB가 2004년 6월부터 금리를 인상하기 시작하였다. 하지만 단기금리만 오를 뿐 장기금리는 오르지 않았다. 그린스펀은 이를 "수수께끼 (conundrum)"라고 불렀다. 이에 따라 장기금리 위주의 모기지 시장은 FRB의 정책이 효과가 거의 없었다. 집값은 계속 상승했다. 다급해진 FRB는 거의 매달 Fed Fund Target Rate을 25bp씩 인상하였다. 2년만인 2006년 6월, 정책금리는 1%에서 5.25%로 올라 있었다. 정책금리 인상이 필요하긴 했지만 그 속도가 너무 빨랐다. 이에 따라 소득수준이 프라임보다 한등급 아래인 서브프라임 모기지 채무자의 이자부담이 갑자기 올라갔다. 이제 남은 일은 자유낙하와 파괴적인 연쇄반응 뿐이었다.

FRB의 금리 인상에도 장기금리가 요지부동이었던 이유는 바로 미국과 중국의 상호의존성이었다. 혹자는 이를 "지속가능한 불균형(sustainable imbalance)"이라고 불렀다. 2000년부터 세계의 공장으로 부상한 중국은 주요 제조업 생산국의 임금보다 최소 1/10에 불과한 임금으로 전세계와 미국에 상품을 공급하면서 세계 경제의 새로운 지평을 열었다. 그린스펀은 이 시기의 글로벌 경제를 대안정(Great Moderation) 시기라 불렀다. 아울러 미국의 주택가격 상승은 자산효과를 통해 미국 국민의 소비성향을 지속적으로 강화하였다. 중국의 생산능력 확대는 너무나 당연한 결과였다. 미국의 소비욕구를 충족시켜야 했기 때문이다. 미국인은 더 많이 소비했고 이에 따라 중국인은 더 많이 생산해야 했다. 바로 미국과 중국의 상호의존성과 불균형이다. 결국 미국의 대중 적자와 중국의 대미 흑자는 지속적으로 확산될 수밖에 없었다. 논란의 여지가 있지만 위안화는 대미 흑자가 확대되는 속도에 맞춰서 절상되지 않았다. 따라서 중국의 대미흑자는 멈추지 않았다. 아니 2009년을 제외하고는 금융위기가 끝난 이후에 오히려 더 확대되었다. 미국의 대중 적자는 2002년에 1,000억불, 2005년에

2,000억불, 2012년에는 3,000억불을 넘었다. 문제는 또 있었다. 중국이 미국으로부터 벌어들인 달러로 미국의 국채와 공기업 채권을 대량으로 매입한 것이다. 2008년 9월 당시 중국의 미국 국채보유액은 6,000억불을 넘어 4,700억불 수준의 FRB보다 보유량이 많았다. 바로 장기금리가 오르지 않은 이유였다.

2011년의 EU 재정위기도 중심국인 독일과 주변국인 그리스와의 불균형에서 비롯된 것이었다. 그리스의 경우 1994~1998년 사이 무역수지 적자가 GDP의 △2.3%였으나 EU 통합 9년만인 2008년에는 GDP의 △14.9%라는 대규모 적자를 기록하였다. 독일은 같은 기간 소규모 적자인 △0.8%에서 대규모 흑자인 6.2%를 시현하여 사상최고 기록을 경신하는 역설적인 상황이 전개되었다. 실제로 독일을 제외한 이탈리아, 스페인, 포르투갈, 그리스는 유럽통합 직후인 2000년부터, 프랑스는 2005년부터 경상수지가 적자였다. 독일은 반대로 유로화 도입 2년째부터인 2001년부터 지속적인 경상수지 흑자를 기록해왔다. 이는 EU 출범 이후 EU의 다른 국가들이 독일의 상품을 지속적으로 소비했다는 뜻이다. 예컨대 그리스 국민들은 단일통화인 유로화의 혜택을 받아 독일 상품을 통합이전 보다 싼 가격으로 소비했다. 독일은 이들의 소비수요를 충족시키기 위해 생산량을 계속 늘렸다. 그리스 적자는 확대되고 독일 흑자는 확대되었다. 필연적인 결과였다. 만약 사용하는 화폐가 달랐다면 이와 같은 불균형이 그토록 오랫동안 지속될 수가 없었을 것이다. 경상수지 흑자국의 화폐가 절상되거나 적자국의 화폐가 절하되기 때문이다. 하지만 EU는 단일 화폐를 사용하였다. 따라서 이와 같은 상호의존성 혹은 불균형이 10년이 넘는 기간 동안 지속될 수 있었던 것이다. 이처럼 미국-중국 상호의존성 혹은 불균형과 유사한 또 다른 형태의 상호의존성 혹은 불균형이 EU 체제 내에서 잉태되었고, 이것이 결국 2011년 유럽 재정 위기를 초래하였다. 2011년 하반기는 그리스의 EU 탈퇴와 EU 해체라는 극단적인 상황까지 논의되는 최악의 국면이었다.

이 책은 글로벌 경제와 대체투자에 대한 이야기이다. 하지만 복잡한 이론서는 아니다. 단지 글로벌 경제와 대체투자에 대하여 보고 듣고 실제로 경험한 이야기를 있는 그대로 전달하고자 하기 위해 썼다. 처음 책을 쓰기 시작할 때는 아래 테마 외에도, 부동산, 인프라, 옵션·스왑 등의 파생거래상품, 파생상품이 결합된 증권, ISDA, 선박 등 대체투자와 관련된 거의 모든 테마를 담고자 했었다. 하지만 이를 모두 담기에는 능력과 시간이 많이 부족했다. 향후 시간과 능력이 갖춰지면 다시 시도할 생각이다.

이 책은 크게 6개 부분으로 나누어져 있으며, 상권, 중권, 하권 각 2개 분야를 담고 있다 상권의 첫 번째는 글로벌 경제동향에 관한 짧은 생각을 담았다. 주로 2008년 금융위기를 중심으로 서술하였다. 이는 2008년 금융위기가 종료된 사건이 아니라 지금도 진행 중인 사건이기 때문이다. 금융위기 전과 후의 역사적 사실들을 살펴 보고, 금융위기 이후 급격히 변화된 정치적, 경제적 지평들이 무엇인지 고민해 보았다.

상권의 두 번째 부분은 헤지펀드와 관련된 단상들이다. 헤지펀드는 특히 우리 나라에서 부정적인 인식이 만연해 있다. 하지만, 헤지펀드는 최근의 글로벌 경제동향의 메카니즘을 파악하기 위해서 이해가 반드시 필요하다. 2008년 금융위기도 2011년 유럽재정위기도 헤지펀드가 그 사태의 중심에 있었다. 특히, 자산운용의 입장에서 헤지펀드는 없어서는 안될 주요 포트폴리오 중의 하나이다. 심지어 노벨재단도 재단 수익 증대를 위해 헤지펀드 투자를 늘리겠다고 공언한 바 있다. 헤지펀드가 무조건 부정적이라고 배척하는 것 보다는, 부정적인 측면은 최소화하고 긍정적인 측면은 극대화하는 지혜가 필요하다고 본다.

중권의 첫 번째는 PEF에 관한 이야기이다. PEF는 헤지펀드와 함께 현재 글로벌 금융을 움직이는 핵심적인 축이다. 특히 실물경제와 금융을 연결시켜 주는 중요한 교량역할을 하여 왔다. 헤지펀드가 치고 빠지기식 투자를 위주로 한다면 PEF는 헤지펀드보다는 장기적인 지평으로 투자하고 기업의 경영활동에 적극 참여한다. 하지만 최근에는 헤지펀드와 PEF 간의 영역이 모호해 지는 경우가 많다. 대표적인 사례가 주주행동주의(Shareholder's Activism)이다. 어떤 헤지펀드 매니저는 헤지펀드 사업과 PEF 사업을 같이 영위하기도 한다. 중권의 두 번째 테마는 주요 한국 재벌의 현재 사업구조, 과거역사 및 지배구조에 대한 단상들을 담았다. 한국 재벌의 지배구조는 현재도 그렇고 향후에도 대한민국 경제의 미래를 결정할 중요한 요소가 될 것이다.

하권의 첫 번째는 PDF에 관한 이야기이다. PDF는 2008년 금융위기 이후 은행의 역할이 급격하게 위축되면서 대출시장에 진출한 사모펀드의 이야기이다. 대출시장 외에도 부실채권 투자와 관련된 단상들도 정리해 보았다.

하권의 마지막 테마는 대체투자의 기타 내용들을 정리하였다. 영화, 금·원유·구리 등의 상품에 관한 짧은 생각들이다. 특히 한국의 영화 산업은 내부적으로 경쟁력이 거의 완성 단계에 와 있어서, 세계 시장으로 진출하기 위한 방안들을 고민해야 하는 시점이라고 본다. 영화 제작사 외에 펀드 등을 통한 기관투자자의 참여에 대해 진지한 검토를 위해서도 영화를 산업적, 투자적 관점에서 접근해 보았다.

지금 이 글을 쓰는 2015년 초는 우크라이나 사태, EU의 디플레이션 우려, 유가 급락 등이 시장을 짓누르고 있다. 2008년 및 2011년과 비교하면 그 파장이 2008년 글로벌 금융위기에는 미치지 못하는 이슈라고 한다. 따라서 2008년이나 2011년과 같은 거대한 금융위기 조짐은 없다고들 한다. 하지만 개인적인 생각은 다르다. 특히 중국 때문이다. 2008년은 미국-중국간 상호의존성이, 2011년은 독일-남유럽 국가 간 상호의존성이 위기를 촉발시켰다. 지금은 중국과 주변 아시아 국가와의 상호의존성이 또 다른 글로벌 위기로 전이될 가능성에 주목해야 하는 시점이다. 중국과 인접 아시아 국가와의 상호 의존성은 2000년대 이후 진행된 Globalization 2.0하에서 완성되었다. 즉, 미국 등 글로벌 시장에 소비재를 공급하기 위해 중국을 최종 생산기지로 하여, 인접국인 한국, 일본, 싱가폴, 대만, 호주 등이 원자재 및 부품과 소재를 중국에 공급하는 아시아 지역의 Global Supply Chain이 이미 가동 중이다. 미국-중국의 상호의존성이 잉태한 새로운 불균형인 것이다. 만약 중국경제에 급격한 변동성이 시현될 경우 중국과 상호의존적인 인접 국가를 통하여 또 다른 글로벌 경제 충격이 가해질 가능성이 매우 높다.

여기에 FRB의 단기금리 인상 시나리오가 추가되면 아시아 개도국을 포함하여 그 파장이 어디까지 미칠지 예측하기가 쉽지 않다. 특히, 2008년 금융위기 이후 강화된 금융규제는 종전과 같은 수준의 레버리지 활동을 불가능하게 만들고 있다. 금융기관은 종전보다 많은 양의 자본을 확충해야 하고 종전보다 더 적은 양의 자산을 보유해야 한다. 요컨대 은행업은 더 많은 자기 돈을 가지고 더 적은 규모의 사업을 해야 한다. 이는 금융기관의 대출능력을 축소시켜 레버리지가 주도하는 과거의 성장패턴이 이제는 더 이상 불가능하다는 뜻이다. 특히 특별한 성장동력을 찾지 못하는 경우 장기적으로 저성장 구조가 전세계적으로 고착화될 가능성이 매우 높다는 뜻이기도 하다. 이렇게 되면 중국의 생산설비는 유휴설비가 될 가능성이 높다. 중국 설비가 놀게 되면 주변 아시아 국가의 부품과 소재 생산 및 원자재 수출도 줄어들 수밖에 없다. 필연적으로 중국의 침체는 아시아 전체의 문제로 확산될 것이다. 나아가 금융위기 이후 G2로 부상한 중국에 대한 미국의 견제는 이제 피할 수 없는 운명이 되었다. 미국은 1980년대 엔화의 인위적 절상으로 일본의 경제적 부상을 괴멸시킨 적이 있다. 미국이 중국에 대해서 위안화 절상 압박을 계속 가하게 될지, 아니면 다른 어떤 방식으로 견제를 하게 될지도 주목해야 할 것이다. 특히 미국은 자동재정지출삭감 프로그램인 시퀘스트레이션(sequestration)에 따라 2013년부터 2021년까지 국방비를 4,920억불을 삭감해야 한다. 따라서 중국을 견제하기 위한 미국의 군사적 선택은 매우 제한적이다. 이는 미국이 군사적 측면에서 일본을 활용할 가능성이 매우 높다는 뜻이다. 향후 동아시아 역학 관계에서 중일 관계가 미중 관계의 대리전이 될 것인지도 계속 지켜봐야 할 것이다.

과연 중국을 중심으로 한 이와 같은 조정 과정이 완만하게 진행되면서 2008년 금융위기가 서서히 잊혀지는 평화로운 세계가 도래할 것인가? 아니면 급격한 변동성을 통해 시현되면서 2008년 금융위기의 또 다른 형태가 재현되고 결국 미국과 중국 두 제국이 충돌하는 파국의 상황이 도래할 것인가? 아니면 그 중간 어느 단계를 거치면서 불안한 세계 평화가 유지될 것인가? 확실한 것은 아무것도 없다. 확실한 것은 2008년 금융위기는 아직도 진행형이라는 것뿐이다!

차 례

세계 경제동향

01 새로운 세계 질서 – Novus Ordo Seclorum

오늘날 미국을 중심으로 한 전세계 금융시장은 미국의 연방준비제도이사회(FRB: Federal Reserve Board)에 의해 좌우되고 있다고 해도 지나친 말이 아닐 것이다. 특히, 2014년 4월말 기준으로 전세계 무역 결재의 약 절반과 무역금융의 80% 이상을 차지하는 기축통화인 달러를 발권할 수 있는 전세계 유일 기구로서 FRB의 권한은 상상을 초월한다.[1] 2008년 금융위기 직후 FRB는 3차례에 걸친 양적완화(Quantitative Easing: QE) 정책을 시행하는데, 2008년 11월부터 시작한 1차 QE에서는 1.28조 달러, 2010년 11월 시작한 2차 QE에서는 6,000억 달러, 2012년의 9월과 12월의 3차 QE에서는 MBS와 국채 추가매입을 위해 매달 850억불을 기계로 달러를 새로 찍어내어 시장에 쏟아 부었다.[2] 2008년 11월부터 테이퍼링이 시작되기 직

---

1) 2014년 4월말 기준 전세계 결재 통화 비중과 무역금융에서 차지하는 통화비중은 아래 표와 같다.

통화	국제결재통화 비중(%)	무역금융비중(%)
미 달러	42.5	81.1
유로화	31.0	6.6
파운드화	8.6	0.3
엔화	2.4	1.4
캐나다 달러	1.8	–
호주달러	1.7	–
중국 위안	1.4	8.7
기타	10.6	1.9

Source: SWIFT, 2014.4 기준

2) 양적 완하 이외에도 2011년 9월에는 민기 3년 미만 국재 4,000억 날러를 매각하여 만기 6~30년의 장기 국채를 매입하는 공개시장조작 혹은 오퍼레이션 트위스트를 단행하였다. 동 프로그램이 2012년 12월에 종료되자, FRB는 2012년 12월에 매달 450억불의 추가 오퍼레이션 트위스트를 단행한다고 발표하였다. 2012

전인 2013년 12월까지, 양적 완화 등을 포함해서 FRB가 찍어낸 달러는 단순 계산으로 3.62
조 달러, 양적 완화가 종료된 2014년 10월 말까지 합치면 4.03조 달러이다. 미국의 통화승수
는 리먼 파산시기인 2008년 9월 이전에는 8~9 수준에 머물렀는데,[3] 통화승수 9를 적용하면
단순 계산으로 2013년 말 통화량 기준으로 35.8조 달러의 신용이 이론적으로 창출될 수 있
는 규모였다. 2013년말 현재 전세계 GDP가 62조 달러 규모이니 전세계 GDP의 50%가 넘는
신용이 창출될 수 있는 어마어마한 규모이다. 비록 2008년 금융위기 이후 은행의 보수적 대
출관행과 기업 및 소비자의 지출기피현상으로 통화승수가 4 정도 수준으로 떨어졌다고 하여
도 전세계 GDP의 25% 규모의 신용이 창출될 수 있는 막대한 화폐양이다. 이와 같은 막대한
규모의 양적 완화 정책 과정에서 FRB는 그 누구의 간섭도 받지 않는다. 오직 FRB 이사회 7
인의 결정으로 이처럼 중요한 결정이 이루어지는 것이다. 전세계 경제인들이 FRB 의장의 입
만 쳐다보게 되고, FRB 의장의 말한마디에 글로벌 시장의 방향성이 결정되는 것이 하나도
이상하지 않은 이유이다. FRB를 설립하였던 울드리치 상원의원이 꿈꾸었던 새로운 세계 질
서, Novus Ordo Seclorum이 바로 이와 같은 것이었을까? FRB 의장의 이와 같은 속성을 잘
간파했던 앨런 그린스펀은 FRB 정책으로 인한 시장의 편중된 방향성을 통제하기 위해 항상
모호한 발언으로 시장과 소통하였다. 심지어 그는 자신의 발언을 상대방이 이해했다면 자신
이 말을 잘못한 것이라는 말까지 하였다고 한다.[4]

어쨌든 FRB의 막강한 권한은 바로 전세계 기축통화(key currency)로서 달러의 지위에 기
인한다. 1971년 브레튼우즈 체제 붕괴 이전까지 달러는 금과 교환이 가능한 일종의 금보관
증서였다. 현재의 달러는 닉슨 대통령이 1달러를 0.81그램(35달러에 1온스, 즉 28.3 그램)의
금으로 교환해 주는 브레튼우즈 협정을 공식 폐기함으로써 사실상 종이조각에 불과하다. 그

년 9월 매달 400억불의 MBS 매입과 2012년 12월 매달 450억불의 국채 매입을 합쳐 3차 QE로 분류하기도
한다.

3) 그러나 2013년에는 통화승수가 그 절반으로 줄어서 4정도의 수준에 머물고 있다. 한편, 미국 은행의 지급
준비율은 아래와 같다. 지급준비율이 10%로 가정하면 통화승수는 10이므로 8~9이면 정상적인 수준이라
고 할 수 있다. Richard Duncan, The New Depression, Business & Economics, 2012

거래내역(순거래금액 기준)	지급준비율(%)
10.7 mil 미만	0
10.7 mil ~ 58.8 mil	3
58.8 mil 초과	10

4) 이와 달리 벤 버냉키 의장은 시장의 방향성을 가속화시키는 발언을 자주하여 대조된다. 그의 말 한마디에
전세계 금융시장이 출렁이는 이유도 그의 발언 스타일 때문이다. 2008년 이후가 시장의 방향성을 결정하
는 정책이 필요한 글로벌 환경이라는 측면에서 필요성을 다소 인정할 수 있다고는 하지만, 지나치게 한 사
람의 생각과 말에 전세계 금융시장이 출렁이는 것은 바람직하지 않다고 본다.

럼에도 불구하고, 석유, 금, 구리, 석탄, 대두, 고무, 설탕 등 전세계 모든 원자재나 농산품이 달러로 표시되고 있기 때문에 달러는 이제 금태환이 아니라 사실상 상품태환 화폐이다.[5] 역설적이게도 이와 같은 막강한 권한을 보유한 FRB는 "이사회"라는 명칭에서 볼 수 있듯이 민간기업이다.[6] 7인의 이사로 구성된 이사회 멤버는 미국 대통령이 임명하고 상원이 인준한다. 민간기업의 이사회를 주주가 아닌 미국 정부가 임명하는 이해하기 힘든 구조를 갖추고 있지만,[7] 일단 임명된 이후에는 발권량, 이자율 결정 등의 고유권한에 대해서는 미국 정부로부터 완전히 독립되어 있다. 이와 같은 미국 중앙은행의 독특한 형태와 기능은 영국 중앙은행인 영란은행을 모델로 해서 만들어졌다.

영국 중앙은행인 영란은행은 영국왕실의 비용 조달과 이를 견제하려는 의회의 대립 속에서 탄생하였다. 1215년 제정된 마그나 카르타에서 시작되어 훗날 영국 의회의 대원칙 중 하나로 확립된 "의회 동의 없이는 과세 없다"는 원칙은 영국왕의 통치과정에서 언제나 걸림돌이었다. 하지만, 장미전쟁으로 영국 귀족 계급이 몰락하는 사이에 급부상한 튜더 왕조는 헨리 8세를 중심으로 강력한 왕권을 확립함으로써 의회와의 큰 충돌은 없었다. 헨리 8세 사후 우여 곡절 끝에 왕위에 오른 엘리자베스1세 역시 스페인의 무적함대를 격파하면서 귀족 중심의 의회를 확실히 통제할 수 있었다. 엘리자베스 1세가 이룬 업적인 정부조직 확대, 빈민구제법 시행, 동인도 회사의 설립, 해외식민지 개척 및 국제 해상전 수행 등은 기본적인 왕실재정 지출을 늘렸지만, 스페인을 격파하면서 해상을 장악한 이후 식민지로부터의 자금유입이 충분한데다 엘리자베스 1세 스스로도 검소한 생활을 하면서 의회에 손을 벌릴 정도로 왕실재정이 부족한 상태는 아니었다. 그러나, 1625년에 스튜어트 왕조가 뒤를 이으면서 제임스 1세에 이어 왕위에 오른 찰스 1세는 성공회 기도문을 스코틀랜드 장로교에 무리하게 강요하여 불필요하게 내전을 일으켜 왕실의 재정을 악화시켰다. 특히 찰스 1세는 이 전쟁 이전에 의회의 동의 없이 각종 세금을 무리하게 징수하여 의회와 팽팽한 긴장관계에 있었고, 이 전쟁 패배에 따라 전비조달에 대한 왕과 의회의 입장 대립은 극한으로 치달았다. 이와 같은 입장대립은 1642년 의회파와 왕당파의 대립으로 인한 내전 확대와 크롬웰의 쿠데타로 이어

---

5) 이 중에서도 석유만은 유일하게 이란, 이라크전쟁 이전의 이라크, 베네주엘라 등 일부 국가를 제외하고는 거의 100% 달러로 결제되고 있다. 혹자는 이에 따라 현재의 달러를 오일태환달러라고도 부른다.

6) FRB의 주주가 누구인지는 정확히 알려져 있지 않고 납입자본금 규모나 납입자본금의 형태에 대해서도 정확히 알려져 있지 않다. 일설에 따르면 발행주식 총량이 20만주이고 씨티은행, 체이스맨해튼, 모건신탁, 하노버, 케미컬 등이 주요 주주라고 한다. 등록 자본금 역시 1억 4,300만불이라는 설이 있고, 출자금의 형태가 금인지, 현금인지, 수표인지 역시 설이 다양하다. 쑹훙빙, 화폐전쟁, 랜덤하우스, 2008

7) 달리 말하면 발권이라는 공공의 영역을 민간기업이 담당하는 기형적인 구조이다.

졌다. 찰스 1세는 의회의 판결에 따라 공개 처형되는 극단적인 상황까지 전개되었다. 문제는 크롬웰 사후 1658년 찰스2세 즉위, 1685년 그의 동생 제임스 2세 즉위까지도 왕실의 재정부족이 전혀 해결되지 않았다는 점이다.

왕실재정부족 사태로 인한 왕실과 의회 대립은 제임스 2세가 자신의 친위대인 상비군 신설을 시도하면서 최고조에 달했다. 의회는 카톨릭의 부활 저지라는 종교적인 명분으로 세력을 결집하였고, 1688년에 프로테스탄트가 장악한 의회는 제임스 2세를 왕의 자리에서 피 한 방울 흘리지 않고 축출하였다. 이 명예혁명은 사실상 왕권의 몰락과 의회권력의 부상을 의미하는 것으로, 화폐발행권이 왕권에 귀속되지 않고 당시 신흥귀족 계급이 장악하던 의회에 최종 귀속되었음을 의미하는 것이다. 명예혁명으로 네덜란드의 국가원수인 윌리엄 3세가 그의 부인인 메리와 함께 영국의 공동 왕으로 즉위하게 된다. 윌리엄 3세의 즉위는 그로 인해 쫓겨난 그의 장인인 제임스 2세와 제임스 2세의 외가인 프랑스 루이14세와의 전쟁으로 이어졌다. 전쟁에서 승리하긴 했지만, 이 전쟁으로 인해 윌리엄 3세의 영국왕실은 더 이상 유지가 불가능할 정도로 재정압박에 시달리게 된다. 더구나 명예혁명 때 윌리엄 3세가 승인한 권리장전으로 인해 영국 왕실은 더 이상 자금을 단독으로 조달할 수 있는 능력이 없는 상태였다.

윌리엄 패터슨(William Paterson)이라는 스코틀랜드 출신 상인은 이와 같은 영국왕실의 다급한 사정을 활용하여, 민간이 자본금의 70%를 출자하는 영란은행(Bank of England; 잉글랜드은행) 설립안을 제안하였다. 이 안에 따르면 영란은행이 영국 왕실에 120만 파운드를 빌려주고, 그 대가로 왕실은 연 8% 이자에 추가 수수료 연 4,000파운드를 영란은행에 지급하도록 하였다. 즉, 영국 왕실은 매년 10만 파운드만 내고 120만 파운드를 원하는 시기에 원하는 만큼 빌려 쓸 수 있게 되는 것이다. 아울러, 영국왕실은 원금 120만 파운드를 영원히 갚을 필요 없이 매년 이자만 납부해도 된다는 혜택을 부여하였다. 대신, 영국왕실은 영란은행에게 화폐발행권을 독점적으로 발행할 수 있는 권한을 부여하였다. 1694년 6월 21일, 영란은행은 의회의 승인을 받고 정식으로 출범하게 된다.[8] 이에 따라 민간은행이 화폐발행권을 독점하는 영국식 모델이 역사에서 처음으로 등장하게 되는데, 영란은행 모델이 바로 미국 FRB의 출범에 많은 영향을 끼치게 된다.[9]

초기 미국의 중앙은행 역시 정부가 아닌 민간이 70% 이상의 대주주 지분을 확보하고 발권력을 보유하며, 왕실이 아닌 연방정부가 중앙은행으로부터 차입하는 형태의 구조를 갖추고

---

8) 에드워드 챈슬러, 강남규 역, 금융투기의 역사, 국일증권연구소, 2001.6.25
9) 영란은행은 1946년 국유화 되기 전까지 250년 동안 민간이 지배하는 민간기업이었다.

있었다. 바로 영란은행 모델이다. 다만, 미국은 영국과 같은 의회와 왕실의 대립이라는 역사적 배경이 없었기 때문에, 연방정부가 민간이 설립하는 은행으로부터 차입하는 대신 발권력을 부여하는 개념에 대한 정치권의 거부반응이 매우 심각한 수준이었다. 이에 따라 미국 최초의 중앙은행인 The First Bank of the United Sates가 70%의 민간주주 구성으로 1791년 2월에 설립되었을 때 동 은행의 영업허가 기간은 20년으로 제한되어 있었다. 만기가 다가오자 의회는 격렬한 논쟁에 휘말렸고, 결국 1811년 3월에 의회는 표결을 거쳐 이 은행을 공식 폐기하였다. 두 번째 중앙은행인 The Bank of the United States도 민간자본 비율이 80%였으며, 1816년 1월에 유효기간 20년으로 출범하게 된다. 이 은행 역시 첫 번째 민간 중앙은행과 마찬가지로 1836년에 폐기되고 1913년 12월 FRB가 출범하기 전까지 거의 80년 동안 미국은 민간 중앙은행이 없었다. 대신 연방정부가 발권력을 보유하고 재무부가 연방정부화폐인 그린백을 직접 발행하여 화폐량을 조절하거나, 1863년에는 국립인가은행(national chartered bank) 시스템을 통하여 재무부 채권을 담보로 화폐를 발행하게 하는 제도를 운영하였다.

FRB 탄생의 결정적 배경은 1907년 10월의 주식시장 붕괴였다. 1907년의 공황 혹은 니커바커 위기(Knickerbocker Crisis)로 불리우는 경제공황으로 미국경제는 긴급한 상황에서 유동성을 시장에 공급할 중앙은행의 필요성을 절감하게 된다. 이에 따라 1913년 Nelson W. Aldrich 주도로 물가안정, 통화 및 이자율 관리, 고용최대화라는 3대 목표를 가진 FRB가 정식으로 출범하게 된다.

▌Knickerbocker Crisis in 1907

1907년의 공황 혹은 니커바커 위기(Knickerbocker Crisis) 위기로 불리우는 주식시장 붕괴는 3자가 만들어낸 합작품이다. 우선 United Copper Company (UCC)의 대주주인 F. Augustus Heinze와 Otto Heinze 형제, 그리고 UCC 주식으로 공매도를 수행한 세력, 마지막으로 UCC 주가를 대상으로 베팅한 투기세력들이다.

UCC는 F. Augustus Heinze가 창립한 구리회사이다. Augustus는 뉴욕 브루클린 태생으로 독일계 아버지와 아일랜드계 어머니 사이에서 1869년에 태어났다. 1902년 자신의 구리 생산회사인 UCC를 미국 중동부 몬태나 주의 Butte에서 만들었고 1907년에 회사를 뉴욕 월가로 옮겼다. 이때부터 Augustus는 금융산업에 특별한 관심을 보였고, Charles W. Morse라는 사람과 동업하면서 금융산업에 진출하였다. 한편, Otto Heinze는 UCC 창립자인 Augustus의 동생으로 형인 Augustus와 자신들의 가족이 보유한 UCC 주식이 주식시장 가격을 통제할 수 있을 정도

의 물량이라고 판단하였다. 아울러 자신들의 주식 대부분을 공매도 세력에게 빌려 주었다는 사실을 알게 된다. UCC의 주가는 1907년 당시 39불이었는데, Otto는 UCC 주가가 적정 수준 이하라고 생각했다. Otto는 UCC 주가가 과소평가된 주요한 이유가 공매도 세력 때문이라고 판단하고, 공매도 세력을 압박하여 주가 상승을 유도한 후 이에 따른 주가 차익을 얻기 위한 계획을 실행에 옮기기 시작했다. 이를 위해 자신의 형인 Augustus, 그의 동업자인 Charles Morse와 당시 뉴욕시에서 세 번째로 큰 신탁회사였던 Knickerbocker Trust Company의 대표인 Charels T. Barney와 주식을 매집하기 위한 이른 바 작전(cornering the market)을 수립한다.

하지만 당시 UCC 주식은 NYSE에서 거래되지 않고 장외에서 거래되는 장외주식(stock on the curb market)이어서 주식 보유현황에 대한 정확한 정보가 없는 상태였다. 그럼에도 불구하고, Otto는 형인 Augustus가 보유한 주식이 UCC 주식의 대부분일 것이라고 오판하고는 UCC 주식을 장외에서 매집하기 시작했다. 이 과정에서 Morse는 작전에 필요한 돈이 Otto가 생각하는 규모보다 훨씬 클 것이라고 주장하였지만, Otto는 이를 묵살하고 즉시 주식 매집에 들어갔다. Otto는 장외에서 주식을 매집하여 주가가 지속적으로 오르게 되면, 공매도 세력이 손절을 위해 주식을 매입(short squeeze)하면서 주가는 더 오를 것이라고 판단하였다. 아울러 Otto는 공매도 세력이 Augustus가 보유한 물량 외에는 주식을 빌릴 곳이 없는 상태라고 믿었다. 이와 같은 상황에서 Augustus가 직접 나서서 빌려 준 주식을 돌려달라는 요청을 하게 되면 주가는 더욱 더 폭등하여 많은 이득을 얻을 것이라는 게 그의 계획의 핵심이었다.

주식매입자금은 형인 Augustus가 운영하는 상업은행인 State Savings Bank of Butte Montana (SSB)가 지급을 보증한 수표를 사용하였고, Otto는 이 수표를 13명의 브로커 하우스에게 지급하고 주식을 매수하였다. 그 금액은 총 $400,000이었다. 이 날이 1907년 10월 14일이다. 당시 UCC의 주가는 39불에서 60불로 갑자기 치솟았는데, 어찌된 일인지 주가가 60불로 급등했는데도 주식물량은 계속 공급되는 이해하기 힘든 상황이 전개되었다. Otto의 예상과 달리 공매도 세력이 Augustus 이외의 제3자로부터 UCC 주식을 계속 빌려 공매도를 치면서 주가 상승을 계속 저지했던 것이다.

한편, UCC 주가를 관전하던 주식 투기군들이 이 상황에 가세하게 되면서 너도나도 UCC 주가가 상승할 것이라는 베팅을 하기 시작했다. 당시 주가 베팅은 bucket shop이라는 불법 브로커를 통해서 이루어졌으며, 주식을 실제 보유하기 위한 매수나 매도 전략이 아니고, 단순히 가격이 오르거나 내리는 것에 대한 단순한 도박이었다. 증거금은 시장가의 통상 10%이었고, 일반적으로 주가가 오르면 베팅한 사람이 돈을 따고 주가가 내리면 베팅한 사람이 돈을 잃는, 이른 바 "side-bet" 방식이었다.[10] 이에 따라 이 날 NYSE 장외의 월가 길가에서는 대규모 인파

---

10) 주가가 오르면 bucket shop이 자기 돈으로 고객에게 돈을 주고 주가가 내리면 증거금으로 납부한 돈을 bucket shop이 가져간다. 일종의 파생계약으로 현재 외환시장의 NDF(Non-Deliverable Forward)와 비슷하다. 1870년부터 1920년대까지 미국에서 성행하였으나 그 뒤로 불법화 되었다.

가 UCC 주식을 대규모로 사고 파는 진풍경이 벌어졌다.

　최종적으로 Otto의 계획은 성사되지 않았다. 그의 생각대로 주가가 오르기는 커녕 오히려 주가는 곤두박질 쳤다. 작전을 실행한 다음 날인 10월 15일 주가는 30불, 16일에는 10불로 떨어졌다. Otto는 파산하였고 NYSE는 Otto의 계좌를 동결하고 거래를 정지시켰다. UCC 주가의 폭락과 Otto의 파산은 1907년 금융위기의 도화선이었고, 시장을 파멸시키는 연쇄반응을 불러 일으켰다. 1차로 Augustus가 운영하던 상업은행인 State Savings Bank of Butte Montana (SSB)가 지급보증한 수표가 부도 처리되었다. 2차적으로 UCC 주식이 오를 것이라고 베팅했던 투기군들이 돈을 모두 잃었다. 3차는 SSB가 부도처리 되자 SSB와 환계정을 체결하고 있었던 Mercantile National Bank (MNB)에 예금자들이 몰려들어 자금을 인출했다. 4차는 Augustus의 동업자였던 Morse 소유의 은행인 National Bank of North America와 New Amsterdam National에 예금자들이 자금을 대량으로 빼 나갔다. 은행에 대한 인출쇄도는 당시 은행보다 수탁고가 높았던 투자신탁으로부터 인출이 쇄도하는 bank run으로 확산되었다. 10월 21일, JP Morgan이 소유한 National Bank of Commerce가 Knickerbocker에 대한 자금결제를 거부하였다. 다음날, Otto의 작전 실행 일주일만인 10월 22일 오전, 미국 국내 제3위의 신탁회사인 Knickerbocker에서 8백만불이 인출되었다. 8백만불이 인출되는데 필요한 시간은 채 3시간도 안되었다. 그날 오후 Knickerbocker는 고객예탁금을 지급하지 못해 파산하였다. Knickerbocker 파산은 투자신탁을 중심으로 한 인출쇄도라는 불에 기름을 부었다. 뉴욕시 전체의 은행으로 bank run이 확산된 것이다. 주식시장 브로커에게 빌려주는 단기 자금 이자율은 70%로 치솟았다. 아울러 뉴욕 증시는 1906년 최고점에 비해 무려 50%가 폭락한 장세를 연출하였다.

　은행들이 bank run에 대비해 유동성을 비축하면서 뉴욕시 전체의 달러 유동성이 씨가 마르기 시작했다. 특히 은행이 유동성을 급격히 회수하면서, 주식을 담보로 대출을 해준 브로커 회사들도 파산직전의 위기로 몰렸다. 예를 들어 Moore and Schley라는 브로커 회사는 Tennessee Coal and Iron (TCI) 회사의 주식을 담보로 6백만불의 대출을 은행으로부터 받았다. 은행은 이 대출 회수를 요구하였고 Moore and Scheley는 물론 TCI 조차도 6백만불을 상환할 현금이 남아 있지 않았다. 만약 Moore and Schley가 파산하면 은행의 유동성 위기가 뉴욕시 전체의 금융산업을 붕괴시키기 직전 상태로 몰고 갈 것이다. 아울러 월가를 중심으로 한 bank run이 뉴욕시를 넘어 미국 전체로 확산되어 걷잡을 수 없는 사태로 확산될 상황이었다. 개별 은행으로서는 급작스런 인출에 대비한 어쩔 수 없는 합리적인 행동이었지만 은행의 유동성에 의존하고 있었던 주식시장, 브로커리지 회사, 제조업체 등을 포함한 미국의 전체 경제는 공멸하기 직전의 벼랑 끝으로 내몰렸다.

　이 때 혜성같이 등장하여 미국 경제를 구원한 이가 있었다. John Pierpont Morgan이었다. 우선 그는 시장에 필요한 유동성을 확보하기 위해 자기 사재를 출연하였다. 동시에 당시 금융위기의 출발점이었던 신탁회사로부터 반강제적으로 자금을 출연하기 위해 50여 명의 신탁회사

사장을 자기 서재에 모이게 했다. 좋게 말하면 열쇠가 있어야 들어갈 수 있는 방이라는 뜻의 콘클라베[11](Conclave)이고 나쁘게 말하면 감금이었다. 감금된 상태에서 신탁회사 사장들과 J.P. Morgan은 2,500만달러를 출연하는데 합의하였다. 조성된 출연금으로 유동성이 필요한 곳에 적절한 유동성을 공급하였다. 아울러 TCI 유동성 위기는 담보로 잡힌 TCI 주식을 J.P.Morgan이 직접 매입함으로써 해결하였다. 당시 TCI와 함께 미국 철강산업을 양분하던 United States Steel Corporation(US Steel)의 소유주이기도 했던 J.P.Morgan은, TCI 주식 매입에 대한 반독점 위반 가능성을 피하기 위해 당시 미국 대통령이었던 Theodore Roosevelt를 직접 만나 담판을 짓고 반독점 이슈에 대한 면제부를 받았다.

1907년 11월, 경제위기는 가까스로 진정되었다. 하지만 많은 상처를 남겼다. Augustus는 16개의 죄목으로 기소되었다. Knickerbocker 회장이었던 Charles Barney는 1907년 11월 14일 권총으로 자살하였다. 개인적으로 2백만불이 넘는 많은 자산이 있었지만 그가 받은 불명예는 감당하기 어려웠을 것이다. UCC는 1913년에 최종 파산처리 되었다. 미국 경제는 새로운 시스템이 필요하다는 것을 절실히 느꼈다. 당시 John. D. Rockefeller의 양아버지였던 상원의원 Nelson W. Aldrich는 유동성 위기시 구원투수 역할을 해야 할 미국 연방은행인 Federal Reserve Board를 창설하기 위한 작업에 착수한다. 1913년 12월 23일 크리스마스 이브 직전 미국의회는 FRB 창설법안을 통과시켰다. 새로운 세계 질서, "Novus Ordo Seclorum"이 탄생한 순간이었다.

02 2008년 금융위기(1) - 금본위제 폐지

1913년 FRB가 설립될 당시 FRB는 FRB notes인 달러에 대해 발행액의 40% 이상을 금으로 보관해야 할 의무를 가지고 있었다. 1, 2차 대전을 거치면서 미국이 글로벌 경제의 절대강자로 부상하자 전세계 금의 대부분이 뉴욕연방준비은행과 켄터키 주의 포트녹스에 보관되면서 FRB는 달러와 보관 금의 비율을 2.5:1로 항상 유지할 수 있었다. 1945년에는 늘어나는 화폐유통량과 보조를 맞추기 위해 40% 비율을 25%로 낮추었고, 1949년에는 미국금의 보유량이 244억불로 사상 최고를 기록하면서 달러와 금의 비율은 거의 1:1로 유지되었다. 이것이 바로 브레튼우즈 체제하의 금본위제이다.

---

11) Conclave란 1268년 교황 클레멘스 4세가 죽고 교황 선출이 늦어지자 로마시민들이 추기경들을 방에 가두고 교황을 선출한데서 유래한 말이다. J. P. Morgan이 사용한 이 방법은 1998년 LTCM 파산, 2008년 리먼 파산에도 그대로 사용되었다.

이와 같은 금본위제는 1950년대까지만 해도 유통화폐의 증가속도가 매년 1.5% 수준으로 유지되면서 아무문제 없이 유지될 수 있었다. 그러나, 1960년대부터 화폐 증가속도가 매년 4.7%로 급증하자 달러와 금의 밀월관계가 깨지기 시작했다.[12] 특히, 미국이 대량의 무역적자를 기록하면서 미국 달러의 미국외 유출이 가속화되었다. 아울러 금환매를 요구하는 프랑스와 스페인 등 외국정부가 미국의 달러패권을 의도적으로 공격하면서, 외국 정부의 요구를 모두 들어주게 되는 경우 미국내 금이 하나도 남지 않게 되는 급박한 상황까지 내몰렸다. 1971년 8월 15일 일요일, 정규방송을 중단하고 긴급담화문을 발표하면서 닉슨 대통령은 미국 달러화에 대한 금태환을 정지한다고 발표하였다.

금본위제 및 FRB의 금보유 의무 폐지는 기축통화인 달러의 성격을 근본적으로 바꾸어 놓았다. 즉 상품 교환증서(commodity money)였던 달러가 이제 단순한 신용화폐(fiat money)로 전환된 것이다. 앨런 그린스펀이 늘 향수에 젖어 그리워하였던 금본위제는 영원히 이 세상에서 사라진 것이다.[13] 아울러 시중에 풀리게 될 달러 공급의 제약조건이 없어지면서 미국 및 전세계에 미국 달러화가 무제한으로 공급될 수 있는 필요조건이 완성되었다.

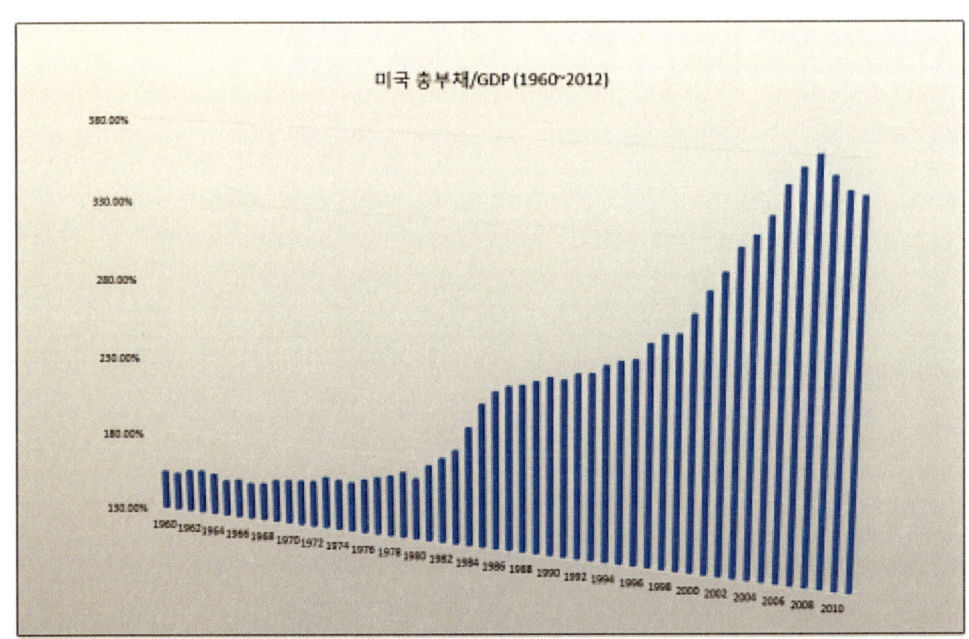

출처: Bureau of Economic Analysis

[그림 1] 미국 총부채/미국 GDP

12) 1968년에는 Gold Reserve Requirement Elimination Act를 통해 FRB의 금보유 의무를 완전히 폐지하였다.
13) 앨런 그린스펀, The Age of Turbulence, 현대경제연구원 역, 2007

금본위제 폐지로 인한 달러 공급 증가는 1980년대 이전까지는 심각한 수준이 아니었다. 금본위제가 형식적으로는 폐지되었지만, 금본위제의 실질적 유지를 위한 각국 정부의 공조가 있었기 때문이다. 실제로 1960년대까지 미국의 총 부채는 GDP의 150% 내외, 1970년대는 총부채가 GDP의 170% 내외의 안정세를 보였다. 그러나, 1980년대부터 각종 부채 시장, 특히 하이일드 시장의 활성화로 종전에는 회사채 발행에 제약을 받던 투자등급 이하의 기업들이 금융권을 통한 자금조달이 활발해지기 시작했다. 아울러 신용등급이 떨어지는 개인들도 하이일드 채권을 통한 개인대출이 가능해지면서 총부채 규모가 급증세를 보이기 시작했다. 이에 따라 1980년대 말 미국의 총부채는 GDP의 230%로 확대되었다. 부채의 성장속도는 1990년대 주춤하다가 2000년대부터 다시 폭발적으로 증가하기 시작하여 금융위기 직전인 2007년 총부채는 GDP의 360%, 금융위기가 정점이었던 2009년에는 미국내 총 부채규모가 GDP의 381%라는 기록적인 규모를 시현하였다.

특히, 2000년대 들어 부채규모가 GDP 성장속도에 비해 급격하게 확대되기 시작하였는데, 이는 2000년대 이후 미국의 GDP 성장속도가 그 이전에 비해서 확연히 저하되었기 때문이었다. 부채 자체의 증가속도는 1980년대가 가장 빨랐으나 GDP 성장속도에 비해 급격한 부채증가가 시작된 건 2000년대 들어서부터이다. 특히, 미국경제의 연평균 성장률이 2000년대 들어 4%대로 하락한 상태에서 부채가 확대되면서 최악의 상황이 전개되었다. 실제로 부채 증가속도와 GDP 증가속도를 비교한 스프레드를 계산해 보면 2000년부터 금융위기 직전까지인 2008년까지의 스프레드가 미국 역사상 가장 높은 수준이었다.

[표 1] 미국GDP 성장률 및 총부채 증가율

	1960~1969	1970~1979	1980~1989	1990~1999	2000~2008
GDP 성장률 (CAGR)	7.2%	10.1%	8.0%	5.5%	4.8%
총부채 증가율 (CAGR)	7.5%	11.1%	11.6%	7.1%	8.6%
스프레드 (부채증가율 - GDP 증가율)	30bp	100bp	360bp	160bp	380bp
비율 (총부채/GDP)	104.2%	109.9%	145.0%	129.1%	179.2%

출처: IMF, NBER 통계를 바탕으로 직접 계산

증가율의 상대적 비율을 계산하면 그 차이는 더욱 확연하다. 1970년대까지만 해도 부채증가속도가 GDP 증가속도의 10% 내외에서 완만하게 진행되었다. 그러나 1980년대 들어 부채

증가속도가 GDP의 증가속도보다 45% 빠르게 진행되면서 미국의 대외 수요가 급증하였다. 이와 같은 부채 및 대외수요의 증가는 하이일드 등 부채시장의 급속한 발전과 미국의 강한 달러 정책에 기인한 바가 크다. 특히 미국의 군사력을 바탕으로 한 강달러 정책은 해외 상품에 대한 수요를 증가시키며 미국의 경상수지 적자규모가 급속히 확대되었다.[14] 1980년대 미국의 경상수지 적자는 1987년 미국 GDP의 3.4%까지 확대되면서 최고조를 이루었다. 만약 금본위제가 유지되었다면 막대한 경상수지적자와 강한 달러 유지는 결코 양립할 수 없었을 것이다. 왜냐하면 경상수지 적자는 곧 달러의 대외지급의무가 증가한다는 뜻이고, 이는 곧 달러의 매도압력이 증가한다는 뜻이기 때문이다. 달러 매도에 따른 달러 약세는 미국의 해외상품에 대한 수요를 감소시켜 경상수지 적자폭이 감소되어 경상수지가 다시 균형으로 되돌아갔을 것이다. 이것이 바로 금본위제하의 국제무역 자동조절 메카니즘이다. 그러나 금본위제가 폐지되면서 이와 같은 자동조절 메카니즘이 작동하지 않았고, 1980년대 내내 미국은 경상수지 적자를 기록하게 된다.[15] 아이러니하게도 이와 같은 대규모 경상수지 적자에도 불구하고 미국이 강력한 군사력을 바탕으로 달러강세를 유지하면서 미국으로 달러 자금이 유입되는 기이한 현상이 발생하였다.

가장 근본적인 원인은 바로 달러가 전세계 기축통화이기 때문에 가능한 일이었다. 특히, 미국 국내의 수요 증가와 이를 뒷받침한 부채금융의 확산은 달러를 매개체로 하여 필연적으로 전세계적인 공급능력의 확대를 초래하였다. 특히 아시아의 4마리 용 등을 중심으로 한 상품공급이 확대되면서 아시아 국가가 초호황을 구가하기도 하였다. 역설적이게도 미국의 제조업 생산기반은 이와 같은 아시아 지역의 공급능력 확대에 따라 쇠락의 길을 걸었다. 비록 제조업종에 취직하지 않아도 주택과 주식가격이 상승하기만 하면 소비를 확대하는 데 문제가 없었기 때문이다. 그러나 실제 성장속도보다 더 많은 달러부채가 더 빠른 속도로 유통되면서 주식, 상품 등의 자산가격 버블이 형성되기 시작하였다. 1987년 10월 19일, 전일종가 기준으로 Dow Jones 종가가 하루에만 22.6%가 폭락하는 블랙먼데이 상황 역시 이와 무관하지 않다. 1987년 당시는 2008년의 경우보다 글로벌화가 심화된 상황이 아니었음에도 불구하고, 홍콩, 호주, 스페인, 영국 등으로 주식시장의 충격이 급속히 확산되었다.[16] 블랙먼데

---

14) 미국의 군사력은 막대한 재정적자를 통해 이루어졌으며, 1983년에는 GDP의 5.7%까지 확대되기도 하였다. 1980년대의 재정적자와 경상수지 적자는 동전의 양면으로 사실상 같은 현상이었다.

15) 1982년부터 시작된 미국의 경상수지 적자는 1991년 난 한해글 세외하고는 2014년 현재까지 적자를 기록하고 있다.

16) 1987.10.19.~10.30까지 주식시장 낙폭: 홍콩 △45.5%, 호주 △41.8%, 영국 △26.5%, 캐나다 △22.5%

이가 당시 유행처럼 번졌던 컴퓨터를 이용한 프로그램 매매 때문에 발생했다는 설이 있으나, 이는 미국 증시에만 한정된 설명이며 미국증시 폭락이 전세계 증시 폭락으로 이어진 현상은 설명하지 못한다. 좀더 근본적인 원인은 GDP 증가속도보다 훨씬 빠르게 미국의 부채가 급격히 늘었고, 이에 따라 달러가 전세계로 급속도로 유통되면서 실제 자산가치(asset value) 이상으로 자산가격(asset price)이 상승하였기 때문이다. 아울러, 달러가 미국의 자국통화이면서 동시에 세계의 기축통화였기 때문에, 미국 국내의 자산가격 버블은 달러를 통해 전세계로 전파되었다.

2000년대 상황도 1980년대 상황과 근본적으로 크게 다르지 않았다. 다만, 1980년대 보다 글로벌화가 훨씬 심화되어 있었고 부채증가 속도도 훨씬 빨랐다는 점에서 충격의 정도를 비교할 수 없다. 무엇보다도 2000년대에는 미국 역사상 가장 빠른 속도로 부채가 증가하였다. 필자계산에 따르면 부채의 증가속도가 GDP 성장속도보다 약 80% 정도 빨리 증가하였다. 이는 미국의 GDP가 1% 성장할 때 미국의 부채는 1.8% 성장했다는 뜻이고, 자산가격이 100%가 올랐다면 그 중 80%는 부채로 인한 자산가격의 거품이라는 뜻이다. 더구나 미국의 경우 2000년대의 GDP 평균은 1980년대의 GDP 평균보다 3배 가까이 증가한 상태였다. GDP가 3배 가까이 증가한 상태에서 부채를 종전보다 더 빨리 늘렸다는 건 미국 경제 전체의 레버리지가 얼마나 심각하게 진행되었는지 잘 보여주는 것이다.

[표 2] 미국 GDP 단순평균(1960~2010)

연도	1960~1969	1970~1979	1980~1989	1990~1999	2000~2010
美GDP(bn $) 단순평균	710	1,648	4,063	7,362	12,217

출처: IMF

미국경제의 현재 레버리지 수준은 인플레이션과 관련된 FRB의 정책적 수단을 크게 바꾸어 놓을 것이다. 특히, FRB의 대표적인 인플레이션 억제 수단인 Fed Funds Target Rate은 정책적 딜레마에 빠질 가능성이 크다. 양적 완화로 인해 언젠가 도래할 인플레이션을 억제하기 위해서는 Target rate을 올려야 하지만, Target rate을 올리면 이미 민간과 정부 모두 엄청난 레버리지 덫에 걸린 미국 경제는 또 다시 파탄에 빠질 것이다. 1979년 제2차 오일 쇼크가 전세계를 강타하여 미국의 인플레이션이 1980년에 13%까지 치솟았을 때, 레이건 행정부 하의 볼커 FRB 의장은 인플레이션을 잠재우기 위해 1980년 3월부터 한달 동안 Fed Funds Target Rate을 무려 20%까지 올렸다.[17] 1979년 3월의 Target rate이 10%였음을 감안하면 극단적인 조치였다. 인플레이션이 획기적으로 줄어들지 않자 1980년 12월부터 또 다시 한달 동안 20%를 유지하였고, 결국 미국 국내의 인플레이션을 안정화시키는데 성공하였다. 불과 1년 간의 고금리 정책으로 인플레이션을 안정화시키는 엄청난 일을 해낸 것이다. 그러나 이로 인해 단기로 자금을 조달하여 장기고정금리로 개인에게 대출해주는 미국 저축대부조합의 23%가 파산하였다.[18] 아울러, 미국의 Target rate 인상은 전혀 예상치 못한 곳에서 세계경제에 커다란 충격을 주었다. 당시 유가 급등으로 막대한 양의 달러가 중동으로 흘러들어가자 중동국가는 1970년대 중반부터 오일달러를 유로은행에 예치하였고, 유로은행은 이 자금의 상당부분을 중남미 정부에 대출해 주었다. 1980년 미국 FRB의 Target rate 인상은 글로벌 금리의 동반상승을 가져왔고, 중남미 국가의 이자부담을 갑작스럽게 가중시켰다.[19] 결국 1982년 멕시코를 필두로 중남미 국가들은 유럽에서 차입한 대출을 갚지 못한다는 국가 채무 불이행 사태를 선언하게 된다. 미국의 Fed Funds Target rate 인상이 중남미를 강타한 일종의 나비효과를 초래한 것이었다.

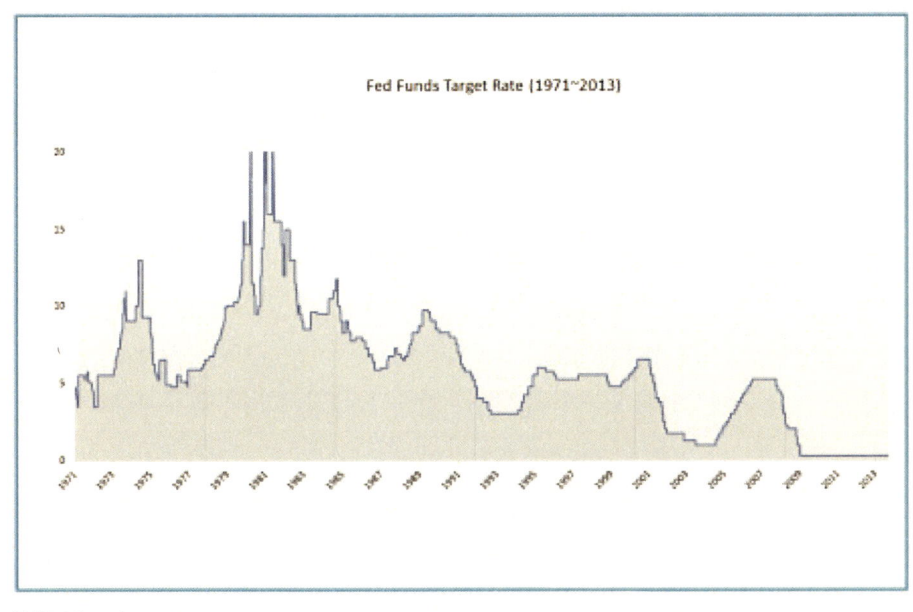

출처: Bloomberg

[그림 2] Fed Fund Target Rate (1971~2013)

---

17) FRB 내에 예치된 자금을 주고받을 때 실제로 적용되는 일일 금리가 Effective Rate이며, 해당 Effective를 목표 금리에 두고자 FRB가 설정하여 발표하는 금리가 Fed Funds Target Rate이다.

18) 1979년 당시 3,234개의 저축대부조합(savings and loans) 중 747개가 파산하였다.

19) 1982년 한해에만 멕시코가 부담해야 할 이자부담이 30억불이었다고 한다.

1980년대 강력한 금리인상이 가능했던 것은 미국의 부채규모가 GDP의 145% 내외였으므로 FRB가 금리인상의 충격을 감내할 수 있다고 판단했기 때문이다. 물론 이 경우에도 미국 내 저축대부조합의 연쇄적 파산과 레버리지가 높았던 중남미 정부의 국가파산은 피할 수 없는 운명이었다. 문제는 2000년대 이후이다. 특히 2000년부터 2008년까지 미국의 부채규모는 GDP의 평균 180% 이었고, 2009년에는 380%까지 치솟았다. 이와 같이 엄청난 규모의 레버리지를 축적한 미국경제, 더 나아가 달러를 매개로 하여 글로벌 경제 전체의 레버리지가 극도로 높아진 상황하에서, FRB가 양적 완화로 인해 발생할 인플레이션을 억제하기 위해 1980년대와 같은 고금리 정책을 시행할 수 있을까? 예컨대 미국의 재정적자 규모는 2008년 금융위기 직후인 2009년에 미국 GDP의 10%를 넘은 1조 4천억 달러 규모였다. 미국 10년 국채 이자율을 2%라고 가장 보수적으로 가정해도 이자부담만 매년 280억불이다.

[표 3] 미국 재정적자/GDP 비율

연도	2006	2007	2008	2009	2010	2011	2012
美재정적자/GDP(%)	△1.855	△1.146	△3.209	△10.11	△8.927	△8.62	△6.93

출처: USA Census

만약 FRB가 양적 완화 정책과 정책금리를 사실상 제로 금리로 유지하지 않았다면 어떤 일이 벌어졌을까? 일반적으로 정부가 재정적자를 확대하면 민간 자본이 정부 부문으로 흡수되고, 이에 따라 이자율이 오르게 되면서 민간의 투자가 위축된다. 이것을 경제학에서는 정부지출로 인한 민간투자의 몰아내기 효과(crowding-out effect)라고 부르는데, 미국이 2009년에 시행한 막대한 재정적자 프로그램은 이와 같은 몰아내기 효과를 수반하지 않았다. 2009년의 연방정부 지출은 당시 미국 GDP의 25%인 3조 5천억불, 재정적자 규모는 GDP의 10%에 이르는 그야말로 천문학적인 지출이었는데도 불구하고 경제학 이론처럼 이자율이 상승하지 않았다. 그 이유는, FRB가 정책적으로 막대한 양의 통화를 찍어내고 Target rate을 낮추면서 의도적으로 이자율 상승을 억눌렀기 때문에 가능했다. 만약 FRB의 양적 완화나 제로금리 정책이 없었다면 미국의 재정적자는 지금보다 훨씬 심각한 상태로 진입했을 것이고, 민간 투자가 급격히 위축되면서 미국경제, 아울러 글로벌 경제가 2차 대전 이후 최악의 위기를 맞았을지도 모른다.[20]

---

20) Richard Duncan은 2009년 미국의 재정적자 프로그램이 없었다면 2009년 미국의 경제성장률은 △13.5%

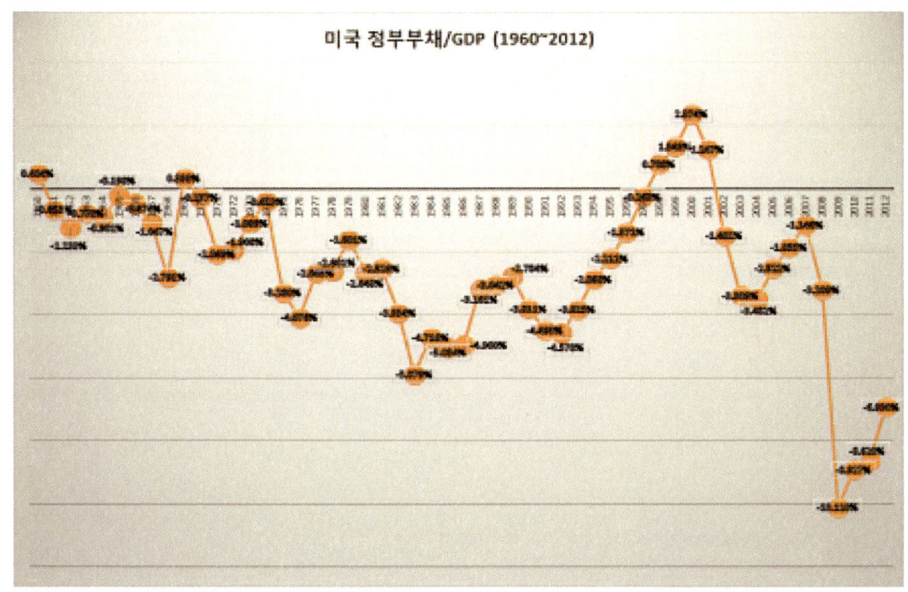

출처: USA Census

[그림 3] 미국 정부부채/GDP (1960~2012)

　벤 버냉키 의장은 1929년 대공황의 교훈은 전국적으로 9,000여 개의 은행이 파산하였음에도 불구하고, 중앙은행이 적절한 유동성을 공급하지 않고 이를 수수방관하였기 때문에 최악의 사태로 진행되었다고 진단한 바 있다. 그의 말대로 1929년의 대공황은 중앙은행의 유동성 공급이 없었기 때문에 악화일로에 있었고, 유명한 루즈벨트 대통령의 수요확대 정책인 New Deal도 경제학 교과서에 나오는 바대로 대공황을 근본적으로 해결한 것이 아니었다. 1929년의 대공황은 궁극적으로 2차 세계 대전이 터지면서 해결되었다. 벤 버냉키 의장은 이 사실을 누구보다 잘 알고 있었을 것이다. 2008년의 금융위기를 대공황과 버금가는 위기라고 판단하고 이에 따라 적절한 유동성을 공급해야 한다는 그의 정책적 철학은, 2008년 이후의 zero 금리와 양적완화 정책으로 현실화 되었다. 이와 같은 버냉키의 판단은 2008년 금융위기가 전세계적인 전쟁으로 비화되지 않도록 하였다는 점에서 사실상 매우 중대한 역할을 하였다. 세계전쟁으로 비화될 수 있었던 사건이 터졌던 하필 그 시점에 1929년의 대공황 전문가가 FRB의 의장이었다는 점이 인류에게는 엄청난 행운이었다고나 할까?

　하지만 zero 금리와 양적 완화는 사실상 급한 불을 끄기 위한 임시방편이었다는 점에서 근본적인 한계를 가지고 있다. 가장 우려스러운 것은 인플레이션이다. 밀턴 프리드만은 통화

　였을 것이라고 추정하였다. Richard Duncan, 앞의 책

팽창 이후 인플레이션이 나타나기까지 12~18개월이 걸린다고 주장 하였는데, 양적 완화가 본격 시행된 2008년 11월을 기점으로 계산하면 2014년 현재 이미 인플레이션은 시작되고 있다고 봐야 할 것 같다. 원유 가격의 추세만 보아도 2008년 금융위기 직후인 2009년에는 평균 60불 수준이었으나, 2012년에는 2008년 최고점을 넘어서 평균 120불 수준에 근접하였다.[21)]

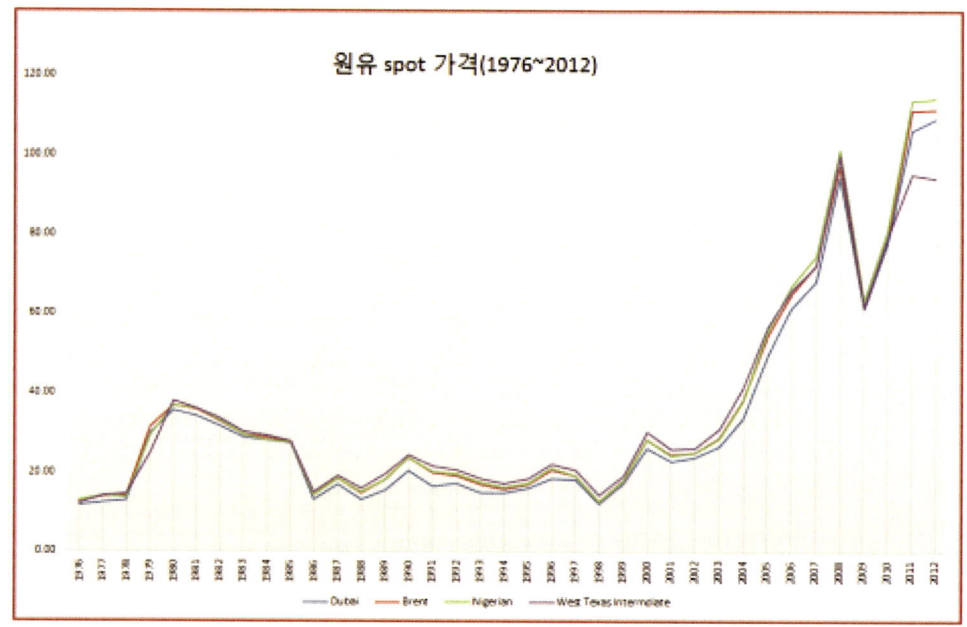

출처: BP Statistics

[그림 4] 원유 spot 가격(1976~2012)

아울러 글로벌 양적 완화는 곡물가격의 폭등을 초래하였고 밀을 주식으로 삼는 아랍 지역의 민중들을 궐기시켰다. 2010년 전아랍 국가를 강타한 아랍의 봄은 스마트폰의 보급에 따른 SNS의 확산이 그 원인이 아니라 생존 필수품 이었던 밀가격의 폭등이 근본적인 원인이었다. 역설적이게도 양적 완화로 인한 곡물 가격의 폭등은 미국의 레이건 행정부도 끝내 실패했던 리비아의 무아마르 카다피의 실각과 처형까지 이끌어내었다.

---

21) 하지만 미국의 shale oil 증산이 가시화되면서 2013년 하반기부터 유가는 안정기로 접어들고 2014년 말에는 유가가 급격히 하락한다. 유가 논란은 기회가 되면 별도의 책에서 다루려고 한다.

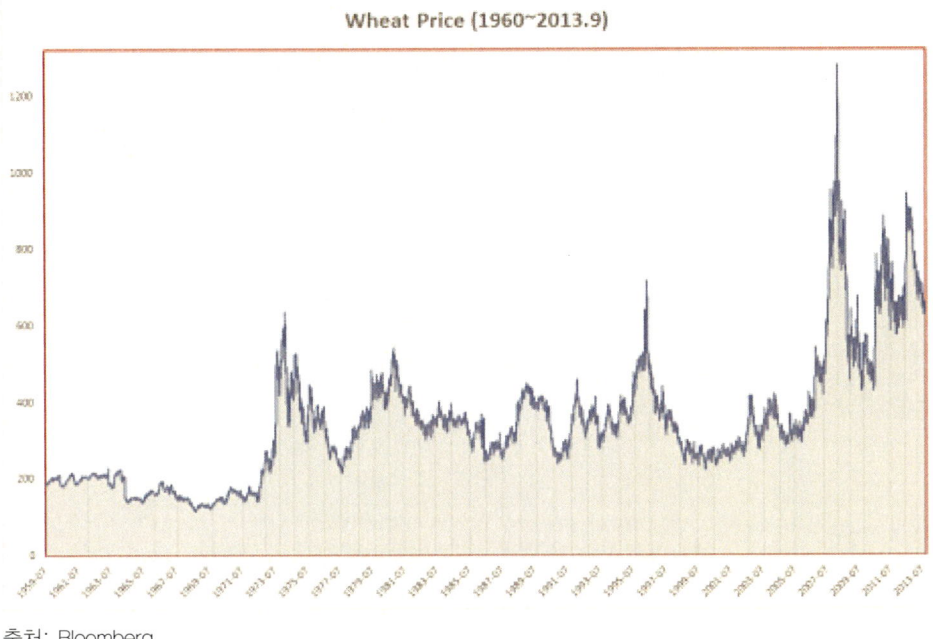

출처: Bloomberg

[그림 5] 밀가격 추이(1960~2013.9)

Zero 금리와 양적 완화가 가진 두 번째 한계는 정책 목표 그 자체이다. 앞서 언급한 대로 미국 경제는 소비확대를 통해 지탱되었으며 소비확대를 뒷받침한 것은 바로 주식이나 주택 등 자산가격이었다. zero 금리와 양적 완화는 미국 경제 성장의 가장 큰 비중을 차지하면서 소비 지출의 가장 큰 원동력이었던 주식과 주택 등의 주요 자산 가격을 인위적으로 끌어올리려는 목적도 가지고 있다. 바꿔 말하면 zero 금리와 양적 완화는 미국 경제의 구조적인 한계를 치유하기 위한 장기적 정책처방이라기보다는, 구조적 한계를 바탕으로 의도하든 의도하지 않았든 이를 강화하는 단기 처방이다. 다시 말해, 자산가격의 버블이 2008년 금융위기의 원인이었음에도 불구하고 또 다시 자산가격의 인위적 부양을 대책으로 사용하고 있는 역설적 상황이 벌어지고 있는 것이다. 특히 미국의 양적 완화는 유럽, 일본, 영국 등의 중앙은행이 이를 그대로 모방하여 시행 중에 있는 글로벌 경제정책이다. 따라서 주식과 주택에 대한 버블가능성에 대한 끊임없는 논란이 계속되고 있다. 미국의 경우는 주택가격보다는 주식가격에 대한 버블 논란이 끊임없이 제기되고 있고, 글로벌 경제 전체로는 주택가격에 대한 버블논란이 계속 제기되고 있는 상태이다. 예컨대 IMF는 2014년 6월, 각국의 소득대비 장기 주택가격을 현재 주택가격과 비교한 비율을 계산하여 발표하였는데, 2013년말 기준으로 벨기에는 49%, 캐나다는 33%, 호주는 31% 이상 장기평균 보다 주택가격이 높은 상태라고 한다.

[표 4] 주요국 소득 대비 장기평균으로부터 주택가격 편차(%)

국가	소득 대비 장기평균으로부터의 주택가격 편차(%)	국가	소득 대비 장기평균으로부터의 주택가격 편차
벨기에	49.5	이탈리아	7.9
캐나다	33.2	그리스	1.1
호주	31.7	핀란드	△1.0
뉴질랜드	29.7	포르투갈	△6.9
프랑스	28.6	아일랜드	△7.1
영국	27.5	스위스	△9.6
노르웨이	23.4	슬로바키아	△12.2
네덜란드	22.4	미국	△13.4
스웨덴	17.8	에스토니아	△14.2
호주	15.5	독일	△16.8
스페인	9.0	한국	△39.7
덴마크	8.0	일본	△40.1

출처: IMF Global Housing Watch, 2014

문제는 양적 완화 이후의 세계이다. 역사상 한 번도 시도된 적이 없었기 때문이다. 엔화를 사용하는 일본 중앙은행이 시도한 적 있었지만, 전세계 기축통화인 달러를 무제한 찍어내는 양적완화는 역사상 듣지도 보지도 못했던 최초의 화폐실험이다. 따라서 양적 완화의 후폭풍에 대해서는 역사상 알려진 사실도 없고 추측도 불가능하다. 미국경제와 글로벌 경제는 이미 양적 완화 이후의 이른바 알려지지 않은 미지의 세계(Unknown- Unknown) 국면에 진입하였다. 과연 지금 진행 중이거나 혹은 미래에 일어날 것이 확실한 인플레이션을 잡기 위한 FRB의 정책 수단은 무엇이 될까? 1980년의 강력한 고금리 정책을 다시 펼 수 있을까? 필자의 생각은 미국과 글로벌 경제의 막대한 레버리지 상황을 보았을 때 1980년의 고금리 정책은 불가능하다고 본다. 어떻게 보면 2013년 5월 22일, 벤 버냉키 의장이 양적 완화를 축소한다는 테이퍼링을 언급한 것은 너무도 당연한 수순일 수도 있다. 고금리 보다는 일단 더 이상 시장에 유동성을 공급하지 않겠다는 언급은 향후 전개될 인플레이션의 우려를 불식시키기 위한 가장 기초적인 첫 번째 단계이기 때문이다. 만약 그렇다면 양적 완화 축소 이외에 향후 전개될 인플레이션을 억제할 그 다음 방안은 무엇이 될 것인가?[22] 금리 인상이 당연한 수순이겠지만 앞서 언급한 대로 금리 인상이 그렇게 간단한 문제가 아니다. 따라서 금리 인상

---

22) 혹자는 양적 완화로 하이퍼 인플레이션이 오기는 어려울 것이라 예측한다. 이유는 바젤 III, Dodd Frank Act, Volcker Rule 등 은행 건전성에 대한 규제가 계속 강화되기 때문에, 종전처럼 화폐의 승수효과가 크지 않을 것이라는 것이다.

시기가 언제가 될지 전세계의 관심이 집중되고 있다. 한 가지 분명한 것은 FRB의 경제정책은 기축통화인 달러를 매개로 하여 전세계적인 정치, 경제의 지각변동을 불러올 만큼 심각한 영향을 미쳤다는 사실이다. 따라서 미국정부와 FRB는 양적 완화를 수습하기 위한 어떤 정책이든지 글로벌 공조라는 책임을 회피해서는 안된다. 현 FRB 의장인 Janet은 이와 같은 인식을 분명히 하고 FRB의 정책이 초래할 전세계적인 영향력에 따뜻한 주의를 기울여야만 그 자격이 있다고 본다. 만약, FRB 정책이 극단적인 미국 국내 정책에만 머물게 됨으로써, 미국을 제외한 다른 이웃국가의 궁핍화를 가속화시킨다면 1939년의 세계대전 직전과 같은 암울한 상황이 올지도 모른다는 건 지나친 억측일까?

03 2008년 금융위기(2) – 파생금융상품

미국 경제의 이와 같은 폭발적인 부채의 증가는 그 원인이 어디에 있을까? 원인은 매우 복합적이었을 것이다. 90년대부터 진행된 미국정부의 인위적인 부동산 경기 부양, Fannie Mae, Fredie Mac 등 공기업(GSE: Government Sponsored Entity)[23)]의 부동산 모기지 대량 발행, GSE가 발행한 부동산 모기지를 묶은 채권다발인 CDO, CDO에 과도한 신용등급을 부여한 신용평가기관, 이를 헤지하기 위한 CDS 등의 파생금융상품, 이 상품을 중심으로 베팅한 헤지펀드, 헤지펀드 자산을 담보로 레버리지를 일으켜 또 다른 투자를 감행한 프라임브로커인 투자은행의 공격적 투자. 이 모든 연쇄고리가 거미줄처럼 밀착되어 복합적으로 얽혀 있었을 것이고, 그 연결고리 중 하나인 주택가격이 무너지면서 연쇄적으로 전체 연결고리가 붕괴되었을 것이다.

아울러 금본위제 폐지로 인해 부채의 증가를 스스로 억제할 자체의 글로벌 자동메카니즘이 없었다는 점, 이를 통해 미국의 대규모 경상수지 적자가 1982년부터 1991년 단 한해를 제외하고 20년 넘게 유지될 수 있었다는 점, 미국의 폭발적인 수요 증가 지속으로 중국 공급능력의 급속한 팽창을 가져왔다는 점, 중국이 대규모로 취득한 달러자금 중 상당수 금액을 미국 국채에 투자하면서 2004년부터 미국 FRB가 정책금리를 신속하게 인상하였음에도 불구하고 장기 시장금리가 올라가지 않았다는 점, 이로 인해 서브프라임 모기지를 묶은 CDO를 중심으로 한 위험한 투자가 2008년 9월 리먼 파산시까지 지속되었다는 점 등도 주요 원인들로 지

---

23) GSE(Government Sponsored Entity)란 정부가 지분을 소유한, 혹은 정부가 지급을 보증한 기업을 의미한다. 우리 나라 공기업과 개념적으로 유사하다.

목될 수 있을 것이다.

하지만, 무엇보다도 2000년대 부채가 급증한 가장 중요한 기폭제는 바로 파생금융상품이었다. 파생상품이 대부분 장외에서 거래되는 OTC 거래이므로 공식적인 통계는 없으나 ISDA의 설문통계를 바탕으로 추정해보면, 파생금융상품의 거래액은 notional 기준으로 2008년 981조 달러였다. 이는 2008년 전세계 GDP (Gross World Product; GWP) 71.2조의 13.8배에 해당하는 어마어마한 규모였다.

[표 5] 파생상품 규모와 GWP 비교

조불	1987	1988	1989	1990	1991	1992	1993	1994	1995	1996	1997	1998	1999	2000	2001	2002	2003	2004	2005	2006	2007	2008	2009
파생	0.865	1.654	2.475	3.45	4.45	5.346	8.475	11.3	31.64	46.52	57.77	87.97	110.9	123.4	128.1	192.6	278.9	369.9	454.5	610.6	857	981.6	918.1
GWP	34	35.6	36.9	38.1	39	39.8	40.7	42	43.4	45.1	46.9	48.1	49.8	52.2	53.4	54.9	56.9	59.7	62.4	65.7	69.3	71.2	70.8
비율	0.03	0.05	0.07	0.09	0.11	0.13	0.21	0.27	0.73	1.03	1.23	1.83	2.23	2.36	2.4	3.51	4.9	6.2	7.28	9.29	12.37	13.79	12.97

출처: ISDA, IMF 등 통계를 이용하여 필자가 직접 계산

증가율 자체만 보면 80년대가 가장 높은 비율이었으나 전세계 GDP와의 비율을 주목하면 2000년대의 파생금융상품 증가액은 놀라울 따름이다. 1996년에 파생상품거래규모가 GWP를 처음으로 넘어섰고, 3년만에 2배, 3배를 넘었으며 2003년부터 2008년까지는 매년 GWP를 넘어서면서, GWP의 5배에서 13배까지 가속화되었다. 특히 2006~2007 사이의 파생금융상품 거래액은 9.3배에서 12.4배로 급증하는 폭발적인 증가세를 보여 주었다. 이제 남은 것은 파생상품 거래의 파괴적인 연쇄반응 뇌관을 누가 언제 당기느냐만 남은 상태였다.

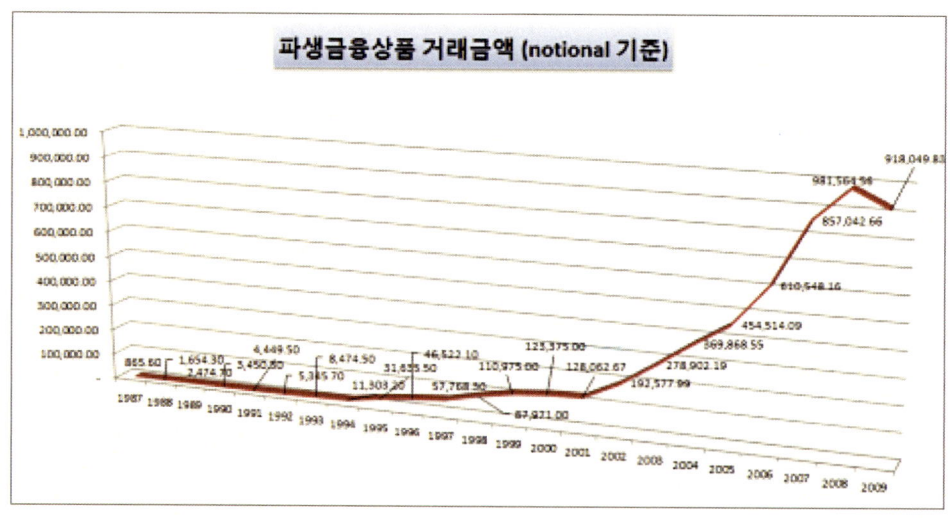

출처: ISDA Market Survey

[그림 6] 파생금융상품 거래금액(Notional 기준: 1987~2009)

1) 위기의 잉태: Fannie & Freddie

2008년 금융위기는 기본적으로 주택자산의 버블이 붕괴되면서 시작되었다. 이점에서 1600년대의 튤립 투기, 1720년의 남해(South Sea) 회사 주식 투기, 1999년의 인터넷 버블과 근본적으로 다르지 않다.[24] 달랐던 점이 있었다면 자산버블이 장기간에 걸쳐 오래 지속됨으로써, 사람들에게 자산가격의 상승이 지속되리라는 환상이 이전보다 훨씬 강했다는 점이다.[25] 이와 같은 집값의 상승은 1990년대부터 저소득층 및 소수인종의 주택보유 확대를 촉진하기 위한 미국 정부의 역할이 매우 컸다. 예컨대 1977년에 제정된 지역재투자법 (CRA: Community Re-investment Act)은 저소득층과 흑인 등 소수민족이 거주하는 지역을 붉은 색으로 표시(red-lining)하면서 이들에 대한 대출을 기피하는 관행이 있었는데, 이와 같은 관행을 금지하고 오히려 특정지역에서 예금을 유치하는 경우에는 동 지역의 저소득층과 소수 인종에 대한 대출에 적극 임하도록 권고하였다.[26] 아울러 클린턴 행정부는 1995년부터 전미주택소유정책(National Home-ownership Strategy: NHS)을 통하여 주택거래와 관련된 자금공급을 촉진하고 거래 비용을 낮춤으로써 중산층의 주택소유를 촉진하기 위한 대규모 정책을 시행하였다.[27] 클린턴 정부의 NHS 정책은 금융위기가 터진 부시 행정부까지도 일관되게 추진되었다.

NHS가 추진한 정책 중 하나인 주택거래 자금공급 촉진은 Fannie Mae, Fredie Mac 등 공기업(GSE)을 통해서 이루어졌다. Fannie Mae나 Fredie Mac은 주택구입시 차입자에 모기지를 1차로 대출해 주는 금융기관이 아니라, 1차로 대출해 준 금융기관의 모기지채권을 구입하는 역할을 한다. 요컨대, 금융기관의 대출채권을 다시 유동화함으로써 1차 금융기관의 주택대출을 좀더 촉진하기 위한 목적으로 만들어졌다.

Fannie Mae, 공식적으로는 Federal National Mortgage Association라 부르는 기관은 1938년 대공황 때 재건재정공사(Reconstruction Finance Corporation)가 설립하였다. 설립 당시 Fannie Mae는 시중은행으로부터 모기지를 구입하였고, 이때 연방주택국(Federal Housing Administration, FHA)이, 2차 대전 이후에는 국가보훈처(Veterans Administration)까지 원리

---

24) The Financial Crisis Inquiry Commission, THE FINANCIAL CRISIS INQUIRY REPORT, 2011. 1

25) 미국 10대 도시의 평균 집값은 2001년부터 7년 후인 2007년까지 80% 가까이 상승하였다.

26) 1970년대까지 미국의 상업은행은 가장 안전한 지역부터 녹색, 파란색, 노란색, 붉은색으로 구분하여 대출규제를 시행하고 있었다고 한다.

27) 클린턴 정부의 NHS 정책의 목표는 1994년 이후 향후 6년 이후 미국의 주택보유 수준을 역사적으로 가장 높은 수준으로 끌어올리는 것이었다고 한다. 강현, GS 건설경제연구소, 2012.2

금 지급에 대해 보증을 제공하였다. FHA와 VA는 모기지 채권을 대량으로 신속히 구입하기 위해 1차 모기지 은행을 대상으로 표준화된 양식을 요구하였고, 이에 따라 1차 모기지 은행은 표준적인 심사, 대출, 관리 체계를 스스로 발전시켰다. FHA와 VA가 미국의 모기지 시장을 표준화시키면서 초기에 모기지 시장을 발전시킨 시장조성자 역할을 한 것이다.

하지만, Fannie Mae의 가장 큰 단점은 모기지를 구입하는 자금을 시중에서 빌려서 조달해야 한다는 것이었다. 즉, Fannie Mae가 구입하는 모기지 자산이 증가함에 따라 조달되는 부채도 증가하는 구조였던 것이다. 이는 시장실효금리가 하락하는 경우는 아무 문제가 없으나 시장금리가 상승하는 경우에는 Fannie Mae의 수익성이 크게 악화됨을 의미하는 것이었다. 이에 따라 의회는 1954년 설립법(Charter Act of 1954)을 통해 Fannie Mae를 민간조직으로 변화시켜 시장상황에 따라 조달금리를 탄력적으로 조절할 수 있도록 하였다. 민간조직화는 Fannie Mae의 보통주를 1차 모기지 은행에게 분산 매각하는 방식으로 이루어졌다. 하지만 미국의 재무부는 Fannie Mae의 우선주를 보유하고 필요할 경우에는 재무부가 22.5억불까지 Fannie Mae 발행채권을 인수할 수 있는 권원까지 보유하였다. 이와 같은 법률개정으로 Fannie Mae는 민간인을 주주로 한 회사이면서도 미국의 재무부가 우선주 및 자금공여 권원을 보유한 특이한 조직으로 거듭나게 되었다. 이른 바, GSE (Government Sponsored Entity)의 창설이었다. 후일에 일어난 일이지만 Fannie Mae의 이와 같은 특성으로 인해 Fannie Mae가 인수한 대량의 CDO를 시장은 마치 미국정부가 보증한 것으로 인식하였다. 이는 2008년 금융위기 촉발의 중요한 원인 중의 하나였다.

한편, FHA와 VA가 보증한 자산은 부도 발생시 저당 부동산의 경매가 완료될 때까지 기다려야 하는 불편함이 있었다. 아울러 해당 부동산의 관리와 경매절차에 소요되는 자산관리 비용을 청산하는 데에도 많은 시일이 소요되었다. 이와 같은 불편함을 없애기 위해 1968년 존슨 행정부는 Ginnie Mae, 즉 Government National Mortgage Association을 창설하였다. Ginnie Mae는 FHA, VA가 보증한 주택담보대출 풀에 대해 적기 원리금 지급을 보증하는 것을 주요 업무로 삼았다. 특히 Ginnie Mae는 자신이 보증한 풀에 신용사건이 발생하는 경우, 투자자에게 자금을 "우선" 지급하고 후단에서 Ginnie Mae 자신이 자산관리자와 협의하여 사후 정산하는 방식으로 투자자에게 보증을 제공했다. 간단히 말해 Ginnie Mae가 보증을 하면 모기지대출에 투자한 투자가는 대기 시간 없이, 즉시 적기 원리금 지급을 보장받음으로써 현금 흐름의 불확실성이 거의 완벽히 제거되었던 것이다.

Ginnie Mae의 창설과 보증제도는 모기지 대출의 폭발적인 성장을 가져왔다. FHA, VA 대출자산들이 1차로 유동화가 활성화 되는 것은 물론, 이를 모아서(pooling) 다시 증권으로 만드는 증권화(securitization)까지 가능해짐으로써 2~3차 유통시장의 획기적인 발전이 가능한 토대가 만들어진 것이다. 이와 같은 증권화는 이전에 모기지 대출시장에 접근이 불가능했던 투자자까지도 끌어들임으로써 모기지 시장의 자금공급원을 급격히 확대시켰다.

Fannie Mae와 Ginnie Mae를 양축으로 한 모기지 대출시장이 급격한 성장하는 가운데, 저축은행이 대출한 전통적인 모기지 대출시장에 대한 유통시장은 상대적으로 정체되어 있었다. 하지만, 1950년대 중반 이전 모기지 대출의 주요한 투자자는 생명보험사와 동부의 대형 저축은행들로, 저축은행들이야말로 전통적인 모기지 대출 유통시장의 조성자였다.[28] 정부의 적극적 개입으로 시중은행을 중심으로 한 모기지 대출시장이 활성화되자, 저축은행들은 자신만의 모기지 대출시장을 활성화하기 위한 정치적 결속력을 발휘하였다. 마침내 1970년 저축은행들은 의회를 설득하여 자신들만의 모기지를 매각하기 위한 또 다른 GSE 창설에 성공하였다. 바로 Freddie Mac, 즉 Federal Home Loan Mortgage Corporation이 그것이다. 1970년 법은 Freddie의 업무영역을 1차 모기지 채권에 대한 단순한 보증 제공 외에도, DTI나 LTV 비율만 준수하면, FHA나 VA가 지급을 보증하지 않은 전통적인 모기지도 "직접" 구입할 수 있는 권한을 부여하였다. 법 개정과정에서 Fannie도 이와 같은 권한을 동시에 부여받음으로써, 모기지 시장에 대한 Fannie와 Fredie의 역할은 갈수록 커져갔다.

한편 NHS가 추진한 주택정책자금 공급의 원활화는 Fannie와 Freddie (이하 FF)의 자금조달을 원활히 하는 데도 초점을 맞추었다. 우선 FF의 소득에 대한 연방 및 주의 세금을 면제해주고, 일반은행의 경우 모기지 대출의 4%를 자본으로 확보할 것을 요구하는 반면 FF에 대해서는 0.45%의 자본만을 확충할 것을 요구하였다.[29] FRB도 FF가 발행한 증권에 대한 전자청산 시스템을 제공함으로서 FF의 증권이 미국채와 동일하게 거래될 수 있는 편의를 제공하였다. 이와 같은 거래 비용의 저하로 FF의 자금조달비용은 거의 미국채와 동일한 수준으로 내려가면서 미국내 최저 수준을 기록하게 된다. 1980년 볼커의 갑작스런 이자율 인상으로 저축대부조합이 파산되면서 이들에 대한 모기지 대출의 자본금 요건은 일방 상업은행 수준으로 엄격하게 조정되었지만, FF는 이와 같은 규제의 흐름을 피해갔다. 아울러 저축대부조합에 대한 엄격한 규제로 이들 역시 주택모기지를 보유하는 대신 FF에 매각하는 게 훨씬 이득인 상황이 전개되었다. 이에 따라 FF의 모기지 자산은 1990년 7,590억불에서 2000년에는 2조 4천억으로 2배 이상 급증하게 된다. 아울러 FF의 자금조달 비용 저하는 모기지를 처리하

---

28) Brueggeman & Fisher, 부동산 금융과 투자, 부연사, 2012
29) FHA나 VA의 지급보증이 없는 모기지의 경우에는 2.5%의 자본확충이 요구되었다.

는 상업은행의 모기지 대출까지 덩달아 급증시켰다. 예컨대 2004년부터 2008년까지 미국의 대표적 상업은행인 Bank of America(BoA)는 총 9,650억불, 약 1조 달러에 이르는 모기지를 전국에 매각하였다. FF에만 매각된 MBS는 2005년부터 2007년 사이에 BoA 570억불, JP 모건 체이스가 330억불, 로열뱅크오브스코틀랜드(RBS)가 300억불 규모에 달하였다. 특히 RBS의 모기지 투자는 미국의 공격적인 주택정책이 미국에 진출한 유럽의 금융기관을 통해 유럽에도 막대한 영향을 미쳤음을 반증하는 것이다.

금융위기조사보고서는 FF의 역할이 중산층의 주택공급 원활이라는 공적인 목적과 주주이익 극대화라는 사기업의 목적이 서로 충돌되면서 통제할 수 없는 방향으로 흘러갔다고 진단한다. 즉, 사기업이면서도 미국의 주택모기지 유통시장을 독점하면서 독점적 이익을 향유함에 따라,[30] 미국의 주택시장에 필요 이상으로 과잉의 자금을 공급할 수밖에 없었던 구조적 한계를 가지고 있었다는 것이 금융위기조사보고서의 진단이었다.

2) 위기의 심화: Securitization & Structured Finance

1980년부터 등장한 자산유동화와 구조화상품 기법은 일반상업은행의 자금조달 구조를 완전히 바꾸어 놓았다. 상업은행이 대출을 하고 동 대출을 다시 유동화하여 중간 유통단계인 투자은행에 매각하면, 상업은행은 예금에 대한 의존도를 줄일 뿐 아니라 부채를 부외로 이동시킴으로써 자산건전성도 제고할 수 있게 된다. 아울러 대출을 최초로 일으키는 댓가로 수수료까지 챙길 수 있는 일석 삼조의 효과를 볼 수 있다. 그러나, 이와 같은 유동화는 상업은행의 모기지 대출채권 심사에 대한 심각한 도덕적 해이를 야기하였다. 왜냐하면 모기지 대출채권을 은행이 보유하는 것이 아니라 대출한 이후 즉시 시장에 내다팔 것이기 때문이었다. 따라서 대출자의 신용도나 부도 위험에 대한 엄격한 심사가 사실상 필요 없었다. 아울러, 이와 같은 대출채권의 유동화로 인해 자산건전성이 표면적으로 개선되면서 은행은 파생금융상품에 대한 좀더 공격적인 투자가 가능해졌다. 2010년 미국의 3대 메이저 상업은행인 JP Morgan Chase, Bank of America, Citigroup의 파생금융상품을 명목(notional) 금액 기준으로 살펴보면, 각각 78.9조 달러, 68.3조 달러, 47.5조 달러, 총 194.7조 달러였다.[31] 2010년 당시 파생금융상품의 전세계 시장규모가 669조 달러였는데, 미국의 3개 은행이 보유한 파생금융상품이 전세계 파생금융상품의 30%를 차지한 셈이었다.[32]

---

30) 금융위기조사보고서에 따르면 2000년 ROE는 Fannie가 26%, Freddie가 39%에 이른다고 추정하였다.
31) Richard Duncan, 앞의 책

한편, 투자은행이나 헤지펀드는 대출채권을 시중은행으로부터 받아서 묶은(pooling) 후 연기금 등의 투자자들에게 중간 수수료를 받고 매각하면 수수료 차액을 챙길 수 있게 된다. 투자은행이나 헤지펀드의 역할은 대출채권의 유동화 과정에서 얼마나 매력적인 수익을 제공할 수 있는지, 얼마나 안전한지 여부 등을 각색하여 투자자에게 매각하는 일이었다. 이 과정에서 각종 수학적 기법, 퀀토, 복잡한 모형 등을 활용하여 이해하기 어려운 구조화 상품을 만들면서 투자자를 현혹하는 일이 비일비재 하였다.[33] 특히, 부채담보부증권인 CDO (Collateralized Debt Obligation)는 FHA, VA 등이 보증을 제공한 프라임 모기지 채권 이외에, 신용등급이 낮아서 보증기관의 보증이 어려운 서브프라임 모기지 채권과 CMBS 등을 적절하게 혼합(pooling)하여 AAA 신용등급까지 만들어 내는 기법에 따라 폭발적으로 증가하였다.[34] 투기등급채권을 최고의 신용등급으로 만들어낸 CDO야말로 금이 아닌 것을 금으로 만들어내는 금융의 연금술로서, 금융분야의 새로운 지평을 열어젖힌 21세기에 가장 주목받는 금융혁신이었다.

반면 유동화로 인한 위험성에 대해서는 철저히 외면당했다. 금융기관의 입장에서는 구조의 복잡성이 금융상품 개발시 다른 금융기관이 모방하지 못하도록 하는 안전장치 역할을 제공한 측면이 있으나, 투자자 입장에서는 이와 같은 복잡성이 해당 상품의 리스크와 리턴의 분포를 정확히 파악하기 어렵게 만들었다. 어떤 경우에는 투자은행이나 헤지펀드가 스스로 안전하다는 모습을 보이기 위해서 구조화 상품의 가장 하부 지분에 투자하는 과감함을 보이기도 하였다. 아울러 일부 헤지펀드는 지분투자와 동시에 채권의 일부가 지급불능이 될 경우에 대비하여 비밀리에 CDS를 매입하는 파렴치한 행태를 보이기도 하였다. 워렌 버핏이 유동화를 포함한 파생금융상품을 금융계의 대량살상무기라고 언급한 것은 온갖 수식으로 화려하게 치장된 유동화 등 파생상품의 이면을 정확하게 지적한 것이었다. 더구나 복잡한 투자구조에 더하여 이를 다시 복제하여 구조화를 다시 만드는, 이른바 파생의 파생(squared 파생), 여기에 다시 막대한 비율의 레버리지를 사용하면서 투자자가 모기지 구조화 상품의 위

---

32) 파생거래의 명목 금액은 상대방의 결제이행 리스크가 없다면 크게 문제가 되지 않는다. 그러나 상대방이 결제를 하지 못하는 credit risk에 노출되면 명목 금액 그대로가 채권, 채무액이 된다.

33) 복잡한 구조화 상품의 예는 다음과 같다: Alt-A, subprime, I-O (interest-only), low-doc, no-doc, or ninja (no income, no job, no assets) loans; 2-28s and 3-27s; liar loans; piggyback second mortgages; payment-option or pick-a-pay adjustable rate mortgages; CDO; CDO Squareds; Synthetic CDOs

34) 2000년 3월, JP Morgan의 연구원이었던 데이비드 리사 가우스 혼합 모델을 개발하여 CDO에 적용하면서 채권의 다발에 대한 부도여부 확률의 새지평이 열렸다고 한다. 어떤 이는 가우스 모델이 CDO 확대의 엔진이었다고 평가한다고 한다. 질리언 테드, Fool's Gold, 랜덤하우스 코리아, 2010

험성을 정확히 이해한다는 것은 거의 불가능하였다.

이에 따라 투자자는 S&P, Moody's, Fitch 등의 신용등급 부여기관의 안전성 평가에 의존할 수밖에 없었다. 역설적이게도 이와 같은 신용등급 부여기관도 복잡한 구조화상품에 대한 완벽한 이해가 없었다. 더 나아가서 수백 개에 이르는 채권을 묶으면서 각 채권의 부도에 대한 상관관계를 객관적으로 계산한다는 것은 쉬운 일이 아니었다. 특히, 미국의 경우 전국적인 집값 폭락이라는 역사적 경험이 대공황 이후 없었기 때문에 상관관계를 계산하기 위한 실제자료가 거의 없었다. 서브 프라임 대출의 경우에는 전체 모기지 대출에서 차지하는 비중이 더 낮았기 때문에 자료 부족이 더욱 심각한 상황이었다. 이와 같은 자료 부족상황에서 CDO에 포함된 주택모기지의 상관관계를 계산해서 부여된 신용등급을 얼마나 신뢰할 수 있었을까? 오히려 신용평가기관과 CDO 등급부여 사이에는 본질적인 이해상충이 있었다. 바로 CDO에 높은 신용등급을 부여하면 할수록 더 많은 CDO 등급부여 기회를 잡을 수 있다는 점이 바로 그것이었다. 달리 말해 신용평가기관들이 해당 CDO에 대한 좋은 등급을 부여하는 것이 자신들의 수익과 직결되어 있었던 상황이었다. 예컨대 CDO 평가에 따른 수수료는 2005년 무디스의 경우 전체 수입의 거의 절반을 차지하였다. 이런 상황에서 CDO 등급부여에 신용평가기관의 책임이 없다고 이야기하는 것이 과연 적절한 것일까?

투자자 역시 안전성이 확보되면서 수익률이 높은 상품을 마다할 리가 없었다. 여기에 엄청난 규모의 미달러화를 보유한 중국의 역할도 더해졌다. FRB가 시장의 이상 징후를 포착하여 금리를 2004년부터 올리기 시작하였으나 장기채 금리는 오르지 못하였다. 이에 따라 단기금리는 급등하고 장기금리는 내려가는 기이한 이자율 곡선 커브가 시장에 형성되었다. 어떤 경우에는 장기채권 금리가 단기채권보다 낮아지는 극단적인 현상까지 보여주기도 하였다. 그린스펀은 이와 같은 현상을 이해할 수 없는 "수수께끼(conundrum)"라고 불렀다.

많은 원인이 있겠지만 그 원인 중 하나는 중국이 대량의 장기 미국채를 매수하면서 장기 시장금리가 정책금리에 반응하여 오르지 못하였기 때문이다. 중국은 2000년부터 미국의 국채를 매입하기 시작하여 2008년 9월말 현재 전체 시장에서 유통되는 미국 국채 5조 7,775억 불의 10%가 넘는 6,182억불 규모의 미국 국채를 보유하고 있었다. 그 당시 단일 소유자로는 6,175억불의 일본, 4,766억불을 보유한 FRB보다 많은 최대 국채 보유국이었다. 아울러, 일본의 미국국채 보유는 2000년부터 급증한 것이 아니라 매우 안정적인 상태로 지속 유지되었던 반면, 중국의 경우는 1999년까지 미국채를 거의 보유하지 않다가 2008년 미국의 최대 국채 보유국으로 급부상하였다는 점에서 확연한 차이가 있다.

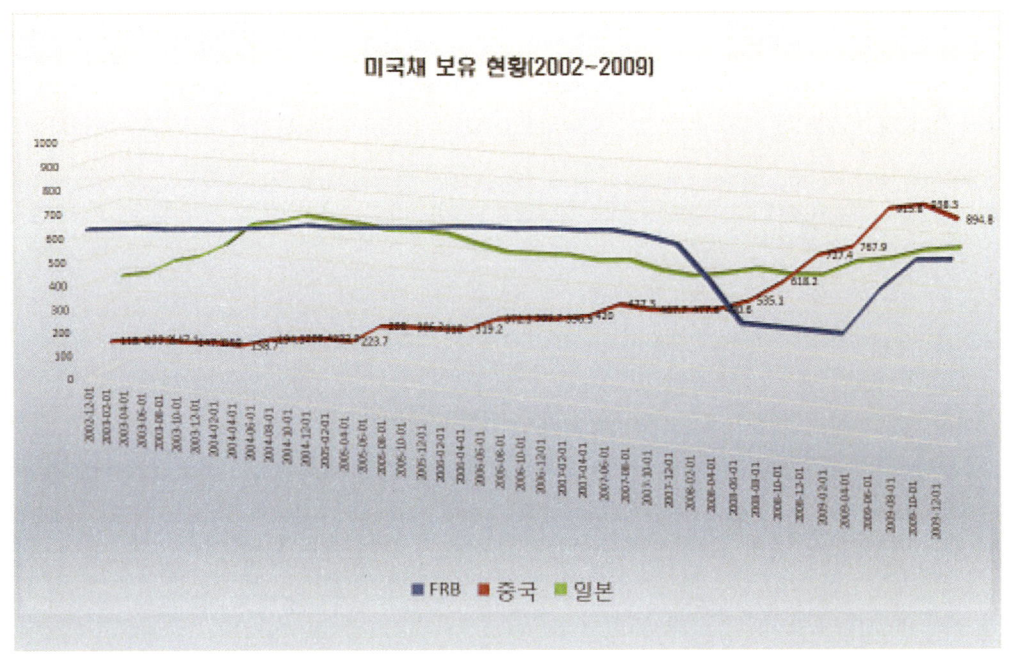

출처: Bloomberg

[그림 7] 미국채 보유 현황(2002~2009)

특히, 미국의 경상수지 적자가 미국의 재정적자 확대 폭보다 매우 빠르게 진행됨으로써 (재정적자-경상수지적자) gap이 누적적으로 확대되었다. 재정적자란 미국 정부가 발행한 국채발행량이고 경상수지적자란 해외 중앙은행이 보유한 달러량이다. 두 수치의 gap이 발생했다는 것은 발행된 미국채보다 더 많은 달러가 유통되었다는 뜻이다. 만약 해외 중앙은행이 미국과의 교역으로 벌어들인 달러를 환전하지 않고 다시 달러표시 안전 자산에 재투자한다면 특히 미국채에 대한 초과수요는 필연적인 현상이다. 한편 해외의 중앙은행은 미국과의 교역에서 벌어들인 달러를 환전하지 않고 주로 달러표시 자산에 재투자하는 경우가 많다. 자국의 통화에 미치는 영향과 인플레이션 우려 때문이다. 이는 우리 나라도 마찬가지고 중국의 경우도 상황이 같다. 특히 달러 표시 자산 중 전세계에서 가장 안전하다고 간주되는 것이 미국채이므로, 미국채에 대한 해외수요가 필연적으로 급등할 수밖에 없었다.[35]

2001년부터 2008년까지 (재정적자-경상수지적자) 누적액은 3조 달러인데, 이는 해외에서 보유한 달러가 투자할 미국 국채가 3조 달러나 부족하다는 뜻이다.[36] 따라서, 이 3조 달러가

---

35) 미국 경상수지 적자의 25% 내외가 중국과의 거래에서 발생한 것이다.

36) Richard Duncan은 1990년대 말 미국의 재정흑자로 인해 국채발행이 줄면서 미국의 유동자금이 투자처를 찾지 못해 주식시장으로 몰리면서 인터넷 버블이 생겼다고 주장하기도 하였다. Richard Duncan, 앞의

미국 국채에 대한 초과수요로 작용했을 것이다. 이에 따라 미국 국채 매수세가 지속적으로 증가하면서 FRB가 추진한 정책금리인상과 무관하게 미국 장기국채가격이 올랐을 것이다. 즉, 장기국채 시장금리가 FRB 금리인상에 반응하지 못하고 내려가는 수수께끼 같은 현상이 전개되었던 것이다. 한편, 3조 달러 중 미국 국채가 흡수하지 못한 달러는 당시 유행처럼 홍행했던 FF가 발행한 모기지 채권과 투자은행이 pooling한 CDO 채권에 투자되었을 것이 거의 확실한 것으로 추정된다. 이에 따라 모기지 관련 유동화 추세는 FRB의 정책금리 인상에도 불구하고 가격이 떨어지지 않고 쉽없이 시장에 출현되었을 것이다.

[표 6] 미국의 재정적자-경상적자

연도	2001	2002	2003	2004	2005	2006	2007	2008	2009	2010	2011	2012
재정적자-경상적자 (십억불)	525	300	141	217	421	550	553	223	△1,031	△845	△842	△647

이에 따라 너도 나도 모기지 관련 채권 사업에 뛰어들었다. 특히 기존에는 대출을 받기 쉽지 않았던 계층, 이른바 서브 프라임 계층에게도 대출을 해주는 관행이 급속도로 확대되었다. 골드만삭스, 씨티그룹, 메릴린치 등이 미국을 중심으로 CDO 사업을 급격히 확대하였고, UBS 등은 유럽을 중심으로 CDO 사업을 팽창시켰다. 아울러 2004년 4월 미국의 SEC는 증권사의 자산보유 비율을 자기자본의 일정비율로 제한하는 규정인 Net Capital Rule (NCR)을 대형 증권사에 대해서는 적용하지 않도록 규정을 고쳤다. NCR은 미국의 broker-dealer가 보유할 수 있는 자기자산의 범위를 고객자산의 최대 50배 이하로 제한하는 규정으로 1975년에 도입되었다. 이유는 정확히 알려져 있지 않으나 2004년 4월 28일부터 SEC는 잠정 순자본금 (tentative net-capital)이 50억불을 넘는 대형 브로커-딜러에게는 이 규정을 적용하지 않는다는 면제부를 부여하였다.[37] 동 규정에 부합하는 브로커 딜러는 골드만삭스, 메릴린치, 베어스턴스, 모건스탠리, 리먼브러더스 등의 브로커-딜러와 씨티그룹, 제이피모건 체이스 등의 상업은행 7군데였다고 한다. 이 면제 규정에 따라 대형 투자은행들은 막대한 규모의 레버리지 사용이 가능해졌으며 CDO 발행에 가속도가 붙었다. 한 통계에 따르면 2000년에 서브 프라임 모기지 채권의 판매액은 800억불로 전체 모기지의 10%에 불과하였으나, 2005년에는 그

책. 참고로 1998년부터 2001년까지 미국 재정수지 흑자규모는 5,600억불 규모였다.

37) 시장의 루머는 골드만 삭스 출신의 헨리 폴슨의 주도하에 동 규정의 철폐가 진행되었다는 것인데, 특별한 인과관계가 증명된 바는 없다.

판매액이 8,000억불로 늘어나면서 전체 모기지의 절반에 육박했다고 한다.[38]

2006년까지는 집값이 상승하면서 서브프라임 모기지 채권을 묶은 CDO 상품이 시장에 계속 출현되어도 문제될 것이 없었다. 대표적인 주택가격 지수는 미국 주요 대도시(MSA: metropolitan statistical area)에서 거래가 반복된 단독주택가격 변화를 지수로 산출한 케이스-쉴러 주택지수이다.[39] 10대 도시 주택가격 상승률을 YoY로 산출할 경우, 2001~2005까지 미국 주택시장가격은 10% 이상의 높은 성장률을 기록하였다. 특히 집값 상승이 정점을 이루었던 2004년의 경우 미국의 주요 10대 도시 평균 집값 상승률은 전년 대비 18.2%나 상승하였다. 특이한 점은 20대 주택가격 지수보다 10대 주택가격 지수가 더 빠르고 급하게 상승하면서 집값 상승을 주도하였다는 점이다. 이는 대도시의 대형 주택 가격이 지방의 소도시보다 훨씬 가파르게 집값 상승을 주도했다는 의미이다.

[표 7] 미국 10대 도시 케이스-쉴러 지수 상승률

연도	2001	2002	2003	2004	2005	2006	2007	2008	2009	2010	2011	2012
케이스 쉴러 (10대도시) 연평균 상승률(%)	11.84	10.99	13.52	18.20	16.98	7.58	△4.43	△16.78	△12.65	2.15	△3.45	△0.47

하지만 2006년부터는 집값 상승이 둔화되었다. 2006년 이후 집값 상승 둔화는 FRB의 금리인상과 무관하지 않다. 서브프라임 모기지 대출이 급격히 증가된 상황에서 FRB는 자산거품을 잠재우기 위해 정책금리를 2004년 6월부터 지속적으로 올렸다. 불가피한 선택이었다. 하지만 금리인상 속도가 너무 빨랐다. 2년 만인 2006년 6월, 정책금리는 1%에서 5.25%로 올라 있었다. 이에 따라 은행의 주택담보대출 금리도 같이 상승하였다. 주택담보 대출금리가 2005년말 3.5%에서 2006년부터는 6~7%로 크게 상승하면서 소득이 낮은 취약계층의 모기지 금리부담이 갑자기 증가하였다. FRB의 금리인상 여파로 2007년에는 집값이 떨어지기 시작했다. 집값 하락은 특히 원리금 상환능력이 상대적으로 떨어지는 서브프라임 모기지 대출자에게 직접 영향을 미치기 시작했다. 왜냐하면 이들은 자신들의 소득을 기초로 주택을 구

---

38) 질리언 테드, 앞의 책

39) 총 20개 도시를 기준으로 최소 두 번 이상 거래된 주택의 가격을 2000년 1월을 100으로 지수화하여 매월 마지막 주 화요일에 발표한다. (10대 도시: Boston, Chicago, Denver, Las Vegas, Los Angeles, Miami, New York, San Diego, San Francisco, and Washington DC., 추가 10대 도시: Atlanta, Charlotte, Cleveland, Dallas, Detroit, Minneapolis, Phoenix, Portland, Seattle, and Tamp)

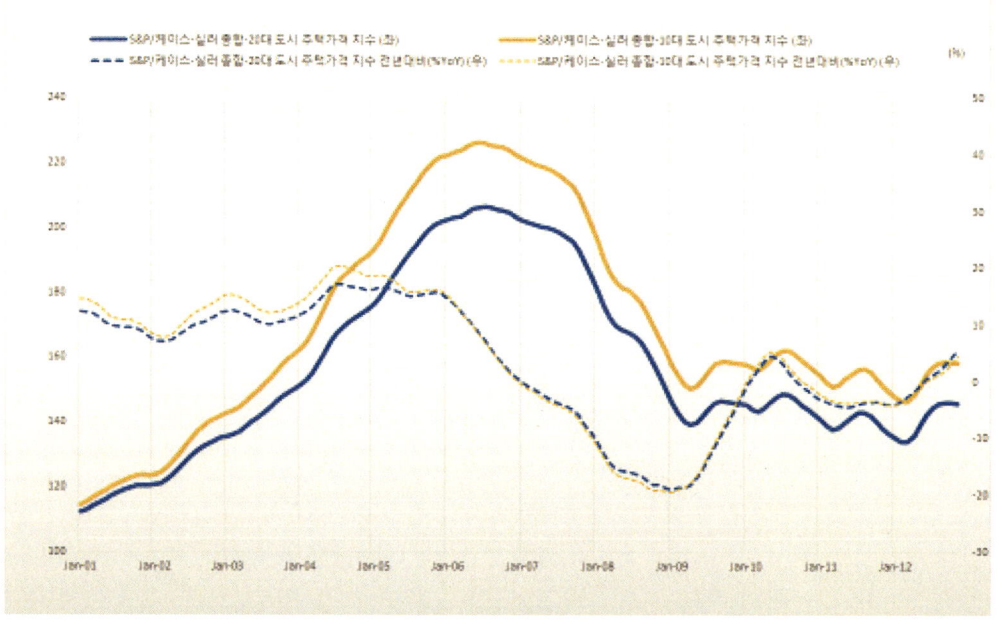

출처: Bloomberg

[그림 8] 케이스-쉴러 10대, 20대 도시 가격지수 및 상승률

매한 것이 아니기 때문이었다. 특히, 이들은 구매한 주택가격이 상승하면 이를 기초로 추가로 은행에서 대출받아 기존 주택의 모기지 원리금을 갚거나 새로운 주택을 구매하고 있었다. 더구나, 서브프라임 모기지 대출을 기초 자산으로 한 CDO와 관련 파생상품이 폭발적으로 증가한 상황이었다. 집값 하락이 어떤 결과를 초래할지 아무도 예측할 수 없었다. 2007년의 상황은 언제 풍선이 터질지 모르는 말 그대로 폭풍 전야상황이었다.

▌Abacus 2007-AC1, 세계에서 가장 비싼 주판

주택담보 ABS 상품의 폭락으로 시장 전체가 충격적인 음의 수익률을 기록하는 상황 속에서도, 시장 방향성에 투자하는 이벤트 드리븐이나 글로벌 매크로 전략을 구사하는 Perry Capital, MKP, Harbinger 등 소수의 헤지펀드는 미국의 주택가격 추이와 ABS 상품구조에 대한 이해를 바탕으로, ABS 상품에 대한 short position을 취하여 2008년 금융위기 때 오히려 수익을 올리기도 하였다. 사실인지 아닌지 확인할 수는 없으나 그들의 말에 따르면 그들은 주택가격 추이에 대해 면밀한 모니터링을 하고 있었다고 한다. 즉, 2004년 주택가격의 정점이후 증가율이 둔화되고 주택 거래량이 2005년을 정점으로 감소하기 시작하자 집값이 조만간 하락할 지도 모른다는 전망을 하게 되었다고 한다. 아울러, 부동산을 담보로 한 ABS는 당시 막대한 레버리지를 사용하고 있어서 집값이 조금만 하락하여도 선순위 투자자들까지도 손해를 볼 수 있는 구조라는 것을 이해하고 있었다고 한다. 그들의 말에 따르면 당시 거의 모든 금융기관이 투자하고 있던 주택담보 ABS 상품에 대해 정확히 이해하는 이는 아무도 없었다고 한다. 단지 신용평가기관이 부여한 AAA 등급만 믿고 투자했던 경우가 대부분이라고 하는데, 다소 과장된 표현이긴 하지만 완전히 거짓은 아닌 것 같다.

기관투자자의 이와 같은 무분별한 투자행태를 악용하여, 존 폴슨이 헤지펀드 매니저로 있던 폴슨앤컴퍼니(Paulson & Company)와 골드만 삭스는 90여 개의 서브프라임 주택담보부 증권으로 CDO를 만들어 기관 투자가에게 매각하면서, 주택가격 하락으로 동 CDO가 부도가 날 경우 CDO 투자 원금 전체를 보장받는 CDS를 동시에 매입하는 상품명 아바쿠스(Abacus-2007AC1)를 만들어 2006년 말에 출시하였다. S&P와 무디스는 이 채권에 A부터 AAA까지 우량등급을 부여하였고, 폴슨앤컴퍼니는 동 채권의 equity에 2억불을 투자하는 모양새를 갖추었다.[40]

골드만 삭스에서 Abacus를 구조화한 트레이더로 알려진 이는 스스로를 "환상적인 친구(Fabulous Fab)" 혹은 "금융계의 슈퍼맨(Financial Superman)"으로 칭한 프랑스인 패브리스 토르(Fabrice Torre) 부사장이었다. 그는 프랑스 명문 에콜 상트랄 파리 대학을 나와 스탠포드에서 석사학위를 받은 후 20대에 골드만삭스 부사장 자리에 오른 그야말로 월가의 전설적인 인물이었다. 그는 동 상품을 구조화하면서 자신의 여자친구에게 보낸 이메일에서 "모기지상품을 중심으로 한 위기가 금융시스템 전체로 확산"되고 있다고 인식하고 있었고, "복잡한 상황에서 살아남는 이는 오직 고도로 레버리지된 상품을 이상하게 만들어내는 자신" 뿐이라고 적었다고 한다. 아울러 그는 자신의 친구에게 보낸 이메일에서 이 상품을 "프랑켄슈타인 CDO" 혹은 "순수한 지적 마스터베이션의 산물"이라고까지 비아냥거렸다. 나아가 이 이메일에서 불쌍하고 보잘 것 없는 서브프라임 모기지 투자자들은 그리 오래가지 못할 것이라는 예언을 설파하였다고 한다. 이 재판의 1심을 담당했던 캐더린 포리스트 뉴욕연방법원 판사는 "피고인 토르가 빨간 모자를 쓴 일반투자자에게 늑대인 존 폴슨이 쓴 초대장을 건넨 사건"이라고 묘사하기까지 하였다. 월가의 추악한 도덕성과 카지노 자본주의의 한탕주의가 만들어낸 거대한 사기극이라고 이야기하면 너무 지나친 단정일까?

하여튼 토르의 예언대로 2008년 1월에 동 CDO는 디폴트 처리되었고, 소액의 보험료만 납입하고 투자원금 전체를 보장받았던 폴슨앤컴퍼니는 그야말로 대박을 터트렸다. 정확한 보장 금액은 알려져 있지 않으나 이론상으로는 동 CDO 채권의 원금 전체가 CDS로 보장된 금액이며, 동 CDO에서만 최소 10억불을 벌어들인 것으로 알려졌다. 쉽게 말해 사망 보험금을 타기

---

40) 김병기, 새로운 경제권력, 매일경제신문사, 2013

위해 보험 가입을 신청했는데 보험회사가 선뜻 보험에 가입시켜 주었고, 1년여 만에 이 사람이 죽으면서 피보험자는 엄청난 액수의 사망보험금을 챙긴 것이다. 세계 최고의 병원인 S&P와 Moody's 2곳이 피보험자가 죽을 확률이 거의 없다고 진단한 상황에서 보험회사는 안심하고 보험금 지급을 약속했을 것이다. 이외에도 폴슨앤코가 2008년에 서브프라임 관련 투자로 벌어 들인 금액은 최소 35억불에 이르는 것으로 추정된다고 한다.[41]

문제는 보험을 중개한 골드만삭스와 보험수익자인 폴슨앤코가 과연 피보험자가 곧 사망할 것이라는 것을 처음부터 알고 있었을까 라는 점이다. 골드만 삭스는 2010년 4월에 SEC로부터 투자결정에 중요한 영향을 미치는 폴슨앤코의 CDS 매입 사실을 공시하지 않았고, 골드만 삭스의 토르가 투자자를 고의로 속였다는 취지로 소송을 당하였다. 2013년 8월 연방법원은 제소된 7건의 혐의 중 6건에 대해 유죄판결을 내리고 골드만 삭스에 5.5억불의 벌금을 부과하였다. 토르는 연방법원의 처벌이 과도하다고 주장하면서 항소하였다. 아이러니하게도 토르는 2014년 부터 명문 시카고대 경제학과 박사과정 강단에서 거시경제분석 과정을 지도할 강사자리를 차지하는 영광까지 안게 되었다. 이 사실은 시카고대가 논란을 일으킬 가능성을 우려하여 쉬쉬하고 있던 차에, 시카고대 학생신문이 폭로하면서 세상에 알려졌다. 월가 출신의 현실경험이 대학수업에 더 중요한지, 아니면 법이나 사회적 감정이 더 중요한지는, 이 사건을 계기로 앞으로 도 두고두고 논란거리가 될 것 같다.

한편 2011년에는 미 연방주택 금융공사(FHFA)가 JP 모건, BoA 등을 포함한 18개 금융기관에 대해 부실 MBS를 FF에 사기성으로 매각했다는 취지로 소송을 제기하였다. 2013년 2월에는 미국의 법무부가 S&P를 상대로 부도 가능성이 높은 CDO에 부적절하게 높은 신용등급을 부여하였다고 소송을 제기하였다. 동시에 SEC는 미국의 상업은행들이 MBS를 발행하면서 발행 신고서에 신용도가 낮고 부실 위험이 큰 모기지 채권에 대한 투자정보를 누락하거나 정확히 알리지 않았다는 이유로, 미국 연방법원에 주요 상업은행들에 대한 민사 소송을 제기하였다. 이후 미국의 법무부는 BoA, 씨티그룹, 크레디트스위스, 도이치방크, 골드만삭스, 모건스탠리, RBS, UBS 등 최소 9개 은행에 대한 조사를 시작하였다. 아울러 2013년 10월에는 블랙락, 뉴버거버만 등이 BoA를 상대로 부실 MBS 판매와 관련한 소송에서 85억불의 배상금을 받기로 합의하였고, JPMorgan을 상대로는 57.5억불의 별도 소송을 제기하였다. JPMorgan은 민사소송과는 별도로 미국의 법무부와 부실 MBS 판매에 대해 130억불이라는 거액의 벌금에 합의하기도 하였다. 2014년 8월에는 BoA가 법무부와 160~170억불의 벌금에 합의했다는 블룸버그 보도가 있기도 하였다. 서브프라임 관련 MBS와 CDO 이야기의 끝은 과연 어디까지 될 것인가?

---

41) Forbes, Jan 29, 2011

3) 위기의 발현: 타이타닉의 침몰

위기는 2007년 초부터 시작되었다. 앞서 언급한대로 FRB는 2003년 1%이던 Fed Fund Target Rate을 2004년 6월 30일부터 1.25%로 올린 이후 거의 매 두 달 만에 한 번씩 금리를 올려 2006년 6월 29일까지 금리를 5.25%까지 급등시켰다. 하지만 미국채 10년물, 장기 모기지 등 장기채는 가격이 올라가면서 금리가 떨어지는 이상 현상이 지속되었다.[42] 장기채의 시장가격이 계속 올라가는 경우에는 단기로 자금을 조달하여도 장기채를 구입하는 전략의 pay-off가 유지될 수 있었다. 왜냐하면 장기채의 시장가격이 계속 올라가는 상황이므로 조달 자금의 만기와 상관없이 동 포지션의 시장가격(mark-to-market)이 양의 값을 가지면서 표면 적으로는 양의 수익을 내고 있기 때문이다. 하지만, 문제는 2007년 초부터 집값이 하락하고 서브프라임 모기지의 원리금 회수율이 악화되기 시작하면서 서브프라임 모기지의 시장가격 이 떨어지기 시작하면서 발생했다. S&P와 Moody's도 앞다투어 해당 CDO의 신용등급을 재 심사하고 신용등급을 낮추기 시작했다. BBB 등급의 중순위 트렌치의 시장가치를 지수화한 ABX 지수는 2007년 6월에 액면가의 60% 수준으로 떨어졌다. 단기자금 조달로 장기 모기지 를 매입한 포지션의 시장가격이 하락하기 시작한 것이다.

아울러, 서브프라임 모기지의 묶음인 CDO는 시장에서 거래량이 극히 낮아 유동성이 매우 떨어지는 상품이라는 점도 시장가격의 하락을 부추겼다. 이에 따라 단기로 자금을 조달하여 막대한 레버리지를 일으켜 장기채에 투자하는 헤지펀드의 유동성 부담이 2007년초부터 가 중되기 시작했다. 특히, 베어스턴즈가 설립한 헤지펀드인 "Bear Stearns High-Grade Structured Credit Strategies" 펀드는 단기로 repo 시장을 통해 자금을 조달하여 장기 모기지 채권에 투자하는 전략을 집중적으로 구사하였는데, FRB의 정책금리 인상으로 인한 단기금 리 상승과 장기 모기지 채권의 시장가치 하락으로 직격탄을 맞았다. 투자자의 환매요구가 이어졌고 베어스턴즈 헤지펀드는 더 이상 환매에 응할 자금이 없었다.

2007년 6월 12일, 월스트리트저널이 이 헤지펀드의 파산위기를 기사화하였다. 이 헤지펀 드의 CDO를 담보로 잡고 돈을 빌려 준 프라임브로커인 메릴린치, 제이피모건, 바클레이스 캐피탈, 골드만삭스 등이 빌려준 돈을 떼일 위기에 처하자, 담보로 잡은 헤지펀드의 CDO를 경매에 붙여 매각하겠다고 베어스턴즈를 압박하였다. 물론 '너죽고 나죽자'는 벼랑끝 전술이 었다. 왜냐하면 담보로 잡은 CDO는 유동성도 없고 시장가치가 이미 떨어져 있었기 때문에 이를 대량으로 매각할 경우 프라임브로커 자신도 명백한 손해를 볼 것이 자명했기 때문이

---

42) 이를 수익률 커브의 역전현상(inverted yield curve)라고 부른다.

다. 하지만 이와 같은 벼랑끝 전술이 신기하게도 통하였다! 베어스턴즈는 담보자산 처분을 철회한다는 조건으로 2007년 6월말 긴급자금 32억 달러를 이 헤지펀드에 지원하였다.

2007년 7월, 독일의 뒤셀도르프에 위치한 독일산업은행(IKB Deutsche Industriedbank AG; IKB)이 긴급자금지원을 요청하였다. IKB는 독일의 중소기업에 기업대출을 전문으로 하는 상업은행이었는데, 기업대출 이외의 수익다변화를 위해 선택한 것이 바로 CDO였다. IKB는 이를 위해 라인브리지라는 구조화 회사를 설립하여 미국의 서브프라임 관련 CDO를 대량으로 매입하였다. 라인브리지 역시 베어스턴즈와 비슷하게 단기로 자금을 조달하여 미국의 장기 모기지 채권에 투자하는 만기불일치(maturity mismatch) 구조를 보유하고 있었다. 라인브리지의 자금조달원은 베어스턴즈와 같은 repo 시장이 아니라, 우량기업의 자산을 담보로 한 단기 기업어음인 ABCP였다. 사태는 ABCP의 주요 투자체인 미국의 MMF 등이 서브프라임 위기 고조로 ABCP 시장에서 자금을 빼내면서 라인하르트의 이른바 돌려막기식 자금조달이 완전히 막혀 버린데서 급격히 악화되었다. 자회사의 자금이 필요할 때 유동성을 지원할 책임을 지고 있던 IKB 은행도 유동성이 없기는 마찬가지였다. 도이치 은행과 코메르츠 은행이 35억 유로를 조성하여 최악의 파국을 막았지만, 서브프라임 모기지의 가치하락이 전 세계 단기자금시장 전체의 경색으로 확대되는 상황이라는 점에서 매우 심각한 사건이었다.

2007년 8월 6일, ABCP로 단기자금을 조달하던 미국의 Home Mortgage Investment Corporation이 파산신청을 하였다. 이유는 동일하였다. 2007년 8월 9일, 유럽중앙은행(ECB)이 유럽의 어떤 은행이든 4%대의 금리로 무제한 자금을 공급하겠다고 선언하였다. 발표 후 2시간만에 유럽전역의 49개 은행이 현금 940억 유로를 요청하였다. 유럽 중앙은행의 발표 후 뉴욕 연방준비은행이 240억 달러의 자금을 시장에 풀었다. 다음날 유럽중앙은행은 610억 유로를 시장에 추가로 풀고 뉴욕 연방준비은행도 360억 달러를 추가로 투입했다.[43] 하지만, 정책당국자의 판단은 안이했다. 2007년 8월말 개최된 세계중앙은행 총재 회의인 잭슨 홀 회의에서 서브프라임 논의가 있었지만 단기간에 해결될 것이라는 게 중론이었다고 한다. 8월 31일 부시 대통령은 백악관 기자회견에서 서브프라임에 과다하게 노출된 헤지펀드나 은행에 대한 대책이 없냐는 질문에 "Thank you"라고 짤막하게 대답하고 기자회견장을 떠났다.[44] 정책당국자의 안이한 인식하에 상황은 계속 악화일로를 걷고 있었다.

2007년 9월 13일 영국의 5위 상업은행인 Nothen Rock이 영란은행에 구제금융을 요청했

---

43) 질리언 테드, 앞의 책
44) 질리언 테드, 앞의 책

다고 BBC가 보도했다. 보도한지 얼마 지나지 않아 Nothen Rock 예금자들이 인터넷 뱅킹을 이용해 예금을 대량으로 인출했다. 다음날에는 예금을 인출하려는 사람들로 Nothen Rock 은행 앞은 장사진을 이루었다. 글자그대로 Bank Run이 시작되었다. Nothen Rock도 마찬가지로 예금자가 아닌 구조화금융을 통해 자금의 75%를 조달했고 모기지 채권을 공격적으로 매입하여 자사의 spc에 매각하였다. 다른 회사와 마찬가지로 전세계 모기지 채권 가치가 하락하고 단기 금융시장이 얼어 붙으면서 단기자금의 차환이 막혀 버리자 유동성을 마련할 방법이 없었던 것이다. 영국 정부가 이 은행의 예금지급을 보증하겠다는 발표를 하고 나서야 겨우 상황은 진정되었다.

2007년 9월 18일 FRB가 Fed Fund Target Rate을 50bp 낮춘 4.75%로 조정하였다. 공포가 공포를 부르는 시장의 패닉이 계속되자 더 이상 FRB도 가만 있을 수 없었던 것이다.[45] 미국 재무부도 적극적인 태도로 변했다. 2007년 10월, 제이피모건, BoA, 리먼브러더스, 씨티그룹, 베어스턴즈, 골드만 삭스 실무자들을 워싱턴에 "소집"한 후, 그림자 은행에 구제금융을 제공할 또 다른 그림자 은행인 이른 바, Super Fund 설립을 논의하도록 독려하였다. 제이피모건이 니커바커 신탁사태가 발생했던 1907년에 했던 것과 동일한 방식이었다. 헤지펀드인 LTCM이 1998년 파산위기에 몰렸을 때도 민간 상업은행과 투자은행이 모여 36억 달러의 자금을 모아 LTCM을 구제하여 성공적으로 금융공황을 막았다. 이와 같은 민간주도의 유동성 위기 극복 방식은 제피 모건 이후 미국의 오랜 전통이 되어 버렸다. 적어도 2008년 9월 15일 까지는. 2007년 10월 14일, 씨티그룹, 제이피모건, BoA는 그림자 은행의 CDO 등을 매입할 또 다른 그림자 은행인 Master Liquidity Enhancement Conduit이라는 Super SIV 설립을 추진한다고 발표하였다.[46] 일종의 민간설립 bad bank였다. 하지만 상황은 나아지지 않고 악화일로에 있었다.

2007년 10월, Moody's를 필두로 S&P, Fitch가 앞다투어 모기지 채권의 등급을 하향 조정하고, 최선순위인 AAA의 신용등급 하향도 경고하고 나섰다. 공교롭게도 2/4분기 실적이 10월에 연달아 발표가 났다. 씨티그룹, UBS, 메릴린치 등이 대규모 손실과 상각계획을 발표하였다. 은행의 주가는 자유낙하 속도로 떨어졌다. 2007.6~11 사이 월스트리트 12개 은행의 시총 2,400억불이 공중으로 날아갔다.[47] 당시 상황이 얼마나 절박하였는지, 몇몇 미국의 은

---

45) 하지만, 이 조치도 시장의 유동성 위기를 근본적으로 해결하지 못했다. FRB의 자금을 이용하기 위해 이용하여야 할 discount window를 신청하는 즉시 개별은행의 유동성위기를 스스로 사인하는 꼴이 되면서 시장으로부터 신용압박이 더 악화되기 때문이다.
46) 이 계획은 나중에 끝내 무산되었다.

행은 중국, 한국, UAE 등 아시아와 중동 국가로 달려가 손을 벌렸다. 10년 전 아시아의 금융위기가 났을 때 강건너 불구경하던 미국의 상업은행과 투자은행이 한국으로 달려가 유동성을 요청하는 믿기지 않은 일이 벌어진 것이다. 2007년 11월말에는 아부다비 국부펀드가 씨티그룹에 75억 달러, GIC 및 중동 투자자들이 UBS에 110억불, 중국의 CIC가 메릴린치에 50억불을 투자한다는 계획을 발표하였다. HSBC에 따르면 이 시기에 아시아와 중동에서 수혈된 자금이 약 600억불로 추정된다고 한다.

2007년 12월 11일, 단기자금 시장이 경색되자 FRB는 은행간 단기자금 융통을 위해 만기 30일 전후의 short term funding program인 Term Auction Facility (TAF)를 시행하였다. 12월 17일, 20일 양일간 만기 28일, 35일로 단기자금 경매가 붙여졌다. 4.65%로 시작한 할인율은 4.17%로 끝났다. 이 경매에 630억불의 자금이 필요하다는 요구가 몰려 들었다. 하지만 자금은 200억불만 설정되어 있었다. 예상을 초과한 것이다. FRB는 유동성 부족이 심각하다는 걸 인식하고 ECB와 스위스 중앙은행 등과 각 200억불, 40억불의 통화스왑(currency swap)을 체결하는 초강수까지 두었다.

2008년 1월, 단기자금 시장의 경색은 더욱 악화되었다. 이제 누구도 믿지 못하는 사상 초유의 사태가 미국의 금융계 전체로 확산되는 양상이었다. 한마디로 금융공황 상태였다. 다행인지 아닌지 메릴린치는 2008년 1월, 한국의 KIC와 싱가폴의 테마섹 등으로부터 120억불의 거금을 투자받아 파산위기를 넘겼다. 하지만, 중국 1위 증권사인 씨틱 증권과 협의를 진행하던 베어스턴즈는 그 어떠한 투자확약도 받지 못했다. 베어스턴즈는 무담보 repo 거래는 물론이고, 이제 등급이 높은 담보물을 통해서도 자금을 빌릴 수가 없었다.

2008년 3월, 베어스턴즈의 5년 채권에 대한 CDS 프리미엄이 수직으로 상승했다. 2월 29일 302.5에서 2주만인 3월 14일, 2배 이상인 772.1로 상승한 것이다. 대형 헤지펀드인 Renaissance Technologies가 베어스턴즈에 맡겨 둔 담보를 모두 회수하고 거래 관계를 끊었다. 2008년 3월 5일 베어스턴즈의 현금은 약 210억불이었다. 10일도 지나지 않은 3월 13일, 베어스턴즈의 현금은 90%가 감소한 20억불이었다.[48] 베어스턴즈의 문제는 또 있었다. 대부분의 CDO 모기지 상품을 자회사가 아닌 모회사가 직접 보유하고 있었던 것이다. 시장의 불안은 가중되었다. 2008년 3월 12일 수요일, 베어스턴즈의 CEO인 앨런 슈워츠는 CNBC에 출연해 회사유동성은 충분하며 1사분기에는 이익을 낼 수 있을 것으로 "확신"한다면서 시장의

47) 질리언 테드, 앞의 책

48) Financial Stability Report of Bank of England, April 2008

불안감을 없애기 위해 안간힘을 다하고 있었다. 비록 그것이 거짓이라 할지라도. 심각한 이슈는 그것 뿐이 아니었다. 베어스턴즈가 상업은행이 아니었던 것이다. 따라서 FRB가 유동성을 지원할 법적인 근거도 없었다. 이제 남은 것은 파산뿐이었다. 베어스턴즈는 당시 뉴욕 연방준비은행장이었던 가이트너에게 도움을 요청했다. 가이트너는 기민한 사람이었다. 미국 내 3위 프라임브로커인 베어스턴즈가 파산할 경우 미국의 헤지펀드는 붕괴될 것이다. 그렇게 되면 공포가 전염되고 미국과 글로벌 전체의 금융산업이 마비될 것이 뻔했다. 법적인 권한이 없었음에도 가이트너는 중재를 수락했다.

2008년 3월 13일 목요일, 맨해튼 48번가에 위치한, 그리스어로 바다 미풍(sea breeze)이란 뜻의 AVRA 레스토랑에서 가족들과 생일 파티를 하고 있던 제피모건의 제이미 다이먼(James Dimon) 회장은 한통의 전화를 받았다. 베어스턴즈에 유동성이 없으니 긴급 지원이 없으면 베어스턴즈가 파산신청해야 하는 상황이라는 것이었다. 다이먼 회장에게 주어진 시간은 단 3일이었다. 장이 열리는 다음주 월요일인 3월 17일 이전에 결정해야 한다는 것이다. 다이먼은 실사를 지시한 후 실사결과를 보고 받고, 베어스턴즈의 부실자산이 너무 많아 인수할 수 없다는 1차 의견을 전달했다. 가이트너는 벤 버냉키 FRB 의장, 헨리 폴슨 재무장관과의 협의를 거쳐 베어스턴즈를 주당 2불에 인수하고 베어스턴즈 자산 중 290억불에 대해서는 손실을 FRB가 책임지겠다는 중재안을 던졌다. 2007년 10월 베어스턴즈의 주가는 130달러였다. 매디슨 애비뉴 383번지에 베어스턴즈가 소유한 부동산 가치만 해도 최소 10억불이었는데, 주당 2달러이면 베어스턴즈의 기업가치가 2.5억불에 불과하다는 뜻이다. 역사상 유례가 없었던 대폭풍 세일(Fire Sale)이었다. 베어스턴즈는 아마도 Blackstone의 Schwartzman 회장 표현에 따르면 "원자폭탄이 떨어지기 직전인 나가사키에서 국수를 파는" 심정이었을 것이다. 하지만, 놀랍게도 3월 16일 일요일, 다이먼 회장은 제안을 수락하고 FRB는 제피 모건의 베어스턴즈 인수를 승인했다. 위기는 가까스로 넘어갔다.

2008년 3월 18일, FRB는 타겟금리를 3%에서 2.25%로 75bp나 내렸다. 불과 6개월전 타겟금리가 5.25%임을 감안하면 무지막지한 속도였다. 표면적으로 시장은 안정되는 듯 보였다. 주가는 회복되고 은행간 단기금리인 리보 금리는 안정을 되찾았다. 하지만, 시장 전체가 근본적인 안정을 찾기에는 너무 많은 이슈가 해결되지 않은 상태였다. 이 당시까지 미국정부와 FRB의 조치는 그야말로 침몰하는 타이타닉호에서 의자나 정리하는 수준이었다.

2008년 4월, 미국의 가계대출 연체율은 15년 만에 최악으로 떨어졌다. FRB는 정책금리를 4월 30일에 2%로 다시 내렸다. 하지만 모기지를 중심으로 한 시장의 불안감은 이제 통제불능이었다. 2008년 3월 20일에 34.3불이던 Fannie Mae의 주가는 6월 30일에 19불로 떨어졌

다. 7월 15일에는 7불로 다시 수직낙하하였다. Freddie Mac의 주가도 비슷했다. 3월 20일 32.6불이던 주가는 6월 30일 16.4불, 7월 10일 8불, 8월 19일 4.1불로 급전직하 하였다. Fannie Mae는 나심 탈레브의 표현을 빌리자면 그야말로 다이너마이트를 깔고 앉은 모양새였다. 한편 모기지 채권에 대한 불안감 때문에 금융시장에서는 자발적인 살생부 명단까지 만들어졌다. 모기지 채권에 대해 엄청난 규모의 지급보증을 섰던 AIG, 베어스턴즈와 유사한 repo 단기자금을 사용하였던 리먼 브러더스, 모기지 CDO 거래와 깊이 관련되어 있는 메릴린치, 모건스탠리, 골드만삭스 등의 파산루머가 시장을 짓눌렀다. 이제는 누가 파산하느냐가 문제가 아니라 언제 어떤 순서로 파산하느냐가 문제였다.

2008년 7월 30일, 부시 정부는 일주일 전 의회를 통과한 "주택 및 경제 회복법(Housing and Economy Recovery Act of 2008)"에 서명하였다. 주요 골자는 Fannie Mae와 Freddie Mac(F/F)에 대한 지원을 위해 미국 재무부가 8,000억불까지 사용할 수 있고, F/F에 대한 새로운 규제기구인 "연방주택금융공사(FHFA: Federal Housing Finance Agency)"를 설립한다는 내용이었다.

2008년 9월 7일 일요일, 헨리 폴슨은 F/F에 대한 전격적 자금투입을 선언하였다. 기관별로 재무부 자금 각 1,000억불을 지원하되 배당은 10% 쿠폰으로 최우선순위를 받는 우선주의 우선주(senior preferred stock) 방식으로 투자한다는 것이었다. 이 조치는 기존 투자자들의 주식가치를 완전히 zero로 만든 징벌적인 조치였다. 실제로 발표 다음날인 9월 8일, Fannie의 주가는 전일 종가 7불에서 0.7불로, Freddie 주가는 전일종가 5불에서 0.8불로 떨어졌다. F/F의 주식은 이제 휴지조각에 불과했다. 이에 더하여 F/F의 경영진을 완전히 교체하고 FHFA가 실질적으로 경영권을 장악하도록 하였다. 헨리 폴슨은 이를 conservatorship이라고 불렀다.[49] 사람들은 귀를 의심해야 했다. 믿기지 않을 조치였지만 사실상 국유화 조치였기 때문이다.[50]

---

[49] 미국 재무부 홈페이지, 보도자료. www.treasury.gov/press-center/press-release/Pages/hp1129.aspx. 보통 법정관리라고 번역하나 여기서는 conservator가 법원이 아닌 연방기관(FHFA)이므로 법정관리라고 번역하기는 부적절하다.

[50] 이와 같은 극단적인 조치를 취한 이유는 무엇일까? 특히, 의문스러운 점은 당시 F/F의 현금흐름에 결정적인 문제가 있었던 것이 아니었는데, 왜 그와 같은 극단적인 조치를 취했는가 하는 점이다. FHFA의 수장인 James Lockhart 국장도 7월에 F/F의 현금흐름에는 문제가 없다고 직접 밝혔다. 아울러 다른 투자은행과 달리 신용도가 좋았기 때문에 단기자금 시장에서 자금을 조달하는 것도 큰 문제는 없었다고 하였다. 물론, F/F의 레버리지 비율이 자기자본의 70배로 다른 투자은행의 평균인 30배에 비해 2배 이상 높았던 것은 사실이다. 하지만, Fannie와 Freddie가 미국 역사상 한번도 없었던 국유화 카드를 꺼낼 만큼 심각한 상태였는지는 여전히 의문이다. 혹자는 이 조치에 중국정부의 영향력이 있었을 것이라고 이야기 한다.

2008년 9월 9일, 한국의 산업은행이 리먼과의 투자협상을 중단한다고 선언했다. 그날 리먼의 주가는 전주 종가에 비해 52% 폭락했다. 다음 날인 9월 10일 리먼의 주가는 40% 더 떨어진 4.2불로 마감했다. F/F에 대한 국유화 조치가 미국 정부가 개입할 경우 기존 주주의 권리를 보장하지 않는다는 신호로 간주되면서, 공매도 세력이 금융주의 하락을 예상하고 집중적으로 이를 공격했기 때문이다. 공매도 전문 헤지펀드는 리먼이 보유한 모기지 자산의 가치가 실제보다 부풀려졌다는 식으로 리먼을 공격하고, 리먼의 CFO는 이를 방어하기 위해 진땀을 흘려야 했다. 아이러니하게도 F/F에 대한 국유화 조치가 투자은행과 상업은행 기존 주주들의 주가 폭락을 가속화시키면서 오히려 시장의 공포를 극대화시킨 것이다. 금융산업에서 가장 중요한 "시장의 신뢰"는 어디에도 없었다. 파산위기 소문이 나도는 금융기관에 대해서는 하이에나떼처럼 공매도 세력의 공격대상이 되었다. 더 심각한 것은, F/F 국유화는 파산위기로 몰린 투자은행을 구제하기 위한 대안 중에서 정부의 직접개입 명분을 완전히 배제시켜버리는 효과를 가져왔다. F/F에 정부가 자금을 지원하고 한달도 안되어서 또 세금을 투입하여 특정 투자은행에 자금을 지원한다는 것이 가능한 일인가? 그나마 F/F는 서민의 주택담보 대출채권을 취급하는 기관으로 국민의 혈세를 투입할 명분이라도 있었다. 하지만, Alan Flusser 양복, Turnbull & Asser 셔츠, Bvlgari 시계에 Hermes 넥타이를 매고 다니면서 수백만 불의 성과잔치를 매년 벌려온 투자은행가들을 구제하기 위해 정부가 국민의 세금을 투입하는 게 과연 얼마나 설득력이 있었을까? 골드만 삭스 출신의 재무장관이었던 헨리 폴슨은 투자은행 구제에 정부가 개입하지 않는다는 강력한 의지를 언론에 피력했다. 하지만 그의 이와 같은 방침은 옳고 틀리고를 떠나서 2008년 대침체(Great Recession)를 촉발시킨 도화선이 되어 버렸다. 리먼이 F/F 국유화 조치 이후 순서상으로 가장 파산가능성이 높았던 투자은행이었다는 게 악운 중의 악운이었다.

2008년 9월 13일 토요일, 제피모건, 씨티그룹, BoA, 바클레이스캐피탈, 골드만삭스, 모건스탠리 등 주요 상업은행 및 투자은행 회장들이 뉴욕 연방준비은행에 모였다. 리먼이 투자은행이었기 때문에 연방준비은행은 리먼을 지원할 수 있는 법적인 근거가 없었다. 아니, 이 때까지만 해도 미국정부와 FRB는 법적인 근거를 찾아서 지원여부를 판단할 만큼 여유가 있었다. 어쨌든 최소한 9월 15일까지는 그랬다. 헨리 폴슨 재무장관도 공개적으로 정부의 자금지원은 없다고 이미 선언한 뒤였다. 남은 것은 1998년 LTCM 사태처럼 공동으로 자금을 출자하여 리먼을 구제하거나 특정 은행이 리먼을 인수하는 것 둘 중의 하나였다. 1907년 니커

왜냐하면 F/F 파산의 가장 큰 피해자는 중국이 될 것이기 때문이다.

바커 사태 이후 또 다른 콘클라베였다. 주어진 시간은 단 이틀이었다. 공동출자는 참석자들 모두 어렵다는 입장이었다. 모두 다 자기코가 석자였기 때문이다. 다만, 만약 누군가 리먼을 인수한다면 부동산 관련 부문은 참석자가 공동자금을 출자하여 인수한다는데 합의했다. BoA는 메릴린치 인수에 관심을 표명했고 다행히도 영국의 Barclays Capital(BarCap)이 리먼 인수에 관심을 표명했다. 당시 BarCap의 CEO였던 Bob Diamond는 영국의 retail 금융에 치중된 회사의 사업영역을 리먼인수를 통해 투자은행 영역으로까지 확대하려는 야망을 가지고 있었다. 리먼 사태의 조속한 해결을 원하는 미국정부와 BarCap 둘 사이의 이해관계가 떨어진 것이다.

다만, BarCap은 리먼이 보유하고 있던 fixed income, 주식, 파생상품 사업을 인수하는 대신, 400억불에 이르는 상업용 부동산 부문은 부실자산으로 간주하고 인수 대상에서 제외하고 있었다. 왜냐하면 BarCap은 2008년 당시 전체 equity의 52%인 103.5억 파운드의 자산을 부동산 분야에서 CMBS 형태로 이미 보유하고 있었고, BarCap이 보유한 미국 CMBS는 55.6억 파운드로 전체 CMBS의 53.7%를 차지하고 있었기 때문이었다. 달리 말해 미국의 부동산 관련 자산을 추가로 인수할 여력이 없었다. 이제 남은 이슈는 인수 대상인 fixed income, 주식, 파생상품 분야에서 거래의 이행을 누가 보증할 것인가 하는 문제이다. 당연히 미국 정부는 인수 주체인 BarCap이 해야 한다고 주장했다. 하지만 미국과 달리 영국 주식시장법규는 상장회사가 그와 같은 보증을 제공하기 위해서는 주주의 동의를 받도록 되어 있었다. 이에 따라 BarCap은 오히려 미국정부에게 이와 같은 절차를 완료할 때까지 보증을 제공할 수 있도록 요청하였다. 하지만, 당시 미국정부는 이와 같은 보증을 제공할 준비가 되어 있지 않았다!

가이트너는 BarCap에게 월요일에 수행해야 할 리먼의 결제를 대신하거나 결제 보증을 해줄 것을 요청했다. 하지만 금액이 너무 커서 BarCap은 영국 금융당국인 FSA에 의견을 구해야 한다는 단서를 달았다.[51] 영국의 상업은행이 미국의 투자은행을 합병하는 사안이므로 영국 금융당국과의 사전교감이 반드시 필요하기도 했다. 절체절명의 순간이었다. 미국 4위의 투자은행 운명이 영국 FSA 정책당국자의 손에 좌우될 정도로 금융산업의 국제적 긴밀성이 높아진 것이다. 9월 14일 일요일 밤, 이 극적인 순간에 영국 FSA의 수장이던 Callum McCarthy는 반드시 주주동의를 사전에 얻어야 한다면서 절차적 이슈를 제기했다. 긍정도 부정도 아닌 멘트였지만, 다음날 리먼의 결제 불능이 예정된 상태에서 지급보증을 위해서는 주주동의에 필요한 절차를 밟으라는 것은 사실상 'No'였다. 가이트너와 폴슨은 패닉상태에

---

51) 질리언 테드, 앞의 책

빠졌다. 그들은 영국관료를 설득할 수 없었다. 미국 금융산업의 운명이 영국 FSA 수장이었던 Callum McCarthy의 말 한마디에 벼랑 끝에서 나락으로 떨어진 것이다. 이제 남은 것은 자유낙하였다.

사실 2008년 9월 14일 이전에는 거대 금융기관이 실제로 파산한 적이 없었다. 어렵기는 했지만 정부보증과 중개, 그리고 민간금융기관의 자발적 참여로 어떻게든 거대 금융기관의 파산을 막기 위한 필사의 노력이 있었고 어느 정도 성공하였다. 미국 Bear Stearns High-Grade Structured Credit Strategies 헤지펀드, 독일 IKB, 영국 Nothen Rock, 미국 Bear Sterns 등이 그랬다. 하지만 미국 4위의 투자은행인 리먼의 주식이 어느 날 휴지조각이 된 것이다. 정부와 민간자율의 위기관리 능력에 대해 1년 넘게 계속 의문을 가지면서 "다음은 누구?(Who is the next?)"라는 게임을 지켜보던 전세계 금융시장이 리먼의 파산을 어떤 신호로 해석하였을까?

2008년 9월 15일 월요일, 리먼 파산이 발표되었다. 동시에 BoA가 메릴린치 인수를 발표하였다. 시장의 반응은 덤덤했다. 훗날 불어닥쳤던 재앙을 보면 미국의 9월 15일 금융시장 반응은 이상하리만큼 조용했다. 주식시장은 다우존스 △4.42%, 나스닥 △3.6%, S&P △4.71% 등 공포라고 할만한 장은 아니었다. 9월 15일은 아시아 시장이 한가위 휴일로 폐장이었고 이어 개장된 유럽시장도 다소 덤덤하였다. 영국 △3.92%, 독일 △2.74%, 프랑스 △3.78%, 이탈리아 △3.66% 하락으로 공포수준의 시장하락이 아니었다. 문제는 주식시장이 아니었다. 바로 헤지펀드를 중심으로 투자은행, 상업은행 등이 거미줄 같이 얽혀 있는 글로벌 금융시장에서 거래상대방에 대한 믿음이 사라졌다는 것이다!

재앙의 출발은 리먼의 파산으로 리먼 유럽이 소유한 모든 헤지펀드 자산이 동결되면서 시작되었다. 미국의 SEC 법규는 프라임브로커와 헤지펀드가 원할 경우 심지어 다른 헤지펀드 자산 상호간에도 분리해서 자산을 보관하도록 강제했다. 하지만 이와 달리 리먼 유럽의 본사가 위치한 런던은 헤지펀드와 프라임브로커의 자산이 분리 되어 있지 않았고, 개별 헤지펀드에 대해서도 상호 다른 헤지펀드 간 계좌를 분리하도록 강제하지 않았다. 리먼 유럽은 모든 헤지펀드의 자산이 프라임브로커인 리먼자산과 함께 하나의 계좌에 혼합되어 보관되어 있었던 것이다. 리먼 유럽의 파산으로 인해 리먼에 보관된 헤지펀드 전체의 자산은 법절차상 당연히 동결되었다. 문제는 그 자산이 리먼의 것인지, 헤지펀드의 것인지, 헤지펀드 것이면 어느 헤지펀드 것인지 전혀 구분되어 있지 않았다는 것이다. 9월 13~14 양일간 미국 본토 내에서 리먼의 파산이 논의되었지만 유럽에 보관된 헤지펀드 전체 자산이 누구 것인지도 모르는 채로 동결될 가능성은 거론조차 되지 않았다. 이유는 단순했다. 미국의 정책당국자와

상업, 투자은행 CEO들이 유럽의 법규에 대해 몰랐기 때문이다.

패닉의 원인은 다른 곳에서도 있었다. 바로 재담보(Rehypothecation) 관행이다. 헤지펀드가 리먼유럽에 맡긴 자산을 담보로 리먼이 다시 돈을 빌려 레버리지를 일으킨 것이다. 이에 따라 리먼 파산으로 리먼유럽이 보관한 헤지펀드 자산을 담보로 리먼에 돈을 빌려준 다른 금융기관도 돈을 받을 수가 없게 되었다. 격렬한 도미노 반응이 일어났다. 이제는 전체 금융시장의 신뢰가 사라졌다. Global Credit Crisis, 재앙의 시작이었다. 리먼 유럽의 공포는 미국을 포함한 전세계 투자은행으로 확대되었다. 투자은행에 대한 환매가 빗발치면서 금융기관 전체에 대한 bank run이 시작된 것이다.

한편 리먼의 파산은 리먼이 대량으로 구조화하여 매도했던 CDO의 파산으로 연결되었다. 아울러 리먼 CDO의 파산은 리먼 CDO를 pooling하여 담은 모든 CDO의 파산을 야기하였다. 투자은행은 CDO가 담긴 채권을 매각하면서 혹시 모를 지급불능 사태에 대비한 헤징 수단으로 소액의 보험료를 주고 대량의 CDS(Credit Default Swap)를 매입하였다.[52] CDO의 파산은 CDS 매입자에 대한 지급불능 채권의 원금을 보장하라는 투자은행의 요구로 이어졌다. CDS가 일종의 보험이므로 투자은행 입장에서는 보험금 청구말고 대안이 없었을 것이다. 문제는 너무 많은 CDS가 발행되었고, 너무 한꺼번에 보험금 청구가 몰렸다는 것이다. 비유하자면 1억대의 자동차 보험을 판 회사에 거의 1억대의 자동차가 거의 동시에 파손되면서 보험금 청구가 일시에 몰린 상황이 발생한 것이다.

CDS 전체 거래액은 원금 기준으로 2007년말 현재 62조 달러였고, 모기지 구조화 CDO에서 리먼의 시장점유율은 전세계 2위였다. CDS 발행시장의 절대강자였던 AIG는 이렇게 엄청난 양의 보험금을 일시에 지급할 여력이 없었다. 더구나 CDS가 일종의 보험 상품임에도 불구하고 일반 보험회사에 적용되는 RBC 비율과 같은 지급준비금 규제가 CDS에 대해서는 아예 없었다.[53] 규제가 없었기 때문에 AIG는 커네티컷에 본사를 두면서, 런던을 중심으로 유럽에 엄청난 양의 CDS를 매각했던 AIG Financial Products Corporation (AIGFP)라는 자회사를 통해 공격적인 마케팅을 펼치는데 규제당국에 보고할 필요도, 필요한 자기자본을 내부에 유보할 필요도 없었다. 2007년말 AIGFP의 CDS 발행잔액은 약 5,000억불이었고, 11만 6천명이 일하던 AIG 전체 영업이익의 약 20%를 놀랍게도 377명이 일하던 AIGFP가 창출하였다!!![54]

---

52) CDS는 채권에 대한 신용사건 발생시 채권의 원금 전체를 보장해주는 일종의 보험으로, 채권부도가 나면 CDS를 매각한 금융기관이 채권의 원금을 보장해 주어야 한다. 1998년 JP Morgan이 개발하였다.
53) AIG의 교훈은 2010년 Dodd-Frank Act에 반영되면서 최소한의 자기자본 규제가 지금은 적용되고 있다.

2008년 9월 16일, 유동성 확보를 위해 신용시장에서 CDO를 중심으로 한 파생금융상품에 대한 투매가 이어졌다. 하지만 사는 사람이 없었다. 아니, 이를 매수할 유동성이 아예 없었다. 신용시장의 경색정도에 대한 지표도 없었다. 이에 따라 AIG와 미국의 다른 MMF가 다음 파산순서로 지목되었다. 추가로 모건스탠리, 메릴린치, 골드만삭스 등 투자은행의 자금조달이 완전히 막혔다. 모건스탠리와 와코비아가 조만간 파산할 것이라는 루머가 시장을 짓눌렀다. 골드만 삭스 회장인 Lloyd Blankfein은 모건스탠리가 파산한다면 골드만삭스는 15분 안에 파산할 것이라고 탄식하였다고 한다.[55] 한편 당일 오후 4시, 미국 역사상 가장 오래된 MMF 중 하나인 Reserve Primary Fund가 자사 웹사이트에 리먼홀딩스가 발행한 채권 7.85억불 가치가 뉴욕시간으로 9월 16일 오후 4시를 기해 "0"달러가 되었다고 밝혔다. 유럽과 영국의 은행들도 마찬가지였다. 런던에서는 공매도 세력이 핼리팩스 은행(HBOS; Halifax Bank of Scotland)에 대한 공매도 공격으로 주가를 16일 하루만에 47%까지 폭락시키며 주식을 거의 휴지로 만들었다. 한가위 연휴로 휴장하였던 한국, 중국, 일본 시장이 9월 16일 차례로 개장하였는데, 한국은 △6.1%, 일본은 △4.95%, 중국 상하이 항셍 지수는 △4.47%, 홍콩 항셍 H 지수는 △7.4% 하락한 폭락장세였다. 2007년처럼 1개 헤지펀드와 상업·투자은행에 대한 Bank run 우려가 아니라 금융산업 전체의 Bank run이 눈앞에 전개되기 시작된 것이다.

금융산업의 신용경색은 제조업체의 단기 자금조달 시장에도 영향을 미쳤다. GE처럼 신용도가 좋은 대기업은 복잡하고 번거로운 은행 대출보다는 절차가 간단한 상업어음을 통해 단기자금을 조달해 왔는데, 단기 조달시장이 막히면서 매일매일 필요한 운전자금을 조달할 수 없었다. GM과 크라이슬러 등 대형 자동차기업도 마찬가지였다. 이제는 리먼이라는 하나의 투자은행이 문제가 아니라, 헤지펀드, 상업은행, 제조업 등 전체 산업으로 그 파장이 급속도로 확산되는 믿을 수 없는 일이 눈앞에서 벌어졌다. 난생 처음보는 검은 백조(black swan) 현상이었다. 당시 프랑스 재무장관이었던 크리스틴 라가르드는 리먼이 파산하도록 내버려

---

54) AIGFP의 CDS 영업을 주도했던 이는 Joseph J. Cassano로 1980년대 Michael Milken의 Drexel Burnham Lambert 출신이었다. 1987년부터 AIGFP의 CFO로 근무하였다. 1998년 JPMorgan이 CDS에 대한 개념을 제시하자 이를 곧 상품 (Broad Index Secured Trust Offering: BISTRO)으로 매각한 장본인이다. 공격적인 영업력과 이익창출 능력으로 AIG의 차기회장으로까지 거론되었다. 2007년부터 CDS에 대한 보장요구가 빗발치자 2008년 3월에 퇴임하였다. 2008년 금융위기를 전세계로 확산시킨 주원인으로 지목되어 2008 금융위기라는 대규모 전염병을 퍼뜨린 최초의 감염자인 "patient zero"로 불리웠다. AIG의 2008년 손실액은 1조 180억불이었다.

55) 아나톨 칼레츠키, 자본주의 4.0, 컬처앤스토리, 2011

둔 헨리 폴슨의 결정을 공개적으로 비난하였다.

4) 위기의 진화: 구원투수 버냉키

다음 날인 9월 16일 화요일, AIG에 대한 850억불의 FRB 대출과 함께 지분의 79.9%를 미국 정부가 인수할 것이라는 계획이 발표되었다.[56] 리먼 구제방안을 논의할 때에는 FRB가 상업은행 이외의 투자은행에 대한 유동성 공급이 법적으로 절대로 불가하다고 밝혔지만, AIG에 대한 전격적 유동성 투입이 이루어진 것이다. 이제는 법적인 근거를 확인하고 절차를 밟을 여유도 경황도 없었다. 리먼과 달리 AIG는 담보가 많다는 이해하기 어려운 논리가 제시되었다. 동시에 금융기관 스스로 알아서 문제를 처리하라던 헨리 폴슨 재무장관이 스스로 미국 정부의 민간개입 불가라는 원칙을 단 삼일만에 뒤집고 AIG의 최대주주 지위에 올라섰다. 굳이 몇 일 만에 뒤집을 원칙을 왜 처음부터 유연하게 적용하지 않았을까? 이제야 비로소 타이타닉호가 침몰하고 있다는 것을 깨달았던 것일까? AIG에 대한 미국 정부의 개입은 아직도 수수께끼이다. 단순히 오락가락 정책의 산물이었다고 치부하기에는 너무 많은 돈이 들어갔기 때문이다.[57] 하지만, AIG에 대한 국유화 조치에도 불구하고 신용시장의 경색은 회복되지 않았다. 미국 언론은 헨리 폴슨의 개입을 "바주카"로 비유했지만, 바주카로 해결될 수 있는 위기수준이 아니었다.

9월 17일 영국의 TSB Lloyd은행이 HBOS은행을 합병하기 위한 논의를 하고 있다고 언론에 밝혔다. 9월 18일, 영국은 은행주에 대한 공매도를 금지했다. 같은 날 미국 재무부는 FRB 자금을 활용하여 MMF의 자금인출에 대비하여 MMF의 지급수요에 대한 보증을 발표하였다. 아울러 폴슨은 CDO 등의 비유동성 자산의 원활한 시장거래를 위해 은행 등 금융기관이 보유한 비유동성 자산을 매입하기 위한 7,000억불 규모의 기금인 부실자산구제 프로그램(TARP: Troubled Asset Relief Program)을 입안하여 의회 문을 두드렸다. TARP 초안은 단 3페이지 분량이었다.

TARP에 대한 의회의 논의가 한창이던 9월 25일에는 미국 저축은행 감독기관인 Office of

---

56) 파이낸셜 타임스에 따르면 AIG에 미국정부가 쏟아 부은 돈은 총 1,820억불이라고 한다. Financial Times, Dec27, 2013

57) AIG의 가장 큰 거래 상대방은 Goldman Sachs였다. 정확히 알려져 있지 않으나 시장의 추산은 약 200억불이었다. 아울러 Goldman Sachs는 AIG의 CDS 판매를 중개하는 역할까지 떠맡아 수행하였다. 따라서 AIG의 파산은 곧 Goldman Sachs의 파산이고 AIG의 구제는 곧 Goldman Sachs의 구제를 의미하였다. AIG의 구제논리는 도대체 무엇이었을까? 헨리 폴슨이 Goldman Sachs의 CEO 출신이었다는게 우연의 일치였을까? Goldman Sachs의 공식적인 부인이 있었음에도 불구하고 시장의 의심은 가라앉지 않았다.

Thrift Supervision(OTS)이 Washington Mutual Bank(WaMu)를 Washington Mutual, Inc. 로부터 분리시켜 파산시켰다. 이전 9일간 인출된 167억불로 인한 bank run 때문이었다.[58] WaMu에 대한 bank run은 지점별로 장사진을 이룬 예금인출이 아니었다. 167억불 거의 모두가 인터넷 뱅킹으로 인출된 cyber bank run 사태였다. WaMu는 2007년 기준 자산 규모가 3,279억불인 미국 6위 은행이었다. 하지만 2008년 9월 주가는 당시 2불이었다. 1년 전 주가가 30불이었다는 게 도저히 믿기지 않았다. WaMu 파산은 미국 파산법 역사상 은행으로는 가장 큰 파산사건이었다. 이제는 시장이 미쳐 돌아가고 있었다.

2008년 9월 29일, 미국 하원은 23표 차이로 TARP을 부결시켰다. 이때까지도 신용시장의 파괴에 대한 심각성이 일반인에게 알려져 있지 않았다는 반증이다. 아울러 역설적이게도 신용시장의 붕괴를 막으려고 제시된 법안이 부결되자 신용시장의 충격이 주식시장으로 전염되었다. 그날 하루에만 S&P는 △8.79%, Dow는 △6.98% 하락하였다. 그날 개장된 아시아와 유럽시장도 마찬가지였다. 일본 △4.12%, 홍콩 항셍 H지수는 △6.61%, 영국 △5.3%, 독일 △4.23%, 프랑스 △5.04% 등 주식시장에서 패닉이 만연하였다. 10월 3일, 반대파 의원들을 갖가지 방법으로 매수, 설득하여 2차 TARP이 의회를 통과하였지만 시장의 패닉은 진정되지 않았다. S&P 지수는 10월 1일부터 연속으로 하락하기 시작하여 1,100대이던 S&P 지수는 10월 10일에는 900대 밑인 899.22로 장을 마쳤다.

10월 18일, 부시 대통령과 헨리 폴슨은 TARP 프로그램의 시행을 선언했다. 목적은 은행의 최우선주를 매입하여 은행의 유동성을 해결하되 경영에는 참여하지 않는 것이었다. 과도한 리스크를 안고 있는 투자금지, 보너스 환수(clawback), 퇴직임원에 대한 과도한 보상 금지 등의 조건이 붙었다. 10월 28일, 주요 상업 및 투자은행에 대한 분배가 시작되었다. Citigroup, BoA, JPMorgan Chase, Wells Fargo는 각 250억불, 골드만 삭스, 모건스탠리는 각 100억불, Bank of New York Mellon, State Street Corp에는 25억불, 총 1,250억불이 투입되었다.[59] 1930년대 대공황 시절에도 없었던 정부의 민간은행 지분 취득이었다. 하지만, 신용위기가 금융위기로 완전히 전이되었고, 이제는 제조업 분야까지 확산된 상황이어서 특단

---

58) 이후 FDIC는 WaMu의 은행부문을 JPMorgan Chase에 19억불에 넘겼다.

59) 2009년 1월에는 Citigroup과 BoA가 200억불을 추가로 수혈 받았다. 당초 금융기관(Financial Institutions) 지원 목적으로 설립되었지만, 당시 부시 대통령은 문제가 된 TARP section 102 조항을 일방적으로 무효화시켰다. 이 조치를 통해 GM에 134억불, Chrysler에 40억불이 자금이 loan 형태로 투입되었다. 자동차 업체에 대한 대출은 2009년 6월, GM이 Chapter 11 파산신청을 함으로써, 미국정부가 GM 보통주 주식의 60.8%를 보유한 형태로 전환되었다. 미국 역사상 전무후무한 자동차 산업 국유화였다. Fox Business News에 따르면 2009년 6월까지 GM에 투입된 총자금은 803억불이었다고 한다.

의 대책이 더 필요한 상황이었다. 특히, 매출의 대부분을 신용을 통해 제품을 판매했던 자동차 업체의 유동성이 씨가 마르기 시작했다. 아울러 이른 바 Big 3인 GM, Ford, Chrysler는 신용을 통한 자동차 판매시 보유한 주택의 지분가치를 신용한도로 설정하였는데, 주택가격이 하락하면서 신규할부판매도 중단되고 이미 판매된 할부금 상환율도 하락하기 시작했다. 더구나 주력 차종업종이 유지비가 높은 대형 SUV, 트럭, 고급승용차에 집중된 바, 일반인들이 반드시 필요한 소형차종 중심의 판매망을 구축한 해외 제조업체와 달리 소비자들의 지출감소에 직격탄을 맞았다. Big Three와 관련된 직간접 고용인원은 무려 3백만명으로 Big Three의 파산은 곧 미국 제조업의 파산을 의미하는 심각한 상황이었다. TARP는 GM의 지분 60.8%를 인수하는데 총 495억불의 자금을 쏟아부었다. 미국 역사상 한번도 없었던 자동차 기업이 국유화되는 순간이었다.[60]

2008년 10월 27일 FRB는 제조업체의 단기자금 시장인 기업어음(CP) 시장의 신용경색을 해소하기 위해 상업어음매입 프로그램(CPFF: Commercial Paper Funding Facility)을 시행한다고 발표하였다. 버냉키는 1985년부터 FRB에 들어오게 된 2002년까지 프린스턴에서 교수생활을 역임하면서 1930년대 대공황의 원인 및 자산 가격과 실물경제 간의 관계에 대해 주로 연구하고 있었다. 그는 화폐론자의 대가인 Milton Friedman의 제자로서 1930년대 대공황은 금융분야에서 발생한 유동성 경색이 그대로 실물경제로 전이되면서 발생하였으며, 중앙은행이 적시에 유동성을 실물경제에 공급했다면 그처럼 파괴적인 공황으로 가지 않았을 것이라고 결론지었다. 따라서 실제 2008년 credit crisis가 발생하였을 때, 실물경제에 미치는 영향을 최소화하기 위해 어떻게 대응해야 할지 나름대로 확고한 입장을 가지고 있었다. FRB의 CPFF는 그의 이론적 무장에 바탕을 둔 자연스러운 정책적 처방이었다. 이렇게 시행된 CPFF의 자금은 New York FRB가 빌려 주었으며 참가자격은 2008.1~8까지 최소한 3개월 동안 기업어음을 발행하여 장부에 보유하고 있는 기업이었다. 시행 이틀만에 1,448억불의 자금이 CPFF를 통해 제조업체에 공급되었다.[61] 천문학적인 규모였다. 이제는 더 이상 투자은행, 헤지펀드, 상업은행의 문제에만 국한된 것이 아니라는 것이 분명해졌다. 리먼 파산 1개월여 만에 US Credit Crisis에서 Global Financial Crisis로 확산된 것이다.

2008년 11월 25일, 버냉키는 정보보증모기지 채권, 자산유동화모기지증권 등을 대량으로 매입하고 ABS 자산을 담보로 대출을 시행(TALF: Term ABS Loan Facility)하겠다는 대규모

60) GM의 국유화는 2013년 12월 9일, 미국 정부가 최종적으로 총 390억 달러를 회수하면서 완전히 종결되었다.
61) 양적완화를 발표한 직후인 11월 26일, 이 금액은 2,941억불이었다.

신용공여 정책을 발표한다.[62] 즉, F/F가 직접 발행한 채권 1,000억불, F/F가 보증을 선 MBS 5,000억불을 직접 구입하며, TAFL에 2,000억불, 총 8,000억불을 투입하겠다는 것이다. 후일 붙여진 명칭인 1차 양적 완화였다. 하지만, 1차 양적 완화 발표 전에 FRB의 자산은 리먼 사태 이전보다 이미 2배 넘게 증가한 상황이었다. 실례로 2008년 9월 3일 현재 FRB가 보유한 자산은 9,057억불이었으나, 11월 5일에는 2조 758억불로 2달만에 2배가 늘었고 양적 완화 발표직전인 11월 19일에는 2조 1,887억불이었다.[63] 오히려 1차 조치 직후인 11월 26일에는 2조 1,091억으로 발표직전보다 감소한 상태였다.

[표 8] FRB 자산 현황(2008.9~2009.3)

2008.9.10	2008.10.1	2008.10.29	2008.11.5	2008.11.19	2008.11.26	2008.12.24	2009.1.28	2009.2.25	2009.3.25
924.2	1,498.7	1,970.7	2,075.8	2,188.7	2,109.1	2,258.7	1,928.6	1,917.6	2,073.2

출처: FRB, 단위 bn USD

이는 FRB의 2008년 11월 조치가 화폐를 대량으로 인쇄한 엄밀한 의미에서의 양적 완화정책이 아니라 실제로는 이미 급속히 팽창된 FRB 자산 내에서의 포트폴리오 조정이었음을 보여 주는 것이다. FRB가 공언한 F/F 채권과 F/F가 보증한 MBS 매입은 2009년 3월, 2차 조치가 발표되기 전까지는 보유한 자산을 매각하여 마련한 유동성으로 조달한 것이다. 따라서 FRB의 1차 조치를 QE로 부르는 것은 무리가 있다고 본다. 실제로도 FRB는 이 조치를 양적 완화라고 이름 붙인 적이 없다.

[표 9] FRB 자산 상세현황(2008.9~2010.10)

FRB Asset Date	US Treasury	Term Auction	CPFF	Other Loans	F/F securities	Mortgage	Total Asset
2008. 9.10	479.8	150	0	23.6	0	0	924.2
2008.10. 1	476.7	149	0	409.5	14.5	0	1,498.7
2008.10.29	476.5	301.4	144.8	369.8	13.6	0	1,970.8
2008.11.26	476.4	406.5	294.1	259.1	12.2	0	2,109.1
2008.12.24	476.0	450.2	331.7	186.6	20.9	0	2,258.7

62) 2008년 11월 조치는 발표당시에는 FRB가 이를 양적 완화로 부르지 않았다. 2010.11월 FRB가 2차 양적완화를 시행하면서 시장에서는 2008.11의 조치를 1차 양적완화로 불렀다.

63) Factors Affecting Reserve Balance, http://www.federalresereve.gov/

FRB Asset Date	US Treasury	Term Auction	CPFF	Other Loans	F/F securities	Mortgage	Total Asset
2009. 1.28	475.1	415.6	248.1	154.8	28.4	7.4	1,928.6
2009. 2.25	474.6	447.6	242.5	138.9	38.3	68.7	1,917.6
2009. 3.25	474.8	468.6	241.3	136.2	50.4	236.2	2,073.2
2009. 4.29	549.1	403.6	181.8	101.5	68.2	366.2	2,068.2
2009. 5.27	600.1	372.5	149.4	123.6	79.8	427.6	2,081.7
2009. 6.24	653.2	282.8	124.0	132.7	96.7	467.2	2,027.3
2009. 7.29	695.8	237.6	67.3	109.9	106.0	542.9	2,003.1
2009. 8.26	744.9	221.1	49.0	105.8	117.4	622.9	2,078.2
2009. 9.23	765.6	196.0	42.4	110.0	129.2	693.6	2,161.8
2009.10.28	774.6	139.2	19.0	109.2	141.6	774.1	2,164.7
2009.11.25	776.5	101.0	15.1	109.6	155.1	852.1	2,209.6
2009.12.30	776.6	75.9	14.1	89.7	159.9	908.3	2,237.3
2010. 1.27	776.6	38.5	8.7	87.9	163.7	969.7	2,250.2
2010. 2.17	776.6	15.4	7.7	86.0	166.5	1,032.6	2,289.5
2010. 3.17	776.7	3.4	7.8	82.3	167.5	1,073.8	2,316.5
2010. 4.21	776.7	0	4.9	78.3	168.9	1,096.4	2,333.9
2010. 5.19	776.9	0	0	74.9	167.4	1,112.9	2,337.5
2010. 6.23	777.0	0	0	68.3	165.6	1,128.7	2,347.9
2010. 7.21	777.0	0	0	64.1	159.4	1,117.5	2,328.7
2010. 8.25	784.5	0	0	56.4	156.5	1,103.2	2,304.4
2010. 9.29	811.7	0	0	49.8	154.1	1,078.5	2,301.9
2010.10.27	837.9	0	0	47.6	149.7	1,051.0	2,298.4

출처: FRB, 단위 Bn USD

요컨대 FRB의 목적은 실제 유동성의 시장공급이 아니라 시장의 패닉을 진정시키기 위한 신호였다고 본다.[64] 특히 MBS와 F/F 채권의 실제매입은 2009년 1월부터 시작되었고, 금융업과 제조업의 단기신용공여 프로그램인 Term Auction과 CPFF가 줄어든 만큼 생긴 여력을 활용한 매입이었다. 따라서, FRB의 발표는 전격적이긴 했지만 그 규모가 시장의 하락추세를 되돌릴 만큼 효과가 없었다. 오히려 2008년 12월에는 금융과 제조업의 신용시장 경색이 최

---

64) FRB 대차대조표 중 other loan 항목은 매우 특이하다. 특히 리먼 파산 직후부터 9월말까지 한 달도 안 되는 기간에 무려 4천억불의 대출이 늘었는데, 이 항목에 대한 자세한 설명은 어디에도 없다. 추정컨대 금융기관에 대한 대규모 긴급자금이었을 것으로 추정된다.

고 정점을 이루었으며, 이와 같은 신용시장 경색은 2009년 12월까지 지속되었다. FRB의 자산 내역 중 금융분야와 제조업 분야의 단기신용공여 프로그램을 보면 2009년 3월말까지 그 규모가 지속적으로 증가하여 2차 조치 발표 당시인 2009년 3월 18일 현재 그 잔액이 각 4,686억불, 2,407억불로, 약 7,000억불의 단기자금이 FRB를 통해 금융권과 제조업에 공여되고 있었다. 달리 말해 특단의 조치가 더 필요한 상황이었던 것이다.

[표 10] FRB Term Auction과 CPFF 비교(2008.9~2009.3)

FRB Asset Date	Term Auction	CPFF	합계
2008. 9.10	150	0	150
2008.10. 1	149	0	149
2008.10.29	301.4	144.8	446.2
2008.11.26	406.5	294.1	700.6
2008.12.24	450.2	331.7	781.9
2009. 1.28	415.6	248.1	663.7
2009. 2.25	447.6	242.5	690.1
2009. 3.25	468.6	241.3	709.9

출처: FRB, 단위 Bn USD

　　2009년 3월 18일, FRB는 1차 조치 때 발표한 6,000억불 규모의 매입액 크기를 2배 가까이 늘려서 F/F의 채권매입액을 750억불, F/F가 보증한 MBS 매입액을 1,000억불 추가하고, 장기 미국채는 신규로 3,000억불을 매입하겠다는 2차 조치를 발표한다.[65] 이 발표는 시장의 예상을 뛰어넘은 조치였다.[66] 특히, 장기 미국채를 새로이 매입하겠다는 내용은 2009년 2월 의회를 통과한 7,870억불의 대규모 경기부양 조치로 인한 불가피한 선택이었다.[67] 왜냐하면 이와 같은 엄청난 재정지출 규모는 이자율을 올리고 이에 따라 민간투자규모를 감소시키게 되는 밀어내기 효과(crowding out)를 초래하기 때문이다. 2008년 이전에는 해외로부터의 자금유입, 즉 경상수지 적자폭으로 미국채가 대규모로 발행되어도 이자율 상승효과를 억제할 수 있었는데, 2009년부터는 경상수지 적자가 대규모로 감소되었고 이 상황에서 미국 정

---

65) 이에 따라 FRB의 조치금액 총액은 MBS 1.25조불, F/F 채권 2,000억불, 재무성 증권 3,000억불 등 총 1.75 조불이다.

66) 2008년말 기준 IMF가 발표한 한국의 GDP가 9,291억불이었다는 점을 감안하면 실로 엄청난 규모였다.

67) 세금감면 – 2,880억불, 실업급여 – 2,240억불, 고용확대 – 2,750억불

부가 대규모 국채를 발행하게 되면 이자율 상승이 불가피한 상황이 되는 것이다. 이와 같이 해외로부터의 민간투자 감소와 재정지출 증가로 인해 필연적으로 나타나는 이자율 상승이라는 부정적 효과를 상쇄시키기 위해서는 FRB의 미국채 매수는 필수적인 조치였을 것이다.

[표 11] 미국 재정적자-경상적자(2001~2012)

연도	2001	2002	2003	2004	2005	2006	2007	2008	2009	2010	2011	2012
재정적자-경상적자(십억불)	525	300	141	217	421	550	553	223	△1,031	△845	△842	△647

출처: Bloomberg

FRB의 조치는 여기서 그치지 않았다. 2010년 FRB는 스스로 양적 완화라고 이름 붙인 첫 번째 화폐 뿌리기 정책을 시행한다. 2010년 11월 FRB가 6,000억 달러 규모의 미국채 매입 프로그램을 전격적으로 발표한 것이다. 지금까지의 조치가 위기를 진정시켜 사태를 악화시키지 않는 소극적 조치였다면, 2010년 11월의 조치는 좀 더 적극적으로 경기를 부양하기 위한 공세적 정책이었다. 이 시기는 주택경기 침체, 실업율 급감, GDP 감소 등의 하락추세를 진정시키는 것이 아니라 추세를 반전시키기 위한 정책적 전환이 필요한 시점이기도 했다. 이를 위해 FRB가 선택한 것은 종전의 포트폴리오 조정 차원의 통화정책이 아니라 새로이 화폐를 찍어내어 미국채를 매입하는 통화정책 최후의 히든 카드, 양적 완화 정책이었다.

실제로 FRB가 양적완화라고 이름붙인 첫 번째 양적 완화인 이 프로그램은 이론적으로도 필연적인 정책선택이었다. 우선 2008년말부터 중립금리(neutral rate)가 (△) 단계로 진입하고 2009년 초반부터 중립금리가 마이너스 상태에서 급격히 하락함에 따라 이미 Fed Fund Target Rate을 "0"%로 유지하여도 정책효과가 없는 상태가 계속되었다. 이는 미국 경제가 인플레이션이나 디플레이션 압력 없이 잠재성장률로 회귀할 수 있는 금리가 (△)라는 뜻이다. 특히, 2009년 3사분기와 4사분기에는 이 중립금리가 각각 △7.59%, △7.54%를 기록함으로써, 미국경제가 자본주의 역사상 한번도 경험하지 못한 단계로 진입하게 되었다.[68] 이는 미국 경제를 잠재성장률로 회귀시키기 위해서는 FRB가 금융기관에 돈을 맡길 때 추가로 약 8% 내외의 패널티 금리를 부과해야 한다는 뜻인데, 사실상 이를 시행한다는 것은 현실적으로 불가능한 정책선택이었을 것이다. 이에 따라 FRB의 선택은 화폐를 찍어서 미국 경제에 말 그대로 "주입"하는 양적완화일 수밖에 없었을 것이다.[69] 이는 미국 역사상 한번도 시도된 적이 없

68) Societe Generale, Cross Asset Research, 2013.12

는 비전통적 방식의 통화정책(non-traditional monetary policy)이다. 양적완화의 효과와 이를 단계적으로 축소하는 tapering 이슈가 현재 금융시장에서 중요할 수밖에 없는 이유이다.

2011년 6월말, 6,000억불 국채매입 프로그램인 1차 양적 완화 프로그램이 종료되었다. 하지만, 주택경기와 실업률 등의 실물경제 지표 회복은 여전히 요원하였다. 미국정부는 이미 재정지출의 한도가 턱밑까지 차있어서 재정지출의 여력이 없었다. 버냉키가 다시 구원투수로 나섰다. 하지만 묘수는 없었다. 이제 남은 건 또 다른 양적 완화였다. 이자율 인하, 재정지출, 포트폴리오 조정을 통한 FRB 추가대출 등의 모든 정책수단이 이미 소진되었기 때문이었다. FRB는 주택경기 회복을 위한 장기금리 인하를 목표로 2011년 9월, 만기 3년 미만 국채 4,000억 달러를 매각하여 만기 6~30년의 장기 국채를 매입하는 공개시장조작 혹은 1차 오퍼레이션 트위스트(operation twist)를 단행하였다. 통화량을 증가시키지 않는 불태화(sterilization) 정책이면서 장기금리를 인하하기 위한 고육지책이었다. 특히, 주로 만기가 10년이 넘는 모기지 채권 가격의 인하를 유도하여 주택경기를 부양하는데 목적을 두었다.

하지만, 주택경기의 회복세는 뚜렷하지 않았다. 이에 따라 2012년 9월에는 주택경기 활성화를 위해 추가로 화폐를 찍어 매월 400억불의 MBS를 매입한다는 별도의 조치가 내려졌다. 2011년 9월 1차 오퍼레이션 트위스트 프로그램이 2012년 6월에 종료되고, 2,670억불 규모의 2차 오퍼레이션 트위스트가 5개월만인 2012년 12월에 종료되자, FRB는 2012년 12월 오퍼레이션 트위스트를 대체하여 매달 450억불의 장기국채 신규 매수를 통한 양적완화 정책을 추가로 단행한다고 발표하였다.[70] 시한은 없었다. 최종 규모에 대한 언급도 없었다. 그야말로 무제한 양적 완화(QE Infinity) 대책이었다. 실로 상상을 초월한 초강경 조치였다. 다만, 실업률이 6.5% 이상에 머물거나 혹은 기대 인플레이션이 2.5%를 넘지 않는 시점을 시한으로 제시했다. 특히, 초단기금리인 Fed Fund Target rate을 0~0.25%로 2015년까지 유지한다는 이른바, 향후 통화정책 지침(forward guidance)까지 발표하였다.[71] 금리인상 시점을 시장에 알려 주는 것은 사실상 중앙은행의 본질적 재량을 포기한 것이나 다름없는 극단적인 조치이다. 동 조치로 인해 2012년 12월부터 테이퍼링이 시행되기 시작하는 2014년 1월까지 FRB

---

69) SG 추정에 따르면 중립금리가 (+)로 전환되는 시점이 2014.3분기 쯤으로 예상되며, FRB는 단기금리를 "0"%에서 탈출하는 출구전략을 이때부터 고민할 것으로 보인다.

70) 2012년 9월 매달 400억불의 MBS 매입과 2012년 12월 매달 450억불의 국채매입 추가 오퍼레이션을 합쳐 시장에서는 3차 QE로 분류하기도 한다. 혹자는 2012년 12월 450억불 국채매입을 4차 양적완화 혹은 QE Infinity라고 부르기도 한다.

71) 2012. 9.13, 고용극대화 및 물가안정(maximum employment and stable price)은 FRB의 법률적 의무이기도 하다.

의 MBS 매입액 400억불, 장기국채매수 450억불, 총 850억불 규모의 달러가 매달 미국의 금융 시장으로 흘러 들어갔다. 기축통화에 대한 화폐 뿌리기, 세계 역사상 최초의 화폐실험이었다.

[표 12] FRB 양적 완화 일지

시기	규모	내용	비고
2008.11.25	8,000억불	*F/F가 직접 발행한 채권 1,000억불, F/F가 보증을 선 MBS 5,000억불 직접 구입, TALF(Term ABS Loan Facility) 2,000억불 투입	
2009. 3.18	4,750억불	*F/F의 채권매입 750억불, F/F가 보증한 MBS 1,000억불 추가 매입 *장기 미국채는 신규로 3,000억불 매입	1차 양적 완화
2010. 6		*경기회복신호로 FRB QE 잠정 중단	
2010. 8		*FRB 3,000억불 국채매입 시작	
2010.11. 3	6,000억불	*미국채 매입 (2011.2Q까지)	2차 양적 완화
2011.9~ 2012.6	4,000억불	*단기채 매도, 장기채 매수	1차 Operation Twist (maturity extension program)
2012. 9.13	매월 400억불	*MBS 매입	3차 양적 완화
2012.7~ 2013.12	2,670억불	*단기채 매도, 장기채 매수	2차 Operation Twist
2012.12.13	매월 450억불	*장기 미국채 매입 *Operation twist 종료	3차 양적 완화 (QE Infinity)
2013. 5.22		*버냉키 의회연설 질의응답 시간에 양적완화 축소 시사 발언	
2013. 6.19		*FRB 양적 완화 축소 가능성 공식 발표	
2013.12.18	매월 △100억불	*2014년 1월부터 미국채, MBS 매입규모 각 50억 불씩 축소 발표	1차 Tapering
2014. 1.29	매월 △100억불	*2014년 3월부터 미국채, MBS 매입규모 각 50억 불씩 축소 발표	2차 Tapering
2014. 3.19	매월 △100억불	*2014년 4월부터 미국채, MBS 매입규모 각 50억 불씩 축소 발표	3차 Tapering
2014. 4.30	매월 △100억불	*2014년 5월부터 미국채, MBS 매입규모 각 50억 불씩 축소 발표	4차 Tapering
2014. 6.18	매월 △100억불	*2014년 7월부터 미국채, MBS 매입규모 각 50억 불씩 축소 발표	5차 Tapering
2014. 7.30	매월 △100억불	*2014년 8월부터 미국채, MBS 매입규모 각 50억 불씩 축소 발표	6차 Tapering
2014. 9.17	매월 △100억불	*2014년 10월부터 미국채, MBS 매입규모 각 50억 불씩 축소 발표	7차 Tapering
2014.10.30	△150억불	양적 완화 종료	8차 Tapering

출처: FRB 발표 기사내용 자체 정리

⓸ 위기의 결과: 미국

1) Great Recession

위기는 미국에게 많은 것을 남겼다. 우선 엄청난 규모의 대량해고가 미국에서 일어났다. 미국의 경우 국내소비가 성장의 70%를 차지하기 때문에 미국의 경우 실업률 통계는 미국의 성장잠재력을 평가하는데 1차적인 요소이다. 버냉키 FRB 前의장이 3차에 걸친 양적완화 정책에도 미국의 고용사정이 나아지지 않자 2012년 12월에 실업률 수치목표 6.5%를 제시하였는데, 이는 FRB 역사상 처음 있는 일이다.[72] 더 나아가 미국에서의 실업률은 단순히 경제적인 의미만 있는 것이 아니다. 실업률은 미국의 사회적, 정치적 지형을 결정하는 가장 핵심적인 변수이다. FRB 現 의장인 Janet Yellen에 따르면 미국 노동자들이 "6개월 동안 실업 상태가 지속되면 실업자의 심리적, 신체적 고통은 극에 달하며, 그들의 결혼과 아이들에게까지 끔찍한 영향을 미칠 수 있다."[73] 2008년 오바마가 흑인으로서 미국 최초의 대통령에 당선되

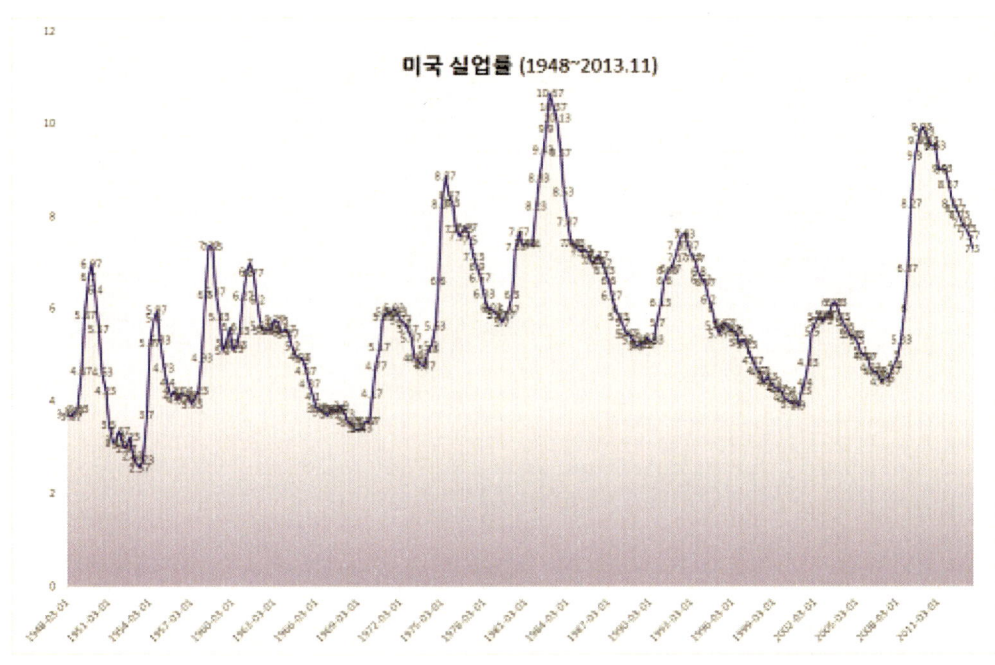

출처: Bloomberg

[그림 9] 미국 실업률(1948~2013.11)

---

72) 미국 고용시장의 1982~2012의 30년간 평균실업률이 6.5%이다.

73) Financial Times, 2, 12, 2013

었던 것은 역설적이게도 2008년 금융위기로 인한 역사적인 사회변혁의 결과였다.

2008년 금융위기 직후인 10월 미국의 실업률은 6.5%였다. 하지만, 이후 대량해고가 만연하면서 2009년 10월에는 실업률이 급격히 상승하여 10.2%를 기록하였다. 민간의 고용통계지수를 발표하는 ADP 전미 고용보고서(Automatic Data Processing, Inc.'s National Employment Report)에 따르면 2008년에 370만개, 2009년에 490만개, 2년만에 총 860만개의 일자리가 사라졌다. 하지만 공식적인 실업률 통계보다 현실은 더 비참했다. 이는 공식적인 실업률이 근로자가 구직활동을 포기하면 실업통계에 포함되지 않기 때문이다. 스티글리츠는 2009년 10월 실제 실업률 통계는 17.5%라고 주장하였는데, 그에 따르면 이는 미국에서 실업률이 기록된 이후 가장 높은 수치였다고 한다.[74] 더 나아가 일할 수 있는 연령대 인구의 58.5%만이 취업상태로 1947년 이후 최악의 고용상황이었다고 한다. 특히 2008~2009년에 없어진 일자리는 금융, IT 분야 등 고소득 직종인데 반해, 그 2010~2012년 사이에 창출된 500만개의 절반이 도소매, 레저, 운송 등 저임금 업종이라는 점은 시사하는 바가 크다고 하겠다.

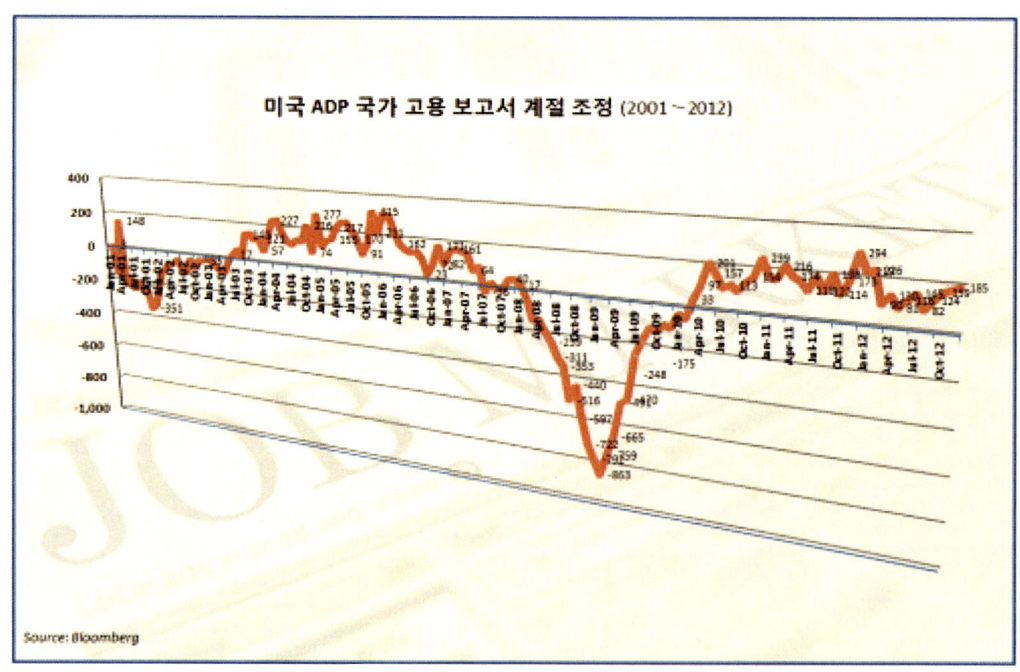

출처: Bloomberg

[그림 10] ADP 국가 고용 보고서 계절조정

74) 스티글리츠, 끝나지 않은 추락, 21세기 북스, 2010

실업률과 관련하여 FRB가 관찰하는 지표는 비농업 신규고용(non-farm payrolls: NFP) 통계이다. ADP 고용보고서보다 1개월 정도 늦게 나오는 단점이 있지만 정책결정의 중요한 기본지표이다. NFP는 농업부문과 정부부문을 제외한 분야에서 창출된 새로운 일자리 수를 의미하는데, 예컨대 동 수치가 +200,000이면 이전월보다 2십만명의 고용이 신규로 증가했다는 뜻이다.

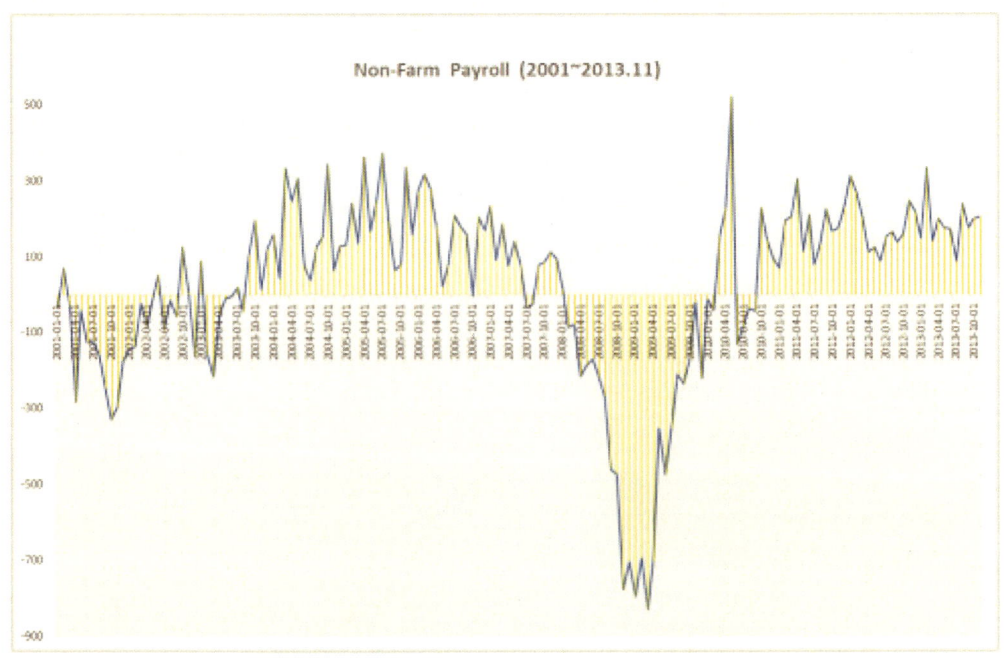

출처: Bloomberg

[그림 11] 미국 Non-Farm Payroll(2001~2013.11)

NFP 통계에 따르면 2008년과 2009년에 각 362만개, 505만개, 총 867만개의 일자리가 사라졌다. 이는 공식적인 NFP 통계가 시작된 1939년 이후 연간 단위에서 가장 높은 수치이다. 2009년 미국은 한마디로 1929년 대공황 이후 최악의 실업 상황에 빠져들었던 것이다.

문제는 다른 곳에도 있다. 바로 실업률의 회복속도이다. 미국은 2차 대전 직후까지만 해도 전통적인 제조업 강국이었다. 제조업 분야 고용이 전체 고용에서 차지하는 비중이 2차 대전 중에는 40%에 가까운 수준이었고, 1950년대까지 전체 고용의 30%를 제조업이 차지하고 있었다. 그러니 그 이후 상황은 급변했다. 1960년대부터 제조업의 비중이 지속적으로 하락하여 2012년에는 제조업 고용이 전체에서 차지하는 비중이 8% 수준에 그치고 있다. 이에 따라 경기침체 이후 고용이 회복되는 속도가 눈에 띄게 느려지고 있다. 2000년대 이전에는 경

기침체 이후에, 이전 경기 피크 수준의 고용을 회복하는데 평균 20여 개월이 소요되었다. 그러나 2001년 경기침체는 이전수준의 고용을 회복하는데 45개월이 걸렸다. NFP 통계에 따르면 2008년 2월부터 2010년 2월까지 해고된 인원은 874만명인데, 2013년 11월까지 신규고용된 인원은 745만명으로, 70개월이 지나서도 이전수준을 회복하지 못하고 있는 것이다.

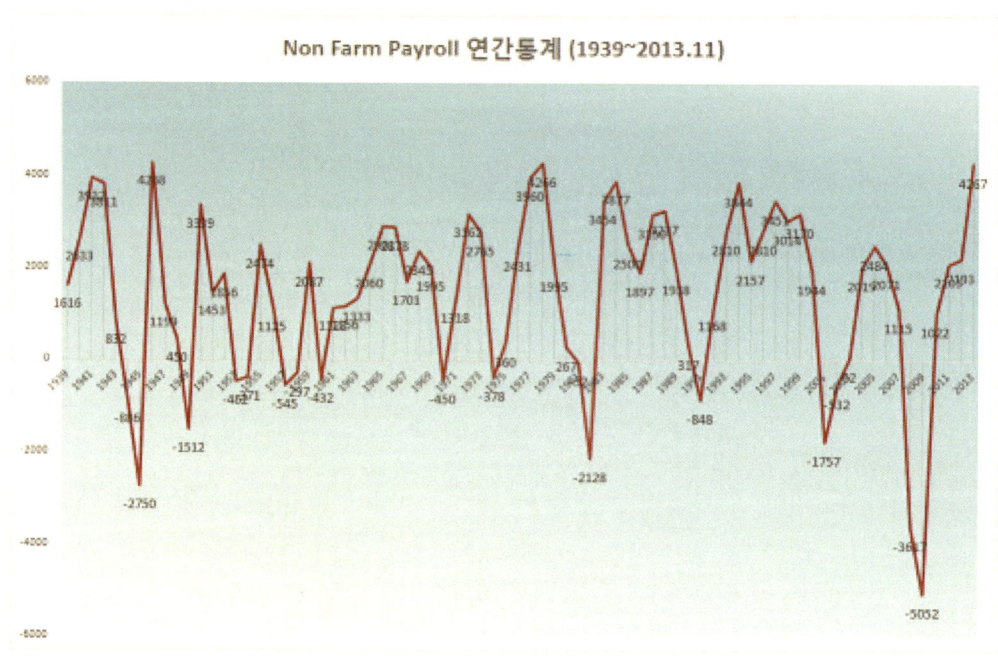

출처: Bloomberg

[그림 12] NFP 연간통계(1939~2013.11)

미국의 자동차 판매대수 역시 미국의 경기를 가늠하는 중요한 지표로서 역할을 하고 있다. 미국 경기가 대안정기에 있었던 2000년부터 2007년까지는 미국내에서 신규자동차는 미국내 국산차와 수입차를 합쳐 매년 최소한 대략 1,600만대가 판매되었다. 하지만, 금융위기가 한창인 2008년에는 1,600만대 밑인 1,321만대가 판매되었으며, 금융위기 직후인 2009년에 판매량이 급전직하 하면서 1,043만대에 그쳤다. 신규자동차 판매의 급감은 GM, Ford, Chrysler 등 이른 바 Big 3의 파산과 사상 초유의 자동차 회사 국유화 조치로 이어졌다.

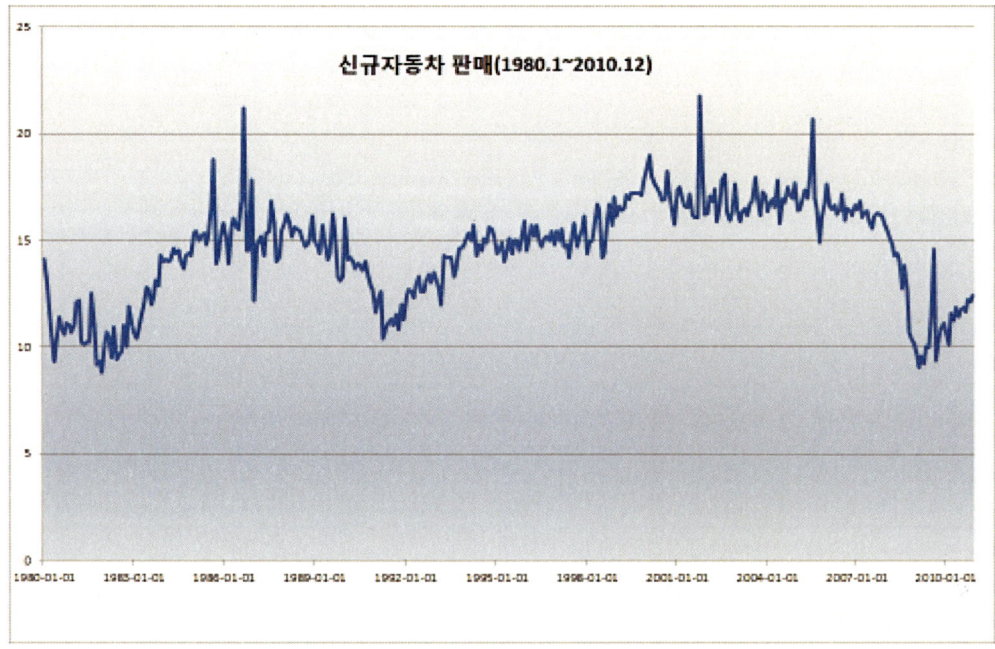

출처: Bloomberg

[그림 13] 미국 신규자동차 판매(1980.1~2010.12)

▋2008년 금융위기, 그리고 토요타와 삼성전자

이와 같은 금융위기를 거친 미국이 절감한 것은 무엇이었을까? 바로 제조업의 중요성이었다. 이에 따라 오바마 행정부는 정부차원에서 해외의 미국공장을 미국 본국으로 리턴시키기 위한, 이른 바 제조업 유턴정책(reshoring)과 제조업 부흥정책(Remaking America)을 적극적으로 펼치기 시작했다. 즉, 설비투자 세제혜택을 강화하고 제조업 유턴비용을 최대 20%까지 지원하는 정책을 추진했다. 아울러 이전 비용 등 각종 비용에 대해서는 2010년부터 2013년까지 매년 총 20억 달러 융자를 제공했다. 특히 미국 본토로 리턴하는 기업에 대한 법인세 최고세율도 35%에서 28%로 대폭 인하했다. 미국의 shale oil과 gas가 대량으로 개발되기 시작하면서 미국 본토에서 영업을 영위하는 것이 경제적 측면에서도 유리하게 되었다. 아울러 중국의 임금상승률이 급증하면서 중국에 공장을 운영하는 것이 비용측면에서 더 이상 효율적이지 않게 되었다. 이에 따라 GE, Apple, 케터필러, 레노버, 구글, GM, 포드, 오티스 등의 미국 기업이 중국, 일본, 멕시코 등으로부터 미국 본토로 돌아오거나 검토 중이다. 나아가 중소기업에 대한 지원책을 강화하고 상장 및 자금조달을 쉽게 하기 위해 Jump Start Our Business Startup Act, 이른 바 JOBS법을 2012년 4월에 통과시키기도 하였다. 이 법안에 따라 신생상장기업에 대한 회계규정 적용 유예가 종전의 2년에서 5년으로 연장되고, 투자은행이 상장을 주선한 중소기업에 대한 리포트 작성을 허용하며, 웹을 통해서 소액투자자의 자금모집을 허용하는 크라우드 펀딩(crowd

funding)이 도입되었다. 리쇼어링의 대표적인 기업이 미국 자동차 업체인 GM이다. 미국의 자동차 산업은 생산과 소비 측면에서 경제적으로 매우 중요한 위치를 차지하고 있어 GM의 reshoring은 매우 상징적인 의미를 갖는다.

글로벌 금융위기는 미국의 대내외 산업 및 무역정책에도 큰 영향을 미쳤다. 특히, 자동차, IT 기업 등 미국의 대표적 제조업체에 대한 보호기류 확산은 이미 돌이킬 수 없는 대세라고 본다. 가장 대표적인 사례가 토요타의 급발진 사건에 대한 미국의 대응이었다. 자동차 급발진에 대한 문제는 하루 이틀된 새로운 이슈가 아니었다. 특히, 급발진이 토요타에게만 집중된 것도 아니었다. 실제로 2009년 하반기 6개월 동안 발생한 리콜은 216건이었고, 그 중 토요타는 6건 뿐이었다고 한다.[75] 오히려, GM의 경우는 금융위기 훨씬 이전부터 쉐보레 등의 엔진 점화장치 불량 등으로 인한 에어백 오작동 사망인원이 토요타보다 훨씬 많은 것으로 뒤늦게 알려졌다.[76] 하지만 미국 전체의 대응은 토요타에게는 매우 가혹한 것이었다. 경찰이 토요타 자동차를 몰다가 사망한 사건을 보도하면서, 사망사고 직전 경찰의 녹음파일까지 언론에 공개되어 토요타에 대한 여론이 최악의 상황으로 치달았다. 2009년 9월 토요타는 캠리, 프리우스, 타코마, 렉서스 등 7개 모델에 대해 총 380만대를 리콜하였다. 토요타 역사상 가장 큰 리콜이었다. 나아가, 2013년 10월에는 토요타의 급발진이 매트가 앞으로 미끌어져 가속페달을 누르면서 발생한 것이 아니라, 소프트웨어 오류와 이를 방어할 안전장치 미작동에 따라 발생되었다는 배심원의 평결을 법원이 받아들였다. 아울러, 토요타가 엔진결함에 대해 사전에 알고 있었다는 의혹까지 제기되면서 토요타는 미국 역사상 가장 많은 금액인 12억불의 배상액에 합의한 것으로 알려졌다.[77]

애플 역시 삼성전자가 자사의 실용특허와 디자인특허를 침해하였다는 소송을 2011년 4월 15일에 캘리포니아 북부지원에 제출하였다.[78] 디자인특허의 주요 논리 중 하나는 아이폰이 채택한 둥근 모서리를 삼성이 모방했다는 것으로, 세계 1등 기업이 내세우는 경쟁력 치고는 다소 빈약해 보이는 논리였다. 더구나 재판정에서 구사한 애플의 전략은 미국민의 애국심에 호소하는 "애국심 변론"으로 일관하였다고 알려졌다. 하지만, 이와 같은 전략은 놀랍게도 성공을 거두었고 결국 삼성은 애플에 패했다. 2012년 8월 24일 마감된 1차 배심원 결과 삼성이 애플에 배상해야 할 금액은 10.5억불이었다.[79] 누가 봐도 경악할만한 배상액이었다. 설사 디자인 침해

---

75) 최윤식, 2030 대담한 미래, 지식노마드, 2013. 하지만, 어떤 통계는 토요타의 급발진이 10만대 당 4.81대로 포드 3.12, 크라이슬러 1.72, GM 0.81대를 크게 앞선다고 한다.

76) New York Times, 2014.3.13. 뉴욕타임즈는 2003~2012년간 동 결함으로 사망한 인원이 303명이라고 보도했으며, GM이 2001년부터 그 결함을 알고 있었을 가능성에 대한 의혹을 제기했다.

77) Washington Post, 2014.3.19

78) 애플이 삼성전자를 대상으로 소송을 건 이유가 삼성전자와 연대한 구글을 견제하기 위한 것이라는 의견도 있다. 애플과 구글은 각기 하드웨어와 소프트웨어를 제공하는 상호 파트너 관계를 유지하다가 지금은 완전한 적대 관계로 돌아섰다.

를 인정한다 하더라도 스마트폰의 판매는 디자인보다 그 기능에 주요 동기가 있으므로, 디자인 침해로 인한 손해는 일부에 한정되어야 한다.[80] 하지만 미국 법원은 둥근 모서리를 모방한 디자인 특허 침해를 이유로 이익 전부를 환수하는 코미디 같은 판결을 한 것이다. 이처럼 삼성전자가 애플과의 소송에 힘을 쏟아 붓는 동안 삼성전자의 스마트폰 세계 시장 장악력은 눈에 띄게 약화되었다. 2014년 2분기 기준으로 삼성전자 스마트폰의 시장점유율은 전년 동기 32.3%보다 7.1% 포인트나 하락한 25.2%로 급락하였다.

한편, 2014년 4월 2일에는 애플이 삼성전자를 대상으로 자동정렬, 밀어서 잠금 해제, 데이터 태핑, PC-스마트폰 동기화, 통합검색, 단어 자동완성 등의 특허 침해를 이유로 21.9억불의 손해 배상 소송을 다시 제기했다. 이번에는 삼성전자도 애플을 상대로 맞소송을 걸었다. 2014년 5월 3일, 삼성전자가 1억 1,962만불, 애플이 약 15.8만불의 배상액을 물어주라고 미국 법원은 평결했다. 애플이 받을 배상액은 당초 자신들이 내세운 손해액의 5.5%에 불과했다. 사실상 애플의 패배, 삼성전자와 구글의 승리였다.

또 하나의 중요한 부문은 부동산 분야 주요 지표인 신규주택 착공건수인데, 1998년부터 15년간 미국의 연평균 신규주택 수요는 연평균 1,600만호이다. 하지만, 미국 정부가 적극적인 주택정책을 펼친 2002년부터 2007년까지는 연평균 수요를 초과하는 주택이 지어졌다. 2005년 한해에만 미국 전역에서 2,400만호가 넘는 개인 신규주택이 착공되었다. 특히, 2006년 1월과 2월 두 달 사이에는 430만호라는 어마어마한 규모의 개인주택이 착공되었다. 그러

[표 13] 미국 신규주택 착공건수(2001~2011)

연도	2001	2002	2003	2004	2005	2006	2007	2008	2009	2010	2011
신규주택착공 건수 월평균 (개인) 단위: 천호	1,601	1,710	1,854	1,949	2,073	1,812	1,342	900	554	586	612
연간 신규주택착공 건수 (개인) 단위: 천호	19,214	20,523	22,245	23,394	24,875	21,743	16,102	10,800	6,648	7,026	7,343

출처: Bloomberg

---

79) 2014년 2월 7일, 미국 연방지방법원 재판부는 삼성-애플 양측의 추가심리 요청을 기각하고 애플측이 상고를 포기하면서 원안보다 12% 삭감된 최종 9.3억불의 배상금으로 확정되었다.

80) 미국의 로스쿨 교수 27명 역시 2014년 6월 1일, 미국 법원에 제출한 법정 의견서(amicus curiae brief)를 통해 삼성전자의 배상액이 과하다는 의견을 전달했다.

나, 금융위기가 시작되고 있었던 2007년 이후부터는 주택착공건수가 급격한 감소세로 돌아섰다. 특히 금융위기가 정점을 달리고 있던 2009년에는 660만채에 불과한 신규 주택이 공급되었는데, 이는 최고점이었던 2005년에 비해 무려 73%나 감소한 수치였다.

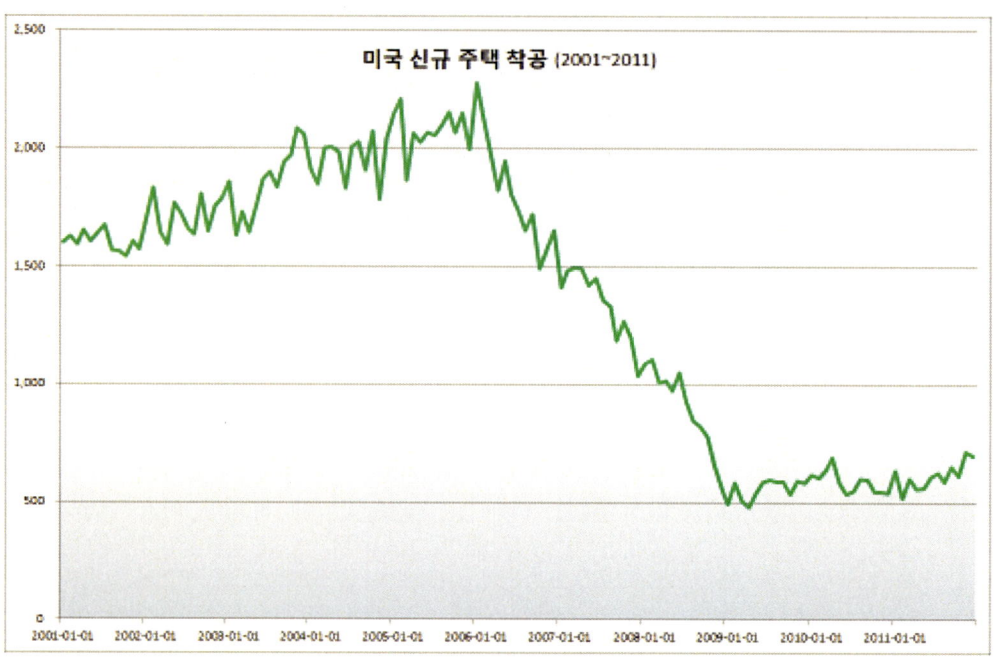

출처: Bloomberg

[그림 14] 미국 신규주택 착공(2001~2011)

　　기존 주택거래량을 살펴보아도 그 충격의 강도를 가늠할 수 있다. 주택경기가 최고조를 이루었던 2005년에는 8,500만호라는 엄청난 규모의 거래가 미국 전역에서 이루어졌다. 블룸버그 통계가 존재하는 가장 오래된 연도인 1999년부터 2014년 5월까지 월평균이 528만호, 2000년부터 2013년까지 연평균이 6,371만호임을 감안하면, 엄청난 양의 거래량이다. 하지만 2006년부터 지속적인 감소세를 시현하다가 금융위기가 정점이었던 2008년에 5천만호 이하의 거래량을 보였다. 거래량이 가장 많았던 2005년보다 41%나 급감한 거래량이다.

[표 14] 미국 기존주택 매매(2001~2011)

연도	2001	2002	2003	2004	2005	2006	2007	2008	2009	2010	2011
기존주택 매매월평균 단위: 백만호	5.33.	5.66	6.18	6.73	7.08	6.52	5.04	4.11	4.33	4.18	4.28
기존주택 매매연합계 단위: 백만호	63.92	67.88	74.11	80.72	84.91	78.19	60.49	49.72	51.95	50.19	51.32

출처: Bloomberg

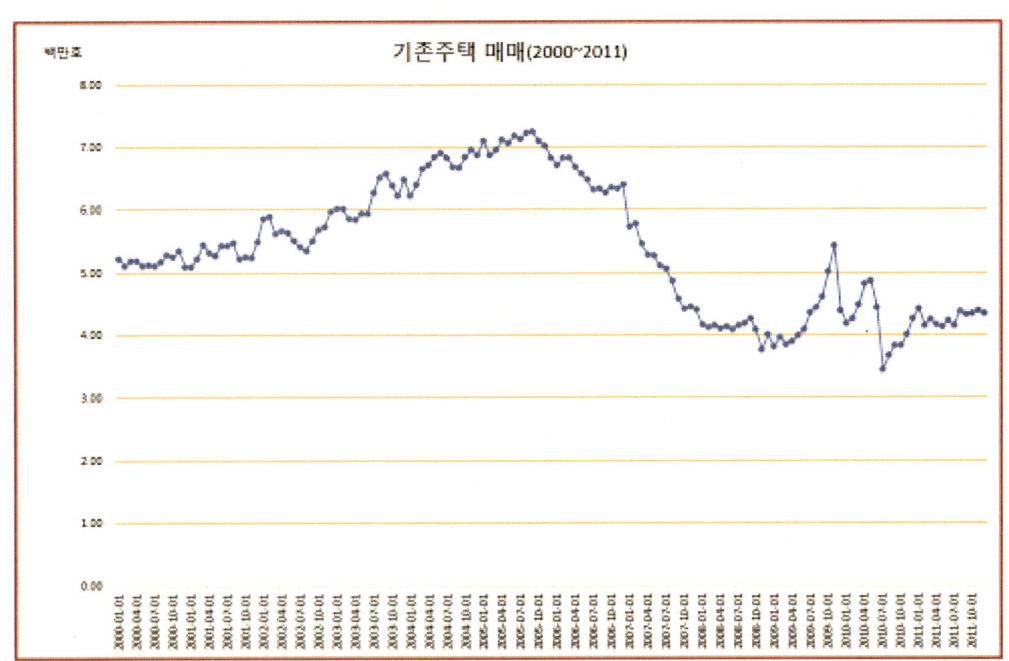

출처: Bloomberg

[그림 15] 미국 기존주택 매매(2000~2011)

한편 블룸버그에 따르면 2012년말 현재 미국의 가구 수는 1억 1,500만 가구이고 총 주택 수는 1억 3,300만채라고 한다. 2005~2008년까지는 주택공급이 지나치게 활발했던 시기로 초과 공급된 주택이 350만채 정도로 추산된다. 반대로 2011년부터는 주택 수요가 주택 공급을 초과한 시기로 주택가격의 완만한 상승을 유도하는 시기이다. 그러나, 2008년까지 초과 공급된 주택이 재고로 남아 있는 상태로 여전히 주택시장에서는 초과공급 상태가 해소되지 않고 있다. 다만, 2011년에는 주택재고가 9%, 2012년에는 주택재고가 7%로 2년 연속 감소

세를 기록하고 있어, 평상시 주택재고 수치가 6%인 점을 감안하면 조만간 주택가격 상승이 본격화될 가능성을 내포하고 있다고 보아도 무방할 것 같다.

[표 15] 미국 가구수 및 주택수(2000~2012)

년도	가구수 (천가구)	주택수 (천개)	차이	가구수 증감 (천가구)	주택수 준공 (천개)	차이
2000	103,873	116,301	△12,428		1,901	
2001	104,626	117,905	△13,279	753	1,604	△851
2002	105,822	119,456	△13,634	1,196	1,551	△355
2003	106,687	121,077	△14,390	805	1,621	△756
2004	108,715	122,825	△14,110	2,028	1,748	280
2005	110,593	124,711	△14,118	1,878	1,887	△9
2006	111,008	126,500	△15,492	415	1,789	△1,374
2007	111,832	128,132	△16,300	824	1,632	△808
2008	111,585	129,313	△17,728	△247	1,181	△1,428
2009	112,361	129,970	△17,609	776	657	119
2010	113,408	131,826	△18,418	1,047	1,857	△810
2011	114,058	132,312	△18,254	650	486	164
2012	115,031	132,961	△17,930	973	649	324

출처: Bloomberg

2) 규제강화: Too Big to Bail! Too Big to Fail!!, Too Big to Jail?[81]

금융위기가 전세계적으로 확산된 1차 원인은 리먼이라는 금융기관이 너무 커서 구제금융을 제공하기 어려웠고(Too Big To Bail), 이에 따라 정부가 직접 지원하든 민간이 주도해서 지원하든 지원에 성공하지 못해 파산했기 때문에 일어났다. 폴슨이 파산 이틀 전에 소집한 콘클라베는 60억불이 넘는 구제금융을 처리하기에는 시간이 너무 촉박했다.[82] LTCM 이후에 급속히 진행된 금융의 세계화 실정에 대한 정확한 인식도 부족했기 때문에, 구제금융을 위한 국제적 공조에 대한 필요성도 사전에 면밀하게 검토되지 않았다. 하지만, 2008년 리먼의 파산은 너무 큰 금융기관은 파산시키면 안된다(Too Big To Fail)는 역설적인 교훈만 남겼

---

81) 규제강화와 관련된 내용은 지나치게 전문적인 내용으로 이해하기 어려운 경우에는 skip하는 것이 좋다.

82) 1998년 LTCM 파산 때 미국 금융기관이 자발적으로 지원한 금액은 36억불이었으나, 2008년 리먼 구제에 필요한 금액은 최소 60억불이었다.

다. 리먼의 파산 이후 미국정부의 정책적 처방이 AIG 구제, 7개 대형 상업 및 투자은행에 대한 대규모 자금투입 등 오히려 금융기관의 대형화를 가속화시켰기 때문이다. 실제로 은행을 중심으로 한 금융기관은 2008년 금융위기 이후 몸집을 더욱 불렸다. 한 통계에 따르면 2012년말 기준 전세계 25개 대형은행의 자산은 40조 달러가 넘어 전세계 GDP의 60%에 육박하고 있다고 한다.[83] 마지막으로 이와 같은 엄청난 일이 벌어졌음에도 불구하고 법적, 도덕적으로 금융위기로 인한 책임은 그 누구도 지지 않았다. 그 여파가 너무 커서 그 누구도 법적인 처벌을 하기 어렵기(Too Big To Jail) 때문이었을까?

이와 같은 엄청난 일이 벌어졌음에도 불구하고 누구하나 제대로 책임지는 사람이 없자, 극단적인 도덕적 해이 방지와 금융위기의 원인을 정확히 규명하기 위해 미국 의회는 2009년 5월에 금융위기 조사위원회를 설립하였다. 아울러 2009년에는 오바마 대통령이 대통령경제부흥자문위원회(President's Economic Recovery Advisory Board)를 구성하여 경제회복을 위한 다양한 정책제안을 내도록 하였다. 이 위원회의 정책제안은 첫째, 금융시장의 시스템 리스크를 평가하는 위원회의 설치, 둘째, 파생상품의 투명성 제고 등 금융시장 전반의 재규제, 셋째, 금융상품 소비자 보호, 넷째, 금융위기시 FDIC와 FRB의 권한 확대, 다섯째, 금융규제에 대한 국제공조 강화와 신용평가기관에 대한 규제강화로 대별된다. 이를 반영하여 법률 명칭도 The Wall Street Reform and Consumer Protection Act로 붙여져 2010년 7월 오바마 대통령이 정식 서명하여 발효되었다. 특히 이 법안의 주요 제안자였던 상원의원인 Chris Dodd와 하원의원이었던 Barney Frank의 이름을 따서 동 법안을 Dodd-Frank Act라고 부르기도 한다.

3) Dodd-Frank Act

Dodd-Frank Act (DFA)는 크게 16개의 title로 구성되어 있다. 각 title별로 수백 페이지에 이르는 규정과 해설집이 있어 엄청나게 방대한 분량을 자랑한다. 너무 분량이 방대하여 자세한 설명은 파생금융상품에 대한 규제와 Volcker Rule에 대해서만 한정해서 이야기하는 것이 좋을 것 같다. 우선 DFA는 금융기관 전반을 감독하고 시스템 리스크를 모니터링하는 금융안전감독위원회(Financial Stability Oversight Council: FSOC) 설립을 의무화하였다. 이 위원회는 재무부가 회의를 주재하고 FRB, SEC, CFTC, FDIC, OCC, FHFA 등의 연방 10개 기관이 참석한다. 이 위원회는 분야를 자산운용, 청산 및 결제시스템, 은행 및 은행 지주, 보험

---

83) The Banker, Top 1,000 World Banks 2013, www.thebanker.com

회사, 헤지펀드 및 PEF 등 5개 분야별로 건전성규제 및 감독을 수행하고 이를 통해 시스템 리스크를 긴밀히 모니터링하는 역할을 수행한다.

이 중 Title VII은 Wall Street Transparency and Accountability로 제목이 붙여져 있으며 파생관련 상품의 관련규제를 담고 있다. 파생관련 규제를 크게 정리하면 3가지로 정리가능한데, 첫째, 장외파생상품 거래의 보고(reporting) 체계 수립, 둘째, 장외파생상품의 중앙청산소(central clearing house) 이용강제 및 수립, 마지막으로 장외파생상품의 거래 플랫폼 수립이 그것이다. 이 세 가지 원칙은 장외파생상품의 거래 투명성을 제고하고 시스템 리스크로 전이되는 것을 사전에 파악하기 위한 목적에 기초하였다고 보면 된다.

Title VII은 security-based swap의 규제권한은 SEC에, swap에 대한 규제권한은 CFTC에 부여하였다. Security-based swap이란 1개의 증권에 내재화된 스왑 혹은 10개 미만의 기초자산을 포함한 좁은 범위의 증권인덱스(security index)를 의미한다. 보장자산이 1개 기업인 single name CDS, 10개 미만의 기초자산으로 구성된 FTD 등이 이에 해당된다. Swap은 security- based swap을 제외한 스왑거래를 의미하며 10개 이상의 기초자산을 지수화한 지수도 포함이 된다. iTraxx, KOSPI200 등이 이에 해당하며 기초자산이 이자율, 상품, FX 등으

[표 16] Dodd-Frank Act 구조

Title	제목
I	Financial Stability
II	Orderly Liquidation Authority
III	Transfer of Powers to the Comptroller, the FDIC, and the FRB
IV	Regulation of Advisors to Hedge Funds and Others
V	Insurance
VI	Improvements to Regulation (Volker Rule 포함)
VII	Wall Street Transparency and Accountability
VIII	Payment, Clearing and Settlement Supervision
IX	Investor Protections and Improvements to the Regulation of Securities
X	Bureau of Consumer Financial Protection
XI	Federal Reserve System Provisions
XII	Improving Access to Mainstream Financial Institutions
XIII	Pay It Back Act
XIV	Mortgage Reform and Anti-Predatory Lending Act
XV	Miscellaneous Provisions
XVI	Section 1256 Contracts

로 다양화한 경우도 포함된다. 하지만, 모든 파생상품이 이 두 가지로 분류되지는 않으며, 두 가지 상품이 혼합되어 있는 hybrid 상품 혹은 어느 상품에도 해당되지 않는 파생상품도 있을 수 있다. Hybrid의 경우는 SEC와 CFTC 모두 규제권한을 보유하겠지만 두 가지 성격 모두를 보유하고 있지 않은 파생상품의 경우는 규제가 가능한지, 가능하다면 어느 규제기관이 다루어야 할지는 아직은 분명하지 않다.

Swap과 security-based swap을 거래하는 딜러를 각각 swap dealer(SD), security-based swap dealer(SBSD)라고 칭하는데, 주로 상업은행, 투자은행, 헤지펀드 등이 이에 해당한다. DFA에 따르면 누적된 총명목거래금액(gross notional)이 80억불을 상회하는 스왑과 CDS security-based swap, CDS 이외의 security-based swap의 경우에는 4억불을 상회하는 경우 SD나 SBSD로 등록하여야 한다. 이 금액기준은 향후 5년간 지속적으로 감소하여 각 30억불 및 1.5억불로 하향 조정된다. 만약 거래 상대방이 미국의 주정부나 종업원퇴직소득연금(ERISA)과 같은 특별주체(special entities)이면 그 기준이 2,500만불로 크게 하향조정된다.

DFA는 SD나 SBSD 이외에도 파생거래상품 거래를 수행하는 주요한 플레이어들, 예컨대 AIG와 같은 Major Swap Participants (MSPs), 집합적으로 상품선물 계약이나 옵션에 투자하는 신탁인 Commodity Pool Operators (CPOs),[84] 선물계약을 통해 상품거래를 중개하면서 증거금(margin)을 보관하는 Futures Commission Merchants (FCMs), FCMs과 유사한 역할을 하지만 증거금을 요구하지 않는 Introducing Brokers (IBs), 스왑 데이터를 보고, 보관하는 Swap Data Repositories (SDRs) 등도 역시 SEC나 CFTC에 등록하도록 강제하고 있다.

일단 등록이 되면 크게 해당 기관으로서의 요건과 해당 거래요건을 모두 준수해야 한다. 해당 기관으로서의 요건은 적절한 자본유지, 준법감시인의 임명, 스왑데이터의 보관 및 보고 등이며, 해당 거래요건은 후술할 DCO 사용, 외부행위준칙(external business conduct: EBC), 해당 스왑거래의 실시간 인터넷 공지, 모든 거래 기록의 보관 등이다. 기관 요건 중 자본적정성, 준법감시인의 임명, 스왑데이터 보관 등을 First Category 혹은 Category 1이라 부르고, SDR reporting, 마케팅 및 세일즈 문서와 관련된 스왑 데이터 보관, 대규모 거래 보고 등을 Second Category 혹은 Category 2라 부른다. 그리고 거래요건 중 EBC를 제외한 DCO, 거래기록 보관 등을 Category A라 부르고, EBC를 Category B라고 부른다.

기관준칙으로서 유지해야 할 적절한 자본수준은 아직 확정되지 않았으나, 2014년 3월 현재 2천만불을 기본으로 하고 각 포지션별로 시장에 노출된 리스크에 따라 추가로 자본금요

---

84) CPO를 운영하는 운영자가 Commodity Trading Adviser이다.

건이 부과되는 방안이 논의되고 있다. EBC는 현재 CFTC가 규율하는 스왑거래에만 적용되며 주로 거래상대방에 관련파생상품의 위험을 알려야 하는 의무, 이른 바 KYC (Know Your Customer) rule을 기본적으로 부여한다. SEC는 아직 EBC 규율을 완성하지 못하여 현재는 적용되지 않는다. 따라서 single name CDS를 거래하는 경우는 EBC가 적용되지 않는다. 한편, 해당 스왑거래를 인터넷에 공지하는 의무가 부과되면서 자기 포트폴리오가 드러나는 것을 꺼리는 다수의 헤지펀드들이 미국 외로 거점을 옮기고 있다고 한다. 모든 거래 기록의 보관과 관련해서는 해당거래의 실행 전, 당시 및 후의 대화, 메신저, 체결가격, 체결시 bid & offer, 거래 상대방의 이름, 스왑체결 날짜, 수수료, 스왑거래의 상세조건 등 거의 모든 정보를 보관해야 한다.

DFA Title VII에 따라 상품거래소법(Commodity Exchange Act; CEA) §2(h)(1)이 신설되면서, 원칙적으로 특정 스왑거래가 청산거래소(Derivative Clearing Organization: DCO)를 거쳐서 청산되지 않는 것을 불법으로 규정하였다.[85] 즉, 원칙적으로 CFTC가 지정한 스왑거래는 반드시 DCO를 거쳐 청산되어야 하며, 등록된 SD나 SBSD가 특정 스왑 거래를 체결할 경우 DCO를 이용해야 한다. DCO는 일정한 요건을 거쳐 CFTC가 허가한 청산소이며 CFTC가 2012년에 발표한 아래 스왑거래, 즉 4개 유형의 IRS와 2개 유형의 CDS 거래는 2013년 3월부터 반드시 DCO를 거쳐서 청산해야 한다. DCO를 의무적으로 이용해야 하는 스왑거래를 요약하면, IRS 거래의 90%를 차지하는 미달러화, 유로화, 일본엔화, 영국 파운드화 4개 통화로 표기된 Fixed-to-Floating Swap, Basis Swap, Forward Rate Agreement, 그리고 달러화, 유로화, 파운드화 3개 통화로 표시된 Overnight Index Swap (OIS)[86] 이며, 미국 CDS index인 CDX, 유럽 CDS index인 iTraxx Europe이 그 대상이다. 동 규정은 2012년 7월에 처음 발표되어 9월까지 의견수렴을 거쳐, 12월 13일 최종 발효되었다. 따라서, 2012년 12월 13일 이전에 체결된 스왑거래는 DCO를 이용하지 않아도 된다. 아울러 스왑거래 주체를 3개 기관으로 분류하여, 스왑딜러 및 스왑시장의 사모펀드(category I entity)는 2013년 3월 11일부터, 제3의 투자운영사(investment manager) 계좌와 ERISA(category II entity)는 2013년 9월 9일부터, 그 외 금융기관(category III entity)은 2013년 6월 10일부터, 체결되는 스왑 거래는 DCO를 의무적으로 사용하여야 한다. Mandatory clearing과 관련하여 SEC는 2014년 3월 현재까지 상세 규정을 마련하지 못하고 있다.

---

85) 이를 Mandatory clearing이라 하고, 중앙청산소의 거래 상대방을 Central Counter Party, CCP라 한다.
86) OIS란 1일 만기 변동금리와 고정금리를 일정기간 교환하는 금리스왑이다. 원금교환 없이 금리차이만 교환하며 단기금융시장이 불확실한 경우 지불해야 할 고정금리가 치솟으면서 OIS값도 상승한다.

[표 17] Mandatory Clearing 현황

Class	Specification		
	Currency	Tenor	Others
Fixed-to-Floating Swap	USD, Sterling, Yen, Euro	28 days ~ 50 years	No optionality No dual currencies No conditional notional amount
Basis Swap	USD, Sterling, Yen, Euro	28 days ~ 50 years	No optionality No dual currencies No conditional notional amount
Forward Rate Agreement	USD, Sterling, Yen, Euro	3 days ~ 3 years	No optionality No dual currencies No conditional notional amount
Overnight Index Swap (OIS)	USD, Sterling, Euro	7 days ~ 2 years	No optionality No dual currencies No conditional notional amount
North American Untranched CDS Indices		IGs of 3y, 5y, 7y and 10y, HYs of 5y	
European Untranched CDS Indices (subject to schedule)		iTraxx Europe: 5y, 10y iTraxx Europe Crossover: 5y iTraxx Europe HiVol: 5y	

Mandatory clearing의 적용을 받지 않는 예외적인 상황이 있는데, 바로 End-user exception 이다. End-user exception을 적용받기 위해서는 거래 상대방이 금융기관이 아니어야 하고, 스왑거래가 상업적 위험을 헤지하기 위한 목적이어야 하며, 스왑관련 특정정보가 Swap Data Repository (SDR)에 보관되어야 한다. 아울러 SD는 상대방이 위의 요건에 부합한다고 합리적으로 믿을 만한 사유를 문서로 가지고 있어야 한다.

DFA의 또 다른 특징 중 하나는 다수의 파생거래 참석자가 참여하는 거래 플랫폼인 Swaps Execution Facility (SEF)의 설립이다.[87] SEF의 설립취지는 파생거래의 투명성을 제고하기 위해서 dealer 위주의 폐쇄적 양자거래의 시장관행을 다수의 참여자를 참석시켜 장외파생거 래를 가능하게 함(many-to-many trade functionality)으로써 장외파생거래 시장의 투명성을 제고하기 위한 것이다. SEF의 설립은 2009년 미국 피츠버그에서 개최되었던 G20 회의의 주

---

87) SEF를 다른 말로 Designated Contract Market (DCM)이라고도 한다.

요한 결정사항 중의 하나였다. 앞서 언급한 mandatory clearing을 해야 하는 스왑상품에 대해서는 SEF를 통해서 거래해야 한다. 이를 Made Available to Trade, MAT라고 부른다. 요컨대 MAT란 SEF를 통해 의무적으로 거래를 해야 함을 의미한다. SEF를 통한 거래는 모든 참여자들이 거래스왑 상품의 bid와 offer를 볼 수 있는 order book을 사용하거나 매입 및 매도 가격 요청을 할 때 최소한 3인의 참여자에게 요청을 할 수 있는 시스템인 request for quote 방식을 사용해야 한다. 거래규모가 일정 수준 이상인 block trades인 경우에는 SEF를 통하지 않아도 되나 사후에 거래내역을 SEF에 보고해야 한다. SEF로 활용되기 위해서는 CFTC의 사전 심사를 거쳐 등록을 해야 하며 대표적인 회사들이 ICAP, Bloomberg, BGC Partners, CME Group, Thomson Reuters 등이다.[88]

그러나, SEF의 경우 당초 설립 취지와는 달리 투자은행 업계의 우려가 매우 높다. 특히, 시장이 급격히 왜곡되고 하락하는 tail risk 상황에서 SEF가 시장을 더 파괴적으로 몰고 갈 가능성이 높다고 한다. 왜냐하면, SEF 설립 전에는 장외파생시장의 경우 bid/offer 스프레드가 급격히 벌어지는 상황에서는 매수자와 매도자간의 거래 자체가 이루어지 않아 시장의 급격한 하락이 어느 정도 방어되는 기제역할을 하였다. 하지만, SEF가 설립된 이후 2008년과 같은 상황이 도래하면 최소한 3인 이상의 매수, 매도자가 참여하는 SEF에서는 거래가 이루어지 않았던 2008년과 달리 가격이 신속하게 인용되면서 가격하락이 훨씬 가속화되는 결과가 초래될 것이다. 특히, 장외파생시장의 경우 dealer들은 거래금액에 따라 수수료를 받는 주식 broker와 달리 매수, 매도 spread가 일정 정도는 벌어져야 사업을 영위할 수 있는데, SEF의 설립으로 매수, 매도 spread가 줄어들면서 dealer들을 유지하는 것 자체가 어려울 가능성이 매우 높다. 이는 SEF에서 활동할 dealer 수 감소를 가져오게 될 것이고 당초 의도와는 달리 소수의 dealer들이 시장을 독점하게 될 가능성이 높아질 것이다. 더구나, 시장이 SEF와 non-SEF로 분할되면서 두 시장 간의 불필요한 arbitrage 가능성도 높아지고 SEF에 거래되는 상품의 경우는 비대칭적으로 거래규모가 감소하게 되는 부작용을 초래할 가능성도 있다. SEF 설립과 관련하여 앞으로의 시장동향을 면밀히 주목해야 된다고 본다.

한편, DFA는 원칙적으로 미국 이외 지역에는 적용되지 않는다. 하지만 이와 같은 기본원칙에는 조건이 부과되어 있는데, 만약 미국의 상업활동 및 상업적 영향에 직접적이고 상당한 연관이 있는 경우에는 미국 이외 지역에도 적용이 된다.[89] 이는 미국에 어떠한 영향이 발생

---

88) SEC가 규제하는 security-based swap에 대한 SEF는 아직 논의가 진행 중으로 결정된 바가 없다.

89) Have a direct and significant connection with activities in, or effect on, commerce of the United States.

하여 필요할 경우에는 사실상 역외 적용이 언제든지 가능한 것으로 보는 것이 타당할 것 같다. 아울러, CFTC는 DFA의 적용범위에 관한 가이드라인을 발표한 바 있는데, 이 가이드라인에는 자국의 규정을 준수하는 경우 이를 DFA를 준수한 것으로 간주한다는 내용도 포함되어 있다. 이를 대체규정(substitute compliance)이라고 하는데 EU, 일본, 호주, 홍콩, 캐나다, 스위스 등 6개 국가가 이에 해당된다.[90] 하지만 대체규정은 미국인(US person)과의 스왑거래시 준수해야 할 거래규정(transaction requirement)에는 적용되지 않는다. 미국인이란 미국 거주인인 자연인, 미국에서 설립되었거나 미국이 주된 사업지인 기업·파트너쉽·LLC·Fund, 최종수익자가 미국인인 개별계좌, 과반수가 미국인이 보유한 상품풀, 집합투자기구, LLC·LLP 이외의 기구이면서 미국인이 무한책임을 지는 법률 기구 등을 의미한다. 하지만 미국인의 정의에 포함되지 않는다 하더라도 보증을 선 미국인의 해외 자회사(Guaranteed Affiliates: GA), 스왑거래 당사자인 미국인의 투자체(vehicle) 혹은 도관체 역할을 하는 해외 회사(Conduit Affiliates: CA)의 경우는 미국인의 정의에는 포함되지 않지만 DFA에 의해 규제된다.

역외적용과 관련하여, 만약 A라는 미국내 프랑스 회사가 스왑거래를 할 수 있는데(non-US swap dealer) 이 기관의 미국거주 종업원(employees or agents)이 미국인이 아닌 SD와 국제스왑 거래를 수행하는 경우에는 DFA가 적용이 되는가? 2013년 11월에 이 문제가 제기되자 CFTC는 해당 종업원의 거래 행태가 규칙적이라고 한다면 DFA가 적용된다는 입장을 밝혔다. CFTC의 이와 같은 입장은 시장에 상당한 논란을 불러 일으켰는데, EU 금융서비스 분과 대변인인 Michel Barnier는 공개적으로 CFTC의 해석이 지나치게 광범위하다며 이를 비난하였다. 급기야 증권업 및 금융시장협회(Securities Industry and Financial Markets Association: SIFMA), ISDA와 국제은행협회(Institutes of International Bankers: IIB)는 CFTC를 상대로 동 해석이 지나치게 광범위한 해석이라며 2013년 12월에 소송을 제기하였다. 이에 CFTC는 동 거래에 대해 2014년 9월 15일까지 어떤 조치도 취하지 않겠다는 no action relief를 공식화함으로써, 당분간 동 이슈는 수면 아래로 잠들었다. 하지만, 향후 CFTC의 입장변화가 없을 경우에는 금융업계, 특히 국제금융업계에 상당한 파장이 예상된다.

DFA에 따라 지역, 상품 등에 따라 적용되는 분류를 정리하면 [표 18]과 같다.

---

90) SEC는 아직까지 이런 내용의 규정이 없다.

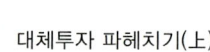

[표 18] DFA의 역외 적용 현황

기관 A	기관 B	A에 대한 기관준칙 적용여부	A에 대한 거래준칙 적용여부
미국 SD/MSP	미국인	○	○
	非미국인	○	Category A: ○ Category B: ○
미국 SD/MSP의 해외 지점	미국인	○	Category A: ○ Category B: ○
	미국 SD/MSP의 해외 지점	○	Category A: 대체규정 Category B: ○
	非미국인	○	Category A: ○ Category B: ○
非미국 SD/MSP	미국인	Category 1: 대체규정 Category 2: ○	Category A: ○ Category B: ○
	미국 SD/MSP의 해외 지점	Category 1: 대체규정 Category 2: ○	Category A: 대체규정 Category B: × (그러나, 명확하지 않음)
	GA 혹은 CA인 非미국인	Category 1: 대체규정 Category 2: ○(어떤 기록의무는 대체규정 적용가능)	Category A: 대체규정 Category B: ×
	GA도 아니고 CA도 아닌 非미국인	Category 1: 대체규정 Category 2: 대체규정(대규모거래는 제외)	Category A: × Category B: ×

출처: Eoin Gillen, BNP Paribas, March 2014

　　DFA의 규정을 스왑 당사자간의 사적 계약으로 표준화한 양식이 ISDA August 2012와 ISDA March 2013이다. Aug 2012는 주로 EBC 룰을 사적계약에 명문화하기 위한 표준양식에 초점을 맞추고 있으며, 거래상대방의 법률적 지위를 DF 보충문서로 표준화하여 표시하게 하거나 KYC룰을 면책 받을 수 있는 Safe Harbour 규정을 적용받기 위한 표준양식을 제공하고 있다. ISDA Mar 2013은 주로 거래준칙과 관련된 표준문안이며 예컨대 mandatory clearing의 예외를 적용받기 위해 end-user exemption의 요건에 해당하는 박스에 표시하는 것 등이 포함되어 있다. 따라서 미국 SD/MSP와 스왑거래를 하기 위해서는 ISDA August 2012와 ISDA March 2013을 체결하여 DFA를 기술적으로 위반하는 일이 없도록 하는 것이 중요하다고 본다.

4) Volcker Rule

앞서 언급한 대통령경제부흥자문위원회 의장이 전임 FRB 의장인 Paul Volcker였는데, 볼커는 상업은행의 투기적 투자행태를 통렬히 비난하면서 이를 규제해야 하는 이른 바, 은행의 자기자본 투자를 금지하는 볼커 룰을 제정해야 한다는 입장을 대통령에게 제출하였다. 2010년 2월에 오바마 대통령이 볼커룰을 승인하였고, 2010년 5월 의회로 넘어가 격렬한 논의를 거쳐야 했다. 마침내 우여 곡절 끝에 의회를 통과한 볼커룰은 Dodd-Frank Wall Street Reform and Consumer Protection Act의 Title VI, 619조 및 620조에 명문화되었다. 의회 논의 과정에서 미국 국채 및 F/F에 대한 채권 매입은 예외적으로 허용이 되었고, Abacus 사건의 골드만 삭스나 폴슨앤코처럼 채권을 매각하면서 동시에 CDS를 매입하는 이해상충 거래를 금지하는 조항은 신규로 포함되었다.

2010년 Dodd-Frank 법에 따라 법률 제정 이후 5개 기관[91]이 이해관계자로부터 의견수렴 절차를 시작했다. 이 과정에서 은행권을 중심으로 사활을 건 로비가 벌어졌다. 당연히 볼커룰의 적용범위를 최소화하려는 시도였다. 특히, 2012년 초부터 JP Morgan을 중심으로 FRB와 미국 정부를 대상으로 전방위 로비가 펼쳐졌다. 그들 주장의 핵심은 볼커룰이 강화되면 은행의 장기적인 수익성을 악화시키고 단기 유동성 관리가 거의 불가능하게 될 것이라는 내용이었다. 하지만 이들의 전방위 로비는 2012년 5월에 불거진 JP Morgan의 London Whale 거래 사건으로 설득력을 완전히 잃었다. 오히려 CDS 투자 등을 통한 헤징방안에 대한 규제가 신설되어야 한다는 논의로 이어지는 역설적인 상황이 벌어졌다.

2013년 12월 10일, 5개 연방기관은 953 페이지에 달하는 서문과 71 페이지 분량의 볼커룰을 연합해서 승인하고 그 내용을 처음으로 세상에 발표하였다.[92] 이 때 발표된 볼커룰은 크게 4가지로 구분된다. 첫 부분이 자기자본 거래, 두 번째 부분이 투자가능한 펀드, 세 번째 부분이 자기통제(compliance), 네 번째가 정기보고이다.

우선 첫 번째 章에서 은행의 자기자본 범위 내에서 허용되던 거래, 이른 바 자기자본 거래(Propriety Trading)를 원칙적으로 금지했다.[93] 자기자본 거래의 정의는 은행의 거래계좌

---

91) Federal Reserve Board (대형 은행지주회사 감독), Office of the Comptroller of the Currency (국책은행 감독), Securities Exchange Commission (은행 내 브로커-딜러 감독), Commodity Futures Trading Commission (스왑 딜러 감독), Federal Deposit Insurance Corp (소규모 은행 감독)

92) http://www.federalreserve.gov/newsevents/press/bcreg/bcreg20131210a1.pdf

93) 하지만, 절대 금지(shall not)기 아니라 금지가능(may not) 이나. Except as otherwise provided in this subpart, a banking entity may not engage in proprietary trading.

(trading account)를 이용하여 하나 혹은 그 이상의 금융상품(financial instruments)을 판매 혹은 구매하는 행위를 의미한다. 자기자본거래에 해당하지 않는 행위는 단순한 거래행위(trading activities), 거래계좌를 통하지 않는 행위, 허용된 행위요건을 충족하는 행위 등이다. 금융상품은 증권, 파생, 선물 및 옵션 등을 의미하며 대출, 상품, 외환 등은 그 자체가 증권이나 파생이 아니면 볼커룰 상의 금융상품이 아니다.94) 거래계좌(trading account)는 단기 재판매나 수익, 재정거래나 헤징을 목적으로 보유하는 포지션을 의미하며, 60일 미만을 보유하고 있으면 rebuttable presumption으로 일단은 거래계좌로 간주하지 않는다.95) 이외에 미국 시장의 위험자본 규정의 적용을 받는 파생상품을 거래하거나 스왑/딜러의 등록을 요구하는 활동과 관련된 딜러의 포지션 역시 거래계좌로 간주된다.

자기자본 거래에 대해 예외적으로 허용되는 활동을 살펴보면, 우선 최종 구매자의 예측 가능한 수요량의 범위내에서 구매나 판매를 하는 시장조성 행위(market making)나 인수행위(underwriting)는 볼커룰의 적용이 면제된다. 하지만 해당 행위로 인해 부담하게 될 금액, 종류 및 리스크 량이 합리적인 범위내에 있어야 하며 이를 벗어나면 볼커룰의 적용을 받게 된다. 아울러 개별 혹은 총합 포지션에서 발생가능한 리스크를 완화하기 위한 헤징행위도 자기자본 거래의 예외로 볼커룰의 적용이 면제된다. 하지만, 헤징행위가 매우 광범위하게 이루어지기 때문에 과연 어느 범위에서 볼커룰의 적용이 면제될지 여부는 여전히 불확실성이 높다. 예컨대, 개별 포지션을 헤징하기 위해 다양한 종류의 자산을 특정 기간내에서 적극적으로 매수, 매도하는 다이내믹 헤징에 대해 볼커룰의 적용을 면제해야 하는지 명확하지 않다. 나아가 지점과 본점간의 헤징이나 대출자산처럼 볼커룰이 적용되지 않는 자산(uncovered instrument)에 대한 헤징 수단으로 볼커룰이 적용되는 자산(covered instrument)을 사용하는 경우에 볼커룰 적용을 면제해야 하는지에 대해서도 논란의 여지가 많다.

볼커룰이 적용되지 않는 금융상품도 별도로 규정하고 있는데, 특히 국공채에 대해서는 각 국가의 치열한 로비가 있었던 것으로 알려져 있다. 우선 볼커룰이 적용되지 않는 국공채로는 미국채, 미국 지방채, 미국의 공기업 발행채 등이다. 나아가, 미국에 지점을 두고 있는 외국 은행이 자국의 국채를 거래하는 것, 혹은 미국의 은행 혹은 지점이 해외로 진출한 경우 해당 국가의 국채를 거래하는 것 역시 볼커룰의 적용을 받지 않는다.

볼커룰의 자기자본 규제대상 금융기관은 우선 연금예방보험법(Federal Deposit Insurance

---

94) 하지만 어떤 경우든지 증권, 파생 등이 FX, 대출, 상품 등과 연계되어 있으면 볼커룰의 적용을 받게 된다.
95) 이는 보유기간이 60일 미만이라 하더라도 경우에 따라서는 볼커룰의 적용을 받을 수도 있다는 뜻이다.

Act)에 의거하여 예금이 보장되는 은행 혹은 저축조합(savings association)이고, 이들 금융기관을 지배하는 회사, 국제은행법(International Banking Act of 1978)상 은행지주회사,[96] 상기 외국은행이나 외국회사의 자회사 또는 계열회사 등도 규제대상이다.[97] 아울러, 미국에 지점이나 대리점을 보유하고 있는 외국은행 및 계열회사 역시 규제대상에 포함된다. 따라서, 미국에 지점, 대리점 등을 설립한 외국은행 역시 볼커룰의 규제를 받기 때문에 볼커룰은 미국의 반독점법과 마찬가지로 미국 이외의 해외에도 적용이 되는 규제이다.

다만, 외국은행 등이 미국은행의 직간접 통제를 받지 않고 영업 또는 은행 활동의 50% 이상이 미국 외에서 이루어지면서 미국법에 의해 설립되지 않은 경우 중에, 거래과정에서 미국인 혹은 미국의 은행이 주선, 협상, 실행 및 최종 결정(arranging, negotiating, executing or final decision making) 등과 관련되어 있지 않고 해당 펀드의 판매대상이 미국인을 타겟으로 하지 않으면 SOTUS(Solely Outside the United Sates)라 하여 펀드의 소유권(ownership interest) 보유를 허용한다.[98] 따라서, 외국은행 등은 펀드 판매 문서에 미국인을 상대로 판매하지 않는다는 각서(disclaimer)를 반드시 포함하여야 한다.[99] 하지만 미국법에 의해 설립이 되어 있지 않았다 하더라도 미국인 혹은 미국 은행이 어떤 식으로든지 관련되어 있다면 볼커룰의 규제를 받는다. 아울러 SOTUS는 미국에서 설립되지 않은 은행이라 하더라도 미국 내에 위치한 지점이나 관계사에게는 적용이 되지 않는다. 즉, 미국내 위치한 해외 은행의 지점이나 관계사는 SOTUS 면제조항을 활용할 수 없다.

두 번째 Chapter에서는 볼커룰의 규제 중 가장 중요한 내용인 규제 대상 펀드(covered funds)에 대한 설립(sponsoring)과 소유권(ownership interest)을 보유하는 행위를 금지하고 있다. 다만, 규제대상펀드에 대한 활동이라 하더라도 은행 등이 해당 펀드의 매니저인 경우에는 규제대상펀드의 자금모집 이후 1년(after one-year seeding period)부터는 해당펀드의 3% 이내에서는 투자가 허용된다. 아울러 규제대상펀드에 대한 투자총합이 기본자기자본

---

96) 미국에 지점 혹은 대리점을 운영하고 있는 외국은행, 미국 각 주의 법에 따라 설립된 상업대부회사(commercial lending company)를 지배하는 외국은행 · 외국회사, 상기 외국은행과 외국회사를 자회사로 가지고 있는 회사가 동법 8조에 의한 은행지주회사이다.

97) Subpart A, §2, Definition

98) ownership interest가 아닌 경우에는 SOTUS exemption 조항을 활용할 필요가 없다. 다만, ownership interest가 너무 광범위하기 때문에 외국은행은 SOTUS exemption이 가장 안전한 면제조항이 될 것이다.

99) 예컨대, 한국의 A 은행이 아시아의 부동산 펀드에 투자하기 위해서는 동 펀드의 판매문서에 미국인을 상대로 판매하지 않는다는 각서가 있는지 반드시 확인하여야 한다. 다만, 대부분의 펀드가 미국인을 제외한 해외판매용을 별도의 병행펀드로 판매하기 때문에 사실상 기존외 판매킨행이 마낄 것으로 보이시는 않는다.

(tier 1 capital)의 3% 이내에서는 투자가 허용된다.[100] 다만, 해당 펀드의 3% 규제는 펀드모집기간(seeding period)에는 적용되지 않는데, 볼커룰은 펀드모집기간을 모두 1년으로 간주하고 있다.[101] 다만, 공익목적에 반하지 않고 건전성에 일치하는 경우 FRB가 90일 전에 신청을 받아 2년까지 연장할 수 있게 하였다.[102] 한편 은행 등이 적극적 자산관리자의 역할이 아니라 단순한 수동적 투자자일 경우에도 최소허용조항(de minimis)을 두어 개별 펀드 전체 지분의 3%까지, 그리고 규제대상펀드 투자의 총합이 기본자기자본의 3%까지는 투자가 가능하다.[103]

규제대상 펀드는 미국투자회사법(Investment Company Act) §3(c)(1) 또는 §3(c)(7)의 규정에 따라 투자회사 등록이 면제되는 회사[104]와 미국상품거래법(Commodity Exchange Act)에 따른 상품선물신탁(commodity pool)이 해당한다.[105] 아울러, 미국 은행에만 적용되는 규제로 상기 2개 범주의 펀드이면서 100% 미국 외 판매용 펀드인 경우도 볼커룰의 적용을 받게 된다. 아울러, Super 23A라 하여 은행과 특정 주체 사이의 관계가 투자자문(investment advisor), 투자운영(investment manager), 상품거래자문(commodity trading advisor), 혹은 자산관리의 예외로 설립된 경우에는, 해당 특정주체와 규제대상 펀드는 규제대상거래(covered transactions)를 할 수 없다.[106] 규제대상 금융거래 내용으로는 규제대상 펀드에 대한 대출, 신용제공, 규제대상 펀드가 발행한 증권에 대한 투자 혹은 구매, 규제대상 펀드가 보유한 자산의 구매, 규제대상 펀드의 담보에 대한 재담보 금지, 규제대상 펀드를 대신한 보증증서 및 LOC 발행, 파생상품이나 repo 거래 등을 통해 규제대상 펀드에 대한 신용노출 등이다.

주의할 것은 은행 등이 규제대상 펀드의 투자가 허용되는 예외적인 경우에도, 위 규제대상거래를 면제받을 수는 없다는 점이다. 이 점에서 23A를 super 23A라고 부른다. 예컨대, SPV가 SOTUS 예외의 적용을 받아 은행 등이 투자를 했다 하더라도, 해당 은행과 SPV의 관

---

100) §12(a)(1)(i), §12(a)(2)(i), §12(a)(2)(ii), §12(a)(2)(iii)

101) §12(a)

102) §12(e)(1)

103) §12(a)(1)(ii), §12(a)(2)(ii), §12(a)(2)(iii)

104) §3(c)(1)은 지분의 수익적 소유자가 100명 이하인 경우 SEC 등록을 면제하는 조항이며 §3(c)(7)은 해당 펀드의 지분 모두가 qualified purchaser인 경우에 SEC 등록을 면제하는 조항이다. 주로 PEF와 Hedge Fund가 이에 해당한다.

105) §10(b)(1)

106) §14(b)

계가 투자자문 등의 관계에 있다면 해당은행은 이 SPV에 대해 유동성을 공급하거나 스왑계약을 체결할 수 없다. 구체적으로, SOTUS 예외의 규정을 적용받는 비미국 은행 등이 케이만 아일랜드에 설립된 헤지펀드나 SPV에 투자는 가능하지만, 만약 이 펀드나 SPV가 해당 은행과의 관계가 투자자문, 투자운영, 상품거래자문 등의 관계에 있다면, 해당 은행 등과 이 헤지펀드 혹은 SPV 사이의 거래는 super 23A의 규정을 적용받아 대부분의 금융거래가 금지된다. 다만, 이 사례에서 해당 펀드나 SPV의 소유권이 미국에 판매되지 않았다면 Foreign Public Fund Exemption 조항에 따라 super 23A 조항은 적용이 되지 않는다. 왜냐하면 super 23A는 규제대상펀드(covered fund)에만 적용이 되고 Foreign Private Fund는 규제대상펀드에서 제외되었기 때문이다.[107] 아울러, 헤지펀드의 자산 수탁, 거래청산, 증권대차, 트레이딩 등의 prime brokerage service는 super 23A 조항과 무관하게 허용이 된다.[108]

규제 대상 펀드의 경우는 14가지의 예외가 허용되어 있는데,[109] 주요한 것으로는 해외공모펀드(Foreign Public Fund), 실제 현금흐름이 발생하는 자산 및 권리를 증권화 한 상품인 Loan Securitization 상품,[110] Loan Securitization 상품에 포함되는 자산을 기초로 발행한 상업어음(ABCP), 미국 은행을 제외한 은행에 대해서는 유럽 재정위기시 유럽의 ECB가 주도하여 설립한 EFSF (European Financial Stability Facility)나 ESM (European Stability Mechanism)처럼 원리금 지급이 보장된 해외국가의 프로그램(Foreign Covered Bond Programmes)이 발행한 채권, 특정 요건하에 설립된 조인트 벤처, 순수한 M&A 목적으로만 설립된 SPV, 중소기업 발행증권, 공공복지펀드 발행증권, 예금보험공사가 파산관재인 역할을 하는 업체가 발행한 증권 등이다.[111]

설립(sponsorship)에 대한 정의는 해당 펀드의 운용역(General Partner), 신탁자(trustee)[112], 펀드의 선물신탁운용자(commodity pool operator)인 경우를 의미하며, 나아가 해당

---

107) 이 점은 최초의 볼커룰이 제안했던 것보다 그 적용 범위가 줄어든 사례이다. §11(c)(1)(i) 아울러 Foreign Public Fund는 미국에서 설립되었거나 미국에 위치한 은행 등은 사용할 수 없다. §11(c)(1)(ii)

108) §14(c)

109) §10(c)

110) §10(c)(8) 이는 현금흐름이 없는 자산을 포함한 synthetic CDO는 볼커룰의 규제대상이라는 뜻이다. 즉, §10(c)(8)(ii)는 CDO 안에 포함되는 자산이 증권과 파생인 경우에는 예외대상에서 제외하였다. 즉, CDO 안에 들어 있는 자산이 증권이나 파생상품인 경우에는 볼커룰의 적용을 받게 된다. 따라서 최초로 시행한 대출채권을 2차 유통시장에서 묶은 거의 모든 CDO 상품은 볼커룰의 규제대상이 될 가능성이 상당히 높다.

111) Subpart C, §10(c)

112) 다만, 신탁자의 경우에는 투자결정 권한이 없으면 sponsor가 아니다.

펀드 GP의 과반수를 통제하거나 선출할 수 있는 경우도 포함한다.[113] 심지어 마케팅 목적으로 펀드와 동일하거나 유사한 이름을 사용하여도 설립으로 간주한다. 소유권(ownership)에 대한 정의도 7가지로 정의(other similar interest)하고 있는데, 주요한 것으로는 GP 임면권 보유, 펀드수익 수령권과 펀드자산 취득권 보유, 펀드의 손실이 날 경우에 지급액이 감소하는 조항, 펀드보유 자산의 성과로부터 결정되는 수익권이 그대로 이전(pass-through) 되는 경우 등이다.[114] 이러한 정의에 따를 경우 다계층으로 증권화된 금융상품의 지분 구조(equity tranche)에 투자할 경우는 소유권으로 간주될 것으로 보인다. 그러나, 최상위 부채 구조(debt tranche)에 투자하면서 해당 SPC의 자산배분이나 구조를 바꿀 수 있는 권한이 부여된 경우에는 이를 ownership interest 투자로 볼 것인지는 명확한 지침이 없다.[115]

세 번째, 은행은 볼커 룰의 이행을 강제하고 점검하기 위한 내부통제체제(internal controls to monitor compliance)를 갖추어야 한다. 내부통제체제는 반드시 문서화된 정책과 절차를 규정해야 하며, 관련된 기록을 모두 보관하고 있어야 한다. 아울러, 내부통제체제에 대한 외부의 독립적인 평가체계를 갖추고 있어야 하며, 관련 담당자는 주기적인 교육을 받아야 한다.

네 번째가 준수와 관련된 시간표(timeline) 규정이다. 볼커 룰의 시행은 2012년 7월 21일 이었다. 하지만, 당시에는 구체적인 규정이 마련되어 있지 않아 금융기관들이 신뢰(good faith)에 기초하여 규정을 준수하는 상황이었다. 문서화된 규정은 2013년 12월 10일 최종 발표되었다. 하지만, 여전히 논란의 여지가 많고 규정의 공백이 상당한 상태이므로 2015년 7월 21일까지 규정을 준수할 수 있도록 준비기간(conformance period)을 두었다.[116] 이에 따라 우선 은행 등은 독자적인 자기자본 운영을 "즉시" 종료하거나 분사시켜야 한다. 아울러 2015

---

113) Subpart C, §10(d)(9)

114) Subpart C, §10(d)(6)

115) 이상의 내용을 정리하면 아래 표와 같다.

	규제대상 기관	규제대상 펀드	규제대상 활동	추가 규제
원칙	Banking Entities	Covered Fund (미국은행은 100% 해외판매 펀드도 규제)	Sponsorship and Ownership	Super 23A
예외	SOTUS	Foreign Public Fund 등 14가지	Establishment or De Minimis (3%)	Foreign Public Fund 등 13가지 (SOTUS에는 적용)

116) 유럽의 규제기관도 유사한 규제인 Liikanen rule 초안을 2014년에 발표하였다. (Liikanen은 핀란드 중앙은행 총재이다.) 하지만, 전반적으로 미국의 볼커룰보다는 느슨한 규제였다. 프랑스는 은행의 자기자본 투자를 자회사를 통해서만 허용하는 법을 통과시켰고, 2014년에는 영국이 유사한 내용의 규제를 신설할 예정이라고 한다. Financial Times, Dec 10, 2013.

년 7월까지 규제대상 투자를 하거나 확장해서는 안된다. 은행 내 내부통제체제는 가능한 빠른 시일내에 수립해야 하며 어느 경우에도 2015년 7월 21일 이전에 이를 마쳐야 한다. 다만, 순응기간 내에 적절한 조치가 곤란할 경우에는 순응기간 종료 180일 이전, 즉 2015년 1월 22일까지 1년 연장을 요청할 수 있다. 한편, 예외적으로 허용된 자기자본 거래를 하는 은행은 자기자본 거래규모가 500억불을 넘는 경우는 2014년 6월 30일부터, 250억불 이상인 경우는 2016년 4월 30일부터, 100억불 이상인 경우는 2016년 12월 31일부터 거래내역을 상세히 보고해야 한다.

볼커룰의 최종안이 시장에 나오자마자 미국은 격렬한 논쟁에 휘말려 들었다. 특히, 규제범위가 지나치게 넓고 모호한 규정이 많아 어느 장단에 맞춰야 할지 알 수도 없었다. 어떤 경우에는 은행들의 법정 소송도 잇따랐다. 대표적인 예가 신탁부채증서의 일종인 CDO(Trust Preferred Securities-backed CDOs; TruPS CDOs) 관련 소송이었다. 미국 은행들은 세금혜택과 부채비율에 계산되지 않는 특성을 활용하여, 부채증권을 발행할 때 중간에 신탁회사인 SPV를 설립하고, 동 SPV가 은행의 부채증권을 소유하면서 신탁증서매입자에게 부채증권의 이자수익원을 자동이체(pass-through)하는 형태를 선호해 왔다. 신탁증서 매입자 및 발행자는 주로 지방의 중소은행들이었는데, 볼커룰의 규제대상 펀드에 동 구조가 예외로 적시되어 있지 않았고 소유권 규정 역시 수익원의 자동이체까지 포함하는 형태로 발표되면서, 동 자산에 볼커룰이 적용되는 것으로 해석되어 동 자산의 강제매각이 불가피해졌다.[117] 이에 따라, 지방의 중소은행들은 볼커룰이 발표되자마자 동 자산의 현재가치에 6억불의 손실이 발생하였고, 솔트 레이크시에 위치한 Zions Bancorp 같은 소규모 은행지주회사는 실제로 3.9억불의 손실을 입었다고 주장하였다.

볼커룰의 발표 시기가 은행들 재무제표에 대한 평가에 민감할 수밖에 없는 12월에 발표되었기 때문에 이들의 행보는 매우 다급했다. 이에 따라 미국은행연합회(American Bankers Association: ABA)는 275개의 지방은행(community banks)들을 대표하여 2013년 크리스마스 이브인 12월 24일에 법정 소송을 제기하였다. 그들 주장의 논지는 소유권의 범위가 지나치게 넓고 사전 통지 없이 발표되었다는 것이다.[118] 결국 미국 규제당국은 2014년 1월 14일, 2010년 5월 19일 이전에 발행되어 2013년 12월 10일 이전에 취득하되 자산규모가 150억불

---

117) 2013년 12월 현재 중소은행 들이 보유한 신탁부채증서 CDO 규모는 총 35억불이었다. WSJ, Dec 25, 2013

118) The rule is "arbitrary, capricious, an abuse of discretion, or otherwise not in accordance with the law."

미만인 기관이 발행자인 경우에는 볼커룰 자체의 적용을 배제한다고 발표하였다.[119] 규정개정에 따라 결국 은행연합회는 2014년 2월 11일에 소송을 철회하였다.

시장에서는 동 소송전이 볼커룰의 규제대상 중 하나인 CLO에 대한 월가 대형금융기관의 불만을 지방중소은행이 대변하는 소송대리전이었다는 소문이 무성했다. 왜냐하면 월가의 대형은행들은 볼커룰 시행으로 보유하고 있는 것으로 추산되는 700억불 규모의 CLO 중 대부분을 시장에 내다 팔아야 하기 때문이다. 아울러 동 시장을 통해 신용과 유동성을 조달하였던 기업 역시 영향을 받을 것으로 보인다. 특히 M&A나 LBO시 사용되는 자금조달 vehicle 중에 동 CLO가 포함되어 있어 동 조항에 대한 Volcker rule의 영향은 사실상 예측하기가 불가능할 정도로 막대할 것으로 본다. 동 조항에 대해 은행을 중심으로 한 금융기관의 불만이 잇따르자 2014년 2월 7일 FRB를 중심으로 한 5개 기관은 CLO와 관련된 조항의 시행을 2017년 7월 21일로 연기한다고 공식 발표하였다.

이처럼 볼커룰의 가장 큰 결함은 법률 시행 이전에 허용되던 거래를 인정하는 이른 바 조부조항(Grandfather Clause)이 없다는 것이다.[120] 이에 따라서, 은행들은 기존의 거래 중에 볼커룰이 금지하는 거래는 재구조화하거나 이로도 안될 경우에는 강제로 청산해야 한다. 기존에 허용되던 구조화증권 발행이 어려워지게 되므로, 구조화된 예금증서로 증권을 발행하는 방식은 좀더 활발하게 사용할 것으로 보인다. 한편, 구조화 증권의 유동성은 볼커룰 시행 이전보다 저하될 가능성 역시 높아 보인다.

나아가 미국에 조금이라도 현지 법인을 가진 외국의 은행이면 자국의 은행영업에 영향을 미칠 것이 확실한 바, 아예 미국의 현지 법인을 폐쇄하는 방안도 검토할 수 있을 것이다. 좀더 현실적인 방안은 은행이 향유하던 펀드자문 영업과 자기자본부서(prop trading desk)는 매각하거나 자회사로 만들든지 분사를 해야 할 것이다. 한편 헤지펀드와 PEF도 기존에 주로 활용하던 Investment Company Act의 면제조항인 §3(c)(1) 또는 §3(c)(7)의 규정 이외의 예외조항을 활용하면 볼커룰을 피해 갈 수 있게 된다. 나아가 어떤 금융상품이든 미국 투자자를 아예 제외하는 경우에는 볼커룰의 적용을 피해갈 수 있으므로, 이른 바 "Super Reg S" 조항을 활발히 이용할 수도 있을 것이다.

119) www.fdic.gov/news/news/press/2014/pr14003.html
120) TruPS CDOs 소송으로 인해 동 상품의 경우는 Grandfather 조항이 적용되었다.

5) 미국 경제는 회복 중?

미국 경제는 자동차 판매, 주택 착공 및 매매, 실업률 등 주요 경제부문에서 2013년부터 서서히 경기회복 조짐이 나타나더니, 2014년부터는 그 추세가 매우 뚜렷해지고 있다. 지속적인 양적 완화의 효과에 대한 정책적 판단이 중요한 시점이 된 것이다. 2013년 5월 버냉키는 의회연설에서 Forward Guidance에 따라 양적완화를 지속할 것임을 밝혔다. 하지만, 질의응답 시간에 양적 완화 축소(tapering)가 가능하다는 묘한 발언을 던졌다. 시장은 버냉키의 모호한 발언에 다시 혼란스러워졌다. 이에 2013년 6월 FRB는 공식적으로 양적완화 축소가 가능하고 언급하였다.

양적 완화 축소 시기에 대한 시장의 갖가지 추측이 무성한 가운데, 2013년 12월 18일, FRB는 MBS와 미국 국채 매입규모를 각각 50억불, 총 100억불을 2014년 1월부터 줄이는 1차 Tapering을 발표하였다. 이후 2014년 9월까지 총 7번에 걸쳐 매번 각 100억불씩 양적 완화 규모를 축소한다고 지속 발표하였다. 결국 FRB는 2014년 10월에는 양적 완화 조치를 완전히 종료하였다.

개인적으로 이와 같은 회복세가 양적 완화의 효과 때문이 확실하다고 단언하기는 어렵다고 본다. 유럽도 유사한 양적 완화 정책을 추진하고 있지만 여전히 경기 회복은 요원한 상태이기 때문이다. 특히 시장 자체가 가진 복원력 때문에 자생적으로 회복 가능한 능력을 보유하고 있다는 점을 감안한다면, 오히려 양적 완화가 가져다 준 심리적 안정감, Forward Guidance에 따른 시장의 불확실성 제거 등 복합적인 요인들이 더 크게 작용하였을지도 모른다. 다시 말해 양적 완화가 미국 경기 회복의 근본적인 원인인지, 아니면 이를 가속화시킨 촉매제에 불과한지를 현재 상황에서 명확히 구분하는 것은 지나치게 성급한 일이다. 나아가 기축통화에 대한 사상 초유의 통화실험에 따른 부작용 역시 아직 확실치 않은 상황에서, 양적 완화의 효과에 대해 긍정적으로 이야기하는 것 역시 사실 조심스럽다.

어쨌든 양적 완화의 직접 효과이든 아니든 미국 경기가 호전되고 있는 것은 부인할 수 없는 사실로 보인다. 가장 대표적인 소비경기 지표인 신규자동차 판매를 보더라도 소비가 살아나고 있다는 것은 부정할 수 없다. 신규자동차 판매는 블룸버그 통계가 시작된 1978년부터 금융위기 직전인 2007년까지 연평균이 1,469만대이다. 금융위기가 정점을 치달던 2009년에는 1,000만대 미만으로 신규 차량이 판매되었으나, 1차 양적 완화가 시행된 지 4년 후, QE infinity로 불리는 3차 양적 완화가 시작된 지 1년도 안 되는 2013년에는 1,541만대가 판매되었다. 2014년 2사분기부터는 평균 추세선인 1,500만대를 넘었고, 2014년말에는 1,644

만대가 판매되면서 본격적인 회복세를 시현하고 있다. 신규자동차 판매만 보면 미국의 소비 경기는 이미 금융위기 이전 수준을 거의 회복한 단계라고 봐도 무방하다.

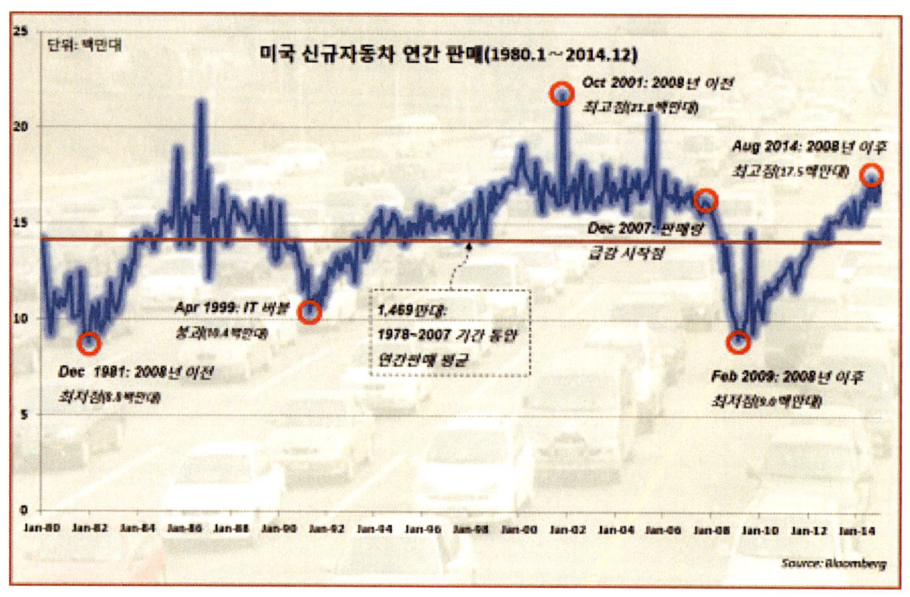

출처: Bloomberg

[그림 16] 미국 신규 자동차 연간 판매 (1980.1~2014.12)

또 하나의 중요한 부문인 신규주택 착공건수 역시 뚜렷한 회복세를 보이고 있다. 1998년 부터 15년간 미국의 연평균 신규주택 착공건수는 연평균 1,600만호이다. 특히, 2013년 이전 에는 월평균 100만호가 안되던 신규주택착공건수가 2014년 5월에 이미 100만호에 육박하였 고, 2014년 연간 통계로도 1,204만호를 기록하였다.

[표 19] 미국 신규주택착공건수(2003~2014)

연도	2003	2004	2005	2006	2007	2008	2009	2010	2011	2012	2013	2014
신규주택착공건수 월평균 (개인) 단위: 천호	1,854	1,949	2,073	1,812	1,342	900	554	586	612	784	930	1,004
연간신규주택착공건수 (개인) 단위: 천호	22,245	23,394	24,875	21,743	16,102	10,800	6,648	7,026	7,343	9,405	10,105	12,044

출처: Bloomberg

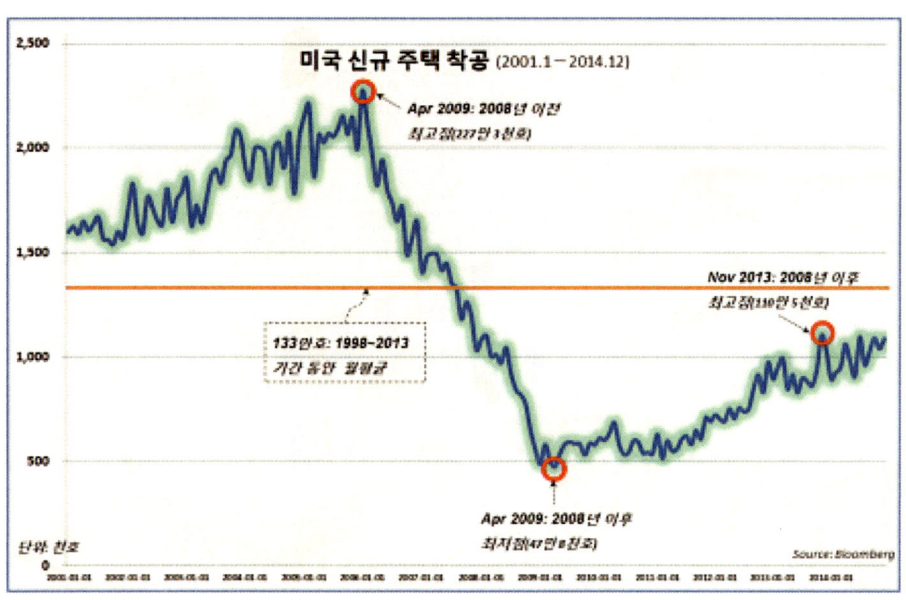

출처: Bloomberg

[그림 17] 미국 신규주택 착공(2001.1~2014.12)

기존 주택거래량 역시 회복 추세가 뚜렷하다. 블룸버그 통계가 존재하는 가장 오래된 연도인 1999년부터 2014년 5월까지 월평균 기존 주택거래량은 528만호이다. 양적 완화가 시행된 이후인 2013년에는 금융위기 이후 처음으로 월평균 500만호를 넘었다. 2014년 12월말까지 월평균 매매건수는 492만건이었고, 2014년 연간으로는 5,899만호로 2008년 금융위기 직전 수준을 회복하였다.

[표 20] 미국 기존 주택 매매(2001~2014)

연도	2001	2002	2003	2004	2005	2006	2007	2008	2009	2010	2011	2012	2013	2014
기존주택 매매월평균 단위: 백만호	5.33	5.66	6.18	6.73	7.08	6.52	5.04	4.11	4.33	4.18	4.28	4.66	5.07	4.92
기존주택 매매연합계 단위: 백만호	63.92	67.88	74.11	80.72	84.91	78.19	60.49	49.72	51.95	50.19	51.32	55.91	60.88	58.99

출처: Bloomberg

[그림 18] 미국 기존주택 매매(2001.1~2014.12)

아울러, 케이스-실러 10대 도시 지수와 20대 도시 지수 역시 2014년 10월에 188.2, 173.4 를 기록하여 2008년 초기 가격 수준을 회복하고 있다. 신규주택착공과 기존주택 거래량이 동시에 늘고, 가격까지 상승하고 있다는 것은 주택시장 회복에 대한 강력한 신호이다.

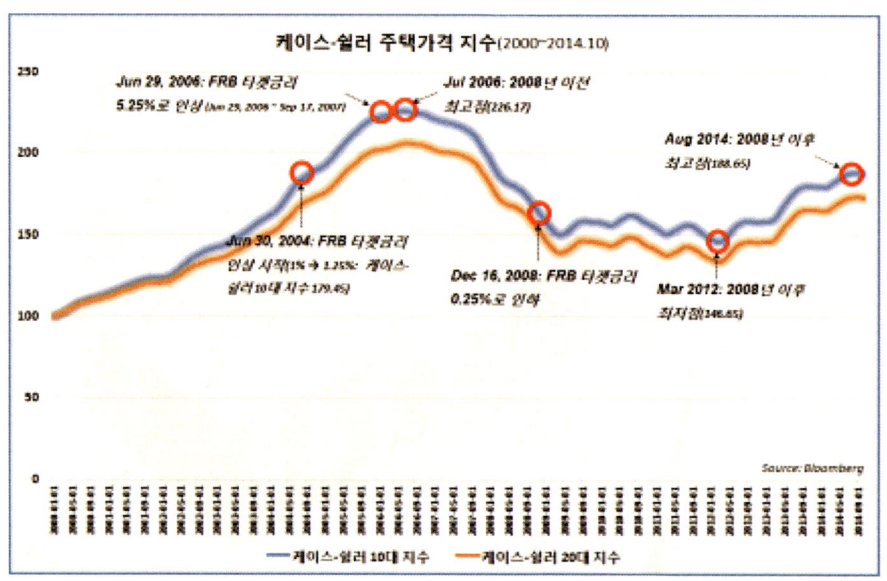

출처: Bloomberg

[그림 19] 케이스-쉴러 주택가격 지수(2000.1~2014.10)

그러나 수치 개선이 실질적인 경제효과와 불일치 되는 경우도 있다. 바로 실업률이다. 실업률은 2014년 12월말 기준으로 5.7%까지 하락하였다. 포워드 가이던스 기준이었던 6.5%는 2014년 4월에 이미 깨졌다. 하지만 노동참여율이 지속 하락하면서 실업률이 하락하여도 고용률은 59%대로 유지되고 있다. 이는 실업률 수치가 하락한 만큼 노동시장이 획기적으로 개선되었다고 보기는 어렵다는 것을 의미한다. 이에 따라 2014년 3월 FOMC에서는 포워드 가이던스 기준이었던 6.5%를 공식 폐기하였고, 자연실업률 기준으로 5% 중반 정도가 적절하다는 의견까지 개진되었다. 향후 미국의 노동시장에 대해서는 실업률, 노동참여율, 고용률 지표 모두를 고려해야 할 것 같다. 최소한 노동시장에 대해서는 경기회복이 확실하다고 이야기하는 것은 성급한 일로 본다.

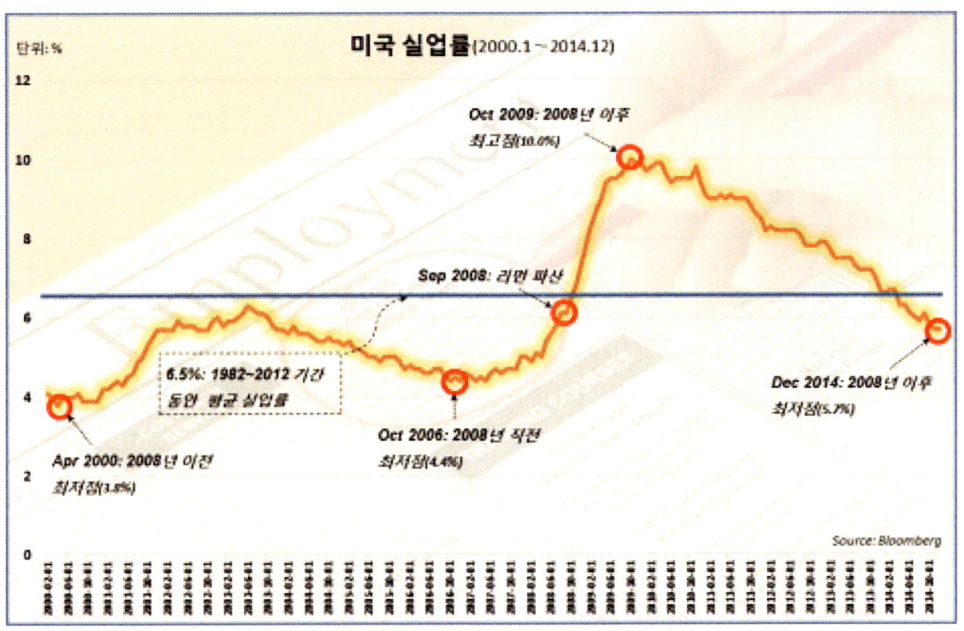

출처: Bloomberg

[그림 20] 미국 실업률 (2001.1~2014.12)

결론적으로 2014년 12월 현재 미국은 주식시장과 주택시장 모두 자산 가격이 상승하는 단계에 진입하였다. 2008년 금융위기 이전 상황과 거의 동일하다. FRB의 양적 완화가 추구했던 목표이기도 하다. 문제는 속도이다. 과연 자산 가격상승과 거래량이 미국의 GDP 상승과 보조를 맞추면서 정상적인 속도로 전개될지, 아니면 2008년 이전처럼 GDP 상승보다 지나치게 빨라서 비이성적 광분상태의 속도로 전개될지는 향후 지켜봐야 할 것 같다. 특히, 기축통

화인 달러를 통하여 자산 매입 프로그램을 시도한 적이 역사상 한 번도 없었다는 점을 감안한다면, 미국 경제와 세계 경제는 양적 완화라는 통화 실험에 대해 어떤 영향을 받게 될 것인지 알 수 없는 상태이다. 미국 경제에 대한 적극적 통화 개입과 어설픈 합리주의에 기반한 양적 완화로 글로벌 금융 시스템의 불안정성을 더욱 가속화시켜, 세계 경제가 오히려 2008년 금융위기 이전보다 더 취약한 Fragile 상태로 바뀌게 될 것인가? 아니면 이성적 합리주의에 기반한 적극적 정책 개입으로 세계 경제가 종전의 fragile system을 극복한 면역력으로, 리스크와 불확실성에 좀 더 강건하게 반응하는 anti-fragile system 상태로 바뀌게 된 것인가? 아직도 그 대답은 여전히 미지의 영역에 있다.

05 위기의 결과: Global

1) EMIR(European Market Infrastructure Regulation)

파생금융상품에 대한 규제강화를 논의하였던 최초의 국제회의는 2009년 피츠버그에서 개최된 제3차 G20 회의였다. 이 회의에 대한 EU 후속조치는 크게 3가지였다.[121] 첫 번째가 파생금융상품을 포함한 모든 금융상품에 대한 청산, 리스크 완화 및 보고 등을 주요 내용으로 하는 European Market Infrastructure Regulation (EMIR)[122]으로 2012년과 2014년에 단계적으로 시행되고 있다. 둘째가 파생금융 상품에 대한 자본충당 요건 및 유동성 조건을 부여하는 Capital Requirements Directive (CRD4 - CRR)로 2014년부터 2019년 사이에 시행될 예정이다. 마지막으로 파생상품의 거래와 행동에 대한 기준인 Markets in Financial Instruments Directive (MIFID II - MFIR)로 2014년 5월 현재 논의 중이며 언제 시행될지는 아직 확정되지 않았다.

EMIR는 DFA와 달리 파생금융상품만을 대상으로 하지 않는다. 모든 금융상품을 대상으로 하기 때문에 DFA보다 적용 영역이 포괄적이다. 하지만 전반적으로 DFA보다는 다소 느슨하고 적용시기도 DFA보다 빠르지 않다. 아울러 DFA는 파생금융상품의 거래활동을 SEF에 지

---

121) 최초의 G20는 금융위기 직후인 2008년 11월 워싱턴에서 개최되었고, 2차 회의는 2009년 4월 런던에서 개최되었다. 2009년 9월 피츠버그에서 개최된 G20에서는 G20 회의를 연례 회의로 정례화하자는데 합의하였다.

122) EMIR는 다음을 총칭한다. Regulation (EU) No 648/2012 (Level 1), Regulatory Technical Standards - RTS (Level 2), Implementing Technical Standards - ITS (Level 2), Q&A (Level 3)

정하는 on-venue trading을 포함하지만 EMIR는 그와 같은 규정이 없다.

EMIR는 거래 상대방을 크게 3가지로 구분하고 거래 상대방에 따라 준수해야 할 의무가 다르다. 첫째가 금융거래상대방(Financial Counter-party: FC)이다. EU 지역에서 신용제공기관, 보험, 투자회사 및 펀드매니저로 라이센스를 받은 기관은 모두 이에 해당한다. EU 밖에서 설립된 경우에도 기준은 같다. 만약 거래상대방이 금융거래상대방이 아닌 경우에는 비금융거래 상대방(Non-Financial Counter-party: NFC)이다. 이 NFC도 헤지목적 이외의 파생거래상품 금액이 30일 이동평균 금액으로 30억 유로를 넘어서는 경우에는 NFC+로 분류된다. Net position의 합계가 아니며 Gross position에서 헤지 목적의 거래를 제외한 금액이다. 해당 파생상품의 분류는 이자율, FX, 원자재, 주식, 크레딧 등 거의 모든 상품을 포괄하며 어느 하나라도 30억 유로가 넘으면 다른 파생상품의 거래액이 "0"라 하더라도 NFC+로 간주된다. 거래 상대방이 EU 기관이 아니어도 모두 거래액에 포함해서 계산해야 한다. 그 외 비금융거래상대방은 NFC-이다.

이렇게 분류된 3가지 거래상대방은 다음과 같은 의무를 수행해야 한다. 첫 번째가 중앙거래소를 통한 청산(clearing)이다. 중앙청산소를 통해야 하는 대상 거래는 주식, 채권, 원자재 관련 파생상품 등 모든 금융상품거래를 의미한다. 하지만 2014년 9월 18일까지는 어떤 파생상품이 중앙청산소를 통해서 거래되어야 하는지에 대한 지침이 없다. 9월 18일까지 유럽증권감독기구(European Securities and Markets Authority)는 기술적인 표준을 정해서 의무적으로 중앙청산소를 이용해야 하는 파생거래 상품의 내용을 지정해야 한다.[123] 2014년 3월 18일에 EMIR 하에서 NASDAQ OMX가 최초의 중앙청산소였고 그 뒤로 여러 청산소가 추가되고 있다. EMIR 하의 의무적 중앙청산시점이 언제가 될지는 2014년 6월 현재까지 정해진 바 없다.

두 번째가 보고의무(reporting)이다. 파생금융상품에 대한 보고의무는 2014년 2월 14일(reporting start date: RSD)부터 적용된다. 2014년 2월 14일 이후 체결된 파생거래상품은 다음 영업일에 보고해야 한다. 2012년 8월 16일 이전에도 장부에 있었고 2014년 2월 14일에도 그 거래가 장부에 남아 있었다면 RSD로부터 90일 이내에 보고해야 한다. 2012년 8월 16일 이전에는 장부에 있었지만 2014년 2월 14일까지는 그 거래가 장부에 없다면 RSD로부터 3년 이내에 보고해야 한다.

세 번째가 위험완충조치(risk mitigation)이다. 이 조치들은 여러 조치들을 포함하는데 주

---

123) ESMA는 2014년 10월 1일에 CCP에서 거래되어야 하는 파생거래 상품 리스트 초안을 발표했다. 대표적인 것이 IRS, OIS, Basis Swaps 등이다.

요한 것으로는 거래 후 다음 영업일(T+1)[124] 이내에 거래확인(timely confirmation)을 해야 하고,[125] 포트폴리오에 대한 주요 조건, 규모, 형태 등에 대한 주기적인 확인과 포트폴리에 대한 가치 산정(portfolio reconciliation) 등에 대해 사전에 절차를 마련해야 한다. Portfolio Reconciliation은 거래상대방의 지위에 따라 빈도가 차이가 나는데 거래가 많은 금융기관의 경우는 매일 portfolio reconciliation을 해야 한다. Portfolio reconciliation의 방법은 금융기관이 일방향으로 데이터를 보낸 후(sender) 고객이 이를 수령(receiver)하여 확인하는 절차를 거치거나, 금융기관과 고객이 중앙의 데이터 센터인 QuickPort를 사용하여 양방향으로 수행하는 방법 두 가지가 있다.[126] 고객이 receiver인 경우 데이터 수령 후 5 영업일이 지나면 데이터에 대한 이견이 없다는 것으로 간주됨을 유의해야 한다.

[표 21] EMIR 하의 FC/NFC+/NFC−의 분류대상

거래상대방	빈도	포트폴리오 크기
FC/NFC+	매영업일	거래상대방과 상호간에 500개 이상의 OTC 파생상품계약을 체결하고 있는 경우
	매일주일	거래상대방과 상호간에 51~499개의 OTC 파생상품계약을 체결하고 있는 경우
	매분기	거래상대방과 상호간에 50개 이하의 OTC 파생상품계약을 체결하고 있는 경우
NFC−	매분기	거래상대방과 상호간에 101개 이상의 OTC 파생상품계약을 체결하고 있는 경우
	매년	거래상대방과 상호간에 100개 이하의 OTC 파생상품계약을 체결하고 있는 경우

출처: Societe Generale

나아가 금융기관과 500개 이상의 거래를 수행하는 비금융기관은 크레딧 관련 파생상품에 대해 2~3개의 거래상대방과 체결한 유사거래는 종료시키고, notional value가 작은 여러 개의 거래로 교체하는 일종의 netting 거래인 portfolio compression을 시행해야 한다. 거래상대방과 분쟁이 발생하였을 때 이를 해결하기 위한 절차도 사전에 상호 합의하에 만들어 놓아야 하며, 금융기관과 clearing threshold를 넘는 비금융기관은 매일매일 가치를 산정하는 모델을 갖추고 있어야 한다.

이 세 가지 기본적인 의무는 당사자의 지위에 따라 적용되는 범위가 다르다. FC가 가장 포괄적인 의무를 수행하고 NFC-가 가장 적은 의무를 수행한다.

---

124) NFC는 T+2일이며, 최종 준수기한은 2014년 8월 31일부터이다.
125) 일반적으로 conclusion of a contract은 거래의 실행을 의미하고 실행 후 모든 조건(terms)을 문서로 만드는 것을 confirmation이라고 한다.
126) QuickPort 서비스는 TriOptima 서비스로 동 사의 회원이 아니더라도 reconciliation 결과를 무료로 제공받을 수 있는 서비스이다.

[표 22] FC/NFC+/NFC- 주요 의무

의무	FC	NFC+	NFC-
Clearing	○	○	×
Reporting	○	○	○
Risk Mitigating	○	○	○
Confirmation	○	○	○
Portfolio Reconciliation, Portfolio Compression, Dispute Resolution	○	○	○
Daily Valuation	○	○	×
Margining	○	○	×
Capital	○	×	×

출처: BNP Paribas

EMIR도 DFA와 마찬가지로 역내 적용이 원칙이나 예외가 있다. 직접적이고, 실질적이며 예측가능한 (direct, substantial, and foreseeable) 영향이 있을 때는 역외에도 적용이 된다. EC는 2014년 2월 13일 위 세가지 기준에 대한 자세한 설명을 담은 규정집(Regulatory Technical Standards: RTS)을 발간하였는데, 주로 청산의무와 보고의무에 관한 내용을 담고 있다. 이 규정집 사례 중 하나를 소개하면 우선 EU 금융기관이 80억 유로 이상이고 현재 익스포져의 5% 이상이며, ESMA가 제안하는 test 하에서 거래 상대방이 보증에 대한 합리적인 예상을 하고 있다고 판단이 되면, 역외 금융기관도 EMIR 규정을 따라야 한다. 다른 나라 EU 지점의 경우도 본점이 위치한 나라가 EU가 승인한 동등국가(equivalent jurisdiction)가 아니면서, 이 지점과 거래한 특정 계약이 예측 가능한 영향이 있다면 이 지점의 본점도 EMIR의 적용을 받게 된다. EU가 인정한 동등국가에는 미국, 일본, 호주, 홍콩, 싱가폴, 스위스, 한국, 인도 등 8개 국가이다. 하지만 이들 국가도 동등성이 무차별적으로 동일하게 적용되는 것이 아니라 국가별로 차이를 두고 부여되어 있으며 어떤 경우에는 조건부로 동등성이 부여된다.

[표 23] EMIR의 동등성 부여 현황(2014.6 현재)

	CCPs	Trade Repositories	Duplicative or Conflicting Rules
미국	조건부 동등성	조건부 동등성	부분/조건부 동등성
일본	조건부 동등성	조건부 동등성	Not yet equivalent for risk mitigation Conditional equivalence for clearing
호주	조건부 동등성 (ASX 주식 제외)	동등성	Not yet equivalent for risk mitigation Conditional equivalence for clearing
홍콩	조건부 동등성	논의 중	논의 중
싱가폴	조건부 동등성	조건부 동등성	계획 없음
스위스	동등성	계획 없음	논의 중
인도	조건부 동등성	계획 없음	계획 없음
한국	조건부 동등성	계획 없음	계획 없음
캐나다	계획 없음	계획 없음	논의 중
나머지 국가	계획 없음	계획 없음	계획 없음

출처: BNP Paribas

2) 국제교역 및 국제금융

전세계 성장의 가장 중요한 엔진이었던 미국 경제의 침체는 국제교역에도 심각한 상처를 남겼다. 2009년 전세계 교역량은 10.6%가 감소하였는데 이는 2차 세계대전 이후 가장 급격한 감소세이다.[127] 대공황 시기였던 1930~1932년 3년간 전세계 교역량 감소가 평균 61% 였는데, 이는 당시 미국의 Smoot-Hawley 법 등 국제교역에 대한 보복조치가 전세계에서 경쟁적으로 확산된 상태에서 발생한 통계였다. 전후 GATT와 WTO 체계가 확립되면서 자국의 이익만을 위한 무역보복조치가 원칙적으로 금지된 상태에서 순수한 경제적 충격만으로 10%가 감소한 것은 사실상 대공황과 비견될만한 충격이었다.

나아가 2008년 금융위기는 선진국과 개도국 모두의 교역흐름에게 엄청난 충격파를 던졌다. 2008년 금융위기 이전 그린스펀이 Great Moderation이라 불렀던 시기인 2003~2008까지 전세계 교역량은 연평균 7.4% 성장하였고, 2008년에는 전세계 교역량이 전세계 GDP의

---

127) Stephen Roach, Unbalanced, Yale University Press, 2014

32%를 차지하게 된다. 하지만, 2008년 금융위기는 전세계 교역흐름의 추세를 완전히 뒤바꾸어 놓았다. 우선 선진국은 금융위기의 직접 당사국으로 2009년 선진국과의 교역은 무려 12.2%나 감소하였다. 개도국 교역은 8.1% 감소하여 선진국보다는 충격이 덜한 것처럼 보인다. 하지만, 2000~2008년 동안 교역규모 증가율의 평균이 10.5%였다는 점을 감안하면 2009년 개도국의 충격파는 20%에 가까운 자유낙하였다.[128] 특히, 수출중심 경제모델을 보유한 한국, 대만, 싱가폴 등의 아시아 수출국은 아시아 금융위기에 이은 또 하나의 거대한 충격파를 겪었다. 이는 2007년까지 아시아 14개국의 수출이 GDP의 45% 수준까지 치솟았으나 2009년 한해에만 10% 포인트 하락한 35%로 하락한 것만 보아도 알 수 있다.

국제교역량의 감소는 전세계 교역 확대를 위한 필요조건이었던 과잉공급체계에도 직격탄을 날렸다. 중국이 전세계 교역시장에 참여하기 시작한 1970년대 말부터 전세계 교역량이 점진적으로 확대되면서, 1980년대 이후 28년 동안 단 한번의 마이너스 성장도 없이 전세계 생산능력은 연평균 3.4% 성장하였다. 하지만, 2008년 금융위기로 인해 2009년 한해에는 전세계 생산량이 △0.6% 감소하는 과거에는 없었던 신기록을 세웠다.[129]

또 하나의 중요한 변화가 바로 국제금융자금 이동의 급격한 감소이다. 파이낸셜 타임즈에 따르면 2007년 G20 국가 간 국제금융자금의 유입액은 해당 국가 GDP 총합의 18%에 이르렀으나, 2013년 중반에는 2007년 피크에 비교하여 67.5% 하락한 4.3%에 불과하다고 한다.[130] 이는 닷컴 버블 붕괴 이후 급속히 국제금융자금의 이동이 위축된 2002년 수준보다 못한 수준이다. 2008년 금융위기가 국제금융자금의 활동과 관련된 시계를 10년 전으로 되돌린 것이다.

미국의 경우, 2007년 최고점에 대한 조정의 의미도 있겠지만, 급격한 국제금융자금 유입의 위축은 기업활동에 필요한 정상적인 자금흐름까지 방해할 가능성이 높다. 버냉키의 양적완화 정책도 2014년 현재까지 국제금융자금 흐름을 2007년 이전까지 되돌리지 못하고 있는 실정이다.[131] 영국의 경우에도 2007년 최고점에서 자금 유입은 영국 GDP의 75%에 이르는 2조 달러를 넘는 금액이었으나, 2010년 5천억불을 약간 상회한 이후 2013년말에는 자금이 역으로 빠져나가고 있다고 한다.

---

128) Stephen Roach, 앞의 책

129) Stephen Roach, 앞의 책

130) Financial Times, Jan 7, 2014. 특히 터키, 인도네시아, 인도, 남아프리카, 브라질을 fragile five라 부른다.

131) 미국으로의 자금유입은 2007년에 최고점을 기록하여 2.5조 달러를 넘었으나, 2009년 초반에는 자금이 미국 밖으로 유출되기까지 하였다. 2011년 초에는 1.5조 달러를 넘어 회복되는 듯하다가 2011년 유럽재정 위기로 다시 하락세를 시현하였다. 2012년 중반부터 금융시장이 안정되면서 2013년 중반 현재 1조 달러 수순을 회복했다. 향후 어느 수준까지 회복할 수 있을지 주목할 필요가 있다.

상대적으로 이머징 마켓에 대한 국제금융자금의 이동은 2007년보다 활발해 졌다. 이는 선진국을 중심으로 한 초저금리로 영향으로 좀더 높은 수익을 찾기 위한 국제금융자금 이동의 본질적인 역학법칙에 기인한 것이다. 하지만, 이머징 마켓으로 유입된 자금은 양적 완화 축소(tapering의 개시) 및 금리상승으로 이어지는 정책변화와 이로 인한 자산가격의 re-pricing 이 신규로 진행이 되면 다시 선진국으로 썰물처럼 빠져나갈 가능성이 매우 높다.

3) Risk-on/Risk-off

2008년 금융위기는 기존의 금융시장 법칙에도 지대한 영향을 끼쳤다. 우선 전통적인 금융자산간 상관관계가 약화되었다. 예컨대 주식 시세(위험자산)가 오르면 채권 시세(안전자산)가 내려가는 전통적 상관관계가 줄어든 것이다. 대신, 안전자산이든 위험자산이든 서로 다른 자산간 상관관계가 급격히 올라갔다. 예컨대, 주식 시세가 빠지면서 동시에 채권시장의 약세가 동시 다발적으로 진행되는 것이다. 2014년 8월 S&P500이 사상 최초로 2,000을 돌파하고, 동시에 10년물 미국채 금리가 2015년 초에 1% 아래로 내려가는 것은 이와 같은 추세의 대표적인 사례이다. 시장은 이를 risk-on/risk-off라고 불렀다. 이는 자산에 내재된 고유의 위험성에 따라 가격이 결정되는 것이 아니라 시장이 리스크에 대해 판단한 분위기(sentiment)에 따라 시장참가자 전체가 동시다발적으로 한 방향으로 움직이면서, 위험자산과 안전자산을 포함한 전체 자산의 가격이 한꺼번에 움직이기 때문에 일어났다. 검은 백조를 한 번 본 경험이 있기 때문에 시장에 조금의 이상이라도 보이면 또 다른 검은 백조가 아니냐는 무의식적인 두려움에서 비롯된 것이었다.

특히 부동산 경기하락 및 주가 급락에 따라 부동산 투자 및 Buy-out을 중심으로 한 PEF 전략이 직격탄을 맞았는데, 2007~2008년 빈티지는 거의 예외 없이 크고 작은 손실을 겪었다. 헤지펀드도 마찬가지였다. 특히, 주식 및 부동산 CDO에 대한 exposure가 컸던 대부분의 헤지펀드 전략이 손실을 겪었고, 거의 유일하게 하락방향에 베팅한 CTA나 글로벌 매크로 전략만이 수익을 올렸다. 정상적인 상황을 가정하여 책정된 옵션 가격이 구조화된 채권 역시 투자자에게 막대한 손실을 끼쳤다. 투자자의 이득방향과 동일한 방향으로 델타 헤징전략을 수행한 채권발행자 역시 막대한 손실을 입었다. 이는 시장상황이 정상적일 경우에는 저가매수, 고가매도의 헤징전략이 가능하나 시장상황이 비정상적인 상황에 진입하게 되면 고가매수, 저가매도의 헤징전략을 의무적으로 수행해야 하기 때문이다.

한편, CDS 등과 같은 파생금융상품의 경우는 승자와 패자가 없는 제로섬 게임이다. 누군가 손해를 보았다면 누군가 이득을 보기 때문이다. 문제는 이른 바 소액의 자금(margin)으로 명목총액(notion)을 보장한 파생상품계약 하에서, 명목총액을 이행하기 위한 조건이 갑자기 한꺼번에 도래하면 결제이행책임이 연이어서 가중되는 연쇄반응이 일어나게 된다는 점이다. 이와 같은 연쇄반응은 전체적인 결제 이행을 거의 불가능하게 만드는데, 이와 같은 일이 일어나게 되면 CDS를 헤지수단으로 사용한 거래상대방은 사실상 헤징의 목적을 달성할 수 없게 된다. 요컨대, 하나의 포지션에 대한 반대 방향의 포지션을 취함으로써 헤지목적을 달성하기 위해서는 반대방향의 헤지포지션을 이행하는 책임이 반드시 이행되어야 한다는 전제가 필요하다.

만약 상대방의 이행책임이 담보되지 않아 이 전제가 지켜지지 않는다면 헤지의 목적을 달성하기는커녕 오히려 전체 포지션의 위험량만 키우는 결과를 초래한다. 예컨대 α 회사가 A 상품의 헤징을 위해 β 회사의 보장상품 B를 매입하였다. α 회사는 A와 유사한 상품을 계속 늘려갈 수 있는데 이는 포지션상 헤지 포지션이 잡혀서 이를 늘려도 헤지포지션만 있다면 위험량이 단순하게 이야기하면 "0"가 될 수 있기 때문이다. 그런데 만약, A 상품의 디폴트로 β 회사에 결제이행을 요구했는데 β 회사가 이를 지키지 못하는 파산에 빠지면, α 회사의 위험량은 갑자기 (명목총액/증거금)만큼 늘어난다. 예컨대 증거금이 10%이면 위험량은 갑자기 10배가 늘어난다. 이 때는 확률이 거의 없기는 하지만 α 회사 역시 β 회사와 함께 파산의 위험에 노출될 수 있다. 만약 이와 같은 결제의 연결고리가 끊임없이 연결되어 있다면 핵폭발의 연쇄반응과 같이 파산의 연쇄반응이 폭발적으로 일어나게 될 것이다. 이론적으로만 가능한 이와 같은 상황이 실제로 2008년에 일어났다. 2008년 대량의 CDO에 대한 헤지포지션으로 야기된 전세계적인 CDS 매수 광풍은 CDO에 대한 판매 및 매수 증가를 촉발시켰다. CDO에 대한 헤지가 되어 있는데 이를 매수하지 않을 이유가 무엇인가? 하지만 헤지 포지션이 완벽한 기능을 발휘하기 위해서는 헤지 포지션의 반대방향 거래 상대방인 회사가 결제책임을 이행할 수 있어야 한다. 하지만, 거래의 상대방인 α나 β 등이 모두 결제이행위험에 빠지면 파생금융상품은 제로섬 게임이 아니라, 거래 당사자 모두를 파멸시키는 대량살상기구 역할을 하게 된다. 만약 AIG가 파산처리되었다면 AIG를 상대로 헤지 포지션을 취했던 모두가 파산처리 되었을 것이다. 그 파장과 결과는 자본주의 금융역사상 가장 최악의 대량살상이 되었을 것임은 의심의 여지가 없다. 더구나, 파생상품계약에 대한 중앙청산소가 존재하지 않아 얼마만큼의 결제이행금액이 누적되어 있는지 전혀 파악조차 되지 않았다.

글로벌 매크로 환경도 새로운 영역에 진입하였다. 미국과 유럽, 일본의 단기금리가 동시에 거의 "0"에 진입히고, 미국은 세로 금리를 2015년까지 유지하겠다는 향후 통화정책의 방

향을 아예 시장에 내다 걸었다. 초단기금리 제로 상태가 6년간 지속되면서 마침내 미국의 주식시장이 엄청난 활황을 보여주기 시작했다. 미국 다우존스, S&P, 나스닥 모두 2014년에 모두 최고치를 거의 매달 경신하였다. 이에 따라 미국 S&P의 CAPE는 2013년말 현재 24.4인데, 이는 금융위기 직전인 2007년(30.4), 그린스펀이 비이성적 과열(irrational exuberance)로 묘사한 1996년 닷컴 버블 초기(29.5), 1966년의 주식시장 활황(24.7), 1929년의 대공황(24.7) 때의 CAPE와 매우 유사하다.[132] 만약 주식시장이 2015년 이전에 비이성적으로 과열되는 경우 2015년까지 단기금리를 올리지 않겠다고 약속한 FRB는 어떤 정책적 처방을 내릴 수 있을 것인가? 만약 인플레이션이 도래한다고 판단되면 금리인상을 2015년까지 포기한 FRB의 정책적 수단은 무엇이 될 것인가?

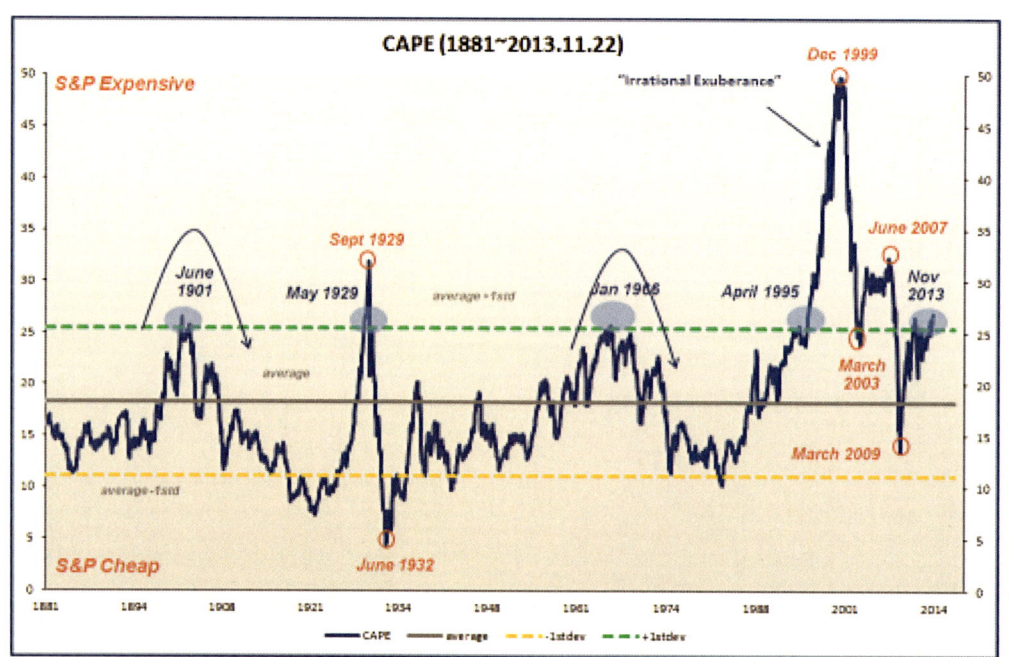

출처: Societe Generale, Cross Asset Research

[그림 21] 미국의 CAPE 현황(1881~2013.11)

---

132) CAPE (Cyclically Adjusted Price-to-Earing ratio)란 물가수준을 고려한 기업의 10년간 당기순이익으로 주가를 나눈 값을 의미한다. 기업의 1년 실적의 변동성이 크니 이를 10년 단위로 고려하면 변동성이 작고 신뢰수준이 높은 PE가 나온다는 데서 출발하였다. 예일대 Schiller 교수가 고안하면서 Schiller P/E라고 부르기도 한다. 1881년부터 2013년까지 평균은 18.26이었으며, 1999년 닷컴 버블시 CAPE는 44이었다. SG에 따르면 1881년부터 CAPE의 표준편차는 7.2로 평균에서 +1 표준편차인 25.46을 넘으면 1929, 1999, 2007년을 제외하고는 증시가 항상 폭락하였다고 한다.

만약 FRB가 2015년에 단기금리를 인상하게 된다면 전세계 금융시장에 어떤 영향을 미칠 것인가? 1960년대 이후 미국이 이자율을 인상한 시기는 8차례 있었다. 평균 인상율은 540bp 였으며 평균 기간은 2.4년이다. Oil crisis 때 인상폭인 1,445bp를 제외한 중간값은 412bp로 역사적인 통상 금리 인상폭은 4% 내외 이었다. 미국이 이자율을 인상할 때 달러강세가 나타나는 시기는 절반인 4번이었으며, 나머지는 약세 혹은 flat이었다. 그러나 거의 예외없이 개도국의 통화약세와 주식시장의 약세가 일어났다. FRB의 단기금리 인상은 개도국에게는 거의 재앙이나 다름이 없을 것이다.

[표 24] FRB의 단기금리 인상폭 및 인상기간

시기	인상폭(bp)	인상기간(year)
1967~1969	517	2.25
1972~1974	810	2.25
1976~1981	1,445	4.50
1983~1984	232	1.50
1986~1989	396	2.50
1992~1995	304	1.50
1998~2000	185	1.50
2003~2007	428	3.25
평균	540	2.41
중간값	412	2.25

출처: Bloomberg, SG Cross Asset Research

단기금리와 함께 장기국채 금리도 tapering 언급 이전까지 2% 중반대의 저금리로 움직였다. 양적 완화정책이 최고조이던 2013년 5월에는 미국채 10년 시장금리가 1.6%를 기록하면서 1% 밑으로 내려갈 수도 있다는 전망도 등장하였다. 전세계 경제의 장기침체가 지속될 것이라는 판단에 기초해서였다. 하지만 2013년 5월 버냉키가 tapering 가능성을 언급하자 2~3개월 만에 갑자기 미국 10년 금리가 3%대까지 치솟는 극심한 변동성을 보였다. 이와 같은 변동성 장세에 따라 특히 채권 투자에 대한 시장의 혼란이 극에 달하였다. 규모가 2,440억불인 세계 최대 펀드인 PIMCO의 Total Return Fund는 2013년 △1.0%를 기록했는데, 1994년 채권시장의 혼란 이후 20년 만에 가장 큰 손실이라고 한다.[133]

이에 더하여 2013년말까지 단순 계산으로 3.6조 달러라는 막대한 양의 달러가 새롭게 발

행되어 시중에 쏟아졌다. 혹자는 이와 같은 양적완화를 19세기 중반, 캘리포니아에 대규모로 금광이 발견됨으로써 전세계 금의 공급이 급격히 증가된 상황에 비견하기도 하였다. 과연 양적 완화로 인해 향후 얼마만큼의 물가상승과 인플레이션이 유행하게 될 것인가?

시장의 변동성도 커다란 변화를 겪었다. 금융위기가 터진 2008년 9월부터 이후 2012년까지 시장 전체의 변동성은 롤러 코스터 그 자체였다. 2008년 시장의 자유낙하, 2009년 시장의 급반등, 2010년 시장의 재침체, 2011년 미국 신용등급 강등 및 유럽재정위기 등이 변동성의 주요한 내용이었다. 나아가 이 사건들은 서로 고립된 사건이 아니라 2008년 금융위기에서 비롯된 연쇄 사건이었다. 2009년 시장의 급반등은 2008년 자유낙하 이후 기술적 반등이었다. 2010년 저성장은 2008년 위기상황의 연장이었고 2011년 미국 신용등급 강등과 유럽재정위기 역시 2008년 금융위기를 극복하는 과정에서 발생한 막대한 재정적자가 그 근본원인이다.

하지만, 미국과 유럽 등 주요국가 중앙은행의 공조가 거의 완벽하게 진행되면서 2013년부터는 오히려 변동성이 역사적으로 가장 낮은 국면으로 진입하였다. 2014년 5월 현재 미국의 VIX는 7년 만에 최저로 떨어졌고 원유가격의 변동성 역시 2007년 이후 가장 낮은 수준으로 떨어졌다. 시장의 변동성을 제어하기 위한 각국의 공조가 거의 완전히 작동하고 있기 때문이다. 나아가 초저금리가 지나치게 오랫동안 유지되고 있다는 것도 그 원인 중의 하나이다. 이에 따라 변동성이 있어야 수익을 올릴 수 있는 많은 헤지펀드들이 수익창출에 어려움을 겪고 있다. 심지어 시장에서는 2008년 금융위기 이전의 대안정기(Great Moderation)에 빗대어 2014년의 상황을 대안정기 2.0(Great Moderation 2.0)이라고 부르기도 한다. 결국 변동성의 변동성은 이전 어느 때보다 커진 것이다.

특히, 2011년 이후에는 미국에 이어 유럽 금융당국까지 공세적으로 시장에 개입하고, G20 등 전세계 정부의 정책공조 등이 결합되면서 정부와 중앙은행의 개입이 전통적인 가격결정 원리 보다 시장에 더 큰 영향을 미치기 시작했다. 필자는 이를 과거 시장자본주의, 국가자본주의와 다른 국가·중앙은행 융합 자본주의라 부르고자 한다. 왜냐하면 2008년 금융위기에 따른 상처를 치유하기에는 상처가 너무나 심각하여 국가의 재정적자 지출 하나만으로 그 상처를 치유할 수 없었기 때문이다. 오히려 정부의 재정지출이 시장의 상처를 더욱 악화시키는 악순환을 일으키는 부작용을 일으켰다. 미국 정부는 2008년 금융위기에 따른 막대한 재정지출 따른 후유중으로 신용등급이 내려갔다. 나아가 자동으로 재정지출을 삭감해야 하는 프로그램까지 도입해야 했다. EU 국가의 정부 역시 재정적자를 통한 개입 후유증으로 유럽

---

133) Financial Times, Jan 4, 2014

해체라는 절체절명의 위기를 겪어야 했다. 중앙은행의 전통적 통화 정책도 효과가 없었던 것은 마찬가지였다. 이자율을 거의 zero 금리로 인하해도 경제주체들의 2008년 금융위기에 따른 비관적 트라우마를 치유하기는 역부족이었던 것이다.

따라서 유일한 대안은 중앙은행의 발권력을 활용한 비전통적 통화 정책인 양적 완화 밖에 없었다. 시장의 변동성이 커지는 시점에 어김없이 FRB, ECB, BoE, BoJ 등 각국의 중앙은행이 나선 것이다. 2015년까지 단기 금리를 올리지 않겠다는 forward guidance는 이제는 보이지 않는 손이 아니라 보이는 손이 시장을 지배하게 되었음을 의미하는 것이다. 제조업으로 비유하자면 사우디아라비아가 향후 4년간 유가를 원가인 80불에 고정시키겠다고 이야기한 것이나 다름이 없다. 심지어 2015년 1월에는 화폐정책에 가장 보수적이었던 ECB까지 양적 완화 정책 대열에 동참하였다. 이에 따라 예컨대 상품시장의 경우 재고, 주간 선적량, 전년 동기 대비 수요 예측량, 날씨 등 기본적인 펀더멘탈 요소에 의한 가격 설명력이 2008년 이전에는 80% 정도였으나, 2008년 이후에는 펀더멘탈의 상품시장 가격 변동의 설명력이 50% 밑으로 떨어졌다. 수급요인에 의해 결정되던 원자재의 가격 변동이 정부·중앙은행의 시장개입 요인 때문에 더 크게 좌우되어 버린 것이다.

중앙은행의 거시적 통화정책에 더하여 각국 정부 역시 2011년까지 혹독한 댓가를 치루었던 재정지출 정책 외에 2013~2014년부터 최저 임금인상, 저소득층 세금인하, 저소득층 현금지원 등 미시적 구조조정에 경쟁적으로 뛰어들고 있다. 각국 정부의 경쟁적 정책 발표와 홍보는 시장에 대한 적극적 개입의지의 발현이다. 가장 적극적인 나라는 미국이다. 오바마 행정부는 2016년까지 현재의 최저임금인 7.25달러를 10.10달러로 인상하는 방안을 추진 중이다. 독일은 2015년부터 시간당 8.5유로의 최저임금을 적용하는 임금자율화 강화법을 2014년에 통과시켰다. 영국, 호주 역시 최저 임금을 2014년에 3%씩 인상하였다.

이에 따라 시장의 힘을 신봉하는 기존의 경제학, 금융시장 원칙, 경제정책, 자산배분 및 운용 전략 등에도 근본적인 재검토가 불가피할 것으로 본다. 예컨대, 정부정책이나 중앙은행의 개입을 제외한 순수한 시장 참가요소만을 수학적으로 고려하여 모델화하는 투자전략 효과는 적잖이 감소할 것이다. 대표적인 사례가 헤지펀드의 CTA 전략이다. CTA 전략은 2012년말부터 2014년 중반 이후까지 지속적으로 성과가 악화되고 있다. 이는 CTA 전략이 오직 경제적 요소만을 고려하여 가격을 예측하는 모델을 통하여 투자하는 전략이기 때문이다.

개도국에 대한 헤지펀드의 포지션도 이전보다 공세적으로 변하였다. 이는 risk on/risk off 현상을 활용한 전형적인 방향성 투자였다. 이에 따라 특히 경상수지 적자국 통화에 대한 헤지펀드의 무차별적인 공매도 포지션이 개도국 경제에 대한 새로운 위협으로 떠올랐다. 특히

fragile five 국가의 경우 2012년말 기준으로 인도의 경상수지 적자폭은 GDP의 5.1%였고, 터키는 5.9%, 인도네시아 3.1%, 브라질은 3%에 달했다.[134) 이에 따라 해당국 통화에 대한 헤지펀드의 공세적 매도세가 버냉키의 tapering 발언 직후인 2013년 여름에 집중되었다. 2013년 7~8월 사이 통화가치 폭락은 인도는 △9.2%, 브라질 △10.2%, 인도네시아 △10.1%에 달하였다. 개도국의 화폐가치 폭락은 해당국의 주식, 채권의 집중적인 매도세로 이어졌다. 즉, 같은 기간 인도 주식시장은 △10.9% 폭락하였고, 인도 10년 국채금리는 12.9%, 인도네시아는 동일 만기 국채 이자율이 18.5%, 터키는 13.5%나 상승하였다. Fragile Five를 중심으로 한 또 다른 글로벌 위기 가능성에 시장은 우려했다. 하지만, 헤지펀드의 환투기 공격에 개도국은 정책금리의 무지막지한 인상으로 대응하였다. 터키는 2014년 1월, 1주일 repo 금리를 4.5%에서 10%로 올리고, 1일 대출 콜 기준금리 역시 7.75%에서 12%로, 1일 차입금리를 3.5%에서 8%로 인상하는 조치를 단행하였다. 그야말로 역사상 전무후무한 금리인상 폭이었다. 급격한 금리인상에 따라 개도국 통화에 short position을 취했던 대다수의 Macro 헤지펀드들이 손실을 입은 것으로 추정된다. 이에 따라 2014년 초에는 Fragile Five를 중심으로 한 개도국 환율시장이 안정되면서 2014년 6월경에는 전세계 자금이 개도국 주식시장으로 대량으로 유입되는 이해하기 힘든 상황이 벌어지기도 하였다. 이는 개도국 금융시장의 방향성이 미국의 금리인상과 직결되면서 변동성이 매우 커질 가능성을 의미하는 것으로 개도국 시장에 대한 면밀한 모니터링이 필요하다는 뜻이다.[135)

4) 유럽재정위기 I: From Convergence To Divergence

2011년의 유럽재정위기 또한 2008년 금융위기를 재정확대 정책으로 대응한 EU가 가진 근원적인 문제점, 즉 회원국 간 경제적 불균형에서 비롯된 것이다. 1999년 1월 EU 화폐를 사용하는 단일 경제권의 출범(EMU)은 서로 다른 경제적 수준의 국가를 독일을 중심으로 한 중심국의 경제적 수위로 상향 통합(upward convergence)한 거대한 경제적 실험이었다.[136)

---

134) 경상수지가 GDP의 ±3% 내외가 되어야 헤지펀드의 공격에 취약하지 않다는 것이 시장의 컨센서스이다. 인도네시아는 아시아 금융위기 이후 정부의 재정적자 규모를 GDP의 3% 이내로 유지해야 할 의무를 헌법조항에 삽입하기도 하였다. 한국의 경우는 IMF사태의 직접 계기였던 경상수지 적자폭이 1997년 GDP의 △4.4%였다. 하지만 이번에는 무역흑자 규모가 너무 커서 환율에 대한 헤지펀드의 방향성 투자를 유도하고 있는 실정이다. 2013년말 기준으로 경상수지 흑자폭은 799억불로 IMF 기준 GDP(1조 1,975억 달러)의 +6.7%였다. 2014년 7월말 현재 환율은 1,024원으로 흑자폭이 지속 확대될 경우, 외환시장 개입 변수를 제외하고는 환율하락 압력이 지속될 가능성이 높다.

135) 2009년 이후부터 2014년 초까지 개도국으로 유입된 통화는 약 2조 달러에 이르는 것으로 추정된다고 한다.

예컨대, 그리스의 경우 1990년대 초반 10년 국채를 발행하면 지급해야 할 이자가 연 25%였다. 당시 독일과 프랑스가 7.5%를 지급하였는데, 이는 당연히 그리스와 독일의 경제적 수준 차이를 시장이 반영한 결과였다.[137] 하지만, 1999년 EU의 출범은 두 국가 사이의 자금조달 비용을 인위적으로 일치시키는 결과를 낳았다. 요컨대, 그리스와 독일 국채의 자금조달 비용이 거의 같아지면서 스프레드가 거의 "zero"가 되었다.

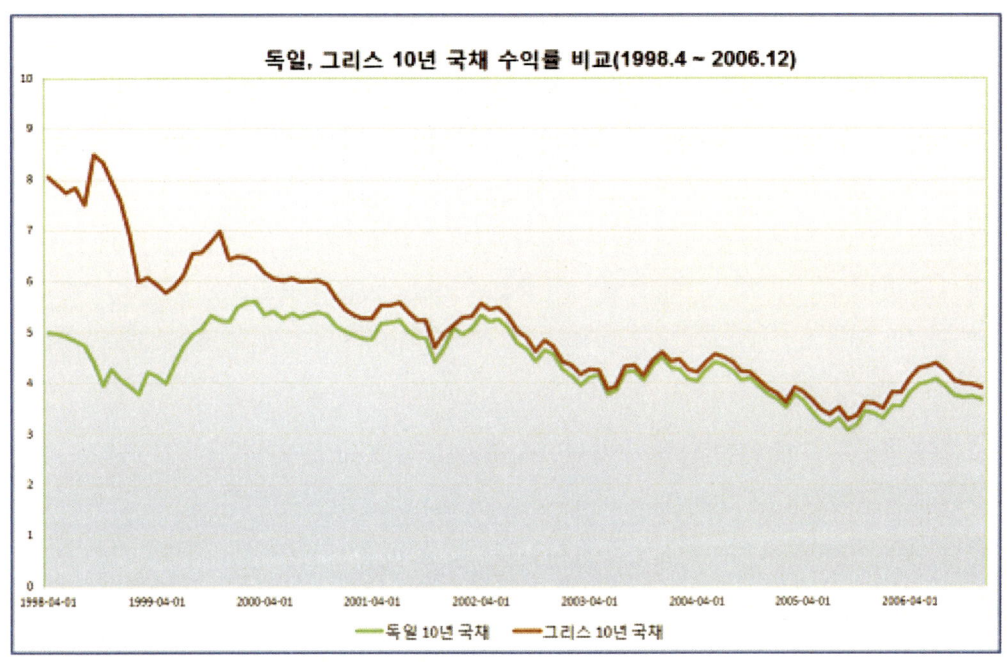

출처: Bloomberg

[그림 22] 독일, 그리스 10년 국채 수익률 비교(1998.4~2006.12)

특히, 그리스에게는 자금조달 비용이 EMU 출범 전보다 감소하면서 많은 양의 자금이 유입되었다. 유입된 자금은 주식, 부동산 시장의 자산 가격을 상승시키고 기업의 투자심리를 자극하면서 놀라운 성장세가 시현되었다. 1999년부터 2008년까지 그리스의 실질 GDP는

---

136) 유로화는 1999~2001까지는 정부 및 금융기관간 결제통화로 사용되다가 2002.1~6월까지는 최초 가입국의 통화와 혼용되어 사용된 이후, 2002년 7월부터 전면 도입되었다. 유럽의 경우 EMU 17개국(독일, 프랑스, 이탈리아, 스페인, 네덜란드, 벨기에, 룩셈부르크, 포르투갈, 그리스, 아일랜드, 핀란드, 오스트리아, 슬로베니아, 에스토니아, 슬로바키아, 몰타, 싸이프러스), European Fiscal Agreement 26개국 (EMU + 불가리아, 루마니아, 체크, 덴마크, 헝가리, 라트비아, 리튜아니아, 폴란드, 스웨덴), EU 27개국(Fiscal Agreement + 영국) 등 크게 3가지로 분류가능하다.

137) Stephen Roach, 앞의 책

40% 상승하는 기염을 토했는데, 이는 독일의 같은 기간 GDP 상승률 15%의 두 배가 넘는 수 치였다.[138] 하지만 무역수지 측면에서는 오히려 반대현상이 나타났다. 그리스의 경우 1994~1998년 사이 무역수지 적자가 GDP의 △2.3%였으나, EMU 국가에 가입한 이후 적자 규모는 △8% 규모로 확대되었다. 반면 독일의 경우 같은 기간 △0.8%였으나, EU 가입이후 무역 흑자규모가 급속도로 확대되면서 GDP의 2.9%에 이르는 대규모 흑자가 시현되었다. 위기의 정점이었던 2008년에는 그 추세가 오히려 심화되면서, 그리스의 적자규모는 GDP의 △14.9%, 독일의 흑자규모는 GDP의 6.2%를 시현하여 사상최고 기록을 경신하는 역설적인 상황이 전개되었다.[139] 실제로 독일을 제외한 이탈리아, 스페인, 포르투갈, 그리스는 유럽통 합 직후인 2000년부터, 프랑스는 2005년부터 경상수지가 적자였다. 독일은 반대로 유로화 도입 2년째부터인 2001년부터 지속적인 경상수지 흑자를 기록해왔다.

EMU 국가의 이와 같은 불균형은 사실상 2008년 금융위기를 야기하였던 미국과 중국 사 이의 불균형과 거의 맥을 같이 한다. 즉, 미국의 과대소비를 중국의 생산능력과 중국의 미국 채 투자가 떠받치면서 10여 년의 호황을 가져온 것처럼, 유럽도 독일의 생산능력과 주변국 의 소비성향이 유로화를 통해 긴밀하게 결합되면서 EMU 국가의 10년 가까운 호황이 도래한 것이다. 즉, 그리스를 중심으로 한 주변(periphery) EU국가는 과대소비 하고 독일은 생산 능 력 확대를 통해 이를 뒷받침했다. 이와 같은 구조적 불균형은 단일화폐인 유로화를 통해 10 년인 넘는 기간 동안 지속적으로 강화되었다. EU 출범의 계기였던 유럽공동체의 공동번영 이라는 측면에서, 독일의 생산능력과 주변국의 소비능력이 유로화라는 매개체를 통해 완벽 하게 결합[140]되면서 2008년 이전까지는 그 목적을 달성하는 듯 보였다.

하지만, 2008년 금융위기는 그 동안 잠재되었던 EMU 회원국들 사이의 불균형이 인위적 이었으며 지속될 수 없다는 것을 시장이 인식하게 만든 결정적 계기가 되었다. 즉, 2008년 금융위기는 불편한 진실이었던 미국과 중국 사이의 지속가능한 불균형(sustainable imbalance)이 더 이상 가능할 수 없다는 인식을 투자자에게 너무나 확실하게 인식시켰다. 따라서 이와 유사한 독일과 PIIGS 국가 간[141] 불균형을 내포하고 있었던 EMU 체제가 2008 년 리먼 파산 이후 지속가능한지에 대한 의문이 급속하게 확산되었다. 이에 따라 2009년부 터는 특히 EMU 국가들의 정부재정 상태에 대한 냉정한 분석을 토대로 그리스 뿐만 아니라,

---

138) Stephen Roach, 앞의 책

139) 한국은행 해외경제정보(2010-8)

140) Stephen Roach는 이를 marriage of convenience라 불렀다. Stephen Roach, 앞의 책

141) 포르투갈, 아일랜드, 이탈리아, 그리스, 스페인

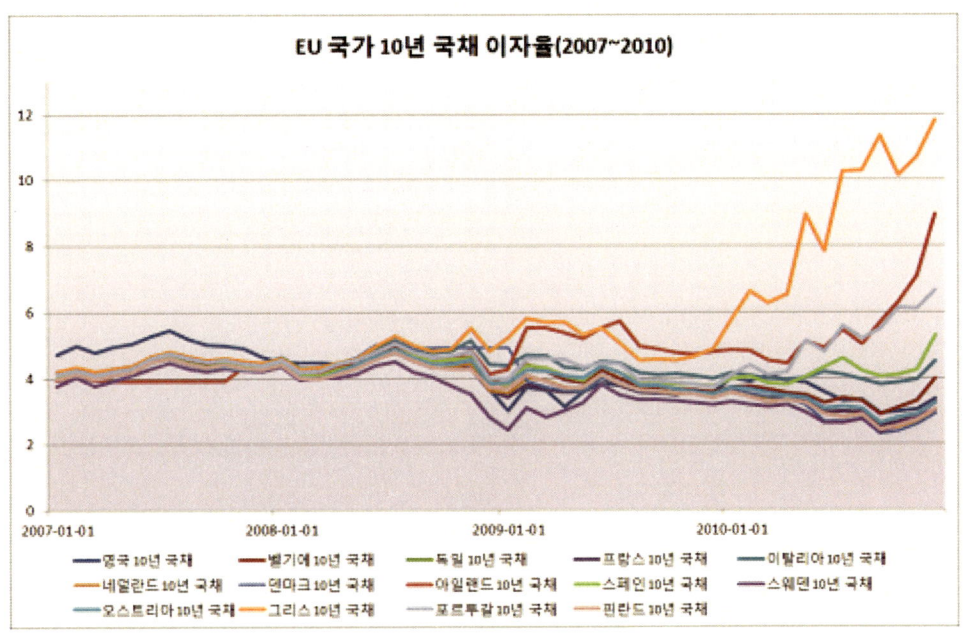

막대한 재정적자를 유지하고 있었던 포르투갈, 아일랜드, 이탈리아 및 스페인 등을 중심으로 자금조달 스프레드가 조금씩 확대(divergence)되기 시작하였다.

출처: Bloomberg

[그림 23] EU 국가 10년 국채 이자율(2007~2010)

2009년 유럽 정부가 직면한 상황은 2008년 금융위기로 인한 국제교역 및 국제금융의 급감, 그리고 이에 따른 심각한 민간소비와 민간투자 감소 상태이었고, 경기 불황 극복의 유일한 정책적 수단으로 정부의 재정지출 외에는 대안이 없는 상태였다.[142] 재정지출을 시행한 다른 나라를 살펴보면 미국의 경우 7,000억불의 TARP와 별도의 재정지출을 시행하면서 재정적자 규모가 2009년에는 1.4조 달러였고, 중국의 경우도 2009년 4조 위안, 당시 환율로 5,750억불의 천문학적 규모의 재정지출을 시행하면서 경제 살리기에 정부차원의 총력전이 전개되고 있었다. EU도 마찬가지 상황이었고 급속히 감소한 민간소비와 민간투자를 메우기 위한 논리적인 귀결은 당연히 정부의 재정지출이었다.

하지만, EMU의 본질적인 결함은 앞서 지적한대로 회원국간의 경제적, 실질적 차이가 EMU라는 하나의 우산 속에 가려져 있어 마치 하나의 동일 경제권처럼 국채를 발행할 수 있다는 "환상"이었다. 아니, 2008년 이전까지는 이와 같은 환상은 시장에서는 엄연한 "현실"이

---

142) EU는 1920년대 하이퍼인플레이션 경험 때문에 미국 FRB와 같은 통화정책은 처음부터 정책적 수단으로 심각하게 고려되지 않았다.

었다. 1999년부터 거의 10년간 통용된 이와 같은 환상 아래 2008년 금융위기를 극복하기 위해 막대한 재정지출을 감당하기 어려웠던 포르투갈, 아일랜드, 이탈리아, 그리스 및 스페인, 이른 바 PIIGS 국가는 무분별하게 국채를 발행해 재정지출 재원을 조달하였다.

[표 25] 유로 지역 국가 GDP 대비 정부부채(2009~2011)

GDP 대비 정부부채(%)	2009	2010	2011
유로지역	79.4	85.6	86.9
독일	73.5	83.2	82.3
프랑스	78.3	82.3	85.1
네덜란드	60.8	62.7	64.7
오스트리아	69.6	72.3	71.6
벨기에	96.2	96.8	95.7
이탈리아	116.1	119.0	121.4
스페인	53.3	60.1	66.7
그리스	127.1	142.8	163.5
아일랜드	65.6	96.2	104.0
포르투갈	83.0	93.0	98.0

출처: SG, Cross Asset Research, Jan 2012

국채를 통해 조달된 자금은 무엇을 상상하든 그 이상의 항목에 지출되면서 극단적인 도덕적 해이와 빚잔치가 벌어졌다. 특히, 그리스의 경우에는 재정지출 확대 속도가 너무 빨랐다. 2007년 2,350억 유로 규모였던 부채는 2011년 40% 이상 증가한 3,440억 유로로 급증하였다. 심지어 국가 공무원이 9시 정시에 출근하면 출근수당을 지급할 정도의 황당한 재정지출도 그리스 재정지출 프로그램에서 어렵지 않게 찾을 수 있었다.

[표 26] 그리스 정부부채 및 총부채 현황(2007~2011)

	2007	2008	2009	2010	2011
그리스					
GDP 대비 정부부채 비중	105.4	110.7	127.1	142.8	163.5
정부적자(십억 유로)	△15.1	△23.1	△36.6	△24.3	△19.8
정부지출(GDP 대비 비중)	△6.4	△9.8	△15.4	△10.5	△8.9
GDP	3.0	△0.2	△3.3	△3.5	△5.7
총부채(십억 유로)	235	258	294	325	344

출처: SG, Cross Asset Research, Jan 2012

 2009년 유럽의 상황은 이처럼 EMU를 둘러싼 시장 참여자들이 평가한 국채가격과 PIIGS를 중심으로 한 주변국이 생각한 국채가격의 차이가 조금씩 벌어져 가고 있는 상태였다. 특히, 국채 시장에 참여한 민간투자자들은 위기감이 극도로 고조된 상태에서 자국의 name을 사용하여 발행한 국채에 대해, 유로화라는 동일 화폐를 사용한다고 해서 종전과 동일한 리스크 프리미엄을 부여할 수 없는 상태였다. 2008년 금융위기 이전에는 당연히 독일을 중심으로 한 EU 국가의 일원이라는 암묵적 동의에 따라 독일과 그리스의 스프레드가 거의 없었지만, 글로벌 금융위기를 겪은 이후 국채시장에 참여하는 유럽의 은행과 같은 민간투자자들이 독일과 그리스를 똑같이 취급할 것이라는 기대 자체가 어불성설이었다. 그럼에도 불구하고, 이때까지만 해도 PIIGS 국채를 매수하는 이들 대부분이 EMU 국가 내 위치한 유럽의 금융기관이었기 때문에 동일 경제권이라는 일종의 암묵적 전제하에 우호적인 매수세가 형성되어 있었다. 이 때문에 스프레드 확대가 국가부도를 위협할 정도의 수준은 아니었다.[143] 믿기지 않을지 모르지만, 2009년 1월 그리스 국채의 S&P 등급은 A-였고, Moody's는 2009년 12월에 S&P의 A 등급과 동급인 A2를 그리스 국채에 부여하였다.[144]

 하지만, 미국을 중심으로 한 헤지펀드는 사정이 달랐다. 이들이 유럽국가의 금융기관처럼 동일 경제권이라는 이유로 PIIGS 국가에 우호적인 국채매수 환경을 조성할 정치적 이유도, 논리적 근거도 없었다. 이들이 할 일은 오로지 국채 발행 국가의 재정상태와 원리금 지급능력에 대한 냉정한 평가뿐이었다. 특히, 그리스의 원리금 상환 능력이 없다는 것은 초등학교 산수 수준의 계산능력만 있으면 누구나 알 수 있었다. 2010년 4월 13일, 그리스는 자국이 발행된 국채의 원리금을 상환할 수 없다며 유럽연합에 구제금융을 요청했다. 5월 3일, EU, ECB, IMF, 이른 바 트로이카는 비교적 신속하게 그리스 정부의 재정긴축 프로그램을 조건으로 3년간 1,100억 유로를 지원하겠다고 발표하였다.[145] 5월 13일, 그리스 의회가 재정긴축 프로그램을 통과시키면서 트로이카는 2011년 4월 15일까지 4차분의 구제금융을 집행하였다.[146] 하지만 그리스 상황은 계속 악화되고 있었다. 2010년 6월 24일, 그리스 5년물 국채에

---

143) 2007년 유럽 지역에서 발행된 국채를 포함한 전체 유로지역 채권관련 상품의 해외투자 비중은 최고치가 61%였다. 하지만, 그 이후에는 지속적으로 감소하여 2009년에는 20% 아래로 떨어졌다.

144) S&P는 2009년 하반기부터 그리스 국채 등급을 급격히 내리기 시작하여 2009년 12월에 BBB+, 2010년 4월에 BBB-, 2011년 1월에 BB+, 2011년 5월에 B+로 하향 조치하였다.

145) 2010년 5월 10일에는 전통적으로 국채를 매입하지 않겠다는 ECB의 원칙을 깨고, 유럽시장의 국채 및 회사채 시장에 개입할 수 있는 프로그램인 SMP(Securities Markets Programme)를 시행한다. 이 프로그램은 2011년 말까지 2,070억 유로가 집행되었는데, 그 중 1,000억 유로가 이탈리아 국채매입에 사용되었다. 사실상 SMP는 이탈리아 국채매입 프로그램이었다고 해도 과언이 아닐 것이다. SMP는 OMT 시행으로 인해 2012년 9월에 공식 종료된다.

대한 CDS 프리미엄이 사상 처음으로 1,000을 넘었다. 2010년 6월 23일, 그리스 10년 국채의 시장이자율이 10.4%로 처음으로 10%를 넘었고, 약 10개월만인 2011년 4월 16일에는 15.3%로 처음으로 15%를 넘었다. 5년물 CDS 프리미엄의 경우 2011년 4월 7일 이후에는 1,000 밑으로 내려간 적이 없었다. 특단의 조치가 없으면 그리스는 이제 통제불능이 될 것이 명약관화했다.

이 와중에 2011년 5월 11일, 그리스 정부가 트로이카에 추가로 구제금융을 요청하면서 상황이 급속히 악화되었다. 가장 문제 되었던 것은 바로 그리스 정부 회계의 분식, 즉 엉터리 통계였다. 단순한 오류에 기인한 것인지, 의도적인 분식 행위 인지는 당시에 명확하지 않았다. 하지만 명확한 것은 1,100억 유로의 구제금융이 부족하다는 사실이었다. 2011년 6월 13일, S&P는 그리스 신용등급을 CCC 등급으로 강등했다. 아울러, 2011년 6월 16일, 그리스 총리는 위기를 타결하기 위한 '거국내각' 구성의 최종 협상이 실패했다고 밝히면서 새로운 내각을 구성해 의회의 신임을 받겠다고 선언했다. 이 때 그리스는 이미 시장의 신뢰를 완전히 잃었다. 5년물 그리스 국채의 CDS 프리미엄이 이 날 처음으로 2,000을 넘었다. CDS 프리미엄이 처음으로 1,000을 넘은 이후 약 1년만이었다. 그리스와 EU의 대응은 나름대로 신속하게 전개되었다. 거국 내각 구성 실패 다음 날인 6월 17일 개각이 단행되고 6월 22일 그리스 의회가 동 내각을 신임하였다. 그 후 신규 내각은 트로이카와 2015년까지 280억 유로 규모의 재정 긴축 조치들과 500억 유로의 국유자산 민영화 프로그램을 담은 '중기 재정 계획' 협상을 타결하였다. 6월 29일 그리스 의회가 이 계획을 승인하자 트로이카가 5차분의 구제금융을 제공하였다. 불과 10여일 만에 사태를 진정하는 엄청난 속도의 대응이었다. 하지만, 시장의 불안은 근본적으로 해결되지 않았다. 2011년 7월 6일, 프랑스 파리에서 개최된 그리스 민간채권단 회의(Private Sector Involvement: PSI)에서 자발적 손실을 떠안기 위한 민간부문 합의가 실패로 돌아갔다.[147] 이는 그리스에 대한 근본적인 불신을 극명하게 드러낸 상징

---

146) 이 중간인 2010년 11월 21일에는 아일랜드에 대한 850억 유로의 구제금융이, 2011년 5월 3일에는 포르투갈에 대한 780억 유로의 구제금융이 EFSM, EFSF, IMF를 통해 집행되면서 시장의 불확실성은 어느 정도 잠잠해졌다. 유동성공급은 3년에 걸쳐 이루어졌고 평균 만기는 7.5년이었다.

147) 채권에 대한 PSI는 크게 4가지로 구분 가능하다. 첫째, 원금삭감(principal haircut), 둘째, 좀 더 긴 만기의 신규 채권으로 교환하는 부채구조조정(restructuring debt), 셋째, 별도의 펀드를 구성하여 시중에서 할인 거래되는 채권을 매수하는 재매수(buy back bonds in the market), 마지막으로 특정 기업 혹은 프로젝트의 경우 부채를 지분으로 전환하는 부채-지분 스왑(debt-to-equity swap) 등이 그것이다. 그러나 실무적으로는 2~3가지 방법을 혼용하여 사용하기도 한다. 예컨대 원금을 삭감하면서 만기가 긴 채권으로 교환하는 방법도 가능하다. 2011년 10월 현재 그리스 국채 중 그리스의 비은행금융기관과 연기금을 제외한 민간은행 및 금융기관이 보유한 채권은 1,259억 유로, 전체의 36%였다. 2011년 말 기준으로 액

적인 사건이었다.

7월 6일에는 피치가 그리스 신용등급을 CCC로 강등하였고 7월 20일에는 그리스 국채 2년물 수익률이 사상 최초로 40%를 돌파하였다. 7월 27일, S&P가 그리스 신용등급을 다시 CC로 강등하였고, 그리스 상황이 최악으로 치닫고 있는 가운데 2011년 8월 5일 금요일, S&P가 미국 주식시장 종료 직후 미국 신용등급을 AAA에서 AA+로 강등한다고 발표하였다. 이제는 자유 낙하만 남았다. 그리스 국채 익스포져를 보유한 프랑스, 독일, 영국 은행의 대규모 손실 우려가 현실화 될 것이라는 우려가 시장에 공포감을 조성하였다.[148] 미국의 경우, PIIGS 국채 보유는 많지 않았으나 미국은행이 투자한 MMF에 유럽의 은행들이 발행한 CP를 다수 편입한 상태여서, 유럽은행 시스템이 붕괴될 경우 미국은행도 손실을 입을 수 있다는 불안감까지 더해졌다. 설상가상이었다.

8월 8일에 개장한 코스피는 74.3 포인트(△3.82%), 영국 FTSE는 178.04 포인트(△3.39%), 독일 DAX는 312.89 포인트(△5.02%), 프랑스 CAC는 153.37 포인트(△4.68%), S&P500은 79.92 포인트(△6.66%) 하락하는 폭락장세를 연출하였다. 2011년 8월 31일, 그리스 의회예산청은 "부채상황이 통제할 수 없는 한계점에 다다랐다"고 고백하면서 불붙은 그리스 상황에 기름을 부었다. 하지만, 헤지펀드에게는 떼돈을 벌 기회였다. 그리스 국채에 대한 short position, 즉 CDS 매수세가 급격히 증가하기 시작한 것이다. 2011년 6월, 거국내각이 실패했다는 발표 이후 전세계 헤지펀드는 그리스 국채 short position에 하이에나처럼 몰려들었다. 특히, 9월부터는 그리스 국채에 대한 CDS 매수 광풍이 휘몰아쳤다. 2011년 9월 9일, 그리스 국채 5년물 CDS 프리미엄이 3,399라는 믿을 수 없는 가격에 거래되었다. 하지만, 여기가 끝이 아니었다. 그 다음 주 화요일인 9월 13일에는 4,049, 9월 14일에는 5,048을 기록하는 거짓말 같은 일이 눈앞에서 벌어졌다.

면가의 50%를 원금삭감(haircut)을 하는 경우 실제 NPV는 65%가 감소되는 상황이었다. 2011년 10월 27~28일 개최된 European Council Meeting에서 최종적으로는 액면가의 50% 삭감된 채권으로 교환하는 안이 EU 정상회의에서 의결되었다. 동 결정이 시장에 발표되자 PIIS 국채에 대한 시장의 투매가 이어졌다. 그리스 채권에 이어 PIIS 국채에도 PSI가 적용될지 모른다는 두려움 때문이었다.

148) PIIGS에 대한 익스포져 (국채, 은행 및 민간 포함, 2011.1Q 기준, 출처 BIS): 프랑스 6,710억 달러, 독일 5,210억 달러, 영국 2,680억 유로, 미국 1,770억 달러(미국의 PIIGS 국채 보유액: 250억 달러)

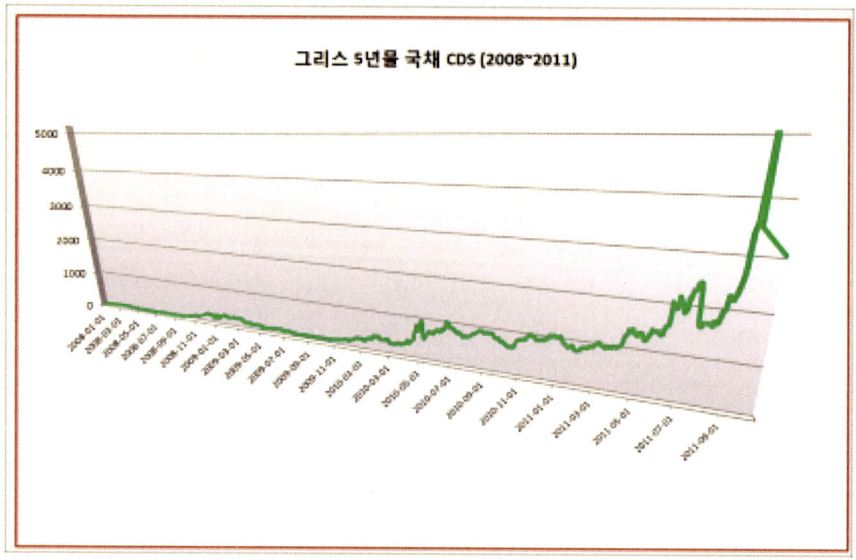

출처: Bloomberg

[그림 24] 그리스 5년물 국채 CDS (2008~2011)

블룸버그에서는 CDS 프리미엄 가격을 고시할 때 딜러들 가격을 런던 종가로 가중 평균해 데이터로 고시한다. 하지만, 그리스 5년물 국채 CDS 프리미엄에 대해서는 2011년 10월부터 2013년 9월 초까지 딜러들의 숫자가 거의 없어 quote된 가격이 블룸버그 산정기준에 미치지 못하면서 가격 고시가 아예 되어 있지 않다. 비록 거래량이 많지 않아 블룸버그가 고시하지

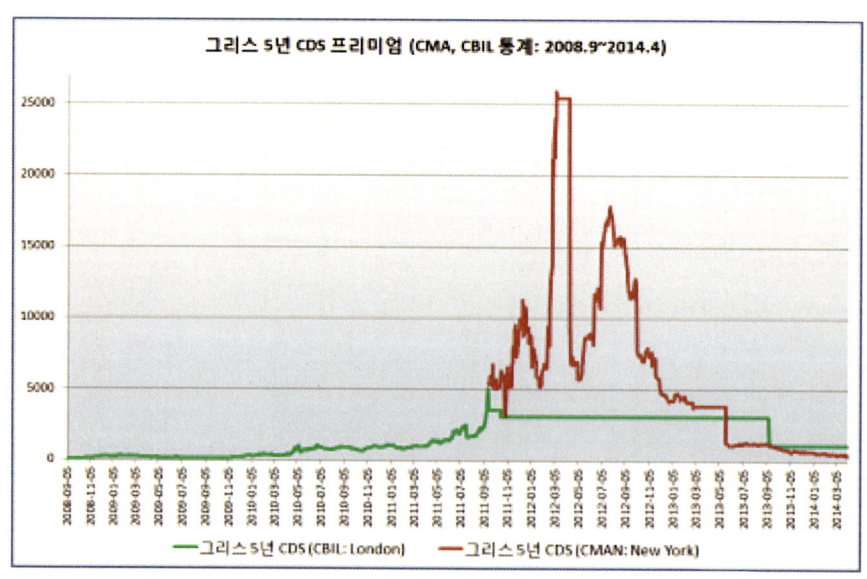

출처: CMAN, BoA Merrill

[그림 25] 그리스 5년물 국채 CDS (CMA, CBIL 통계)

는 않았지만 뉴욕에서 고시되는 그리스 CDS 프리미엄을 보면 당시 얼마나 많은 헤지펀드들이 그리스 CDS 투기에 몰두했는지 알 수 있다. 2011년 9월 14일 이후 거래된 CDS 프리미엄 5,000 이상의 거래는 누가 보기에도 비정상적으로 높은 가격이었지만, 2012년 1사분기에 거래된 CDS 프리미엄 거래에 비하면 시쳇말로 "지하 1층"이었다.[149] 2012년 3월 8일 거래된 CDS 프리미엄은 무려 25,960이었는데 이는 그리스 국채가 휴지조각을 넘어서 황금으로 덧칠한 휴지조각이라는 희한한 상태에 있었다는 뜻이다. 극단적인 투기가 만들어낸 또 다른 비이성적 광풍(irrational exuberance)이었다.

이에 따라 사실상 그리스의 국채는 신규발행도 차환도 불가능한 그야말로 좀비 국채에 불과한 상태가 되었다. 결론적으로 그리스를 EMU 체제에 잔존시키기 위해서는 그리스가 발행한 국채 전부를 사실상 EMU 주도하의 구제금융을 통해서 인수해야 한다. 이와 같은 구제금융에는 4,000억 유로에 이르는 천문학적인 자금지원이 필요하게 되고, EMU가 이를 마련하지 못할 경우 그리스는 EMU 회원국가로서 국가부도라는 사상 초유의 사태를 맞이하게 될 것이었다. 구제금융을 지원하지 않고 그 효과를 최소화하기 위해서는 그리스를 유로에서 탈퇴시켜야 한다는 시장의 목소리가 계속 커져갔다. 하지만, 현실적으로 그리스를 탈퇴시키는 것이 과연 가능한지에 대한 반박도 만만치 않았다. 하기야 EU 헌장에는 회원국의 탈퇴에 대한 절차 규정이 아예 없었다.

문제는 더 있었다. 바로 그리스의 유로 탈퇴, Grexit에 그 이슈가 한정되지 않았다는 것이었다. 이제 문제는 그리스를 넘어 포르투갈, 아일랜드, 이탈리아, 스페인 등 이른바 그리스 외의 PIIS 국가로 문제가 확산되었다. 이유는 간단했다. 그리스가 유로 지역을 탈퇴한다면 당연히 다음순서는 그리스를 제외한 PIIS 국가에 CDS 매수배팅이 몰리게 될 것이고 그리스와 유사하게 신규 국채 및 차환이 불가능한 시장 상황이 조성될 것이 자명하다는 점이었다. 2012년 한 해 동안에만 이탈리아가 차환해야 할 국채는 2,270억 유로, 스페인은 870억 유로였고, 2014년까지 만기 도래하는 국채는 이탈리아 5,681억 유로, 스페인은 2,148억 유로였다. 더 나아가 유로존 전체 은행의 2012년 한 해 차환규모는 8,200억 유로였다.[150] 이에 따라 그리스 거국내각 실패가 기정사실화되고 시장의 불안이 고조되던 2010년 6월 이후부터 포르투갈, 아일랜드, 이탈리아, 스페인 등의 CDS 프리미엄이 극도로 상승하는 폭등장세가 연출되었다. 특히, 헤지펀드의 공격이 정점을 달리기 시작했던 2011년 7월 이후에는 포르투

---

149) 프리미엄이 5,000인 경우 그리스 채권이 부도가 나면 recovery rate이 70%라고 가정하면 수익률은 1.4배이다.
150) Deutsche Bank, Growth Recession, Jan 2012

갈과 아일랜드의 CDS 프리미엄 역시 1,000을 넘었다. 아일랜드는 2011년부터 2013년 3월까지 자국의 10년 국채 금리를 아예 고시하지 않았다. 아니 고시할 수가 없었다. 아일랜드 재무부의 정책적 판단에 따라 자국 국채금리를 고시하지 않은 것인데, 국채금리가 시장에 고시될 경우 국채발행이 사실상 불가능할 만큼 상황이 악화되었기 때문이다.

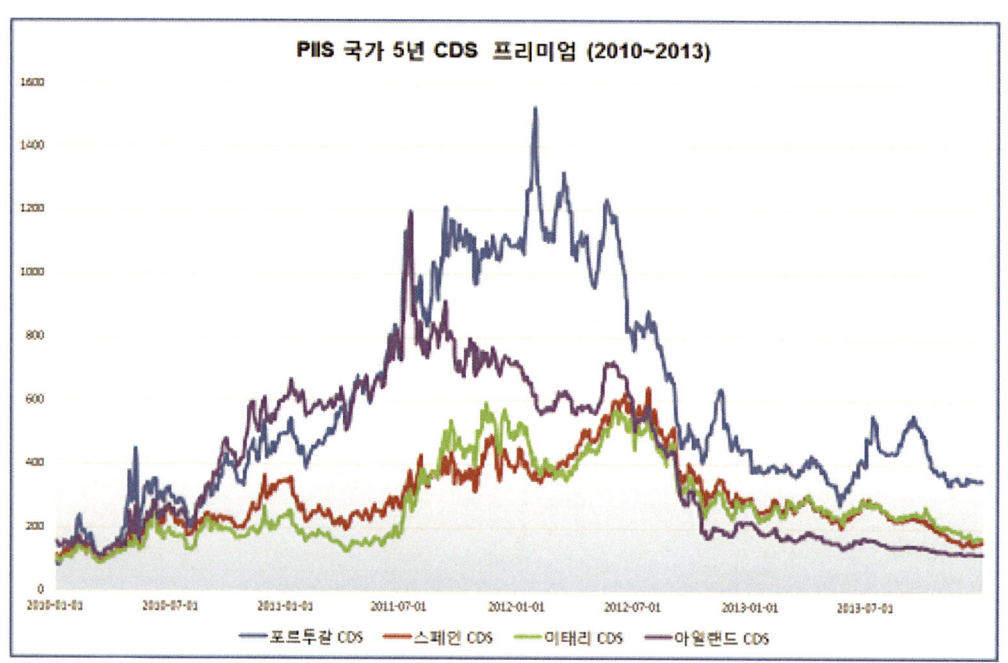

출처: Bloomberg

[그림 26] PIIS 국가 5년 CDS 프리미엄(2010~2013)

유럽의 단기금융시장 경색도 갈수록 악화되었다. 단기 자금시장의 유동성 정도는 3m Libor - OIS(Overnight Interest Swap) 지표를 흔히 사용하는데, 2011년 8월 이전에는 미국과 유럽의 동 지표가 20bp 내외에서 움직였다.[151] 하지만, 2011년 8월 이후에는 미국지표는 크게 변동이 없었으나 유럽의 동 지표가 100bp를 넘어서는 극단적인 상황이 전개되기 시작했다. 특히 달러화 자금을 구하기가 하늘의 별따기였다. 유럽지역에 소재한 은행들은 선박, 플랜트, 무역금융 사업을 영위하기 위해 달러자금이 필수적으로 필요했다. 하지만, 미국 달러화의 주요 공급원이었던 미국의 MMF가 유럽금융기관의 CP 편입을 줄이는 등 유럽 익스

---

151) Libor는 시장에서 거래되는 은행간 대출금리이고 OIS는 은행과 중앙은행간 하루 짜리 금리로 정책당국이 결정한다. 따라서 동 지표가 확대된다는 뜻은 시장에서 단기자금을 구하는 데 소요되는 비용이 올라간다는 뜻이므로 단기유동성 지표로 사용된다.

포져를 줄이면서 유럽은행에 대한 달러공급이 사실상 멈추었다. 장기 국채시장도 마찬가지였다. 2011년 10월, 이탈리아 국채는 6.06%에 낙찰되었으나, 한 달 후인 11월 29일에는 7.56%로 급등하였다.

하지만 유럽의 정책당국은 미국의 양적 완화 같은 적극적 통화 정책을 고려하지 않았다. 가장 큰 걸림돌은 바로 독일 중앙은행인 분데스방크의 영향력이었다. 1920년대 초반 극도의 하이퍼 인플레이션을 경험한 독일로서는 미국과 같은 양적 완화가 인플레이션을 초래할 수 있다는 일종의 트라우마에 사로 잡혀 있었다. 따라서 민간소비와 투자가 바닥나고 정부의 재정지출마저 막혀 있는 상황에서 유일한 대안이었던 ECB의 통화정책은 공세적인 입장을 취하지 못한 채 애매모호한 태도를 취하고 있었다. 다만, European Financial Stability Facility (EFSF)처럼 유로존 국가들이 공동으로 출자한 SPV를 통하거나, 혹은 EU의 예산을 담보로 하고 EC가 보증한 펀드를 만들어 국채를 매입하는 프로그램인 European Financial Stabilisation Mechanism (EFSM)을 통해 국채를 간접적으로 매입하는 방식을 도입했다.[152] 하지만, 만기가 도래하는 PIIGS 국채 규모는 2011년 1사분기 기준으로 1조 5,000억 유로를 넘어서 있었다. 이는 ESM이나 EFSF를 합친 5,000억 유로의 3배 규모였다. 헤지펀드를 중심으로 한 투기세력이 이를 그냥 두고 볼 리 없었다. 특히, EU는 국채의 92%를 국내 기관투자자가 보유한 일본과 상황이 달랐다. 비록 EU 회원국이 대부분을 보유하고 있지만 CDS 프리미엄 상승과 발행금리 상승으로 국채의 시가평가액이 지속적으로 감소하는 상황에서 유럽 금융기관이 이를 계속 보유하고 있을 만큼의 애국심은 처음부터 내재화되어 있지 않았다. 만약 EMU 소재 금융기관이 보유 국채를 시장에 내다 파는 경우 위기는 PIIGS 국가는 물론이고 자기 파괴적인 경로를 따라 유럽 전체를 파멸시킬 것이었다.

아울러, 2011년 상반기 현재 미국 기업의 자금조달 원천이 주로 회사채, 기업어음, 하이일드 채권임에 반해, 유럽 기업의 경우는 88%가 금융기관으로부터의 차입이었다. 2011년 1사분기 현재 PIIGS 국가의 다른 유럽은행에 대한 채무액은 국채가 4,140억불, 금융기관이

---

152) EFSF는 4,480억 유로 규모, EFSM은 600억 유로로 2010년 5월 10일에 창설되었다. EFSF는 17개 국가가 상호 출자한 펀드로 독일이 27.1%, 프랑스가 20.3%, 이탈리아가 17.9%를 출자하여 전체의 절반 이상을 차지한다. 당초 4,480억 유로로 창설되었으나 보증금액이 추가되면서 7,798억 유로로 증가한다. 이와는 별도로 IMF가 유럽의 유동성 지원을 위해 최대 2,500억 유로의 기금을 별도로 마련하였다. 이로써, 2010년 5월에는 총 7,500억 유로의 패키지가 유럽재정위기에 대응하여 마련되어 있었다. 2010년 11월 21일에는 아일랜드에 총 675억 유로(IMF 225억 유로, EFSM 225억 유로, EFSF 177억 유로, 영국, 덴마크, 스웨덴으로부터 차관 등)가 지원되었고, 2011년 5월 3일에는 총 780억 유로(IMF 260억 유로, EFSM 260억 유로, EFSF 260억 유로)가 포르투갈에 지원되었다. EFSF와 EFSM은 후일 룩셈부르크에 위치한 영구 기구인 European Stability Mechanism, ESM으로 전환된다.

4,410억불이었다. 그러나, 제조업을 포함한 비금융 기업의 금융기관에 대한 유럽 전체 채무액은 1조 3,110억불이라는 어마어마한 금액이었다. 만약 국채에 대한 특단의 조치가 없다면 시평으로 평가되는 유럽 금융기관의 건전성이 급속히 훼손될 것이고, 비금융 기업 및 제조업에 대한 자금공급의 약 90%를 공급하는 금융기관의 건전성 악화는 국채로 비롯된 유럽의 재정위기가 유럽 전체 산업의 붕괴로 이어질 수 있음을 의미하는 심각한 상황이었다.153)

특히 이탈리아에 대한 익스포저가 컸던 프랑스와 독일의 경우 이탈리아 국채의 시가평가가 하락하면서 이들 국가 소재 은행들에 대한 CDS 프리미엄도 급등하기 시작했다. 그리스로부터 시작된 국채 위기는 PIIGS를 거쳐 EMU의 중심국인 독일과 프랑스를 위협하는 상황까지 온

[표 27] 유럽 주요 국가의 PIIGS 국채 보유 현황 및 (비)금융기관 채무 현황

PIIGS 국채보유 현황 (bn USD)							
	EU banks	France	Germany	Italy	Spain	UK	US
Greece	43	13	14	2	1	4	2
Ireland	15	3	3	1	0	5	2
Italy	233	105	51	0	11	13	14
Portugal	33	9	9	1	7	2	1
Spain	90	33	29	6	0	9	6
계	414	163	106	10	19	33	25
PIIGS 금융기관 채무 현황 (bn USD)							
Greece	8	2	2	0	0	2	3
Ireland	61	8	25	2	1	15	15
Italy	145	49	53	0	4	9	16
Portugal	41	6	16	2	7	5	3
Spain	186	36	69	9	0	15	25
계	441	101	165	13	12	46	62
PIIGS 비금융기업 채무 현황 (bn USD)							
Greece	77	42	8	2	1	8	4
Ireland	302	19	88	11	9	117	43
Italy	440	256	61	0	21	47	14
Portugal	131	13	14	2	74	19	2
Spain	361	77	79	17	0	77	27
계	1,311	407	250	32	105	268	90

출처: Deutch Bank, BIS Table 9E, As of Q1, 2011

---

153) 비금융기관의 자금조달 원천(2011. 상반기 현재): 미국 - Bonds 53%, Loans 42%, others 5%, EU - Loans 88%, Bonds 7%, Others 5%, 출처: Banque de France

것이다. 2010년 기준으로 유로화를 사용하는 국가 GDP의 29.5%는 독일이었고, 그 다음이 프랑스로 21.8%, 이탈리아가 16.4%였다.[154] 따라서 독일, 프랑스, 이탈리아 모두가 그리스 위기로부터 영향을 받게 되면 全유로 경제권 GDP의 67%가 영향을 받는 최악의 시나리오가 현실화될 것이 자명하게 될 것이다.

시장의 이와 같은 파괴적인 위험은 결국 독일 분데스방크의 인플레이션에 대한 극도의 거부감마저 잠재웠다.[155] 특히 2012년에 유럽금융기관의 만기도래 채권은 총 8,200억 유로이었고, 그 중 1사분기에만 2,850억 유로의 대량 채무가 만기도래하였다. 만약 특단의 조치가 없다면 은행들의 채무불이행 선언도 불가능하지 않은 급박한 상황이었다. 2011년 12월 8일, 결국 ECB 의장인 마리오 드라기는 3년 만기, 1%의 저리로 유로 은행에 대한 4,892억 유로(6,400억불) 규모의 은행유동성 공급계획인 LTRO I(Long-Term Refinancing Operation)을 발표한다. 이 자금에 대한 국제경매가 이루어진 12월 21일, 523개 은행이 이 자금을 신청하였고, 이 중 66%인 3,250억 유로는 그리스, 아일랜드, 스페인, 이탈리아 은행들이 받아갔다. 이를 통해 2012년 1사분기에 만기가 도래하는 유로 금융기관의 2,000억 유로에 이르는 금융기관 채권을 상환할 수 있었다. 2012년 2월 29일, 이번에는 800여개 유로은행이 참여한 가운데 만기 3년, 이자율은 1% 이하의 LTRO II 자금 5,295억 유로가 유로 시장에 공급되었다. 총 1조 1,000억 달러 규모의 유동성이 은행에 공급된 것이다.[156]

하지만 LTRO는 시장이 우려했던 만기도래 유로 국채의 스프레드를 줄이기에는 역부족이었다. 가장 근본적인 원인은 자금을 받아간 금융기관 들이 그 돈으로 국채를 다시 매입하지 않는다는 것이었다. 당시 ECB는 유로 국채를 직접 매입하는 것이 불가능하다는 이유를 들어 간접적으로 금융기관 유동성 공급을 통해 국채 시장을 안정시키려는 정책목표를 가지고 있었다.[157] 하지만, 이는 수혜 금융기관이 극도로 위험기피적인 현상이 만연한 상태에서 효과적인 정책수단이 아니었다. 논리적으로도 위험 회피기조가 만연한 상태에서 유동성 위기가 있는 금융기관들이 LTRO를 신청했을 가능성이 매우 높은데, 그 금융기관이 그 돈으로 다시 PIIGS 국가의 국채를 매입한다는 것은 사실상 앞뒤가 맞지 않았다. 2012년 7월 26일, ECB

---

154) 스페인(10.5%), 네덜란드(6.4%), 벨기에(3.9%), 오스트리아(3.2%), 그리스(2.5%) 등의 순이었다.

155) 2011년 10월, 31일, ECB 총재가 Trichet에서 Draghi로 교체되었는데 이와 같은 교체가 정책변경에도 큰 역할을 했을 것으로 추정된다.

156) 도이치 뱅크 추론에 따르면 그리스 위기가 본격화된 2011년 6월부터 12월까지 유럽 금융기관이 조달한 자금의 50%가 ECB를 통해서 조달되었다. Growth Recession, 앞의 보고서

157) SMP라는 프로그램이 있지만, 규모가 2,000억 유로 내외의 소규모이었고, 이탈리아 국채를 매수하는 데 전체 매입액의 절반 가량을 소모한 상태였다.

의장인 마리오 드라기는 런던에서 개최된 Global Investment Conference에서 유로화를 지키기 위해 가용한 모든 수단을 동원하겠다고 밝혔다. 며칠 후인 8월 2일, ECB는 유통시장에서 유로지역 국채를 직접 매입하겠다는, 이른 바 Outright Monetary Transactions, 즉 OMT를 시행하겠다고 선언하였다. 물론 독일의 중앙은행은 이 안에 공개적인 반대의견을 표명하였다. 하지만, 시장 상황을 그대로 방치할 경우 유로화 무용지물 및 EMU 해체라는 극단적인 파국도 가능한 상황이었다. ECB는 다른 대안이 없었다. 다만, 독일의 우려를 반영하여 어떠한 조치를 사용하여서라도 시장에 유동성이 공급되는 효과는 없도록 한다는 단서를 붙였다.[158]

OMT 시행은 시장에 팽배했던 극도의 불안감을 잠재우는데 성공했다. 정책 시행 이후 바로 효과가 나타나지 않았지만, 2012년 하반기부터 그리스 국채의 유통이자율과 CDS 프리미엄은 급속히 감소하게 된다. 유로 회원국 각국의 스프레드는 유로화 출범 당시보다 widen 되어 있긴 하지만, 2011년과 2012년 상반기 사이에 벌어진 스프레드보다는 훨씬 감소된 상태로 tighten 되어 가고 있는 상황이다. 2014년 현재 최소한 국채 시장에서 비롯된 유럽 재정 위기만 보면 최소한 현재 시점에서는 추가적인 악화가 없을 것이라고 판단해도 큰 무리는 없다고 본다. 일례로 포르투갈의 국채 수익률은 2012년 1월에 17%가 넘었는데 2014년 4월 23일, 7.5억 유로 경매에서 3.57%로 최종 낙찰되었다. 심지어 2014년 6월 9일에는 스페인 10년

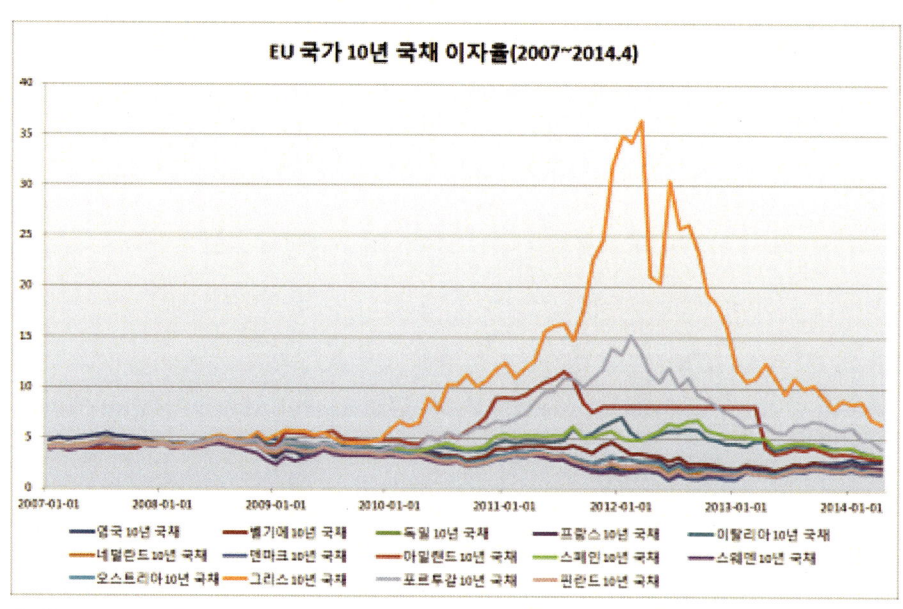

출처: Bloomberg

[그림 27] EU 국가 10년 국채 이자율(2007~2014.4)

---

158) 이 점이 바로 미국 FRB의 양적 완화와 구별되는 중요한 차이점이다.

[표 28] 그리스 상황 정리(2010.4~2011.9)

일시	그리스 상황
2010년 4월13일	그리스 정부, 유럽연합에 구제금융 요청
2010년 5월 3일	그리스 정부, 유로존·국제통화기금 등과 3년간 1100억유로 구제금융 제공받는 협상 타결
2010년 5월13일	그리스 의회, 구제금융 전제조건 긴축안 가결
2010년 5월18일	유로존·IMF, 1차분 지원
2010년 9월14일	유로존·IMF, 2차분 지원
2010년 11월15일	EU, 그리스 2009년 재정적자 상향조정(13.6%→15.4%)
2011년 1월15일	유로존·IMF, 3차분 지원
2011년 4월15일	유로존·IMF, 4차분 지원
2011년 5월11일	그리스 정부, 유로존·IMF 등에 추가 지원 요청
2011년 6월13일	S&P, 그리스 국가신용등급 'CCC' 등급으로 강등
2011년 6월16일	그리스 총리, '거국내각' 구성 협상 실패를 밝히고 새 내각 구성해 의회신임 투표 요청하겠다고 발표
2011년 6월17일	그리스 총리, 개각 단행
2011년 6월22일	그리스 정부, 의회 신임투표 통과
2011년 6월24일	그리스 정부, EU·ECB·IMF 등과 2015년까지 280억 유로 규모의 재정 긴축 조치들과 500억 유로의 국유자산 민영화 프로그램을 담은 '중기 재정 계획' 협상 타결
2011년 6월24일	EU 정상회의, 그리스 의회가 '중기 재정 계획' 승인해야 구제금융 5차분 지원하고 추가 지원을 결정할 것이라고 표명
2011년 6월29일	그리스 의회, 재정긴축 이행안 '중기 재정 계획' 승인
2011년 7월 3일	유로존, 5차분 집행 승인
2011년 7월 4일	그리스 재무장관, "그리스 은행권 국채 만기연장 참여할 것"
2011년 7월 6일	프랑스 파리 그리스 민간채권단 회의, 민간부문 참여 합의 실패
2011년 7월13일	피치, 그리스 국가신용등급 'CCC' 등급으로 강등
2011년 7월20일	그리스 국채 2년물 수익률 사상최초 40% 돌파
2011년 7월21일	유로존 정상회의, 그리스에 총 1090억유로 규모 2차 구제금융 제공 및 민간부문 496억유로 기여, 선택적 디폴트 허용 결정
2011년 7월27일	S&P, 그리스 국가신용등급 CCC에서 CC로 강등
2011년 8월31일	그리스 의회예산청, "부채상황이 통제할 수 없는 한계점에 다다랐다"
2011년 9월 5일	그리스 국채 2년물 수익률 사상최초 50% 돌파
2011년 9월 9일	그리스 신용부도스왑(CDS) 3,399.6bp, 5년내 부도확률 91%
2011년 9월11일	그리스 정부, 공무원임금 삭감과 한시적 특별부동산세 부과 등재정적자 감축 추가 비상조치 승인
2011년 9월14일	독일·프랑스 정상, 그리스 총리와 3자회담 "그리스 유로존 잔류, 긴축 이행하고 필요시 전력 지원"
2011년 9월19일	그리스 정부, IMF·ECB·EU와 긴급전화회의
2011년 9월22일	그리스 정부, 구제금융 6차분 지원 위한 추가 긴축조치 발표

국채가 미국 10년 국채 가격인 2.615%보다 비싼 가격인 2.579%까지 하락하기도 하였다. 그렇다면 유럽의 재정위기의 근본적인 원인인 회원국간 구조적 불균형은 과연 해결되었는가?

5) 유럽재정위기 II: 유럽 재정 위기 종료?

ECB의 적극적 시장개입으로 2015년 현재 유럽 국채 시장을 중심으로 국채시장에 만연했던 공포는 사실상 사라졌다. 하지만 이로써 유럽의 재정위기가 종료되었다고 말할 수 있을까? 앞서 언급한 대로 EU 재정위기는 회원국간의 불균형, 특히 독일과 주변 국가와의 상호의존성이 근본적인 원인이었다. 그렇다면 과연 OMT는 EU 회원국간의 불균형을 해소하는 정책적 처방이었을까? 물론 아니다. ECB의 통화 정책은 회원국간의 불균형을 치유하는 정책이 아니라, PIIGS 국가 채권의 디폴트라는 최악의 시나리오에 대해 시장에 만연한 공포를 잠재우는 임시방편이었다. 가장 중요한 질문은 이와 같은 위기를 극복하는 과정에서 독일에 대한 상호의존성, 유로존 각 국가 상호간의 불균형이 조금이라도 해소되고 있는지 여부이다. 즉, ECB가 시장에 만연한 공포를 잠재우는 시간을 벌어들이는 동안, 유로 회원국가는 강력한 구조조정을 통해 스스로 경제의 건전성을 회복하는 가시적인 성과를 거두었는가? 재정위기의 종료 여부를 알려면 이에 대한 대답부터 해야 한다.

우선 경제성장률을 보면 2011년 유럽재정위기 이후 각 국가의 경제성장률은 조금씩 회복

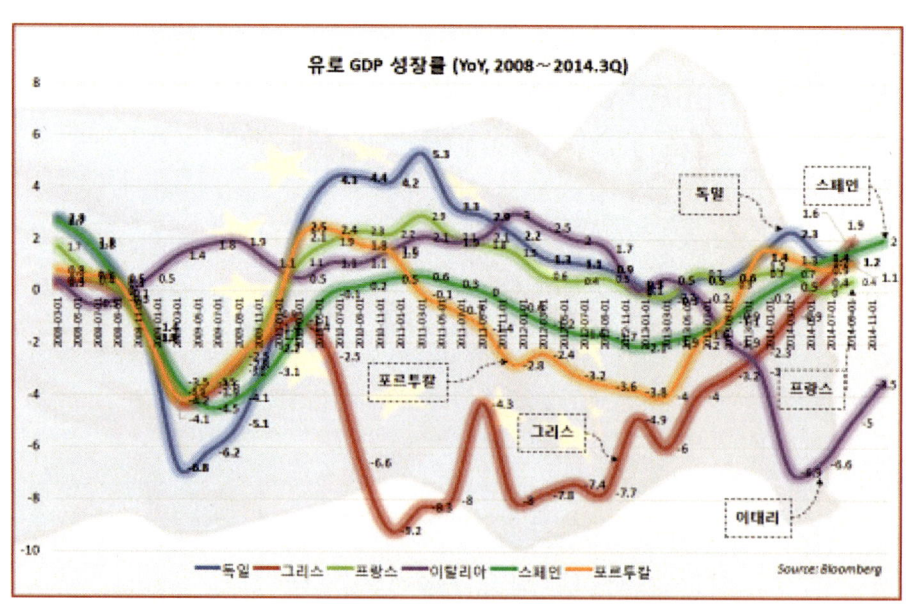

출처: Bloomberg

[그림 28] 유로 지역 GDP 성장률(YoY, 2008~2014.3Q)

되고 있는 추세이다. 하지만 문제는 회복세 자체가 아니라 각 국가 간 불균형이 해소되고 있는 과정에 있는가이다. 필자가 보기에는 경제성장률 회복속도의 경우는 독일·스페인·그리스를 하나의 축, 프랑스·이탈리아·포르투갈을 또 하나의 축으로 한 2가지 축에서 서로 다른 현상이 나타나고 있다고 본다.

우선 독일은 건조한 내수에 힘입어 지속적으로 양호한 경제성장률을 보이고 있다. 그리스와 스페인도 빠른 속도로 회복되고 있는 모습이다. 그리스의 경우는 2008년 금융위기, 2011년 재정위기 이후 2014년 3월말까지는 전년동기 대비 GDP가 한번도 (+) 성장세를 시현한 적이 없지만, 최근 회복속도가 매우 빠르다. 특히 그리스는 2014년 6월말에는 GDP가 플러스로 전환하였고, 9월말에는 1.9%나 성장했다. 스페인도 2008년 12월 이후 회복세가 지지부진하면서 거의 매분기에 마이너스 성장을 기록하였지만, 2014년 3월에 (+) 성장을 기록하였고, 2014년 6월에는 1.3%, 9월에는 1.6%, 2014년 12월말에는 2%나 성장하는 기록을 세웠다. 하지만, EU 국가 중 2, 3위인 프랑스와 이탈리아는 회복 속도가 매우 늦다. 경제규모가 크기 때문에 회복 속도가 늦은 것은 어찌 보면 당연한 현상이라고 말할 수 있다. 하지만 독일은 EU 지역 내에서 최대 경제규모나 2014년 3월에는 2.4%, 6월에는 1.4%, 9월에는 1.2%의 성장세를 시현하였다. 반면 프랑스와 이탈리아는 같은 기간에 0.4%, △0.5% 성장하는데 그쳤다. 다시 말해 프랑스와 이탈리아의 성장 속도가 2011년 재정 위기를 초래한 독일과의 불균형을 근본적으로 해소할 만큼 충분한 속도로 회복되고 있지 않다는 것이다. 포르투갈 역시 성장속도가 둔화되는 모습을 보이고 있고, 2014년 7월에는 포르투갈 2위 은행인 방코에스테리토 산토(BES) 은행의 대규모 부실 등 국내경제는 여전히 불안한 상태에 있다.[159] 이는 2011년 재정위기를 촉발시킨 독일과 주변 국가와의 불균형 상태가 아직은 완전히 해결된 것이 아니라는 의미이다. 요컨대 OMT의 시행으로 유로 국가의 국채시장은 안정을 되찾았으나 근본적인 문제점인 유로 국가 내의 불균형은 여전히 해결되지 않고 있는 것이다.

경상수지의 경우도 구조적 불균형 구조에 대한 개선이 실질적으로 거의 없음을 보여 주고 있다고 본다. 2013년 한해 동안에는 스페인, 포르투칼, 그리스 국가의 경상수지는 소규모이긴 하지만 대체로 흑자 기조였다. 하지만 이와 같은 기조는 2014년에 들어서서 다시 적자 기조로 반전되었다. 2014년 추세를 별론으로 하더라도 PIGS 국가의 경상수지 적자 규모가 감소되는 추세라고 이야기 해도 틀린 말은 아니다. 특히 이태리의 경우는 2014년 1월을 제외하고는 2013년 4월부터 2014년 12월말까지 지속적인 흑자를 시현하고 있다.

---

159) BSE의 실적 부진은 13억 유로 규모의 회계부정이 발견되어 주식 거래기 정지되면서 일러졌다. 2014년 8월 4일, 블룸버그는 포르투갈이 BSE에 49억 유로 규모에 달하는 구제금융을 지원할 것이라고 보도했다.

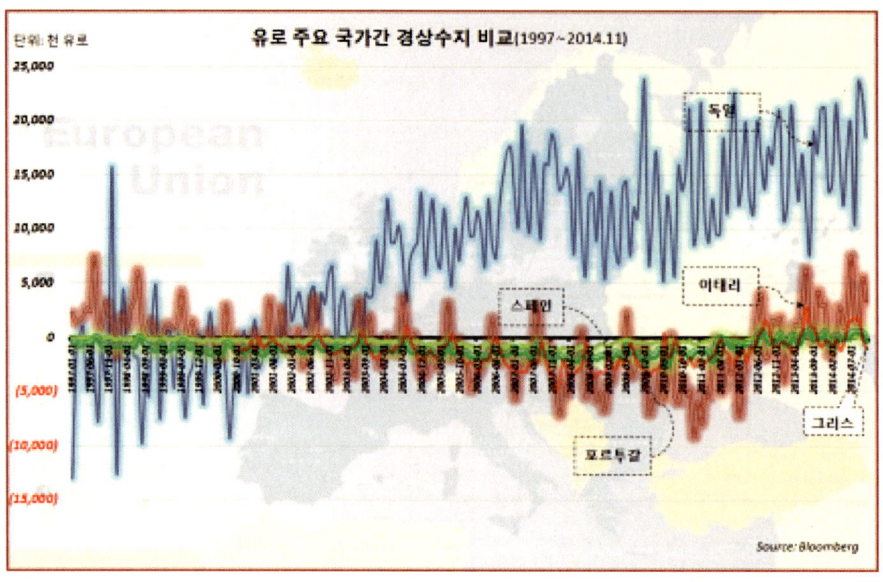

출처: Bloomberg

[그림 29] 유로 주요 국가 경상수지 비교(1997~2014.11)

하지만, 이와 같은 PIGS 국가의 경상수지 적자 규모 감소 추세 때문에 독일의 흑자규모는 추세적으로 감소하고 있다. 다시 말해 유럽 주변국가의 경상수지 개선이 독일 경상수지 흑자 추세의 둔화로 이어지고 있는 것이다. PIGS 국가의 경상수지 적자 감소가 독일의 경상수지 흑자 감소로 나타난다는 것은 여전히 독일을 중심으로 한 유로 국가의 상호의존성이 해소

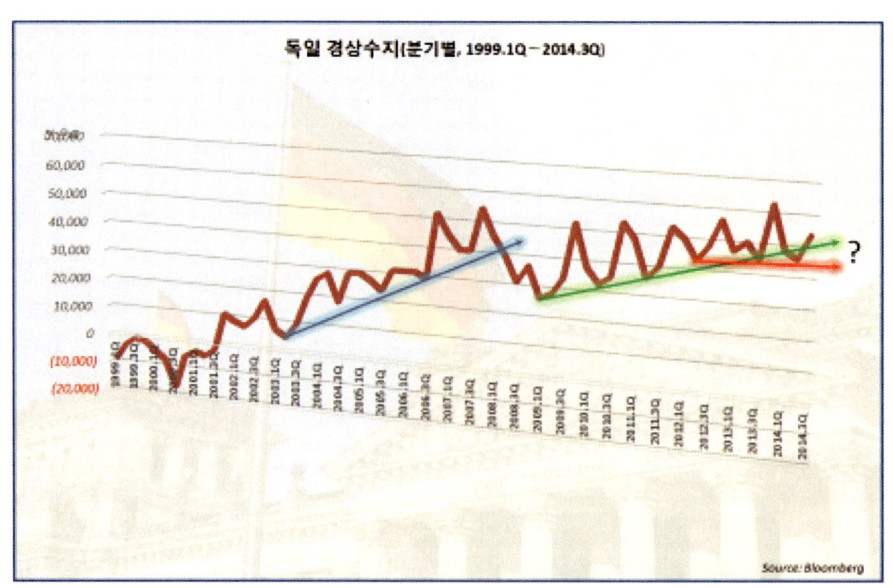

출처: Bloomberg

[그림 30] 독일 경상수지(1999.1Q~2014.3Q, YoY)

되지 않고 있음을 반증하는 것이다. 특히 이탈리아, 스페인, 포르투갈, 그리스의 적자 감소는 자국내에서 진행되는 구조조정의 여파로 인한 소비감소가 그 근본 원인이다. PIGS 국가의 구조조정 과정은 자국의 생산능력 향상을 통한 수출증대라기 보다, 높은 실업률, 정부 재정 적자 축소, 소비 감소에 따른 전체적인 수요 감소에 그 원인이 있는 것이다.

부동산 가격의 경우는 더욱 차별화가 심화되었다. 독일은 2010년을 100으로 하였을 때, 재정위기 이후에도 집값이 지속적으로 상승하여 2014년 6월에는 115.1을 기록하였고 12월 말 현재 117.2이다. 아일랜드의 부동산 가격 상승률은 2013년 6월부터 회복되기 시작하여 지속적인 상승세를 시현하면서, 2014년 6월에는 12.5%, 9월에는 15%, 12월에는 16.3% 상승 하는 놀라운 상승세를 기록하고 있다. 하지만, 프랑스는 2012년 12월부터 2014년 9월까지 집값이 계속 하락하고 있다. 이는 이탈리아, 그리스도 마찬가지 상황이다.

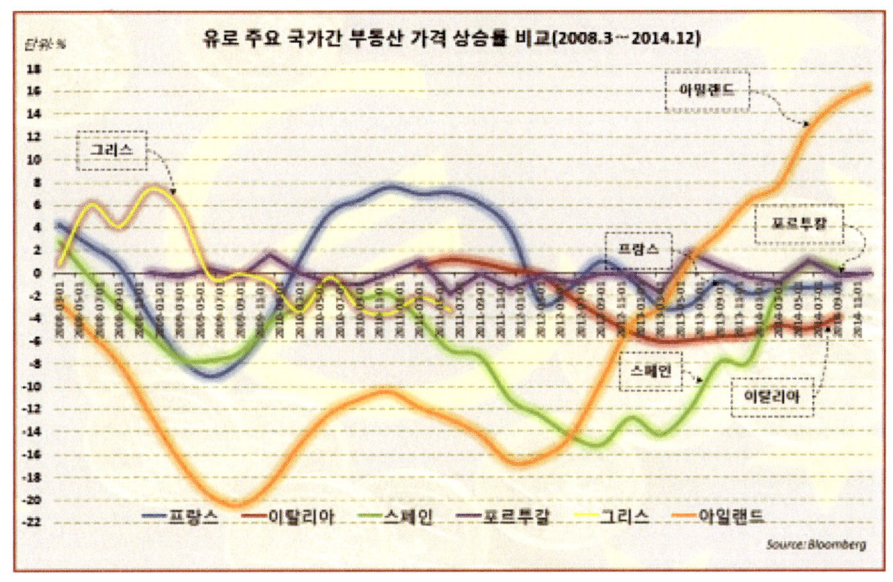

출처: Bloomberg

[그림 31] 유로 주요 국가 부동산 가격 상승률 비교(2008.3~2014.12)

실업률의 경우는 차이가 더 극명하다. 독일의 실업률은 지속적으로 하락하고 있다. 2014 년 6월 말 독일의 실업률은 5.1%, 2014년 12월말 현재는 4.8%로 실업률이 계속 떨어지고 있 다. 이에 반해, 프랑스는 2012년 12월말 실업률 10.1%를 넘어선 이후 2014년 9월말까지 실 업률이 10% 밑으로 내려온 적이 없다. 이탈리아의 경우 2012년 3월말 10%를 넘어 2014년 3 월 실업률이 12.7%, 6월 12.6%, 9월 12.8%이다. 스페인과 그리스는 실업률이 25% 내외에서 반전의 기미가 없다. 그래프를 보더라도 2008년을 기점으로 주요 국가 간 실업률 차이는 갈

수록 확대되고 있다. 이는 설사 유로 경제가 회복국면에 진입하였다 하더라도 회복의 혜택
이 일부 회원국에게만 돌아가면서 회원국간 불균형은 여전히 해소되지 않고, 오히려 확대될
가능성까지 내포하고 있음을 보여주는 것이다.

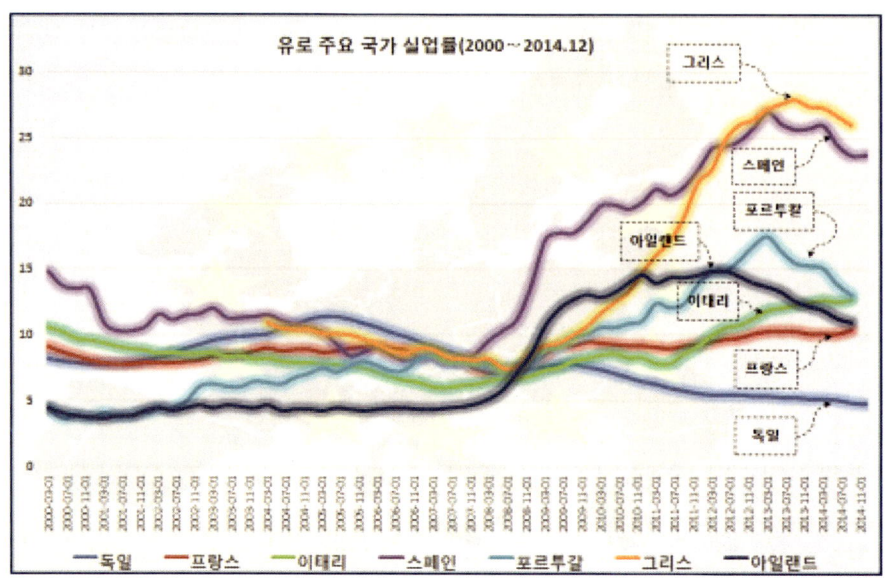

출처: Bloomberg

[그림 32] 유로 주요 국가 실업률(2000~2014.12)

한편 독일, 아일랜드, 영국 등 일부 국가를 제외한 국가의 자산가격 하락, 실업률 상승, 물
가상승률 둔화는 유로 지역에 디플레이션 공포를 확산시키고 있다. 앞서 언급한 OMT도 물
가상승률을 최대한 억제하는 조치였기 때문에 미국이 시행했던 양적 완화 정책과는 달리 자
산가격 상승효과, 즉 인플레이션 효과가 없다. ECB 정책에서 가장 영향력이 큰 독일의 경우
는 집값이 지속적으로 상승하고 있기 때문에 ECB가 미국의 FRB와 유사한 양적 완화 정책을
시행하기도 쉽지가 않다. 다급해진 ECB는 2014년 6월 ECB 통화정책회의에서, 기준금리를
0.25%에서 0.15%로 추가 인하하고, 중소기업 지원을 위한 목표물 장기대출프로그램인
TLTRO 4,000억 유로를 도입하여 시장에 유동성을 추가로 공급하기로 하였다. 극단적으로는
경제사상 전무후무한 마이너스 예금 금리를(0%→△0.1%) 도입하여 디플레이션 방지를 위한
극단적인 처방에 나서고 있다. 하지만 디플레이션 추세는 진정되지 않았고 2015년 1월 22일,
마침내 ECB도 통화정책 최후의 히든카드인 양적 완화를 시행한다고 발표했다. 당초 시장이
예상했던 5,000억~1조 유로 규모를 넘어 매월 600억 유로, 달러화로 720억 달러를 기계로 찍

어내어 "최소한" 2016년 9월까지 회원국 국채, covered bond, ABS 등을 매입한다는 것이다.

결론적으로 2015년 2월 현재 미국 경제는 회복 국면에 진입하고 있는 반면, 유로존 국가의 회복국면이 아직까지 시현되지 않고 있다는 것은 확실하다. 특히, 회원국 간 회복 국면과 속도가 차이가 나면서 오히려 2008년 금융위기 이전보다 불균형이 더 심화될 가능성까지 보여주고 있다. 회원국 간의 불균형은 회원국 간 이해관계를 복잡하게 하고, 복잡한 이해관계 때문에 과감하고 일관된 ECB 정책을 기대하기도 쉽지 않다. 예컨대 자산가격이 상승하는 독일과 자산가격이 하락하는 프랑스가 같은 ECB 정책효과 아래에 있다면 ECB는 일관된 양적 완화 정책을 추진할 수 있을까? 과연 유로존 국가의 미래는 어떻게 될 것인가? 시간이 걸리더라도 각 회원국 간 경쟁력 차이가 좁혀지면서 2008년 금융위기 이전처럼 안정적인 유로존을 유지할 수 있을 것인가? 특히 미국을 중심으로 한 경제 상황의 호전이 유럽의 경제상황에 긍정적인 영향을 미치면서 독일과의 상호의존성도 약화되어 유로존의 안정적 유지가 가능할 것인가? 아니면, 독일을 중심으로 한 상호의존성이 갈수록 심화되면서 그리스, 이탈리아를 중심으로 한 또 다른 위기가 도래하여 2011년 재정위기와 유사한 또 다른 대형위기가 도래할 것인가? 아니면, 각 국가의 경제 상황이 점진적으로 개선되긴 하지만, 유로존 국가 간 상호의존성은 어떤 식으로든지 유지되면서 불안정한 유로존이 유지될 것인가? 최근 우크라이나 정정 불안에 따라 급격히 부상한 러시아의 정치, 외교, 경제적 파워는, 시급하게 경제를 안정시켜야 하는 독일을 중심으로 한 유로 지역 국가들에게 어떤 정치적, 외교적, 경제적 선택을 하게 할 것인가? 러시아에 대한 유로 지역의 입장이 일관되게 통일되어 나갈 수 있을까? 나아가서 미국은 경기 회복, EU 국가들은 정체 상태에 빠진다면, 이 또한 향후 세계경제에 어떠한 의미를 가지게 될 것인가? 과거 글로벌 세계 동조화에 익숙했던 우리들은 새롭게 탄생한 미국과 EU 사이의 New Decoupling에 어떤 식으로 대응해야 할 것인가? ECB가 역사상 처음으로 도입한 양적 완화는 과연 유로존의 디플레이션을 저지하는 효과적인 수단이 될 수 있을 것인가? 2008년 금융위기가 던진 우리 시대의 화두에 고민거리만 깊어 가는 것 같다.

6) 중국 I – 잠자는 용에서 G2로!

2008년 금융위기는 중국에게도 엄청난 상흔을 남겼다. 이는 2008년 금융위기로 인한 중국의 성장률 위기는 중국 정부가 최우선으로 생각하는 '안정'이라는 정치적 기조를 심각하게 위협하였기 때문이었다. 이는 특히 1979년 본격적인 중국의 개혁개방 이후 해마다 수백만에서 천만 이상의 농업인구가 도시로 유입되고 있는 사실과 밀접하게 관련되어 있다.[160] 이들

에 대한 일자리를 제공하기 위해서는 2000년대 이전에는 최소 10%의 성장이, 2010년대에는 최소 7%의 성장이 꼭 필요한 상황임을 중국정부는 잘 알고 있었다. 만약 이 정도의 수준에 이르는 성장을 하지 못하는 경우 도시는 농촌에서 유입된 실업자로 넘치게 되고 통제불가능한 사회불안을 감수해야 한다. 이는 중국 정부가 가장 중요하게 생각하는 '안정'에 치명적인 타격을 가할 것이 자명하였다. 이 가운데 터진 2008년 금융위기는 중국정부로 하여금 어떤 수단이든 동원하게 만들었다. 하지만 이 때 받은 상처를 치유하기 위한 중국 정부의 대응은 또 다른 대형 위기 가능성을 잉태하였다. 만약 다음에 위기가 발생한다면 중국발이 될 것이라는 우려는 결코 기우가 아니라고 본다.

중국은 1800년대 후반에 전세계 GDP의 1/3을 차지한 세계 최강대국이었다. 미국이 현재 전세계 GDP의 20% 내외를 차지하는 것에 비하면 당시 중국의 GDP 규모가 어느 정도였는지 가히 짐작할만하다. 하지만 중국의 최강대국 지위는 동남부 지역에서 남북으로 길게 늘어선 해안선이 없으면 유지 및 확장이 불가능한 지리적 한계를 가지고 있었다. 서쪽에는 티벳 고원과 험난한 히말라야 산맥이 가로 놓여 있어 대규모 교역로로서 적합하지 않았고 서쪽으로 영토 확장도 물리적으로 사실상 불가능하였다. 북쪽으로는 아예 만리장성을 축성하여 스스로 확장을 포기하였다. 이에 따라 동쪽 해안선을 중심으로 한 해상 영역이 중국 제국의 유지 및 확장에 매우 중요했는데, 이에 대한 중요성을 인식했던 명나라, 특히 영락제는 정부 차원에서 해군력의 중요성을 절감하여 전세계 최대의 해군력을 육성, 보유하고 있었다. 그 대표적 사례가 바로 1405년에 첫 출범한 정화(鄭和) 원정대이다. 당시 정화 원정대가 이끈 첫 원정대는 대함선 62척, 병력 27,000여 명, 항해 기간 2년 4개월, 항해로는 동남아, 인도, 아라비아 대륙에 이어 동부 아프리카까지 걸쳐 있었다. 1492년 콜럼버스의 선단이 배 3척, 선원 120여 명이었고 콜럼버스가 탄 배 역시 약 200톤 규모에 불과하였는데, 정화 원정대의 주력 선박이 1,500톤이라는 점을 감안하면 콜럼버스가 탄 배와 정화가 탄 배를 비교한다는 자체가 어불성설이다.

하지만, 정화 원정대는 7차 원정이 마지막이었고 해상 확대의 중요성을 미처 인식하지 못했던 후대 중국 황제들로 인해 중국의 운명은 내리막길을 걸었다. 특히, 중국의 해상세력이 쇠락해 가는 가운데에서 베네치아, 포르투갈, 에스파니아, 네덜란드, 영국 등은 정부의 적극적인 지원정책에 힘입어 해군력 육성에 전력을 다하면서 전세계 해상을 제패하는 신규 해상

---

160) Stephen Roach, 앞의 책. 스티븐 로치는 2013년 최근 들어서는 농촌에서 도시로 유입되는 인구가 1,500만에서 2,000만에 육박한다고 추론하였다. 아울러 OECD도 2011~2030까지 매년 평균 1,600만 명의 중국 농촌인구가 도시로 유입될 것이라고 예측하고 있다.

세력으로 부상하였다. 미국이 등장하기 전 마지막 해상세력의 제왕이었던 영국은 막강한 해군력을 앞세워 중국의 해상을 철저히 봉쇄하였고, 이에 따라 중국은 쇠락의 길을 걷게 된다. 해상영역의 봉쇄는 중국의 내분을 더욱 가속화시켰고, 장제스와 마오쩌둥의 내전은 1949년 결국 마오의 승리로 끝을 맺었다.

승리한 마오쩌둥은 1952년에 국가계획위원회(State Planning Commission: SPC)를 설립하고, 이를 중심으로 1953년부터 소련의 5개년 계획을 모방하여 5개년 경제개발계획을 수립하여 경제정책을 추진하였다. SPC는 국가개발계획위원회(State Development Planning Commission: SDPC)와 합쳐져 국가개발개혁위원회(National Development and Reform Commission: NDRC)로 승격되었다.[161] 1차 5개년 계획(1953~1957) 직후인 2차 5개년 계획(1958~1962)의 이른 바 대약진 운동은 7년 안에 영국을, 10년 안에 미국을 추월한다는 비전을 갖고 중화학공업 육성을 목표로 대규모 농업인구를 공업노동력에 인위적으로 재배치하였다. 하지만 농민의 강제 착출, 참새소탕작전과 흉작이 겹치면서 수천만 명이 굶어 죽었고, 기술 개발 없이 노동력 투입에만 의존한 나머지 공업발전정책도 실패에 그치면서 대약진은 그야말로 대실패로 끝났다. 이 사건을 계기로 5개년 경제개발계획은 1966년까지 중단되고 마오쩌뚱은 1959년에 국가주석에서 사임한다.[162]

1960년을 전후한 시기 중국의 대약진 실패와 대기근은 GDP의 60% 이상을 차지하던 소비 비중을 급격히 하락시켰고, 1959년에는 민간소비가 GDP의 47.6%에 불과할 정도로 급전직하하면서 심각한 내수타격을 입었다. 중국 경제가 대외에 개방되어 있지 않아 수출과 수입이 GDP에 큰 변수가 되지 못한 상황에서 대약진의 실패로 인한 내수의 급격한 감소는 중국 경제에 심각한 후유증을 남겼다. 업친데 덮친 격으로 대외적으로 소련과의 영토분쟁으로 외교관계까지 악화되면서 사회주의 국가내에서도 국제적으로 고립되는 최악의 상황이 전개되

---

161) NDRC는 향후 명실상부한 중국 계획경제의 핵심기구로 부상하게 된다.

162) 1949년 중국인민공화국 수립 당시 국가 최고원수 자리는 국가 주석이었다. 마오쩌둥 사후 국가주석이 일시적으로 폐지되었다가 1983년 중화인민공화국 주석이라는 이름으로 다시 부활한다. 한편 전국인민대표대회(전인대)는 중국의 입법기관으로 국가최고 권력기관이다. 전인대의 약 150여 명 위원으로 구성된 상무위원회가 준입법, 준사법기관 역할을 하고 있다. 상무위원회 산하에 행정부 격인 국무원, 사법부 격인 최고인민법원, 최고인민검찰원이 있고 국방부 역할을 하는 중앙군사위원회가 별도로 설치되어 있다. 한편 전국인민대표대회와 이름은 유사하지만 다른 기구인 중국공산당 전국대표대회는 5년마다 개최되는 중국공산당 당대회이다. 전국대표대회는 중국공산당 중앙정치국 상무위원회를 설립하는데, 사실상 이 기구가 중국의 정치, 경제를 총괄하는 핵심 최고 기구이다. 시진핑 이전인 2012년 까지는 6~9명이었으나, 현재는 7명으로 구성되어 있다. 상무위원회의 의장은 중국공산당 중앙위원회 총서기, 즉 중국공산당 당수가 겸임하며, 상무위원회를 소집할 권한을 보유한다.

었다. 최악의 중국 경제를 회복시키기 위한 자본주의 정책의 일부 도입은 권력의 일선에서 물러난 마오쩌둥과 새로운 지도층과의 갈등을 심화시켰다. 이에 따라, 계급투쟁을 강조한 마오쩌둥을 중심으로 조직된 청년 홍위병대가 주도한 문화대혁명이라는 내전으로 비화되면서 중국 경제는 다시 퇴보하는 아픔을 겪었다. 결국 1976년 마오쩌둥이 사망하기 전까지 중국은 과거 중화의 영광을 역사로만 간직한 채 사회주의 국가 소련이 미국과 초강대국 지위를 겨루게 되는 냉엄한 국제적 현실에 직면해야 했다. 이때까지만 해도 중국은 세계경제를 움직이는 주요 변수는커녕 변죽만 울리는 주변국에 불과하였다.

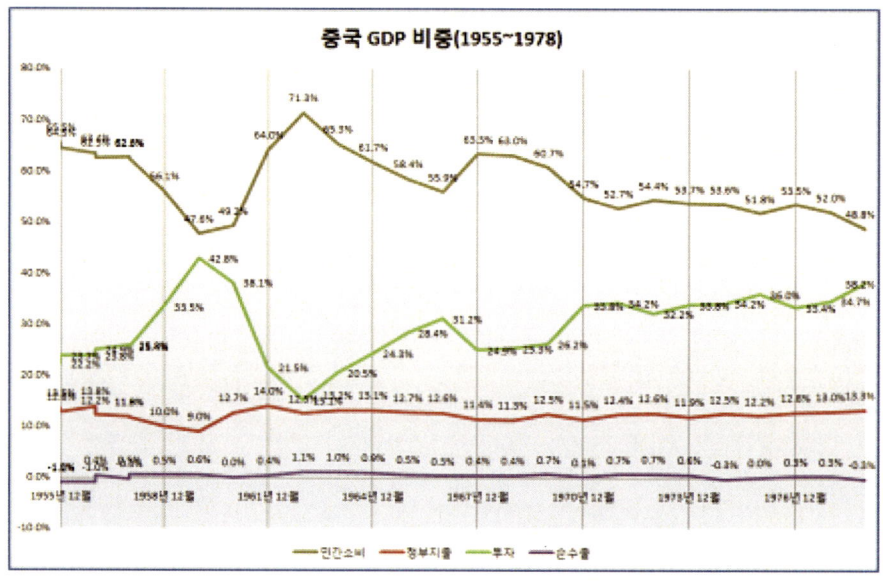

출처: Bloomberg

[그림 33] 중국 GDP 비중 추이(1955~1978)

하지만, 1977년 등샤오핑이 권력을 잡으면서부터 상황이 극적으로 전환되었다.[163] 등샤오핑은 이데올로기에 집착하는 것보다 중국 인민을 부유하게 하는 것이 가장 중요하며, 이에 따라 중국경제를 개혁과 개방체제로 근본적으로 전환하고자 하였다. 등샤오핑의 개혁 개방 정책은 중국이 세계경제의 변방국에서 중심국으로 나아가는 첫걸음을 제공했다는 점에서 엄청난 사건이었다. 특히, 개방정책의 일환으로 서방세계와 우호적 관계를 구축하기 위해 1979년 미국을 방문한 그는, 검은 고양이든 하얀 고양이든 쥐만 잡으면 된다는 흑묘백묘론

---

163) 등샤오핑은 마오쩌둥의 문화대혁명 때 박해를 받았지만 기적적으로 부활하여 1981~1983년까지 국가원수를 지냈다. 등샤오핑은 1983년 국가원수직에서 사임하였지만 군부를 장악하면서 국가주석을 막후에서 임명하는 막강한 권력을 휘둘렀다.

을 표방하면서 철저한 실용주의 노선으로 경제정책의 근본적 변혁을 도모하게 된다.

등샤오핑의 후원으로 총리가 된 자오쯔양 역시 1980년대에 소련식 계획경제를 포기하고 시장경제와 국가경제의 공존을 추구하는 중국식 사회주의를 본격적으로 도입하였다.[164] 자오쯔양의 후임 또한 중국의 군부를 장악한 등샤오핑이 사실상 지명하였는데, 1989년 중국공산당 중앙위원회 총서기에 취임한 장쩌민이 바로 그 후임이다. 장쩌민은 주룽지를 국무원 총리로 임명하여 개혁개방 정책을 더욱 가속화하였다. 사실상 장쩌민을 등샤오핑이 임명했다는 점에서 장쩌민의 경제정책은 등샤오핑의 경제철학을 철저히 계승한 것이라고 볼 수 있다. 2002년 장쩌민의 후임으로 임명된 후진타오도 원자바오를 국무원 총리로 임명하여 외국인직접투자 적극 유치, 사회기반시설 적극 투자, 지속가능한 발전을 추구하는 과학사회주의 등을 추구하면서 중국을 미국에 이어 세계 2위의 대국 지위에 올려놓았다.

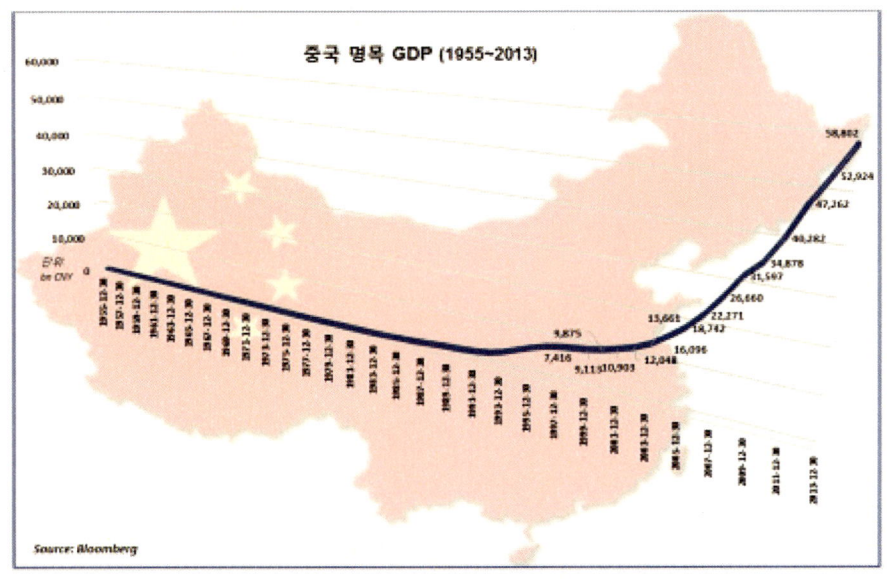

출처: Bloomberg

[그림 34] 중국 명목 GP (CNY bn: 1955~2013)

그러나 이와 같은 중국 경제의 부상은 외형적 성장이라는 눈부신 발전에도 불구하고 심각한 불균형 상황에 직면하고 있었다. 원자바오 총리가 2007년 전인대회 직후 언급하였던 중국이 직면한 불균형, 불안정, 부조화, 지속불능 등의 4不이 바로 그 대표적 예이다. 중국 정부가 이와 같은 문제점을 인식하고 문제를 해결하기 위한 구조개혁 정책에 착수할 무렵, 2008년 금

---

164) 중국공산당 낭수였던 자오쯔양은 1989년 천안문 사태 때 상경신압을 주장했던 등샤오핑과 만내편 입장을 취해 계엄령에 반대했다는 이유로 실각하였다.

융위기가 중국 경제를 강타하였다. 중국 정부로서는 2008년 금융위기 때문에 4가지 불안요소를 제거하기 위한 구조조정에 필요한 시간을 확보하는 데 실패했다. 당장 급한 불을 끄지 않으면 전체 중국이 분열이라는 최악의 상황으로 치달을지 모르는 상황이기 때문이었다.

2008년 금융위기에 대한 중국 정부의 대응은 급격히 감소한 수출로 인한 성장률 감소를 기업설비투자, 철도 등 사회기반시설, 부동산 등의 고정자산에 대한 막대한 투자로 대체하는 방식이었다. 우선 후진타오 시대인 2002년부터 중국의 수출은 급격히 증가하여 금융위기 직전인 2006~2007년에는 GDP의 34%를 수출이 책임지고 있었다. 하지만, 금융위기가 정점으로 치달았던 2009년에는 이 수치가 23.5%로 10% 포인트 하락하면서 중국 경제에 엄청난 충격을 가했다.

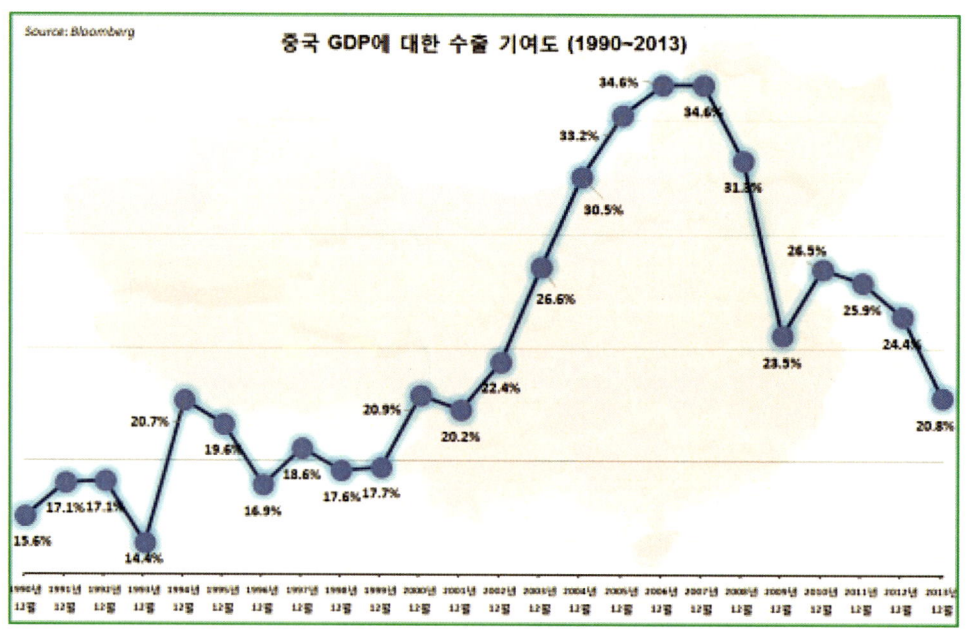

출처: Bloomberg

[그림 35] 중국 GDP에 대한 수출기여도(1990~2013)

2008년 이전 중국의 성장률은 실질국민소득 기준으로 10% 내외이었으며, 특히 2004년 이후에는 항상 10%를 넘는 고성장을 달성했기 때문에 특단의 조치가 없다면 수출 감소로 인한 GDP 감소분이 1% 포인트를 넘게 된다. 이미 2008년 성장률이 10% 이하로 내려올 것이 거의 확실한 상태에서 중국 정부로서는 수출의 급감으로 인한 GDP 하락 충격을 최소화하거나 아니면 이를 보충할 모든 가용 수단을 동원해야만 하는 상황이었다.

출처: IMF

[그림 36] 중국 GDP 성장률(2001~2013: 실질국민소득 기준)

　　중국 정부의 선택은 대규모 투자계획이었다. 중국 정부로서는 성장을 위한 사회기반시설에 대한 투자도 필요한 것이 사실이었고, 급격한 수출감소에 가장 확실하고 효과적으로 대응할 수 있는 대책이 투자라고 판단했기 때문이었다. 2008년 11월 9일, 중국은 4조 위안, 당시 환율로 5,750억불 규모의 투자계획을 발표한다. 중국 정부의 대규모 투자는 2009년 이후에도 이른 바 미니 부양책이란 이름으로 끊임없이 계속되었다.

줄저: Bloomberg

[그림 37] 중국 투자의 GDP 비중 (1995~2013)

이에 따라 2007년 투자의 GDP에 대한 기여도가 41.6%에서 2008년 43.8%, 2009년 47.2%, 2010년 48.1%, 2011년 48.3%로 지속적으로 올라갔다. 숫자로만 보면 2009년 한해만큼의 수출 감소분을 5년 동안의 투자로 메운 셈이다. 문제는 2009년 이후 중국의 수출이 2008년 금융위기 이전 수준을 아직도 회복하지 못하고 있다는 점이다.

[표 29] 중국의 투자 및 수출의 GDP 기여도(2007~2013)

GDP 기여도	2007	2008	2009	2010	2011	2012	2013
투자	41.6%	43.8%	47.2%	48.1%	48.3%	47.8%	47.7%
수출	34.6%	31.3%	23.5%	26.5%	25.9%	24.4%	20.8%

출처: Bloomberg

달리 말해 중국의 수출이 회복되지 않으면 끊임없이 고정투자를 늘려야 이전의 성장률을 유지할 수 있다는 뜻이 된다. 하지만 고정 투자의 속성상 투자가 늘어날수록 한계효율이 저하된다는 단점이 있다. 이미, 중국의 성장률은 10% 내외 수준의 성장 추세를 이탈하여 2012년 이후 7%대로 내려앉은 상황이다. 한국과 일본의 경우에도 고정자산투자가 GDP에 차지하는 비중의 최고치가 각각 1991년 38%, 1973년 36%를 기록하였는데, 이 후 성장이 정체되면서 10년 내외의 기간에 대규모 경제위기가 찾아온 바 있다.

[표 30] 중국 GDP 성장률(2007~2013)

연도	2007	2008	2009	2010	2011	2012	2013
GDP 성장률	14.16%	9.64%	9.21%	10.45%	9.3%	7.65%	7.67%

출처: IMF

대규모 투자정책이 집중된 곳이 제조업 설비투자보다는 부동산, 인프라에 치중된 것도 문제다. 2012년말 현재 전체 투자는 제조업 설비투자비중이 1/3을 차지하는 반면, 부동산과 인프라 투자를 합친 비중이 전체의 절반에 육박한다. 이는 외국인직접투자를 통한 고정자산

[표 31] 중국 고정자산 투자 현황

섹터	위안 (백만)	비중(%)
제조업	12,900,630	35.4
부동산	9,235,713	25.3
인프라	7,896,357	21.6
소비, 서비스 및 기타	6,450,807	17.7
합계	36,483,507	100

출처: Goldman Sachs, 2012년말 현재

투자가 주도하였던 2008년 이전과 매우 다른 상황이다.

더 큰 문제는 투자에 필요한 유동성 공급의 방식이었다. 대규모 투자를 위해 필요한 자금 공급 방법은 여러 가지가 있었을 것이다. 가장 쉬운 방법이 정부가 통제하고 있는 은행을 동원해 시장에 유동성을 공급하여 투자에 필요한 재원을 공급하는 방식이다. 실제로 2000년대 중반 이전에는 고정자산 투자시 필요한 신용공여는 대부분 국가가 소유한 금융기관인 은행이 90% 이상을 수행하였고,[165] 이 과정에서 이 은행들에게 가장 많은 혜택이 돌아갔다. 중국 인민은행(People's Bank of China: PBOC)이 1978년에 설립되었을 때 PBOC는 중앙은행이기도 하였지만 당시에는 유일한 상업은행으로 기업에 대한 신용공여를 책임지고 있었다.

신용공여금액이 증가하자 중국정부는 1980년대에 4개의 국영은행, 이른 바 Big Four를 설립하여 기업 신용공여를 책임지게 하였다.[166] 1990년대 초반에는 국영은행과 민간은행의 합자은행 설립이 급격히 증가하여 민간의 신용공여를 국영은행과 공동으로 책임졌다. 이들 국영은행의 이자 수익은 전체 수익의 80%를 차지하는 것으로 알려질 정도로 이자수입에 대한 의존도가 높았으며, 막대한 예대마진을 통해 부를 축적해 나갔다.[167] 중국 은행의 이와 같은 고이자율 대출은 가계에 적지 않은 부담을 안겨 주었고, 사실 이와 같은 중국의 신용공여 시스템이 중국 경제성장의 과실이 가계에 돌아가지 않는 결과를 낳게 하는 중요한 원인이 되기도 하였다.[168] 아울러 국영 은행을 통한 막대한 이자수익은 중국 관리들의 부를 축적하는 수단으로 악용되면서 부패의 온상이 되었다. 중국 중앙정부는 국영은행을 통한 독점적 대출이 초래한 폐해를 인지하고 중국 금융기관에 대한 감독을 2000년대 중반부터 강화하기 시작하였다.

하지만, 이와 같은 정책대응이 오히려 국영은행 이외의 금융기관, 이른 바 Shadow Banking을 통한 대출 추세를 강화하는 풍선효과를 만들었다.[169] 이에 따라 2000년대 중반

---

165) Financial Times, Jan 7, 2014.

166) 중국은행(Bank of China: BOC), 중국농업은행(Agricultural Bank of China: ABC), 중국건설은행(China Construction Bank: CCB), 중국공상은행(Industrial and Commercial Bank of China)

167) 2008년부터 과거 10년간 평균 예금 이자는 3% 대이고 대출이자는 10% 이상인 경우가 많아 중국의 은행은 예대마진에서 엄청난 부를 축적해 나갔다. 특히, 자금조달 비용을 낮추기 위해 중국정부가 예금이자에 대한 규제를 시행하면서 예금 이자가 올라 갈 수가 없었다.

168) 이와 같은 경제정책은 2011년을 기점으로 중국 정부가 내수 위주의 성장 정책으로 선회하면서 변화가 감지되기 시작했다. 우선 중국정부는 자국 은행의 예대마진을 정책적으로 축소하는 정책을 채택하였다. 특히, 예금금리를 대폭 인상함으로써 저축률이 높은 가계 소득을 상향시키는 정책을 채택하였다.

169) Shadow Banking은 은행과 보험의 역할을 수행하면서 은행 및 보험과 관련된 엄격한 규제를 받지 않는 금융행위를 의미한다. 미국의 2008년 신용위기도 헤지펀드, CDS 등의 shadow banking 확산에 따른 위

까지는 국영은행과 민관 공동설립은행이 전체 신용공여의 90% 이상을 차지하였으나, 2000년대 중반 이후부터는 비은행금융기관(shadow banking institution)을 통한 신용공여가 확대되기 시작하였다. 특히 2008년 이후부터 신용공여 증가속도가 가속화되기 시작하여 2012년말 잔액 기준으로 가계와 기업부채의 24%가 이와 같은 비은행금융기관이 차지할 정도다. 특히 2012년에 새로 공여된 신용의 39%가 shadow banking을 통해 이루어졌다.[170]

이와 같은 Shadow Banking의 확대는 중국 경제의 레버리지 상황을 면밀하게 주시하지 않으면 안 됨을 의미한다. 거시경제 전체적으로 보면 2012년 말까지는 전체 경제규모에 비해 중국의 부채비율이 다른 나라에 비해 특히 높은 수준이라고 말할 수는 없다. 아래 표에서 보듯이 2012년말 기준으로 중국의 부채가 GDP에서 차지하는 비율은 미국, 영국, 일본보다 낮은 수준이다. 특히 정부부채가 차지하는 비중이 2012년말 현재 25% 내외에 머물고 있어 필요시 정부의 재정투입 여력은 다른 나라에 비해 매우 높다.

[표 32] 주요 국가의 GDP 대비 부채비율

국가	GDP 대비 부채비율
일본[171]	392
영국	292
프랑스	256
미국	253
한국	233
호주	211
중국	209
독일	198
태국	151
인도	105
브라질	103
러시아	71
멕시코	59
인도네시아	58

출처: Goldman Sachs, BIS, IMF, World Bank (2012년말 기준)

기였다.

170) Goldman Sachs, China Credit Concerns, August 5, 2013

하지만 부채가 늘어나는 속도가 너무 빠르다는 점, 부채를 증가시키는 주체가 정부나 민간이 아니라 기업이라는 점, 기업의 투자 대상이 신규고정자산 투자보다는 부동산 투자에 갈수록 편중되어 있다는 점 등에서 심각한 위험을 내포하고 있다. 부채 증가의 속도만을 놓고 보아도 중국의 부채증가속도는 금융위기 직전의 미국, 아시아 금융위기 전의 일본, 한국, 태국보다도 빠른 상태이다. 즉, 2006~2013년까지 부채/GDP 비율의 증가는 중국이 87% 포인트(pp) 상승하였는데, 미국은 2002~2007년간 41% 포인트 상승하였고, 일본은 1985~1990년간 45% 포인트, 한국은 1995~1998 사이에 47% 포인트 상승하였다. 말레이시아와 태국은 아시아 금융위기 이전에 각각 40pp, 66pp 상승하였다.[172] 부채증가속도만 보면 이미 위기 징후는 한참을 지난 상태이다.

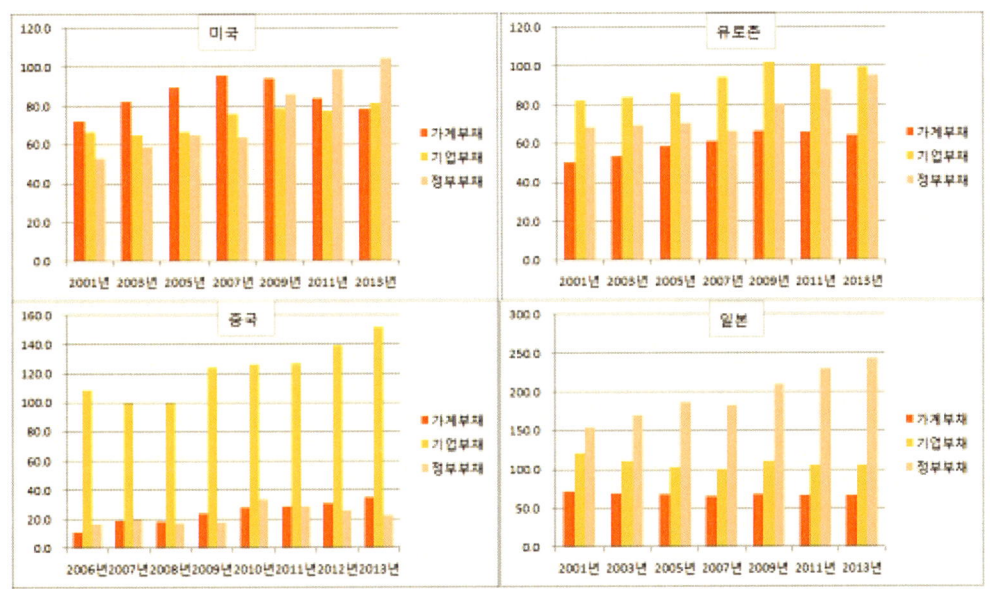

출처: Bloomberg

[그림 38] 미국, 유로존, 중국, 일본의 부채증가 현황(2001~2013)

기업의 레버리지도 2008년부터 2012년까지 연평균 10% 성장하는 무서운 속도를 보이고 있다. 중국인민은행 추산에 따르면 2015년에는 2008년보다 2배 가까운 규모로 기업의 레버리지가 확대될 것으로 예상된다고 한다. 특히, 기업으로 분류되는 지방정부의 투자 도관체

---

171) 일본의 경우 정부부채, 기업부채, 가계부채를 합한 전체 부채 중 정부부채가 50%가 넘는다는 특징이 있다. 중국의 경우는 2012년말 기준으로 기업의 부채가 전체 부채의 68%를 차지하여 주요국 중에서 러시아를 제외하고는 기업부채외 비중이 가장 크다.

172) Goldman Sachs, China Credit Concerns, August 5, 2013; Financial Times, June 16, 2014

인 LGFV는 부동산 투자의 핵심적인 역할을 수행하면서 중국 부동산 과잉투자의 주요 원인으로 지목되고 있다.

[표 33] 중국 부채의 GDP 대비 비율

연도	기업(%)	LGFV*(%)	정부(%)	가계(%)	합(%)
2000	109	0	22	4	135
2001	103	7	22	6	138
2002	107	9	24	9	149
2003	114	11	25	12	162
2004	106	12	26	12	156
2005	98	13	32	12	155
2006	98	15	28	11	154
2007	96	15	30	12	153
2008	97	16	28	12	153
2009	112	24	29	16	181
2010	125	25	27	19	195
2011	129	22	25	19	194
2012	142	23	24	20	209
2013(E)	151	22	23	23	219
2014(E)	163	20	22	25	230
2015(E)	173	19	22	26	240

출처: Goldman Sachs, PBOC (*LGFV: Local Government Financing Vehicle)

7) 중국 II – 그림자 금융(Shadow Banking)

중국의 Shadow Banking은 신탁회사(Trust Company)가 발행한 신탁대출(Trust Loan), 은행의 브로커/딜러가 고액자산가에게 높은 이자율을 지급하는 구조화 상품인 자산관리상품(Wealth Management Products: WMP), 기업상호간 대출인 위탁대출(Entrust Loan), 기업이 자기 신용으로 발행하는 중장기 회사채(Corporate Bonds), 기업이 무역거래를 위해 발행한 기한부어음을 은행이 지급보증한 은행인수어음(Bank Acceptance: BA), 개인간 비공식 사채시장(informal loan) 등으로 구성된다. 이 중에서 회사채와 은행인수어음의 경우에는 정부의 규제를 받고 있는 영역으로 현재까지는 큰 문제가 없다고 본다. 그러나 신탁 및 위탁대출, 자산관리상품은 자금이 필요한 중국 부동산업자, 제강업체, 광산업체 등 제조업체를 대상으로 신용제공을 급속히 늘리고 있다. 특히, 그림자 은행의 대출은 제1금융권이 위험하다고 대출을 거부한 하이리스크-하이리턴 유형의 투자에 집중되면서 중국경제에 심각한 위협요소가 되고 있다.[173]

[표 34] 중국 Shadow Banking 분류 및 현황

은행제도권	*자산: 131조 위안, 부채: 67조 위안
Shadow banking	
– 신탁대출회사(Trust Companies)	*AUM: 7조 위안, 신용 5.3조 위안
– WMPs	*자산: 7.1조 위안, 신용: 1.8조 위안
– 회사채시장(Corporate Bonds)	*규모: 7조 위안
– 위탁대출(Entrusted Loans)	*신용: 5.7조 위안
– 사채시장(Informal loan)	*규모: 4.5조 위안
– 합계	*38.4조 위안(자산 25.6조, 신용: 12.8조)[174]

출처: Goldman Sachs, Gao Hua Securities, 2012년말 기준

특히, 중앙정부가 국영은행의 대출관행을 엄격하게 유지하면서 신용을 구할 수 없는 신용도가 낮은 대기업이나 중소기업들, 그리고 지방정부들은 shadow banking으로 구름같이 모여들고 있다. Shadow banking을 통한 기업대출의 확대는 중국기업의 레버리지 비율을 비정상적으로 높이는 결과를 가져왔다. 골드만 삭스에 따르면 중국기업의 레버리지는 지방정부가 자금조달을 위해 설립한 LGFV(Local Government Funding Vehicle: LGFV)를 포함할 경우, 2012년말 기준 중국 GDP의 160%로 GDP의 100~120%인 한국, 프랑스, 영국, 일본보다, 그리고 GDP의 100% 미만인 미국, 호주, 독일, 대만, 인도보다 훨씬 높은 수준을 기록하고 있다고 한다.[175]

기업이 이용하는 shadow banking 이자율은 2013년 6월말 현재 제도권 금융기관의 이자율보다 평균 40% 정도 높은 수준인 9%이며, 장기의 경우 평균만기는 3년 정도로 짧게 가져

---

173) 예컨대, 최고급 양주와 마호가니 가구와 같은 자산을 매입하여 차익을 추구하는 투자펀드들을 조성하여 고수익을 노리는 경우도 있다고 한다.

174) Barclays Capital도 2013년말 기준, shadow banking 규모가 38.8조 위안, Banking sector가 보유한 자산의 1/3에 이른다고 추산한 바 있다. Financail Times, June 16, 2014. 파이낸셜 타임즈는 신탁 형태의 대출자산은 11.7조 위안으로 2010년의 4배이며, 그 중 5.3조 위안의 만기가 2014년에 도래한다고 지적했다.

175) 중국보다 높은 레버리지를 가진 국가는 벨기에와 스웨덴이라고 한다. Goldman Sachs, China Credit Concerns, August 5, 2013

간다. 장기 shadow banking을 이용하는 기업은 9%라는 높은 이자율을 계속 지급해야 하는 것은 물론이고, 3년 내에 차환기간이 도래할 때 신용도를 최소한 유지하거나 상향시켜야 차환이 가능하다. 이는 기업의 신용도가 악화될 경우 shadow banking을 이용하는 기업의 부도가능성이 높다는 뜻이기도 하다.

[표 35] 중국 기업부채 현황

	부채비중 (% of GDP)	평균 이자율 (%)	평균 만기 (year)
총 기업부채	145	6.3	4.4
– 단기은행신용	45	4.6	1
– 장기은행신용	55	7.2	8
– 기업 CP	3.8	3.0	1
– 회사채	10.2	6.5	8
– 단기 shadow credit	12	6.0	1
– 장기 shadow credit	18	9.0	3
* 이자지급(% of GDP)	9.2		
* 원금지급(% of GDP), no roll over	29.4		
* 총 부채서비스 비용(%)	38.6		

출처: Societe Generale, 2013년 6월 기준

기업의 shadow banking 활용뿐만 아니라 2008년 이후부터는 지방정부도 shadow banking 활용도를 급속히 높이고 있다. 이유는 1994년 세제개혁으로 지방정부의 세수는 점진적으로 감소하고 있음에도 불구하고 지방정부의 재정지출은 오히려 늘어났기 때문이다. 하지만 중앙정부는 지방정부의 재정적자를 엄격하게 통제하였고, 이에 따라 자금수요가 폭발적으로 증가하고 있는 지방정부는 이를 우회하기 위해 shadow banking을 공격적으로 확대하였다. 이와 같은 shadow banking 증가는 2008년 금융위기에 대응하여 중국 중앙정부가 시행한 4조 위안의 경기부양정책을 추진하는 과정에서 불가피하게 발생한 측면이 있다.

그러나, 지금은 지방정부 스스로 지역의 인프라구축과 부동산 투자에 몰두하면서 단순히 중앙정부의 요청에 순응하는 양상에서, 지방정부가 좀 더 적극적으로 자금을 조달하기 위해 혈안이 되어 있는 상태로 전환되었다. 이와 같은 상황에서 제도권금융기관의 규제강화로 국영은행이 지방정부의 자금수요를 충족하지 못하게 되자, 지방정부는 LGFV 등 별도의 회사를 통한 shadow banking 자금 조달을 더욱 확대하고 있다. 중국 지방정부는 중국법규상 은

행으로부터 직접 차입을 할 수도 없고 2014년 이전까지는 지방채를 발행할 수도 없었기 때문에, 별도의 회사를 설립하여 동 회사를 통한 차입과 채권발행을 통해 자금을 차입함으로써 동 법규를 우회하고 있었다. 파이낸셜 타임즈에 따르면 2012년 말 기준으로 공식적인 지방정부의 부채규모는 GDP의 16.8%이나 shadow banking 자금까지 포함할 경우 실제로는 전체 GDP의 57.8%를 차지할 만큼 심각한 수준이라고 진단한다.[176] 나아가 LGFV를 통한 자금조달이 2013년 6월말 기준으로 17.9조 위안, 약 3조 달러 규모에 이르는 것으로 알려져 있는데, 이는 중국 GDP의 31%에 해당하는 엄청난 규모이다.[177]

문제는 지방정부 shadow banking 투자의 대부분이 부동산 투자라는 점이다. 이에 따라 shadow banking을 통한 지방정부의 무분별한 부동산 개발붐 때문에, 중국 경제의 부동산 가격 버블 붕괴 우려가 지속적으로 제기되고 있다. 지방정부의 이와 같은 무분별한 차입관행은 현재까지는 부동산 개발이 가장 손쉬운 돈벌이가 되기 때문이다. 구체적인 과정은 다음과 같다. 우선 지방정부가 보유한 회사 LGFV는 위치가 좋은 농지나 임야를 매입한 후, 매입한 토지를 담보로 은행에서 대출을 받는다. 대출받은 돈으로 토지소유자에게 보상을 하고 아울러 토지의 가용성을 높이기 위해 주변 지역에 토지나 도로 등의 인프라를 개발하기 위한 투자를 시행한다. 이와 같은 인프라 투자가 완료되면 해당 토지를 부동산 개발업자에게 취득가액의 몇 배를 받고 매각한다. 이 때 지방정부의 LGFV는 막대한 차익을 남긴다. 부동산 개발업자 역시 개발을 위해 은행으로부터 프로젝트 파이낸싱 등을 통해 대출을 받은 후, 아파트, 상가, 오피스 등의 부동산을 집중적으로 개발하고 마진을 붙인 후 이를 일반에게 분양한다.

이와 같은 부동산 개발 붐에 따라 중국의 100대 도시 주거용 주택의 가격은 2009년 10월 이후부터 12개월간 지속적으로 상승하였고, 이후 2012년 5월까지 잠시 하락하다가 그 이후 2013년 5월까지 지속적으로 집값이 상승하였다. 국내 증권사 추정에 따르면 중국 부동산의 가격을 가처분 소득으로 나눈 비율(Price/Income ratio)이 20배를 넘는다고 하는데, 타국가의 경우 P/I ratio가 10배를 넘기는 경우는 부동산 버블이 붕괴되었다고 한다.[178] 중국의 경우는 중앙정부의 강력한 금융시장 통제권한으로 부동산 버블 붕괴 시나리오는 희박하다는 전망이 우세하다고는 하나, 중국 부동산 버블 가능성에 대해서는 면밀한 관찰이 필요하다.

과거에는 지방정부가 지방채를 발행할 경우 중앙정부기관인 국가발전개혁위원회(NDRC)

176) Financial Times, Aug 27, 2013.

177) Financial Times, June 16, 2014.

178) 우리투자증권

의 허가를 받도록 하고 실제로 허가를 하지 않음으로써 사실상 발행을 금지시켜 왔다. 하지만, 국가발전개혁위원회(NDRC)는 자체 홈페이지를 통해 2014년 1월 3일, 투명한 절차를 거치기만 한다면 지방정부의 지방채 발행을 허용한다고 발표하였다. 지방채 발행의 허용은 지방정부가 우회적인 수단을 거쳐 자금을 조달함으로써 발생하는 비정상적인 shadow banking 이슈를 해결하기 위한 고육지책이다. 지방정부의 부채발행은 주로 고금리로 단기 자금을 조달했던 지방정부의 부채부담을 낮추고, 지방정부 스스로 장기적인 자금조달을 가능하게 하여 이자지급일을 현금흐름에 맞추어 자체 duration을 통제할 수 있는 수단을 제공한다는 점에서 긍정적이다. 특히, 현재 중국 지방정부의 실정을 비추어 보면 현금흐름과 이자지급을 일치시키는 효율적인 수단이 부여되지 않으면 지방정부의 파산이 현실화될 가능성이 매우 높다. 왜냐하면 중국 감사원 발표에 따르면 2013년말 6월 현재 지방부채는 17조 8,900위안으로 이 중 60%의 만기가 2015년말에 도달하기 때문이다. 하지만, 채권발행에 필수적인 신용등급의 객관적인 측정을 위해서는 현금흐름과 부채에 대한 정확한 정보와 투명성이 필수적으로 요구되는 데, 중국이 이러한 시스템을 갖추고 있는지는 의문이다. 자칫, 지방정부로 하여금 이전보다 많은 양의 부채를 높은 비용으로 조달하게 하는 역효과를 가져올 수도 있으므로, 지방채 발행으로 인한 영향은 면밀히 관찰해야 한다고 본다.

특히 지방정부가 발행한 신탁상품은 지방정부가 마치 보증을 제공하고 있는 것이라는 인식을 투자자에게 부여한다는 점에서 더 위험하다. 신탁상품은 신탁 구조에 포함된 기업 혹은 프로젝트의 현금흐름에 의존하여 원리금을 지급하는 구조이다. 지방정부가 지급보증을 서는 구조가 아니다. 하지만, 지방정부가 신탁을 만들어 판매하는 경우 일반 투자자들은 최악의 경우에는 지방정부가 원리금을 지급할 것이라는 일종의 믿음과 환상을 갖게 된다. 이와 같은 믿음과 환상이 신탁상품에 대한 끊임없는 수요를 창출하는 원동력이다. 이는 2008년 미국 금융위기 확산의 주요 도관체였던 Fannie Mae, Fredie Mac 등 GSE와 동일한 확산 메카니즘이다.

중국 중앙정부는 이와 같은 무분별한 부동산 가격 상승을 막기 위해 은행의 모기지 대출에 대한 규제를 시행하고 있다. 직접 대출에 대한 규제가 강화되자 shadow banking 중 하나인 신탁을 통한 대출이 확대되면서, 현재는 중국의 부동산 가격이 은행의 신탁계정을 통해 지지되고 있다. 중국은 과거 30년 동안 5번의 신탁규제를 시행하였는데[179] 신탁규제를 한 이후 성장률이 하락하는 추세를 보이고 있어, 2013년 부동산 신탁규제 또한 중국의 경제성

179) 1985년 9월, 1988년 10월, 1993~1996, 1998, 2007년 3월; 권영선, 2013년 글로벌 및 한국경제전망, 노무라

장률에 부정적인 영향을 미칠 것으로 예상된다. 특히, 중국의 부동산 자산가격의 거품을 없애기 위해 중앙은행(PBOC)이 단기자금 공급을 2013년 5월부터 축소하기 시작하였다. 이에 따라 2013년 6월에는 하루짜리 repo rate이 10% 이상 오르면서 역사상 최고치를 갈아치운 적이 있다. 아이러니 하게도 repo 금리 급등으로 시중은행의 유동성 확보가 심각한 상황에 돌입하자 PBOC가 유동성 부족 은행에 대한 유동성 공급을 재개하는 역설적인 상황도 전개되었다.[180]

하지만, 그림자 금융에 대한 우려가 계속되면서 중국 정책당국의 횡보도 공격적으로 전환되었다. 예컨대 2013년 12월에는 PBOC가 직접 repo 거래를 수행하겠다고 언급하면서 시중의 유동성을 공격적으로 흡수할 의사를 표명하기도 하였다.[181] 이 당시에도 6월과 유사하게 repo 금리가 9% 가까이 치솟은 적이 있다. 문제는 시중은행의 반응이다. 단기금리 인상의 정책목표가 주택대출 규모를 줄이기 위한 것임에도 불구하고, 시중은행이 주택대출규모는 줄이지 않고 오히려 고정투자나 기업대출 규모를 줄여서 대응함에 따라 가계나 기업이 shadow banking을 추가로 확대하는 역효과가 발생하고 있다.

중국의 대출붐은 지방정부만 해당되는 이야기가 아니다. 중국의 가계들도 앞다투어 부채를 늘리고 있는 상황인데, RBS에 따르면 2012년 현재 중국의 가계부채는 2.5조 달러로 중국 GDP의 1/3에 해당하는 수치이다.[182] 그 자체로는 높은 수치가 아니지만 가계부채의 증가속도가 더 문제이다.[183] 중국의 가계부채 증가는 앞서 지방정부의 사례와 마찬가지로 2008년 이후 본격적으로 증가하였다. 이는 중국정부가 2008년 글로벌 금융위기에 대응하기 위한 정책수단으로 신용확대와 유동성 공급을 적극 추진하였고, 경제가 안정화 된 이후에 이를 적절히 통제하지 못했기 때문이다. 대표적으로는 주택자금 구입시 자기자금이 모기지의 30% 이상이 되도록 하는 규정을 2008년에 폐지하였고,[184] 소비자 신용만을 전문적으로 제공하는

---

180) 지원금액은 그렇게 많지 않았다. 2013년에 PBOC가 지원한 유동성 총액은 1,140억 위안 (190억불)로 미국 양적완화 매월 구입액의 1/4도 되지 않는다.

181) Financial Times, Jan 10, 2014

182) Financial Times, Aug 29, 2013. 한국은행에 따르면 한국의 경우 2013년말 현재 가계부채가 1,225조 원으로 GDP의 85% 수준이고 OECD에 따르면 2011년말 현재 가처분 소득대비 156%이다. OECD 국가 가계부채비중의 GDP대비 비율의 평균은 90% 수준이라고 한다. 2011년말 기준으로 가장 높은 나라 순으로 덴마크(152%), 네덜란드(130%), 아일랜드(120%), 호주(113%), 영국(106%), 포르투갈(106%), 미국(95%), 캐나다(94%) 순이다.

183) 골드만 삭스에 따르면 2012년 중국의 부채는 GDP의 209%이다. WSJ에 따르면 2012년 말 현재 중국의 가계와 기업 부채의 힘이 진체 GDP의 170%이며, 2008년의 117%에서 아구 빠른 속도로 증가하고 있나고 한다.

회사의 설립을 2009년부터 허용하였다.

파이낸셜 타임즈에 따르면 2008년 이전에는 가처분 소득의 30% 내외에서 가계부채가 유지되었으나, 2008년부터 급증하여 2012년말에는 가계부채가 가처분 소득의 50%를 넘어선 상태라고 한다. 특히, 개인을 대상으로 한 소액대출은 2012년에 7,000억 위안, 달러화로 1,100억 달러가 공급되면서 2009년보다 10배 가까이 증가하는 폭증세를 보이고 있다. 가계 대출 규모 보다 심각한 것은 이자율이다. 파이낸셜 타임즈는 소규모 대출의 평균 이자율이 15%로 은행 대출금리의 2배 이상에 육박하고 있는데, 소액대출 규모가 일정수준 이상을 넘어서면 고리로 인한 개인파산과 연쇄적인 소액대출기관의 파산도 충분히 가능한 상황이라고 진단한다.

8) 중국 III – Globalization 2.0과 중국발 금융위기?

앞서 살펴 본대로 2008년 이전 중국의 고성장은 투자와 수출의 두 개축을 중심으로 이루어졌다. 2008년 이전 중국의 성장을 주도한 투자는 외국인직접투자였다. 이는 다국적 기업의 전세계적 공급망의 재배치라는 전략적 경영목적에 따라 이루어졌다. 다국적 기업이 전략적으로 고려한 전세계 공급망에서 중국의 위치는 바로 부품의 조립과 완성품 제조이다. 이와 같은 공급망의 글로벌 재배치가 가능했던 이유는 인터넷을 중심으로 한 IT 기술을 바탕으로 1990년대 이후 급격히 진전된 세계 통합, 즉 Globalization 때문이었다. 이 시기의 Globalization은 인터넷의 급속한 보급에 따른 통신혁명과 교통의 발달에 따른 전세계 연결성의 확산이 주요 특징이었다.

이에 따라 상품을 생산하기 위한 공급체인의 글로벌화와 부품의 모듈화가 전세계적으로 급속히 진행되었다. 예컨대 애플의 아이팟을 구성하는 주요한 생산 활동, 품목과 생산지를 살펴보면 R&D와 개발은 미국의 캘리포니아, 디스플레이와 하드드라이브는 중국의 도시바, 프로세서는 미국, 메모리는 한국, 리튬이온 전지는 일본이 생산하고, 이를 조립하는 역할을 맡은 이는 중국에 위치한 대만 업체인 Inventec Appliances이다.[185] 1906년 홍콩에서 설립된 Li and Fung이라는 세계 최대의 의류 "제조업체"도 직접 공장을 운영하지 않으면서 전세계 40개 경제권역에서 15,000개의 공급자를 관리하는 "전세계 공급체인 관리자"이다.

2013년 1월 WTO와 OECD는 공동으로 이와 같은 전세계 공급체인에 대한 연구를 진행하

---

184) 중국정부가 주택에 대한 개인소유를 허용한 것은 1998년 이후이다.

185) Stephen Roach, 앞의 책

였다. WTO-OECD가 제안한 방식은 전세계 교역을 "부가가치 교역 (Trade in Value Added: TiVA)"으로 세분화해서 분석하는 것이었다.[186] 이 연구에 따르면 원유나 가스와 같은 연료에 대한 교역을 제외한 전세계 교역에서 중간재가 차지하는 비중은 약 40%에 이른다고 한다. 미국의 경우에도 공급체인과 관련된 수출입이 1972년에는 전체 교역에서 6%를 차지하였으나, 1997년에는 12%로 2배나 급증했다고 한다. 중국의 경우에도 중국의 대세계 수출의 36%가 다른 국가로부터의 부품과 소재 수입과 관련되어 있으며, 하이테크 제품인 경우에는 이 비율이 80%로 올라간다고 한다.[187]

이와 같은 형태의 Globalization은 Globalization 2.0으로 불리웠으며 전세계 상품공급 체인의 지형을 근본적으로 뒤흔들었다. 특히, 중국을 중심으로 한 전세계 공산품의 생산라인 체제로의 전환은 중국과 지리적으로 인접한 한국, 일본, 대만, 싱가폴, 말레이시아 등이 자연스럽게 중국이 구축한 생산라인 체계 내로 편입되는 효과를 가져왔다. 2002년의 경우를 예로 들면 중국에 수입된 중간재의 60%가 주변국으로부터의 수입이었으며 일본, 한국, 대만, 싱가폴이 그 수입액의 절반을 차지한다고 한다.[188] 결론적으로 1990년부터 20년 동안 진행된 Globalization 2.0, 그리고 미국과 중국 경제가 구조적인 불균형 상태에서 지속된 공존상태는 동아시아가 중국을 중심으로 또 다른 불균형 경제권역이 잉태되는 결정적 계기가 되었다. 이와 같은 중국 중심의 동아시아 경제권이 2008년 금융위기 이전의 미국과 중국 사이의 불균형, 그리고 2011년 유럽 재정위기 이전 독일과 다른 국가 사이의 불균형 구조와 유사한 구조로 구축되어 있는지는 면밀한 연구가 필요하다고 본다. 왜냐하면 만약 중국과 동아시아 다른 국가 사이에 지속불가능한 불균형 상태가 내재되어 있고 그 정도가 심화되어 있다면, 2008년 글로벌 금융위기, 2011년 유럽 재정위기와 같은 또 다른 중국발 동아시아 위기가 불가능하지 않기 때문이다.

특히, 2008년 이전의 투자는 산업생산이 수출과 연계된 외국인직접투자 중심으로 이루어지면서 중국의 투자가 수출과 직결되어 중국의 GDP가 두 가지 축에 의해 가속화되는 효과가 나타났다. 아래 그림에서도 1990년대 말과 2000년대 초의 투자증가가 수출증가와 자연스럽게 연결되어 있는 상황이 잘 나타나 있다. 하지만, 2008년 금융위기 이후의 투자증가는 중국의 대외 수출로 연결되지 않고 있다. 오히려 수출은 감소세이고 투자는 증가세이다. 이는 2008년 이후의 중국 투자가 GDP 갭을 일시적으로 메우는 임시방편적 투자라는 것임을 명백

---

186) Stephen Roach, 앞의 책
187) Stephen Roach, 앞의 책
188) Stephen Roach, 앞의 책

히 보여주는 것이다.

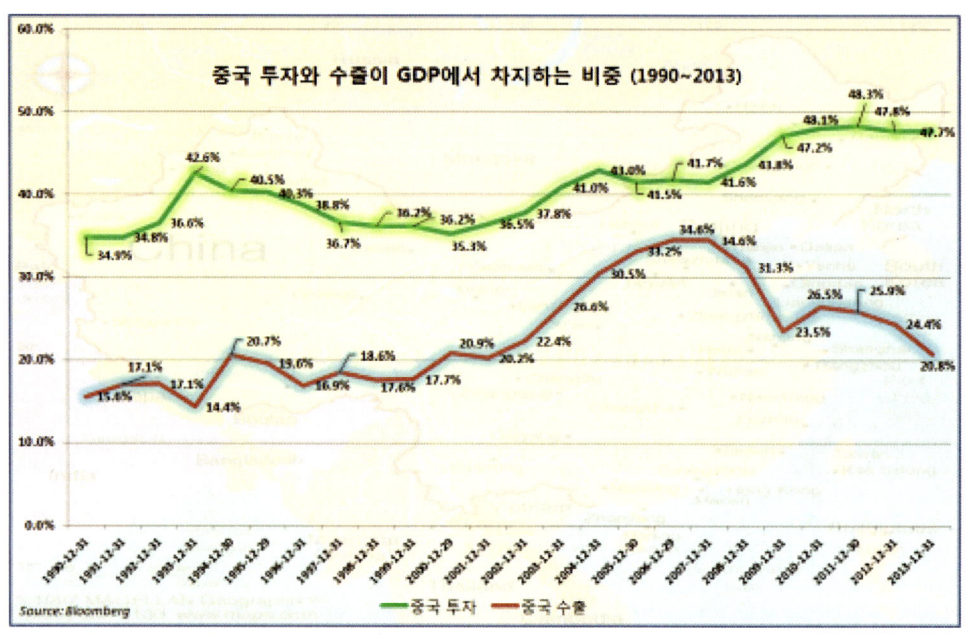

출처: Bloomberg

[그림 39] 중국 투자와 수출(1990~2013)

2008년 이후 중국 투자의 주요 매개체인 Shadow Banking을 통해 중국의 투자가 집중되고 있는 부동산 개발붐은 집값이 지속적으로 상승하기만 하면 모두가 win-win 하게 되는 구조가 된다. 그러나, 부동산 가격 상승은 지속적인 수요가 없으면 유지되기 어렵다. 만약 부동산 가격이 어느 수준 이상으로 상승하게 되면 새로운 최종 수요자가 이를 매입하기 어려울 정도의 비싼 수준까지 도달하게 될 것이다. 이때 최종 수요자의 매입 과정에서 정부의 보조나 은행의 대출이 지속된다는 보장이 없거나 도시화가 완성되면서 인구 유입이 감소되기 시작하면, 어느 순간 부동산의 최종 매매수요는 자연스럽게 감소할 수밖에 없을 것이다.

이 경우에는 초과 공급된 부동산의 매도공세로 부동산 가격이 하락추세로 전환하게 될 것이고, 유동성이 제한되는 부동산의 특성상 투매 확산은 부동산 가격의 폭락으로 이어질 가능성이 매우 높다. 이른 바, 장기호황 이후 급작스런 자산붕괴가 시작되는 Minsky Moment가 도래하는 것이다. 당연히 부동산개발업자는 더 이상 지방정부 자회사의 토지를 매입하지 않게 되고, 지방정부는 더 이상 투자기회를 찾지 못하게 될 것이다. 은행도 더 이상 신규대출기회도 없을 뿐 아니라 이미 대출한 원리금의 회수도 불가능한 상태로 이어지게 될 것이다.

언젠가 이와 같은 일이 발생하게 된다면, 부동산개발업자, 지방정부의 자회사인 LGFV, 은행으로까지 이어지는 연쇄고리가 순차적으로 파멸의 길을 걷게 될 가능성이 매우 높다. 경로야 다르지만 부동산 버블 붕괴로 인한 경제전체의 충격 가능성이라는 점에서 2008년 미국시장에서 일어났던 일과 매우 유사하게 될 것 같다. 실제로 중국 남서부의 귀주성에 위치한 귀양(Guiyand)시의 자회사인 도시개발투자그룹(City Construction and Investment Group)에 대해, 2013년 8월에 원리금 지급을 못할 가능성이 높다는 판단에 따라 중국개발은행(China Development Bank)이 추가 대출을 거부하는 사건이 일어나기도 하였다.[189]

투자신탁 구조는 부동산 투자 외에도 에너지 개발, 구리 등의 자원 확보 등 광범위한 목적을 위해 무분별하게 설립되고 있다. 예컨대 2014년 1월 31일이 만기였던 "2010년 중성신탁 성지금개 1호 집체신탁계획"은 산서성 소재의 탄광운영 회사인 산서진부능원집단에 대한 30억 위안 규모의 융자를 신탁으로 묶은 상품이었다. 이 신탁의 Tranche는 A, B, C로 나뉘어져 있었고 각 9.5%, 10%, 11%의 고수익을 보장하는 상품이었다. 물론 회사는 신탁에 실물광산을 담보로 제공하였고 이에 따라 일반 투자자는 담보가 제공된 안전한 상품이라는 인식을 가지고 있었다. 하지만, 광산이라는 담보에 대한 가치평가 자체가 어렵고 광산에 얽힌 복잡한 채무관계 등으로 담보물에 대한 신속한 유동화가 거의 불가능한 상품이었다.

한편 동 탄광회사는 다른 탄광회사와 마찬가지로 경영다각화라는 명분으로 부동산에 대한 공격적 투자를 감행하고 있었다. 아마도 이 과정에서 자금이 필요하였을 것이고 이를 전통적인 은행이 아닌 shadow banking 중 하나인 신탁 형식을 빌렸던 것으로 추정된다. 이 와중에 2012년 5월, 진부능원의 경영진이 불법행위로 구속되면서 회사의 정상적 경영이 불가능해졌다. 이에 따라 신탁구조의 이자지급이 이루어지지 않았고 2014년 1월 만기시 부도가 거의 확실시 되는 상황이었다. 하지만, 일반인을 상대로 판매한 신탁이 부도가 나게 될 경우 다른 신탁상품에 미칠 파장이 상상하기 어려울 정도로 높을 것으로 우려되자, 동 신탁을 판매한 중국공상은행은 최초에 투자자 책임이라고 회피하던 자세에서 벗어나 원금을 보장해 주겠다는 방향으로 선회하여 가까스로 채무불이행 사태를 막았다.

중국 신탁협회에 따르면 2014년 3월말 기준으로 미상환 신탁상품의 규모는 11조 7천억 위안으로 2조 달러에 육박한다고 한다. 특히, 2014년 5월부터 9월까지 매달 3천억 위안 규모의 신탁상품의 만기가 대량으로 도래하면서 그림자 금융에 대한 극적인 시험대가 될 것으로 본

---

189) Financial Times, Aug 27, 2013. 이에 따라 중국의 부채통계를 살펴보면 정부부문보다 기업부문의 대출 규모가 훨씬 크다.

다. 노무라가 예측한 바에 따르면 2014년 3분기에만 도래하는 신탁상품 규모만 1조 위안, 달러 금액으로 1,600억 달러에 이른다고 하니, 조만간 중국 신용위기에 대한 중국 정부의 위기관리 능력이 판가름 날 것 같다. 부도를 막기 위해서는 롤오버와 전액 상환 두 가지 옵션이 있는데, 이를 위해서 중국정부의 조치는 무엇이 될 것인지 면밀히 주목해야 할 상황이다.

중국의 신용 붕괴로 인한 파장이 또 다른 글로벌 금융위기를 불러오게 될까? 일단 중국 그림자 신용의 붕괴는 자산가격의 하락을 촉발할 가능성이 높다. 왜냐하면 그림자 신용 대부분이 특정 자산을 담보로 보유하고 있고, 차환이 불가능한 상황에서는 그 주체가 신탁자산 관리자이든 아니면 대신 원금을 상환한 제3자이든 원리금 상환을 위해 동 자산을 처분할 수밖에 없기 때문이다. 자산가격의 하락은 부동산을 중심으로 이루어질 가능성이 매우 높고 부동산 가격의 하락은 앞서 언급했듯이 급격한 투자위축을 가져올 것이다. 추가로 내수 소비마저 위축시키면서 중국 경제의 성장률에 심각하게 충격을 가할 것이다.

이 경우 중국 경제에 대한 의존도가 높은 나라에 대한 영향은 무시할 수 없을 것이다. 우선, 중국이 자체 공급으로 수요를 충족하지 못해 상당량을 대외 수입에 의존하고 있는 원유, 콩, 금 등을 수출하는 나라에게 타격이 있을 것이다. 특히, 중국의 부동산 투자에 필수적으로 소요되는 철광석, 강철, 유연탄, 구리 등을 수출하는 나라들도 마찬가지이다. 중국에 대한 수출의존도가 높은 나라 역시 신용버블 붕괴로 인한 충격을 피할 수는 없을 것이다. 중국에 대한 수출의존도가 가장 높은 나라는 대한민국으로 대중국 수출이 GDP의 14%를 넘는다. 주로 광물자원을 수출하는 남아프리카 공화국, 호주 등이 중국에 대한 수출의존도가 그 다음으로 높다. 이에 따라 중국의 신용버블 붕괴로 인한 충격은 수출의존도가 높은 나라와 광물자원을 수출하는 국가인 한국, 남아프리카공화국, 호주 등의 금융시장과 실물경제를 강타하게 될 것이다. 전세계 2위 원유 생산국인 러시아 역시 중국의 신용버블 충격을 피할 수 없을 것이라고 본다.[190] 이와 같은 지역적 충격 외에도 광물자원에 대한 ETF 상품의 폭락은 ETF 시장의 자금유출을 가져오게 되고, 최악의 경우에는 자금유출로 인한 글로벌 신용경색이 이제 갓 침체를 벗어나려는 남유럽 국가에도 충격을 줄 가능성도 있을 것이다.

특히, 중국에 대한 국경간 대출액은 2013년말 현재, 중국 GDP의 12.2%인 1조 달러를 넘는 규모이다. 주로 싱가폴 달러, 홍콩 달러, 타이완 달러가 중국에 대한 국경간 대출의 주요한 경로통화이며, 싱가폴의 경우에는 중국에 대한 대외채무가 싱가폴 GDP의 15.3%, 대만의 경우에는 대만 GDP의 8%에 육박한다. 만약 중국경제가 7% 성장 미만으로 경착륙하게 될

---

190) 그러나 러시아의 대중 수출은 GDP의 3% 내외로 그 충격이 아주 크다고 보기는 어려울 것이다.

경우 싱가폴, 대만은 적지 않은 충격이 예상된다. 특히 미국이 단기금리를 2015년에 올릴 경우, 달러 캐리자금으로 추가 레버리지를 일으킨 중국기업과 이들에게 돈을 빌려 준 금융기관들에게는 거의 재앙이나 다름 없는 일이 벌어질 것이다.

[표 36] 중국 대외 채무 현황(2013년말 기준)

중국 대외채무	USD bn	해당국가 GDP에서 차지하는 비중
	총액 1,003	(중국) GDP의 12.2
싱가폴	42.0	15.3
대만	37.6	7.9
영국(홍콩 포함)	185.7	7.6
한국	24.5	2.2
호주	28.6	1.9
프랑스	42.3	1.6
일본	67.2	1.1
독일	30.0	0.9
미국	81.5	0.5

출처: BNP Paribas, EM Asia, February 2014

골드만 삭스는 중국경제와 세계경제의 연결고리가 미국이나 EU만큼 긴밀하지 않기 때문에 세계 경제에 대규모 충격은 없을 것이라고 단정한다. 이들 논리에 따르면 중국의 경우 외국인 주식 및 채권투자와 외환시장 투자의 제한으로 글로벌 금융위기로 확산될 통로가 제한되어 있다는 점도 그 원인 중의 하나라는 것이다. 아울러 중국의 대외부채는 GDP의 8%로 러시아의 30%, 멕시코의 20%, 브라질의 10%에 비해 대외 채무 비중이 높지 않다.[191] 혹시라도 외환시장을 통한 충격이 가해 오더라도 중국 정부가 환율과 외한시장에 대한 통제권을 확고히 가지고 있기 때문에 2008년 금융위기와 같은 대규모의 글로벌 충격은 오지 않으리라고 보는 것이다.

하지만 필자 생각은 다르다. 중국이 미국이나 EU만큼 개방되어 있지 않다는 것은 사실이다. 따라서 2008년 금융위기나 2011년 유럽재정위기와 유사한 글로벌 금융위기가 중국 때문에 직접 야기된다고 추정하는 것은 무리가 있을 것이다. 하지만 문제는 Globalization 2.0하의 연결성이다. 특히 중국과 생산라인에서 긴밀하게 연결되어 있는 한국, 호주, 일본, 싱가폴

---

191) Goldman Sachs, China Credit Concerns, August 5, 2013

등은 전세계 경제와 밀접하게 연결되어 있다. 특히, 영국은 최근 위안화 직접 결제 비중을 높이면서 중국과 영국경제의 긴밀성이 이전 어느 때보다 높다. 이는 중국의 많은 투자가들이 영국의 부동산에 집중 투자하고 있기 때문이다.[192] 이처럼 중국의 경제충격이 세계경제에 2008년이나 2011년과 같은 직접적인 충격을 가하지는 않겠지만, 한국, 호주, 일본, 싱가폴, 영국 등을 매개체로 하여 세계 경제에 진·간접적인 경로로 상당한 충격을 줄 가능성을 배제하는 것은 합리적인 판단이 아니라고 본다. 아니, 더 나아가 금융시장의 연결성이 2008년보다 더 강화되고 있는 추세에 비추어 보면, 중국 경제의 경착륙은 곧바로 한국, 호주, 일본, 싱가폴, 영국 등의 금융시장에 직접적이고 즉각적인 영향을 주면서 곧바로 전세계 금융시장에도 적지 않은 파급효과를 줄 수도 있다고 본다. 바로 이와 같은 이유에서 중국 경제의 경착륙과 그림자 금융은 중국 자체의 문제가 아니라 2008년과 2011년에 이은 또 다른 위기 가능성을 내포한 심각한 글로벌 경제 이슈인 것이다.[193]

06 이제 세계는 어디로 갈 것인가?

2008년 금융위기의 근본원인은 성장속도를 초과한 무리한 레버리지의 사용이었다. 더 근본적인 문제점은 기축통화인 달러 가치의 자동조절 메카니즘이 없어 전세계적인 레버리지 강화추세를 스스로 조절하지 못했다는 점이었다. 아울러 중국의 개혁개방으로 인한 세계 상품생산시장에 대한 적극적 참여가 미국을 중심으로 한 소비지향 사회와 결합되면서 파생된 Global Imbalance 또한 중요한 원인 중의 하나이다. 이와 같은 근본원인으로 발생한 글로벌 금융위기에 대한 정책적 처방은 Dodd-Frank법, 볼커룰, 바젤 III 등을 통한 금융기관의 무리한 레버리지 억제책, 자기자본 확충 및 파생금융상품 규제에만 초점이 맞추어졌다. 기축통화로서의 달러의 지위와 달러가치의 자동조절 메카니즘 부재는 미국의 무관심 속에 진지하

---

192) 미국은 외국인이 부동산 지분투자의 49%를 초과하는 경우 양도세가 중과된다. 따라서 기관투자가들이 미국 부동산을 매입할 때에는 보통 지분의 49%를 투자한다. 반면 영국은 이런 제한이 없다. 따라서 중국을 비롯한 해외투자가들에는 미국보다 영국이 훨씬 부동산 투자하기가 유리한 지역이다.

193) Lombard Ordier 은행의 Global CIO인 Jan Straatman을 2014년 4월에 면담한 적이 있었다. 그에게 중국의 shadow banking이 잘 해결될 수 있을 건지 질의하였는데, 그의 대답은 중국관리들이 이 문제를 잘 이해하고 있기 때문에 큰 문제는 안될 것이라고 하였다. 나아가 선진국은 문제가 발생했을 때 이를 수정하기가 매우 어려우나, 중국처럼 발전과정에 있는 나라들은 문제가 발생하고 이를 인식하면 수정하는 것이 선진국보다 상대적으로 쉽다는 이야기를 하였다. 그의 말이 맞는지 지켜보아야 할 대목인 것 같다

게 논의조차 되지 않았다.

하지만, 금융위기 직후 기축통화로서 달러의 불안정한 지위에 대한 공격은 중국을 중심으로 이어졌다. 2009년 3월, 중국 인민은행 저우샤오촨 총재가 IMF의 특별인출권(SDR: Special Drawing Rights)을 기축통화로 사용할 것을 제안하였으며, 2010년 서울에서 개최된 G20에서 후진타오 주석은 달러를 대체할 글로벌 기축통화 메커니즘의 필요성을 역설했다. 후진타오는 더 나아가 2011년 1월 월스트리트 저널과의 인터뷰에서 달러 기축통화는 과거 시대의 유물이라는 발언까지 쏟아냈다.[194]

이와 같은 중국의 공세적인 태도는 2000년대 급격히 성장한 중국의 막강한 경제력을 바탕으로 한 것이었다. 아이러니하게도 미국의 과잉소비로 성장한 중국의 경제력은 미국이 발행한 달러와 미국채의 보유를 통해 미국 경제를 위협하는 수준으로까지 부상하였다.[195] 2010년 7월 30일에는 중국 인민은행 부총재 겸 국가외환관리국장인 이강이 중국이 2010년 상반기에 일본을 넘어 세계 2위 경제대국이 되었다고 공식선언했다.[196] 2011년 1월 이강 국장은 미국 국채가 아니라 유럽국채에 대한 매입의사를 공표하면서 미국 재무부를 불편하게 하기도 하였다. 실제로 국가외환관리국의 최고투자임원인 주창홍은 70%에 이르던 미국채 투자 비중을 50% 이하로 낮추고, 유럽안정화기금(EFSF)이 발행한 채권 등으로 투자처를 다변화하는 조치를 취하기도 하였다.

앞서 언급한대로 중국은 1800년대 후반에 전세계 GDP의 1/3을 차지한 세계 최강대국이었다. 비록 영국을 중심으로 한 해군력에 밀려 해상로가 봉쇄되면서 쇠퇴의 길을 걷긴 했지만, 그들의 역사인식은 여전히 중화, 즉 세계의 중심과 세계 최고라는 자부심이었다. 1979년 개시된 중국의 개혁개방 정책이 1990년대에 성공적인 열매를 맺고, 2000년대에는 성장률이 가속화되는 도약단계에 접어들면서 중국경제는 미국의 경제적 지위에 필적할만한 성장가도를 시현하였다. 그럼에도 불구하고, 마오쩌둥과 등샤오핑 등은 스스로를 패권자라고 칭하지 말고 안으로 힘을 기르는 이른 바 도광양회 전략을 유훈으로 남겼다.[197] 힘이 완전히 커지기 전까지는 미국에 대항하지 말라는 뜻이었다. 하지만, 2008년 금융위기로 인한 리먼과 GM의

194) 최윤식, 앞의 책

195) 중국이 보유한 외환보유고는 2013년말 기준으로 3.5조 달러로 세계 최대이며, 2014년 3월 기준으로 미국이 발행한 국채의 10.3%인 1조 2,735억불을 보유하고 있다.

196) 국가외환관리국(SAFE: State Administration of Foreign Exchange)은 중국 인민은행 산하기관으로 중국이 보유한 외환보유고를 관리하고 운영하는 기관이다.

197) 韜光養晦 칼날의 빛을 감추고 그믐달 아래 어둠 속에서 힘을 기른다는 사자성어로, 제갈량이 천하를 3개로 나눈 후 위와 오에 대항할 때까지 힘을 길러야 한다는 외교정책을 지칭한다.

파산, 2008~2009 2년 동안 870만명에 이르는 실업자, 금융기관에 대한 역사상 최초의 공적 자금 투입 등 미국이 금융위기로 입은 커다란 상처는 국제적으로 세계 최강이라는 미국의 체면을 구기기에 충분했고, 중국에게는 새로운 자신감을 불어 넣은 결정적 계기가 되었다. 2010년 후진타오는 도광양회를 폐기하고 기세등등하게 호통치며 상대방을 윽박지르는 돌돌핍인으로 대외 정책을 전환하면서 미국에 대해 공개적인 도전장을 던지기 시작했다.

특히 중국은 위안화의 국제화를 2009년부터 본격적으로 시작하여 중국의 무역 및 해외투자 위안화 결제규모를 확대하기 시작했다. 이에 따라 2010년부터 2013년말까지 3년간 위안화 결제규모가 670억 위안에서 2조 438억 위안으로 3배 이상 증가하였다. 중국으로의 외국인투자 중 위안화 결제규모도 2012년 7.5%에서 2013년 18.1%로 급증하고 있다. 전세계 외환시장에서 위안화 거래량 역시 2010년 340억 달러에서 2013년 1,200억 달러로 4배 가까이 급증하였으며, 위안화의 전세계 결제통화 비중 순위역시 2010년 0.25%, 20위에서 2013년 0.87%, 11위로 급상승하였다.[198] 위안화의 무역금융 비중은 2014년 4월말 기준으로 8.7%로 달러화에 이어 세계 2위의 통화이다. 아울러 2012년 4월 6일에는 위안화 일일 환율변동폭을 1%로 추가 확대하고, 2014년 3월 17일에도 일일 변동폭을 2%로 추가 확대하면서 위안화 환율이 시장의 힘에 따라 결정될 수 있는 환경을 점차적으로 마련해 나가고 있다.

나아가서 위안화 청산결제은행도 2003년 11월 홍콩 지역을 중심으로 거의 10년간 추가하는 활동이 없다가, 2008년 금융위기 이후 공격적으로 청산결제은행을 국제적으로 확대하고 있다. 즉, 2013년 1월에는 대만을 추가하고 이후 프랑크푸르트(3월), 싱가폴(4월), 런던·파리·룩셈부르크(6월) 등으로 위안화 직거래 가능 은행을 공격적으로 확대하고 있다. 2014년 7월 3일에는 한중 정상회담을 통해 위안화와 원화의 직거래시장 개설을 허용하면서, 중국은 동아시아에서 중국, 일본을 제외하고 가장 큰 시장인 한국을 위안화 영향권 안에 편입시켰다. 특히, 중국 위안화의 영국 진출이 매우 두드러지는데, SWIFT 통계에 따르면 중국 본토와 홍콩을 제외한 지역에서 영국의 위안화 직접 결제 비중은 전체의 25.7%에 이른다고 한다.[199]

그러나, 결론적으로 말해서 최소한 미국의 달러 지위에 대한 중국의 돌돌핍인은 현재까지는 참패였다. 간단히 말해 중국의 공개적인 달러 지위 공세는 아직까지는 찻잔 속 태풍에 그

198) BNP Paribas, 2014. 3

199) 2014년 1월말 기준, 위안화 직접결제 비중은 홍콩(73%), 중국 본토(3%), 기타지역(24%)으로 구분된다. 기타지역 중에서는 차지하는 비중은 영국(25.7%), 싱가폴(25.1%), 대만(9.0%), 미국(7.3%), 프랑스(6.7%), 호주(5.0%), 룩셈부르크(3.0%), 독일(2.9%) 순이다. 출처 SWIFT(2014.2), 위안화 국제평가와 시사점, 현대경제연구원 경제주평, 2014.7.

쳤다. 기축통화로서 달러의 지위에 대한 진지한 논의를 위해서는 체계적이고 끈질긴 노력이 있어야 했다. 달러는 1945년 이후 반세기가 넘도록 전세계 기축통화의 지위를 누려왔다. 이러한 강력한 지위를 공격하기 위해서는 치밀한 사전준비가 필수 불가결한 것이었다. 하지만 중국의 대응은 지나치게 단발적이었다. 국제적인 공감대를 끌어내기 위한 정치, 외교적인 노력이 거의 없었던 것이다. 지나친 자신감 때문에 상대방을 너무 쉽게 본 것일까? 오히려 달러에 대한 적대감을 공언하면서 미국을 넘어서려는 중국의 전략이 일거에 노출되었다. 달러에 대한 공격은 2차 대전 이후 세계 최강으로 군림하던 미국에 대한 도전과 다를 바 없기 때문이다. 결과야 어떻게 되었던 중국이 미국의 헤게모니에 도전장을 내는 바람에, 이제는 최강의 제국지위를 향유하는 미국과 이에 대해 도전장을 내민 중국이 대립하는 G2 시대가 도래해 버렸다. 미국은 중국의 이와 같은 지위를 명시적으로 인정하여, 중국 고위관료와의 hot-line을 구성하는 미중 전략경제대화(Strategic & Economic Dialogue: S&ED)를 2009년 7월 27일과 28일 양일간 워싱턴에서 처음으로 개최하기도 하였다. 이 대화가 바로 2008년 금융위기 이후의 세계 정치 및 경제 질서는 미국과 중국 주도로 이루어질 것이라는 G2시대의 개막 신호탄이었다.

하지만, 경제적인 관점은 차치하고라도 군사적, 외교적, 문화적 관점에서 중국은 여전히 미국보다 한수 아래다. 최소한 미국을 넘어설 준비가 덜 되어 있었다. 우선 중국은 제국의 기초가 될 자원 확보 전략에서 미국보다 여전히 뒤쳐져 있다. 중국에게 가장 중요한 원유와 천연가스 확보를 위해서는 남중국해, 댜오위다오, 스카버러섬 등의 영해 확장이 필수적인데, 이를 위한 주변국과의 긴장강도를 감안할 때 해결까지는 갈 길이 아직 멀다. 특히 댜오위다오는 일본과, 스카버러섬은 필리핀과의 마찰이 불가피하나, 이는 미국의 자동개입과 직결되어 있는 이슈로 쉽게 해결될 수 있는 사안이 아니다.[200] 하지만 미국은 2010년대 들어 자국의 Shale Oil 개발 붐을 타고 사우디, 러시아의 원유생산량과 맞먹는 원유를 자체 생산하는 저력을 발휘하고 있는 상황이다.

해상을 장악하기 위한 해군력에서도 중국은 미국에 한참을 미치지 못한다. 미국의 해군력은 항공모함 11척, 순양함 22척, 구축함 56척, 잠수함 71척, 해군병력 33만 등 전세계 해군력의 약 60%를 차지하는 최강의 군사력을 보유하고 있다. 아시아의 일본 해상 자위대 역시 항공모함 3척, 이지스 순양함 6척, 구축함 18척, 잠수함 18척 등으로 항공모함 1척, 이지스함 1

---

200) 오바마 대통령이 2014년 4월 24일 방일하였을 때 댜오위다오(일본명 센카쿠)가 미일방위조약의 적용범위에 들어간다고 공식발표하였다. 이는 중국이 댜오위다오에 군사적 행위를 취했을 때 미국이 자동으로 일본과 공동으로 방어한다는 뜻이다.

척, 구축함 17척, 잠수함 62척 등을 보유한 중국의 해군력을 앞선 상황이다. 최악의 경우 미국과 일본이 중국의 해상을 봉쇄한다면 중국은 꼼짝없이 당해야 한다.

문화 권력차원에서 미국과 중국을 비교한다는 것 자체가 지금은 우스갯거리이다. 미국은 자국의 영화, 음식, 소프트웨어산업 위주의 플랫폼 서비스, 이른 바 3M(Micky Mouse, McDonald, Microsoft)을 바탕으로 전세계 문화와 서비스를 지배하고 있다. 예컨대 헐리우드를 중심으로 한 미국의 영화산업은 미국의 가치를 보편적인 글로벌 문화 표준으로 전세계에 전파하는 가장 강력한 도구이다. 반면 전세계인이 보편적으로 수용할 수 있는 중국의 문화는 어떤 것이 있는가? 특히, Microsoft에 이어 Google, Facebook, Amazone, Airbnb 등을 통해 최근에 강화되고 있는 플랫폼 서비스는, 미국 주도의 문화 및 서비스 표준이 앞으로도 당분간 시장패권을 향유할 것임을 시사하는 강력한 증거이다. 중국이 내세울 대표적인 플랫폼 서비스 기업은 어떤 것이 있는가?

이처럼 2008년 금융위기는 급격한 경제성장을 바탕으로 중국이 미국의 헤게모니에 도전하도록 촉발시킨 결정적 계기가 되었지만, 결과적으로 중국에게는 만반의 준비가 덜 된 상태에서 섣불리 미국을 공격하게 만든 요인이 되었다. 특히, 중국의 경제성장은 원활한 해상교역 없이는 글자 그대로 불가능하기 때문에, 중국의 해군력이 일본도 이기지 못하는 상태에서 미국의 헤게모니에 도전장을 내민 것은 전략적으로 큰 실수를 범한 것이라고 본다. 모택동이 남긴 도광양회가 얼마나 중요한 유훈이었는지 보여주는 것이라 하겠다. 하여튼 중국이 미국의 GDP를 넘어서는 시점을 IMF는 2016년, 골드만삭스는 2027년, JP 모건은 2020~2025년, 도이치방크는 2020년, 크레디스위스는 2019년으로 예측한 바,[201] 최소한 중국은 2020년까지는 기다렸어야 했다. 하지만, 2008년 금융위기로 인해 이제 G2 시대는 돌이킬 수 없게 되었다.

반면 중국에 대한 미국의 공세는 치밀하고 다양하게 전개되었다. 가장 직접적인 대응은 FRB의 무제한 양적 완화였다. 양적 완화가 중국의 이와 같은 태도 변화 때문이었다고 말하는 것은 지나친 비약이다. 하지만, 양적 완화가 순전히 경제학적 바탕 위에서 이루어졌다고 이야기하는 것 역시 너무 순진한 생각이다. 왜냐하면 zero 금리와 양적 완화 자체가 달러가 기축통화의 지위를 보유하고 있지 않았다면 사실상 불가능한 정책조합이기 때문이다.[202] 결

---

201) 최윤식, 앞의 책

202) 만약 유사한 상황이 한국에서 벌어졌을 때 통화팽창을 시행하였다면 원화가치가 폭락했을 것이다. 원화가치 폭락은 수입 물가를 폭등시켜 국내소비에 큰 타격을 입혔을 것이다. 만약 이 상황에서 이자율을 내리면 원화가치가 추가로 폭락하게 된다. 따라서 달러 이외의 통화에 대해서 통화팽창과 zero 금리를 적용하는 것은 이론적으로도 실질적으로도 실행 가능한 정책조합이 아니다.

과적으로 양적 완화를 통한 미국의 대응은 달러 지위에 대한 중국의 공개적 비난을 조롱거리로 만들었다. 오히려 중국의 공개비난과는 정반대로 전세계 금융 및 경제계는 양적 완화를 가뭄의 단비로 간주하면서 두 손 들어 환영했다. 비록 그것이 금융위기 자체를 만들어낸 근본적 원인이라 하더라도. 달리 말하면 양적 완화는 달러가 가진 기축통화의 힘이 여전히 건재하다는 것을 전세계에 과시한 정치적 사건이기도 하였다.

더 나아가 양적 완화를 통해 단일 기관 기준으로 이전의 가장 큰 국채 보유자였던 중국이 FRB에 밀려 났다. 2008년 9월 금융위기가 터졌을 때 중국은 단일기관 기준으로 FRB를 상회한 최대 국채 보유기관이었다. 하지만, 양적 완화가 지속되면서 2014년 3월 현재 FRB의 국채 보유는 2조 달러를 넘어서 보유규모 면에서 중국을 일찌감치 따돌렸다. 이에 따라 중국이 미국의 심장부를 향해 가장 효과적으로 공격할 수 있는 경제적 공세수단인 미국채 보유규모는 FRB의 양적 완화에 따라 공세 수단으로서의 효과를 상당 부분 상실한 상태이다.

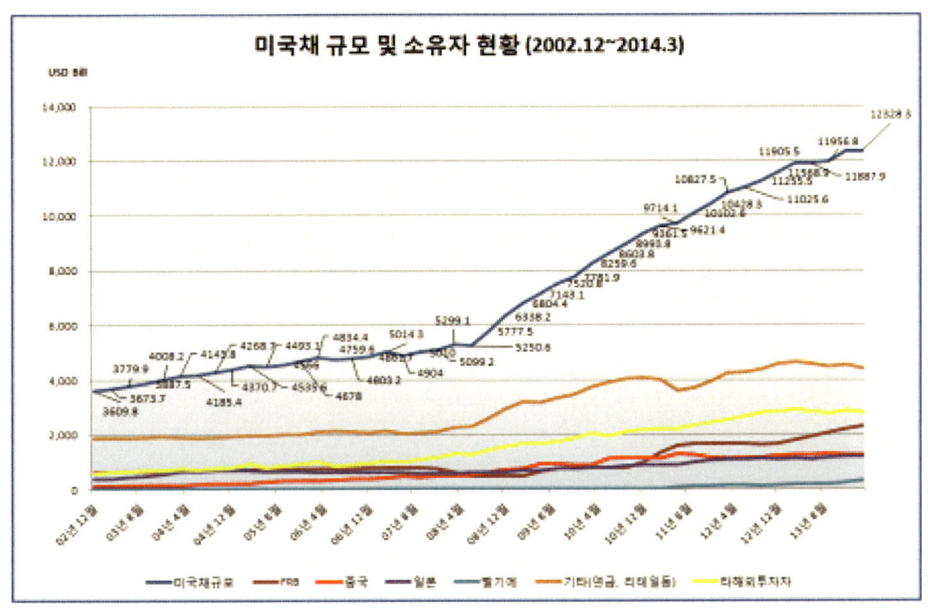

출처: Bloomberg

[그림 40] 미국채 규모 및 소유자 현황(2002~2014.3)

미국의 대응은 FRB의 양적 완화에 그치지 않았다. 미국은 금융위기 이후 확대된 재정적자 문제 때문에 2013년부터 자동으로 재정적자를 줄여야 하는 sequestration 의무가 부과되었다. 이에 따라 2013년부터 2021년까지 국방비를 4,920억불을 삭감해야 한다. 당연히 동아시아에서 중국을 견제하기 위한 직접적 군비증가가 가능하지 않은 상황이다. 중국을 견제하기

위한 미국의 전략적 선택은 아시아에서 최강의 해군력을 보유한 세계 3위의 경제대국 일본이다. 미국의 일본에 대한 후원은 다양한 방식으로 전개되고 있다. 가장 대표적인 것이 바로 아베노믹스이다. 일본의 아베노믹스는 미국과의 사전 교감 없이는 불가능한 정책이다. 왜냐하면 아베노믹스는 본질적으로 환율조작을 통해 국내경기를 부양하려는 정책으로, 미국이 근본적으로 동일한 환율조작을 하는 중국을 일관되게 비난해 온 이유이기 때문이다. 동일한 정부정책이 미국의 전략적 선택에 따라 용인되기도 하고 비난받기도 하는 냉정한 국제질서의 단면이다. 어쨌든 일본은 미국의 후원을 등에 업고 수천억불에 이르는 양적 완화를 통해 엔화를 인위적으로 절하시켜 국내경기를 부양하는 화폐 실험을 진행 중에 있다.

또 다른 방식이 미국과 일본의 군사적 동맹 강화이다. 대표적인 것이 바로 일본 자위대의 활용이다. 이의 일환으로 2014년 7월 아베 정부는 평화헌법 9조의 해석 변경을 통해 집단자위권 행사를 "스스로" 허용하면서 전쟁을 수행할 수 있는 나라로 자국의 지위를 변경하였다. 당초 아베 정부가 목표한 헌법 개정 자체가 국내 여론의 반대에 따라 쉽지 않을 것으로 판단되자, 급격히 방향을 선회하여 헌법 해석이라는 황당한 방법을 동원한 것이다.[203] 해석의 주요 내용은 국제 분쟁의 해결 수단으로 무력 사용을 포기한다는 기존의 해석을 포기하고, 일본의 동맹국에 대한 공격을 일본에 대한 공격으로 간주하고 무력을 행사할 수 있다는 것이다. 이에 따라 일본은 공격형 무기 보유를 합헌적으로 추진할 수 있게 되었고 더 나아가 중-미 관계의 군사적 대립구도를 중-미·일 관계의 대립구도로 재편하면서 동북아 안보지도를 근본적으로 뒤흔들어 놓고 있다.

미국의 또 다른 전략은 세계교역시장에서 중국을 고립시키는 양자 혹은 다자간 무역협정의 체결이다. 대표적인 것이 일본을 포함한 환태평양경제동반자 협정(Trans-Pacific Partnership Agreement: TPPA)과 EU 국가와의 범대서양 무역투자동반자 협정(Trans-Atlantic Trade and Investment Partnership: TTIP)이다. 미국은 이를 통해 세계 교역시장에서 중국을 고립시키는 대외정책을 채택하고 중국의 급속한 성장을 저지하기 위한 정책을 차근차근 진행 중이다. 지도를 통해 살펴 볼 때 유럽과 환태평양이 미국의 양자간 교역권으로 편입되면, 중국이 전략적으로 선택 가능한 곳은 아프리카와 중동, 그리고 동남아시아뿐이다. 만약 중국이 아프리카, 중동, 동남아시아와의 무역협정 체결 강화 등을 통해 교역지역을 차별화하게 되면, 결국 세계교역지도는 미국을 핵으로 한 환태평양·유럽과 중국을 핵으로 한 아프리카·

203) 미국의 척 헤이글(Chuck Hagel) 국방장관은 2014년 7월 11일, 미일 국방장관 회담 후 공동 기자회견에서 일본 내각의 헌법 해석변경에 대해 "대담하고 역사적이며 획기적"인 결정이라고 평가하였다. 동아시에서 중국을 견제하기 위한 미국의 전략적 이해관계를 여과 없이 드러낸 발언이다.

중동・동남아시아 축으로 양분될 가능성이 높아지게 된다.[204)]

이와 같은 세계교역권의 양분은 2차 세계 대전 직전의 상황과 유사한 것으로서, 최악의 경우에는 미국과 중국간 전쟁도 불가능하다고 말하기는 어려울 것이다. 필자가 보기에는 그 시점이 2027년을 기준으로 4~5년 내외에 도래할 것으로 본다. 왜냐하면, IMF에 따르면 PPP 기준으로 2013년 말 기준 미국 GDP는 16조 7,242억 달러, 중국 GDP는 8조 9,393억 달러인데, 만약 미국이 2%의 성장을 지속하고, 중국이 7% 성장을 지속한다면 2027년에 중국의 GDP가 미국의 GDP를 넘어서기 때문이다. 2027년 근방이면 중국의 해군력이 일본을 넘어서는 것은 거의 확실하고 미국의 해군력과 어떻게든 자웅을 겨룰 것이다. 따라서 미국이 어떻게든 중국을 견제하기 위해서는 이 시점 이전에 특단의 조치를 취해야 할 것이다. 그렇지 않으면 중국이 미국의 GDP를 능가하면서 미국이 중국을 통제하는 것이 사실상 불가능해 질 수도 있다. 혹자는 경제규모면에서 중국이 미국을 능가하는 시점이 훨씬 앞당겨 질 수도 있다고 전망한다. 실제로 파이낸셜 타임즈는 International Comparison Programme (ICP) 예측을 인용하여 2014년에 PPP 기준으로 중국이 미국을 넘어 세계 최대의 경제대국이 될 것이라고 전망하였다.[205)]

미국이 중국을 견제하기 위해 고려하는 가장 우선적인 정책은 달러에 대한 위안화 환율 정책이 거의 확실하다. 미국은 이미 1985년 플라자 합의를 통해서 일본의 급격한 경제적 부상을 인위적인 엔화절상으로 효과적으로 저지한 바 있다. 일본은 이 합의 이후 현재까지 20년이 넘는 세월 동안 잃어버린 20년이라는 이름 아래 회복하기 어려운 참혹한 경제적 상처를 입었다. 이처럼 미국은 달러에 대한 환율 조작만으로도 전쟁과 같은 물리적 충돌 없이 한 나라의 경제적 부상을 충분히 저지할 수 있다는 역사적 경험을 가지고 있다. 따라서 미국의 중국에 대한 압박은 위안화 환율이 될 것이라는 점은 너무나 당연한 논리적 귀결이다.

미국은 이미 플라자 합의 직후인 1988년부터 재무성이 미국의 교역상대국이 IMF가 정의한 환율조작을 하고 있는지 여부를 조사하여 반기별로 의회에 보고하도록 법제화 하고 있다.[206)] 나아가 미국은 2005년부터 중국의 환율조작에 대한 제재를 가하기 위해 상, 하원을

---

204) 하지만, 동남아시아는 전통적으로 중국과 군사적, 외교적 긴장관계에 있어 중국의 통합정책이 성공할지 여부는 불확실하다. 한편, 나머지 지역인 러시아와 남미는 미국과 중국 사이에서 불안한 줄타기 정책을 할 가능성이 높다. 우크라이나 사태로 유럽과 긴장관계에 놓인 러시아가 중국과 긴밀한 협력관계를 유지하는 것은 우연히 아니다.

205) Financial Times, April 30, 2014 미국이 영국의 경제규모를 넘어선 것은 1872년이었고, 대다수의 사람들은 중국이 미국의 경제규모를 넘어서는 시점을 2019년으로 예측하고 있다고 이 신문은 전했다.

206) 이법이 바로 그 유명한 Omnibus 법이다. 정식 명칭은 Omnibus Trade and Competitiveness Act of 1988

중심으로 백여 차례 법제화를 시도하고 있다.[207] 이 환율전쟁에 대한 포문을 연 이는 민주당 출신의 뉴욕주 상원의원 Charles Schumer와 공화당 출신의 South Carolina의 상원의원 Lindsey Graham이다. 2005년 당시에는 미국의 대중 무역적자가 2,000억불을 넘어 전체 미국 무역적자의 27%라는 어마어마한 양에 도달한 시기였다.[208] 따라서 정치권을 중심으로 중국의 위안화 조작에 대한 끊임없는 문제제기가 2005년부터 시작되는 것이 하나도 이상할 것이 없었다. 2005년 4월, 이들이 제안한 Schumer-Graham 법안의 골자는 중국이 환율조작을 중단하지 않을 경우 모든 중국의 수입품목에 대해 27.5%의 보복관세를 부여하는 것이었다. 물론 환율조작을 이유로 보복관세를 부과하는 것은 WTO 규범 위반이었고, 당시 미국의 소비자는 중국의 값싼 노동력을 활용한 상품수입이 절실한 상황이어서 동 법안은 의회를 통과하지 못했다. 비슷한 내용으로 가장 최근인 2010년과 2011년에도 Currency Reform for Fair Trade Act of 2010과 Currency Exchange Rate Oversight Act of 2011이 제출되었지만, 역시 상하원 모두 통과하지 못해 시행되지는 못하였다.

이들 법안 모두 중국을 명시적으로 언급하지는 않았지만, 동 법안의 암묵적 타겟이 중국의 위안화 환율 조작이라는 점은 누가 봐도 명백한 사실이었다. 우연인지 아닌지 확인할 수 없지만 국제적으로 고조되던 환율조작국이라는 오명을 조금이라도 완화하기 위해서였는지, 아니면 미국으로부터의 통상이슈를 선제적으로 무마하기 위한 것이었는지 알 수 없으나, Schumer-Graham bill이 제출된 3개월 후인 2005년 7월, 중국정부는 고정환율제를 포기하고 복수통화바스켓제를 시행한다고 발표하였다.[209] 복수통화바스켓제도 시행 전 중국의 위안화는 달러대비 8.28위안이었으나, 중국정부는 2005년 7월 21일 하루 만에 위안화 환율을 달러당 8.11 위안으로 전격 절상하고 일일 변동폭도 0.5%로 결정하여 고시하였다.[210] 이후 2008년 금융위기가 일어나기 전까지 중국정부는 위안화 환율을 6.8 위안까지 절상하여 미국 정부의 환율이슈를 효과적으로 피해 나갔다.

이다. 1988년 미국 재부부가 발표한 최초의 보고서에 최초로 환율 조작국으로 지정된 나라는 대만과 한국이다.

207) 스티븐 로치에 따르면 중국의 환율조작에 대한 제제를 내용으로 발의된 법안 수는 2005년부터 2012년까지 총 110건에 이른다고 한다. Stephen Roach, 앞의 책

208) 2012년 미국의 대중 무역적자는 3,150억불이었다.

209) 미달러, 일본 엔, 한국 원화 등을 중심으로 교역량에 따른 가중평균 환율이다. 하지만 정확한 결정식은 미지의 blackbox에 가려져 있어 전혀 알 수가 없다.

210) 이 날 하루의 위안화 변동으로 급격한 원화 및 엔화 강세가 동반 진행되었으며, 이 날 싱가폴 외환시장에서 거래되던 위안화 NDF는 일방적인 위안화 강세 베팅으로 no bid, 즉 호가공백이 발생하는 패닉 상황이 발생하였다.

이제 이슈는 단 하나이다. 어떻게 미국과 중국이 공존할 것인가? 우선 미국의 중국에 대한 통상압력은 앞서 언급한 대로 위안화 환율을 중심으로 전개될 것이다. 어차피 일본에 대한 플라자 합의 때도 사용한 전술이니까. 하지만 중국은 미국의 요구에 따라 위안화를 절상할 가능성은 거의 없다. 2005년 7월 이후 위안화는 이미 30% 넘게 절상되었는데, 더 얼마나 절상하라는 것인가? 그리고 중국은 현재 미국과 대등한 G2이다. 왜 미국의 요구를 수용해야 하는가? 미국이 Schumer-Graham 법안처럼 미국이 환율조작을 이유로 중국에 보복관세를 부과했다고 가정하자. 하지만 보복관세는 치명적인 결함이 있다. 환율조작을 근거로 보복수 단을 가하는 것이 WTO 규범의 위반이기 때문이 아니다. 어차피 미국은 WTO 규범 같은 것 은 안중에도 없으니까. 문제는 수입물가이다. 미국이 무역적자를 기록하는 나라가 중국을 제외하고는 순서대로 캐나다, 멕시코, 일본, 독일, 영국, 한국, 프랑스, 대만, 아일랜드인데, 이들 나라의 가중평균 임금은 2010년 기준으로 시간당 26불이라고 한다.[211] 반면 중국은 2.3불이다. 따라서 중국으로부터의 수입이 중단되는 경우 최종 판매가격이 30불 이내의 품 목은 무려 100%에 가까운 세율로 세금을 인상하는 것과 다를 바 없는 엄청난 충격을 미국 경 제에 가할 것이다. 수입중단 대신 보복관세가 부과되더라도 보복관세율만큼의 세금인상과 다를 바 없는 메가톤급 충격이 미국의 소비시장을 강타하는 것이다.

한편 중국은 미국의 환율조작 의혹에 정면으로 반박할 것이다. 그리고 환율조작을 이유로 보복관세를 취하는 것은 명백한 WTO 규범 위반이다. 중국은 당연히 WTO에 미국을 제소할 것이다. 나아가 중국 역시 미국의 보복관세에 대응해 수입관세 인상이라는 동일한 보복조치 를 취할 것이다. 2012년 기준으로 미국의 수출품목은 중국에서 1,110억불이 팔렸다. 중국은 미국의 제3위 수출 대상국이다. 이는 중국의 보복관세 조치가 미국의 수출업체에도 직접 영 향을 미친다는 뜻이다. 한편 중국이 보유한 미국채 보유도 2014년 3월말 현재 1조 3천억불 에 육박한다. 이는 발행된 미국채의 10.3%로 미국채의 최대 "해외"투자자이다. 이에 따라 미 국은 중국에게 특별한 권한을 부여하여 왔는데 월가의 투자은행을 통하지 않고 바로 미국 국 채를 매입할 수 있는 권한이 그것이다. 하여튼 미국 재무부는 분기별로 미국채를 옥션을 통 해 자금조달을 하는데, 이 시기에 맞추어 중국이 미국채를 매도하거나 옥션에 참여하지 않으 면 미국 재무부의 자금조달은 심각한 난관에 부딪히게 될 것이다. 당장 미국채 가격이 하락 하면서 10년 미국채 이자율이 급등할 것이고, 미국의 재정부담도 이자부담이 늘어나면서 급 속히 악화될 것이다. 그나마 위안으로 삼을 만한 것이 양적 완화로 인해 FRB의 국채 보유량

---

211) Stephen Roach, 앞의 책

이 중국을 넘어서 그 충격이 이전보다 덜 할 것이라는 점이다.

결론적으로 필자가 보기에는 미국은 중국에 대한 마땅한 경제적 제재수단이 없다. 오히려 위안화 환율 조작을 명분으로 한 보복관세 조치는 미국에게 엄청난 역효과를 가져올 것이다. 역사적으로도 미국이 대공황 극복을 위해서 거의 모든 수입품목에 관세를 올렸던 1930년 Smoot- Hawley 관세법이, 오히려 미국의 대공황을 심화시키고 나아가 제2차 세계대전을 촉발시킨 뼈아픈 경험도 있다. 더 나아가 Globalization 2.0하에서 중국에 대한 보복조치의 효과는 중국에만 한정되는 것이 아니라, 한국, 싱가폴, 호주, 일본 등 아시아 전역과 미국에 가장 우호적인 영국에 막대한 영향을 미칠 것이다. 다시 말해 미국이 중국을 경제적으로 때리고 싶어도 때릴 만한 채찍이 없는 것이다.

미국과 중국 사이의 불안한 동반자 관계는 2008년 이후 사실상 붕괴되었다. 서로 필요에 의해 공존하였던 시기가 사실상 지났다는 것이다. 중국이 수출이 아니라 내수에 집중하겠다는 정책 선언은 더 이상 자국의 발전을 위해 미국의 소비시장에 의존하지 않겠다는 강력한 정치적 메시지이다. 미국도 자국의 제조업 부흥을 위해 reshoring, JOBS, Buy America 조항 등 보호무역주의를 계속 강화해 나가고 있는 상황이다. 결론적으로 미국과 중국은 과거 서로 친밀한 의존관계를 청산하는 작업을 진행하면서 언젠가는 서로가 상대방을 필요로 하지 않는 상황이 도래하게 될 가능성이 높아졌다는 뜻이기도 하다. 아니, 현재 그렇게 나아가고 있다.

이제 세계는 어디로 갈 것인가? 양적 완화를 통한 달러의 무제한 공급이 국제신용의 급속한 위축을 방지하여 전세계적 공황을 방지한 단기처방이었다면, 장기적으로 레버리지를 제어할 달러에 대한 새로운 담론은 무엇이 될까? 달러 지위에 대한 중국의 위협은 2015년 현재까지는 단순한 해프닝에 그친 것이었으나, 과연 가까운 미래에 달러강국인 미국과 무역대국인 중국 상호간의 복잡한 역학관계는 어떤 방식으로 해결될 것인가? 중국의 생산능력과 미국의 과잉소비가 만들어낸 합작품이었던 Global Imbalance는 향후에도 지속될 수 있을 것인가? 중국의 내수 진작책과 미국의 제조업 부흥정책의 결말이 과연 미국과 중국의 상호의존성을 어느 정도 약화시킬 것인가? 만약 중국의 야심이 주변국을 아우르는 제국으로 부상하는 것이라면, 그리고 세계 역사는 단 한 번도 양강 제국을 허락한 적이 없었다는 점을 감안한다면, 아울러 미국과 중국이 경제적으로 서로를 필요로 하지 않는 상황이 결국 도래한다고 한다면, 미국과 중국 두 제국의 충돌은 불가피할 것인가? 만약 충돌한다면 그 충돌 양상이 경제적 충돌로 그칠 것인가, 아니면 물리적 · 군사적 충돌을 동반한 파국의 결론으로 치달을 것인가? 그리고 그 시점은 언제가 될 것인가? 아무것도 확실한 것은 없다. 확실한 단 하나의 사실은 2008년 금융위기는 끝난 것이 아니라 아직도 진행형이라는 것 뿐이다!

헤지펀드

Digging into Alternative Investment

01 프롤로그

헤지펀드라고 하면 용어 자체가 부정적이다. 세계적 금융위기가 있을 때 금융위기를 일으킨 장본인으로, 혹은 과도한 레버리지 사용으로 인한 갑작스런 파산으로, 돈을 벌기 위해서는 수단과 방법을 가리지 않는 냉혈한으로 묘사되는 것이 바로 헤지펀드다. 사실 1992년 영국 파운드화 위기, 1997년 아시아 금융위기, 2007~2009년 글로벌 금융위기, 2011년 유럽재정 위기 모두 헤지펀드 활동과 떨어져서 이야기할 수 없다. 부정적인 시각에서만 보면 헤지펀드가 시장의 변동성과 위기를 극대화하고 심화시켰다는 점은 진실에서 아주 멀리 떨어진 지적이 아니라고 본다.

하지만, 헤지펀드를 선발하여 실제 자금을 배분하고 운영하는 기관투자자 입장에서는 헤지펀드 투자는 선택이 아니라 필수이다. 2013년 말 현재 전세계 헤지펀드 자금의 63%가 공적연금(22.4%), 민간기업 연금(18.9%), 국부펀드(11.4%), 대학기부금(endowment; 10.7%) 등의 기관투자자 자금이다. 나아가 헤지펀드에 투자하는 공적기금의 개수도 2007년 196개에서 2013년말 현재 377개로 급증하고 있다.[1] 1990년대 초반부터 헤지펀드 투자를 가장 먼저 시작했던 미국의 대학 기부금 역시 헤지펀드 투자를 지속적으로 확대하고 있다. 가장 공격적인 투자를 하는 대학은 Texas 대학으로 2013년말 현재 88억불에 이르는 규모의 자금을 헤지펀드에 투자하고 있다. 그 다음으로 스탠포드, 하버드, 프린스턴, 예일대 등의 순으로 헤지펀드 투자에 집중하고 있으며 모두 30억불 이상의 자금을 헤지펀드에 투자하고 있다.[2]

---

1) 2014 Preqin Global Hedge Fund Report, January 2014
2) 스탠포드 - 56억불, 하버드 - 49억불, 프린스턴 - 33억불, 예일대 - 30억불, 2014 Preqin Global Hedge

심지어 비영리 재단 역시 헤지펀드 투자를 늘리고 있는데, 재단 규모의 감소로 2012년부터 수상자에 대한 현금 수여액을 20% 삭감한 노벨 재단(Nobel Foundation)이 대표적인 사례이다. 즉, 2012년 12월, 노벨 재단은 재단이 보유한 기금의 수익을 올리기 위해 헤지펀드 투자를 확대하겠다고 발표한 것이다. 공적 기금뿐만 아니라 코카콜라, 코닥, 웰스파고, 크라이슬러, 포드 등 대기업들의 연금펀드도 헤지펀드에 대한 투자를 늘리면서 2013년말 현재 헤지펀드 기관투자자의 19%를 차지한다.[3]

전세계적으로 가장 공격적으로 헤지펀드 투자를 시행하고 있는 기관투자자는 ADIA로 2013년말 현재 314억불을 헤지펀드에 투자하고 있다. 그 다음으로 중국의 CIC, 네덜란드의 APG, 캐나다의 CPPIB가 그 뒤를 잇고 있다. 이들 모두 투자액이 100억불 이상으로 헤지펀드계의 큰손이며 그 투자액은 가히 상상을 초월하는 규모이다.

[표 37] 주요 기관투자자의 헤지펀드 배분액(2013년말 기준)

순위	투자자	헤지펀드 배분액 ($bn)	Type	국적
1	Abu Dabi Investment Authority (ADIA)	31.4	국부펀드	United Arab Emirates
2	China Investment Corporation (CIC)	23.0	국부펀드	중국
3	All Pensions Group (APG)	21.4	자산운용	네덜란드
4	CPP Investment Board	14.3	공적연금	캐나다
5	Future Fund	12.7	국부펀드	호주
6	Ontario Teachers' Pension Plan	11.6	공적연금	캐나다
7	New Jersey State Investment Council	11.3	공적연금	미국
8	Teacher Retirement System of Texas	10.3	공적연금	미국
9	University of Texas Investment Management Company	8.8	대학기부금	미국
10	Pictet & Cie	8.4	은행	스위스

출처: 2014 Preqin Global Hedge Fund Report

Fund Report, January 2014

3) Preqin, 앞의 보고서

이론적으로도 주식과 채권만으로 구성된 전통적인 자산배분 모델은 현재처럼 다양하게 존재하는 투자기회를 포착하지도 못하고 리스크 대비 리턴도 뛰어나지 않다. 대체투자의 3대 축이 헤지펀드, PEF, 부동산이라는 점을 감안할 때, 우리 나라와 달리 헤지펀드는 대체투자를 운용하는 해외 기관투자자 입장에서는 반드시 포함시켜 운용하고 있는 필수 포트폴리오인 것이다. 헤지펀드의 투자전략은 한마디로 낮은 변동성으로 상대적으로 높은 수익률을 추구하는 것이다. 예컨대, 주식시장이 급격히 상승할 때는 그만큼 높은 수익률을 향유하지 않고 주식시장이 급격히 하락할 경우에는 하락폭을 방어하면서 성과를 시현하는 식이다. 아래 표에서 보는 바와 같이 변동성은 주식보다 낮고 채권보다 높으면서, 수익률은 주식보다 낮고 채권보다 높다.

[표 38] 헤지펀드, 주식, 채권의 성과 및 변동성 비교(1994~2013)

	성과(%)				
	1994~2013	1994~1998	1999~2003	2004~2008	2009~2013
CS Hedge Fund Index	8.7	12.3	10.0	4.1	8.7
S&P500	9.2	24.1	△0.6	△2.2	17.9
Barclays Treasury Bond Index	5.5	7.2	6.2	5.6	2.8
	변동성(%)				
	1994~2013	1994~1998	1999~2003	2004~2008	2009~2013
CS Hedge Fund Index	7.3	9.9	8.5	6.7	5.0
S&P500	15.2	13.9	15.8	12.9	15.8
Barclays Treasury Bond Index	4.6	4.4	4.8	4.4	4.3

출처: PAAMCO

결론적으로 헤지펀드의 특징을 한마디로 정의하기는 그 전략이 매우 복잡다기하고, 헤지펀드의 부정적 측면만 부각시키기에는 자금운용의 측면에서 헤지펀드가 가진 장점을 무시할 수 없다.[4] 따라서, 헤지펀드가 가진 부정적 측면만 부각시켜서 자금운용의 선택가능한 대안에서 무조건 제외하는 것은 바람직하지 않다. 오히려 헤지펀드가 가진 부정적 측면을

---

4) 도이치 뱅크 조사에 따르면 2012년에 조사대상 연기금의 70%가 헤지펀드의 자산배분을 증가시켰다고 한다.

최소화하고 장점을 극대화하기 위한 시스템 구축이 더 중요하다고 본다. Yale Endowment 는 아예 헤지펀드가 가진 부정적 인식을 불식시키기 위해 헤지펀드라는 용어를 사용하지 않고, absolute return 전략으로 헤지펀드 전략을 분류한다.

최근에는 FATCA, AIFMD, Dodd-Frank Act, EMIR 등 헤지펀드에 대한 투명성 규제가 강화되면서 과거 헤지펀드의 가장 큰 특징 중의 하나였던 투명성 저하 이슈가 상당한 정도로 개선되었다. 오히려 헤지펀드에 대한 규제강화가 헤지펀드 운영비용을 급격히 올리면서 헤지펀드에 대한 진입장벽이 만들어지고 있는 형국이다. KPMG와 MFA (Managed Fund Association)가 2013년 10월에 발표한 The Cost of Compliance에 따르면 새로운 규제의 등장으로 2013년 10월까지 헤지펀드 업계가 지출한 비용은 총 30억불에 이른다고 한다.[5] 펀드별로는 대형 헤지펀드는 평균 1,400만불, 중형은 6백만불, 소형은 평균 7십만불에 이르는 비용을 새로운 규제를 준수하기 위해 사용하고 있다. 이는 평균 운영비용의 5~10%에 이르는 비용으로 헤지펀드에게는 상당한 비용 부담으로 작용하고 있다. Preqin이 조사한 설문조사에 따르더라도 2014년에 기관투자자가 판단한 헤지펀드의 가장 큰 이슈는 수익률과 함께 최근 강화되고 있는 헤지펀드 규제에 대한 대응이라고 한다. 하지만, 투자자 입장에서는 과거보다 투명성이 제고되고 헤지펀드의 도덕적 해이를 방지하기 위한 규제장치들이 강화되고 있다는 점에서 환영할 만한 일이라고 본다.

02 헤지펀드의 기원

헤지펀드는 법적인 정의가 없기 때문에 명확히 이것이 헤지펀드라고 정의하기가 쉽지 않다. Dodd-Frank 법도 헤지펀드라는 용어를 사용하지만, 그것을 법적으로 명확히 정의해 놓지는 않았다. 다만, 일반인을 상대로 한 공모펀드가 아닌 소수의 전문투자자를 상대로 한 사모펀드의 투자자문을 하는 이(Private Fund Investment Advisor)라고 간접적으로 언급해 놓았다. 아이러니하게도 헤지펀드라는 용어는 캐롤 루미스(Carol J. Loomis)라는 기자가 만들었다고 한다. 즉 이 기자가 1949년 알프레드 존스(Alfred Winslow Jones)라는 사람이 공매도를 사용하여 헤지된 전략을 적용하는 펀드를 인용하는 과정에서 이를 처음으로 헤지펀드라고 부르면서 등장하였다는 것이다.[6] 따라서, 헤지펀드는 새로 탄생한 vehicle이라기보다

---

5) 2014 Preqin Global Hedge Fund Report

는, 기존에 존재하던 vehicle을 사용하여 새로운 전략을 도입하면서 등장한 신규전략펀드라고 보는 것이 맞는 것 같다.

헤지펀드의 vehicle은 그 이전부터 존재했던 Mutual fund와 거의 동일하다. Mutual Fund의 기원을 따지자면 1700년대 네덜란드부터 거슬러 올라가야 하고, 미국에서는 1924년에 Massachusetts Investors Trusts and the State Street Investment Trust라는 Mutual Fund가 처음 만들어졌다고 한다.[7] 1930년대는 Securities Act of 1933, Securities Exchange Act of 1934, Commodities Exchange Act of 1936 등이 헤지펀드를 포함한 일반적인 사모펀드에 대한 규제를 시행하였다. 하지만, Mutual Fund가 엄밀하게 법적인 정의와 규제아래에 놓이게 된 건 1940년 Investment Company Act와 Investment Advisers Act가 만들어지고 난 다음부터이다. Mutual Fund를 한마디로 정의하면 투자전문가(investment adviser)가 투자목적을 위해 여러 사람으로부터 자금을 모집하는 회사(investment company)라고 볼 수 있다. 헤지펀드의 vehicle이 Mutual Fund와 같기 때문에 헤지펀드의 vehicle도 거의 똑같이 정의할 수 있겠다.

그러나, 헤지펀드는 Mutual Fund와는 많은 차이점이 있다. Mutual Fund가 자금을 모집하는 대상이 일반 투자자인데 반해, 헤지펀드는 자금을 모집하는 대상이 소수의 전문투자자이다. Dodd-Frank Act 이전에는 이처럼 소수의 전문투자자를 대상으로 자금을 모집할 경우에는 SEC의 규제를 받지 않도록 규정해 놓았다.[8] 따라서, Mutual Fund가 SEC로부터 각종 규제를 받는 반면, 헤지펀드는 Dodd-Frank 법 이전에는 SEC에 등록할 필요가 없었고, 특히 전략상 규제도 받지 않았다.[9] Mutual Fund의 전략상 규제를 예를 들면 공매도 금지, 유동성 없는 투자 제한, 레버리지 금지, 펀드 수수료 표준화 등이 있겠다. 구체적으로 Investment Company Act의 Rule 2a-7에 따르면, 펀드의 최소 10%는 현금, 미국재무부 채권, 만기가 하루인 증권 등을 보유하여 일일유동성 조건을 만족해야 하며, 30%는 만기가 60일 이하이고

---

6) Global Macro, Theory & Practice, Edited by Andrew Rozanov, 2012

7) Mutual Funds, Mark Mobius, 2007

8) Investment Company Act §3(c)(1)은 수익적 소유자(beneficial owners)가 100인 이하인 경우 또는 §3(c)(7)은 오직 전문 투자자(accredited investor)에게만 투자가 허용될 경우 등록 의무를 면제하였다. §3(c)(7)을 적용할 경우에도 Securities Exchanges Act of 1934에 따르면 투자자가 500인 이상인 경우에는 펀드내용을 공개하게 되어 있어 통상 499인 이하의 투자자로 구성한다. Accredited Investor는 Securities Act of 1933의 Rule 506, 이른 바 Reg D의 규정에 따른다. 이 규정은 income test (연 20만불, 부부합산 연 30만불) 혹은 net worth test (단독 혹은 부부합산으로 1백만불) 둘 중의 하나를 만족하면 accredited investor로 간주한다. 주로 Hedge Fund와 PEF가 사용하는 펀드등록 면제조항이다.

9) 이에 반해 MMF는 일정한 조건하에 세금이 면제되는 특혜도 부여되어 있다.

연방 기관이 발행한 할인채 등을 보유하여 주간유동성을 확보하고 있어야 한다. 아울러 가중평균 만기가 120일 이하이어야 하고 달러가중평균 만기는 60일 이하이어야 하는 듀레이션 조건도 부여하고 있다.[10] 한편 투명성에 대한 규제도 매우 광범위하게 부과되어 있는데, 펀드가 보유한 월간포트폴리오 보유현황을 매월 인터넷에 최소 6개월 동안 게재해야 하며, SEC에 매월 Form N-MFP 형식으로 보고서를 제출해야 하는 것이 그것이다.

앞서 언급한 대로 최초의 헤지펀드가 1949년에 등장하였으므로 1940년의 Investment Advisers Act와 Investment Company Act는 헤지펀드에 대한 규제를 주목적으로 한 것이 아니라 Mutual Fund에 대한 규제를 주목적으로 한 것이다. 한동안 헤지펀드 관련 규제법이 없었다가 1974년에 상품시장의 선물 투자를 규제하고 Commodity Futures Trading Commission (CFTC)을 설립하는 것을 주요 내용으로 하는 Commodity Futures Trading Commission Act of 1974가 제정되었다. 이후 2008년 금융위기까지는 헤지펀드에 대한 추가 규제가 없었으므로 기존의 틀안에서 헤지펀드의 자유로운 투자가 가능했다. 하지만 2008년 금융위기 이후 Dodd-Frank Act (DFA) of 2010이 제정되면서 AUM 1.5억불 이상의 헤지펀드는 SEC에 등록을 의무적으로 하는 규제가 신설되었다. DFA는 아울러 대부분의 Commodity Pool Operators (CPO)와 Commodity Trading Advisers (CTA)를 CFTC에 의무적으로 등록하게 하였다. 2008년 금융위기 이후 헤지펀드에 대한 규제가 일방적인 방향으로만 진행되고 있는 것은 아니다. 2012년에 제정된 Jumpstart Our Business Startups (JOBS) Act는 헤지펀드가 순자산 2천 5백만불의 전문적 개인투자자에 대한 펀드가입 권유 및 광고 (solicitation and advertising)를 허용하도록 하는 등 헤지펀드에 대한 진흥책도 동시에 제공하고 있다.

미국법상 헤지펀드에 투자하기 위해서는 기관투자자이거나 전문적 개인투자자 (accredited investor)이어야 한다. 전문적 투자자란 한마디로 백만장자를 의미한다. 전문적 투자자는 배우자를 제외하고는 다른 개인과 합산하는 방식으로 동 요건을 우회(skirt)하는 방법이 불가능하다. 헤지펀드는 기관투자자에 대한 실사 허용 등을 통해 광범위한 정보를 기관투자자에게 제한적이나마 공개하는데, 전문적 개인투자자는 웹사이트나 후술하는 Form ADV 등과 해당 헤지펀드가 발행하는 제안서(Private Placement Memorandum: PPM) 등을 통해 헤지펀드에 대한 정보를 취득해야 한다.[11]

---

10) 2008년 금융위기 이전에는 달러가중평균 만기는 90일 이하이었다. 60일로 강화된 규정은 2010년 3월에 발표되어 2011년 10월부터 시행되었다. 가장 주목할 만한 변화는 30%의 주간유동성 규제였으며, 2013년 9월에는 EU 역시 동 규정을 도입하여 MMF의 20%에 대한 주간유동성 조건을 부과하였다.

마지막으로 Reg D 규정에 따라 전문적 개인투자자를 대상으로 펀드를 모집하는 경우 해당 펀드는 SEC 등록이 면제되는데, 2013년 9월 23일, 이른 바 "Bad Actor" 조항이 도입되면서 등록 면제가 적용되지 않는 조항이 추가되었다.[12] Bad Actor 조항이 적용되는 상황(Disqualifying Events)은 증권판매나 SEC 거짓신고와 관련한 형사판결을 받은 경우, 증권모집 혹은 판매와 관련하여 법원의 중지명령을 받은 경우, 법규 위반과 관련하여 CFTC나 SEC로부터 관련 명령을 받은 경우 등이 해당한다. 다만, 2013년 9월 23일 이전에 있었던 사건에 대해서는 적용되지 아니하며, 법원이나 SEC가 동 조항의 적용을 명시적으로 배제하는 경우에도 bad actor 조항이 적용되지 않는다.

03 헤지펀드 산업 현황

HFR에 따르면 전세계 헤지펀드의 총운용자산은 2013년말 기준 3.3조 달러, 2014년말 기준으로는 3.5조 달러이다. 글로벌 금융위기 직전인 2007년에 1.8조 달러로 정점에 올랐다가 2008년에 헤지펀드로부터 자금이 썰물처럼 빠져나갔다. 하지만 2010년에 2007년 수준을 회복하였고, 2013년에는 폭발적으로 증가하였다.

2012년말 기준으로 글로벌 기관투자자의 헤지펀드 투자액은 1.5조 달러 규모로 총 자산 중 4.2%를 헤지펀드에 투자하는 것으로 나타났다. 공적 연기금은 2014년말 기준으로 평균 7.8%를 헤지펀드에 투자하고 있다고 한다. 기관투자자의 헤지펀드 투자규모는 지속적으로 증가하여 2017년에는 2.3조 달러, 총 자산의 5.3%를 헤지펀드에 투자할 것으로 전망된다.

싱글 헤지펀드는 2013년에는 8,190개, 2014년에는 8,377개로 2007년의 최고점을 상회하는 수준이다. 특히 2014년말에는 싱글 헤지펀드와 Fund of HF를 합친 헤지펀드수가 10,102개로 2007년 이후 처음으로 10,000개를 넘었다. 하지만, Fund of Funds는 2007년 이후 지속적으로 감소하고 있어 투자자 들의 선호가 간접투자에서 직접투자로 바뀌고 있음을 알 수 있다.

---

11) 대표적 웹사이트는 SEC 홈페이지에 연동되어 있는 Investment Adviser Public Disclosure (IAPD) website이다. http://www.adviserinfor.sec.gov/IAPD/Content/Search/iapd 규모가 작은 헤지펀드는 SEC가 아니라 주정부 증권 위원회 (State Securities Commission) 등록이 의무화되어 있는데 이들에 대한 정보는 North American Securities Administrators Association에서 찾을 수 있다. http://www.nasaa.org

12) 물론, 헤지펀드 규모가 1.5억불 이상이면 DFA에 의해 SEC에 의무적으로 등록하여야 한다.

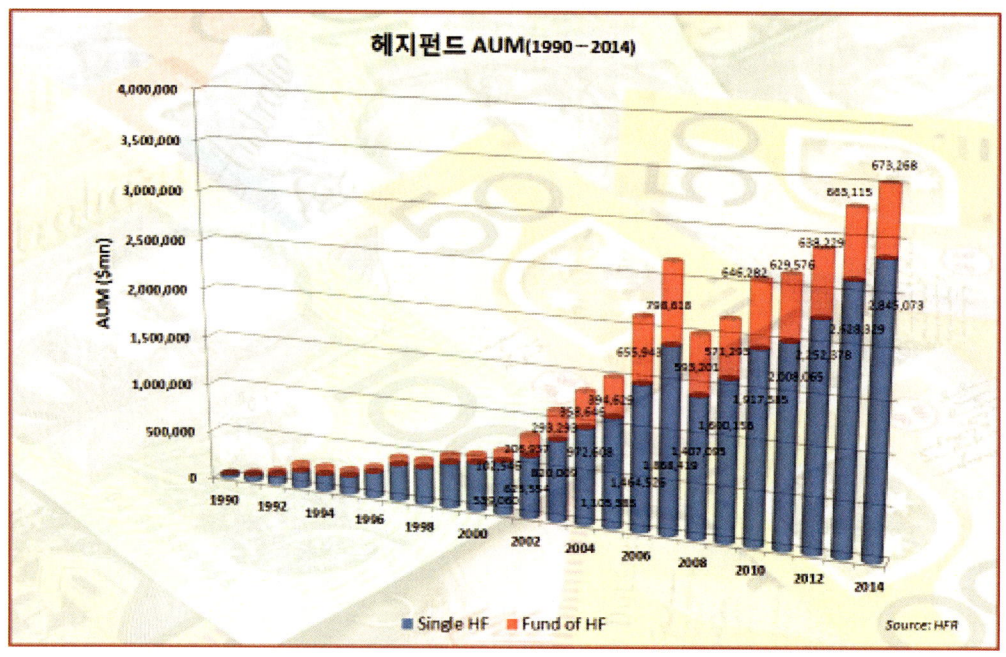

출처: HFR Global Hedge Fund Industry Report, 2014년말 기준

[그림 41] 헤지펀드 AUM (1990~2014)

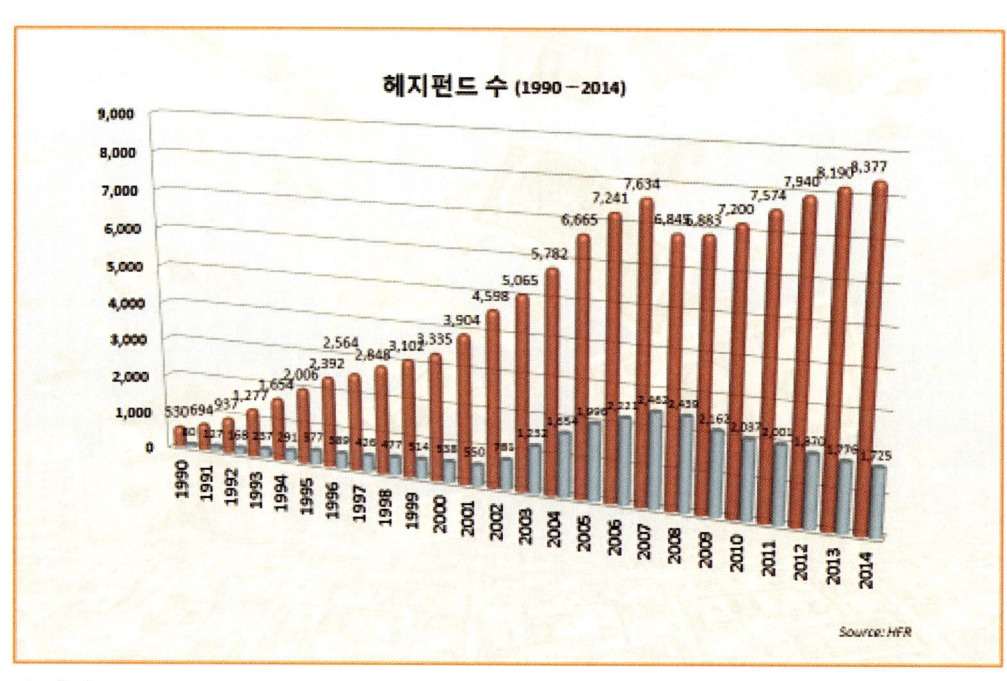

자료출처: HFR Global Hedge Fund Industry Report, 2014년말 기준

[그림 42] 헤지펀드 수 (1990~2014)

2014년말 현재 회사수 기준으로 전체 산업의 5.7%에 해당하는 $5Bn 이상 대규모 헤지펀드 운용회사가 총 AUM의 67.2%를 운용하는 것으로 나타났다. 이는 헤지펀드 산업이 갈수록 대형화되고 있음을 보여 주는 것이다.

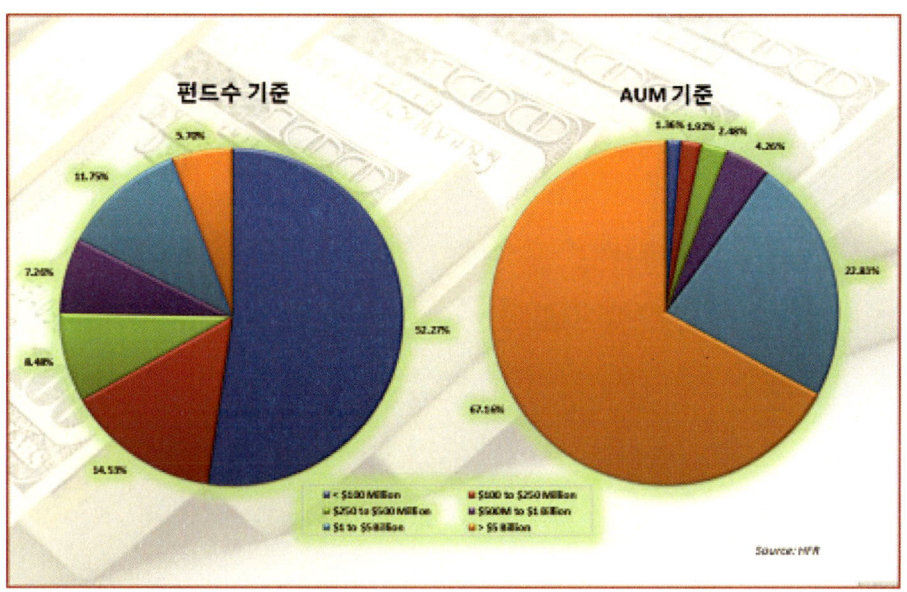

출처: HFR Global Hedge Fund Industry Report, 2014년말 기준

[그림 43] 헤지펀드 규모별 비교(2014년말 기준)

이와 같은 대형화 추세는 2008년 이후 헤지펀드 산업의 가장 두드러진 특징으로, 특히 2008년의 대규모 credit crisis가 큰 영향을 미쳤다. 특히 헤지펀드의 운영 리스크 관리와 투명성에 대한 투자자의 요구가 2008년 이후 급격히 증가하면서, 대규모 헤지펀드 운용회사로의 자금유입 쏠림 현상이 심화되고 있는 실정이다. 실제로 2014년 4분기에는 전체 자금의 93.7%가 AUM 십억불 이상의 중대형 헤지펀드에만 유입되었다. 2014년말 기준으로도 전체 AUM 규모가 십억불 이상의 헤지펀드는 개수 기준으로 17.5%를 차지하였으나 AUM 기준으로는 86.8%를 차지한 것으로 나타났다.

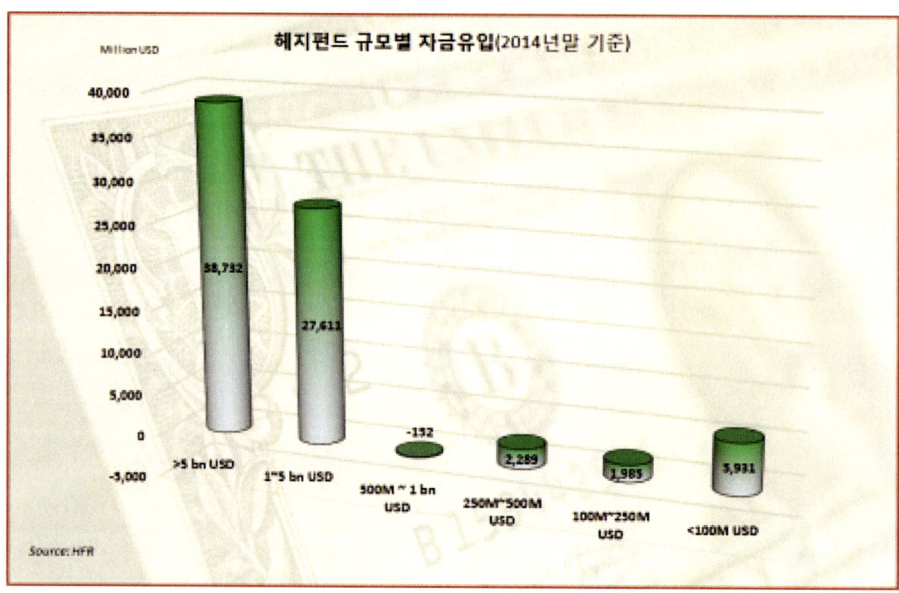

출처: HFR Global Hedge Fund Industry Report, 2014년말 기준

[그림 44] 헤지펀드 규모별 자금유입(2014년말 기준)

더 나아가 상위 10개 헤지펀드의 AUM도 갈수록 가속화되어 증가하고 있는 실정인데, 상위 10개사의 2003년 누적 AUM은 938억불이었으나, 2013년말에는 그 수치가 3,616억불로 급증하고 있는 것으로 나타났다. 특히 Global Macro 펀드인 Bridgewater의 약진이 돋보이는데 10년 사이에 AUM이 무려 10배 이상 폭증하는 놀라운 성장세를 보여 주고 있다.

[표 39] 상위 10개 헤지펀드 비교(2003, 2013)

	2003	USD bn		2013	USD bn
1	Caxton Associates	11.5	1	Bridgewater Associates	87.1
2	GLG Partners	11.0	2	J.P. Morgan Asset	59.0
3	Citigroup Alternative	9.9	3	Och-Ziff Capital	36.9
4	Farallon Capital	9.8	4	AQR Capital Mgmt	29.9
5	Citadel Investment Group	9.5	5	Blackrock	27.2
6	Angleo, Gordon & Co	9.0	6	Baupost Group	26.8
7	Vega Asset Mgmt	8.5	7	Adage Capital	25.
8	Andor Capital	8.3	8	Renaissance Technologies	24.0
9	Soros Fund Mgmt	8.3	9	Elliot Mgmt	23.3
10	Bridgewater Associates	8.0	10	D.E. Shaw Group	22.4
	Sum	93.8		Sum	361.6

출처: PAAMCO

04 헤지펀드의 구조

헤지펀드의 구조와 뮤추얼 펀드의 구조는 아래와 같이 동일하다. 가장 중요한 플레이어는 스판서(sponsor)라고 볼 수 있는데, 보통 헤지펀드의 설립자 혹은 헤지펀드 매니저로 이해하면 된다. 헤지펀드는 통상 무한책임을 지는 무한책임사원 GP와 유한책임사원 LP로 구분되는 Limited Liability Partnership으로 구성되는데, 통상 헤지펀드를 운영하는 GP를 스판서라고 한다. 스판서의 의미는 헤지펀드 매니저로서 헤지펀드 운영을 뒷받침한다는 뜻으로 이해하면 될 것 같다.

1) 프라임브로커(Prime Broker: PB)

두 번째로 중요한 플레이어는 프라임브로커(Prime Broker: PB)이다. 프라임브로커는 헤지펀드 운영에서 핵심적인 인프라로 헤지펀드 발전에서 중요한 역할을 하여 왔다. 프라임브로커의 역할은 크게 주요기능과 부차기능으로 나눌 수 있다. 주요기능은 거래체결(execution), 증권보관(custody), 증권대차(securities lending), 현금보관 및 레버리지 제공(margin lending) 등이 있고, 부차적인 기능은 보고서 작성, 인큐베이팅, 투자자 소개, 사무실 임대, 리서치, IT 인프라 제공 등이 있다. 프라임브로커의 역할 확대야말로 헤지펀드 산업의 본격적인 발전의 중요한 계기라고 말 할 수 있겠다. 프라임브로커는 주로 대형 투자은행이 담당하고 있는데, 2008년 이전에는 주요 프라임브로커가 헤지펀드를 엄격한 기준하에서 선별하는 프라임브로커 위주의 시장이었다.

[그림 45] 헤지펀드 구조

그러나, 현재는 헤지펀드와 프라임브로커 상호간에 힘의 균형이 맞추어져 있다. 특히 프라임 브로커의 서비스, 인프라 및 크레딧 상황 등을 평가하고 선별하는 헤지펀드가 확대되는 추세에 있다. 이와 같은 시장의 변화는 2008년의 금융위기가 큰 영향을 미쳤다. 왜냐하면, 2008년 대형 프라임 브로커였던 리먼 브러더스가 파산하자, 리먼 브러더스를 단독 프라임브로커로 사용한 헤지펀드가 리먼의 부도로 리먼이 보관하고 있던 해당 헤지펀드의 자산 등이 동시에 동결됨으로써 리먼과 같이 파산하였기 때문이다.[13] 실제로 2008년 한해에만 10,100개의 헤지펀드 중 15%에 가까운 1,500개의 헤지펀드가 파산하였다. 리먼의 파산과 헤지펀드 파산의 연결고리에는 파생상품 거래시 헤지펀드가 추가로 PB에 제공하는 추가담보자산(Independent amount)과 PB에 수탁한 자산의 재담보(rehypothecation)가 큰 영향을 미쳤다.

추가담보자산이란 특정거래의 credit risk나 변동성이 높을 경우 PB가 헤지펀드에게 해당 거래의 시장가치 이상으로 담보자산을 요구하는 것을 말한다.[14] 리먼 파산 이전인 2008년까지는 주로 PB는 담보를 제공하지 않고 헤지펀드가 일방적으로 담보를 제공하는 경우가 대부분이었다. 이 때의 담보물은 PB의 레버리지 서비스에 대한 댓가로 헤지펀드가 상환을 약속하기 위해 PB에 보관하는 미국채 등의 유동성이 높은 자산으로, 해당 거래의 명목거래액보다 통상 높은 금액인 130% 내외의 담보자산을 예치하는 것이 일반적이었다. 아울러, 담보자산의 시장가치는 매일 평가되어 시장가치가 하락하는 경우에는 추가로 담보를 제공해야 하는 계약을 맺고 있었다. 만약 추가담보가 제공되지 않는 경우에는 일방적으로 PB가 담보물에 대한 소유권을 행사하거나 처분할 수 있는 권리가 부여되는 ISDA를 체결하는 경우가 많았다. 이에 따라 특정 거래의 시장가치보다 많은 담보가 PB에게 제공되는 상황이 일반적이었다. 리먼의 파산으로 리먼에 제공된 모든 담보자산이 동결되었을 때, 이와 같은 추가담보자산 규정 때문에 헤지펀드가 리먼과 체결한 파생거래의 시장가치 이상으로 자산이 동결되면서 헤지펀드의 피해가 눈덩이처럼 확산되는 기폭제가 되기도 하였다. 특히, 유럽의 경우는 적용되는 ISDA 규정이 주로 영국법 체계를 추종하였는데, 뉴욕주법이 단순한 담보권(securities interest or pledge)을 요구하는 것과 달리 영국법은 담보제공시 소유권을 이전(title transfer)해야 하는 요건이 있어 헤지펀드의 피해가 더욱 컸다.

두 번째 이유가 바로 재담보이다. 일반적으로 PB는 헤지펀드 자산을 수탁 받으면서 이를

---

13) 비공식 통계에 따르면 리먼을 프라임브로커로 지정한 3,500개의 헤지펀드가 보유한 650억불의 자산이 동결된 것으로 추정된다. 특히 리먼을 단독 PB로 지정한 헤지펀드는 2008년 리먼의 부도로 인한 도미노 효과의 첫 번째 희생양이 되었다.

14) 1994 ISDA Credit Support Annex Para 13(b)(iv)(A)

재담보로 다른 금융기관에 공여하고 자금을 조달하는 기능을 수행해 왔다.[15] 헤지펀드가 PB와 계약할 때 체결하는 prime brokerage agreement는 헤지펀드가 수탁자산의 재담보를 원하지 않는다는 요구를 하지 않는 한, PB가 재담보를 이용하여 자금을 조달할 수 있도록 일반적으로 허용하고 있다. 재담보를 허용하지 않으면 PB가 제공하는 서비스 수수료가 할인되지 않기 때문에 헤지펀드는 보통 재담보를 허용하는 계약을 체결한다. 재담보의 허용 범위는 국가마다 차이가 있는데, 영국은 그 제한이 없는 반면 미국의 경우 헤지펀드 대차잔고 (debit balance)[16]의 140% 이상을 재담보 할 수 없고,[17] 우리 나라의 경우는 아예 금지되어 있다. 특히, 영국을 포함한 유럽은 재담보에 대한 규제가 아예 없었기 때문에 헤지펀드가 맡긴 담보자산을 근거로 막대한 양의 레버리지가 만들어졌다.

아울러, 미국의 경우는 SEC Rule 15c3-3에 의거하여 프라임 브로커에 대해 헤지펀드가 수탁한 자산을 해당 프라임브로커 자산과 분리해서 관리하도록 강제하고 있다. 반면, 유럽의 법률은 미국과 달리 담보자산을 PB의 재산과 분리하여 보관하도록 강제하는 규정이 없었다.[18] 따라서, 리먼 파산시 리먼의 영국법인(Lehman Brothers International Europe; LBIE)이 재담보한 자산이 수탁한 헤지펀드의 자산인지 프라임 브로커인 리먼의 자산인지, 심지어는 이들과 아무 상관이 없는 고객예탁금인지조차 구분되어 있지 않았다. 이에 따라 리먼이 파산처리 되자, 리먼이 일으킨 막대한 레버리지로 인해 리먼영국이 보유한 재담보 자산 전체가 동시에 동결됨으로써 리먼의 파산이 헤지펀드의 연쇄적 파산으로 직결되었고, 고객예탁금까지 동결됨으로써 투자은행 전체에 대한 불신이 급속도로 확산되는 최악의 사태가 발생

---

15) 2007년을 기준으로 재담보를 제공한 규모를 보면, 모건 스탠리, 골드만 삭스, 메릴린치, 리먼브러더스 모두 8,000억불을 넘었고, 제피 모건, 씨티 그룹, 베어스턴스 등도 3,000~5,000억불의 재담보 조달을 하고 있었다고 한다. IMF working paper, The Role of Rehypothecation in the Shadow Banking System, WP/10/172

16) Debit balance란 증권을 빌리기 위해 미리 맡긴 담보 가치 중, 헤지펀드가 대차로 사용한 금액을 말한다. 예컨대 A 헤지펀드가 B 프라임브로커에 증권대차를 위해 1백만불의 담보를 제공하였다고 하자. A 헤지펀드는 주식 롱숏을 위해 B 프라임브로커로부터 3십만불의 증권을 빌렸고, 이제부터 A 헤지펀드는 7십만불의 증권을 추가로 대차할 수 있게 된다. 여기서 3십만불이 대차잔고 debit balance 이다. 만약 B 프라임브로커가 미국에 있고 A 헤지펀드가 재담보를 용인했다면, B 프라임브로커는 4십2만불($300,000×140%)의 자금을 재담보를 통해서 다른 금융기관을 통해서 조달할 수 있다.

17) Rule 15c3-3, Reg T

18) 하지만, 미국의 동 규정도 서로 다른 헤지펀드의 자산까지 구분하라고는 규정하고 있지는 않다. 일반적인 관례는 프라임 브로커가 서로 다른 헤지펀드의 수탁자산을 통합계좌(omnibus account)에 일괄 보관하는 것인데, 해당 헤지펀드가 별도의 계좌를 원할 경우에는 추가 수수료를 지급하고 별도의 계좌(segregated account)를 만들어야 한다. PB에 별도 계좌를 두지 않고 거래 PB의 계좌를 custodian에 별도로 두는 것도 방법이다.

했다.19)

미국처럼 프라임브로커와 헤지펀드의 자산이 분리되어 있음으로써 미국의 헤지펀드 수탁 자산이 영국의 헤지펀드보다 안전한 것은 사실이나, 이 자산 역시 영국 리먼의 파산과 연쇄적으로 일어난 미국의 헤지펀드 파산으로 사실상 가치가 제로가 되었다. 이는 프라임브로커가 재담보로 다른 고객에게 제공한 헤지펀드의 수탁자산에 대해서는 헤지펀드가 선순위 채권자가 아니기 때문이다.

미국은 파산법 Chapter 11이 아닌, 증권투자자보호법(Securities Investor Protection Act of 1970; SIPA)과 파산법 Chapter 7이 프라임브로커의 파산절차를 규정하고 있다. 이 규정에 따르면 브로커가 파산할 경우 통합계좌에 보관된 헤지펀드의 수탁자산은, 해당 헤지펀드가 보관된 자산을 대여하여 권리가 없는 경우 등을 제외하고는 자산 수탁규모에 비례(pro-rata)하여 자산을 돌려 받게 된다. 만약 파산된 프라임브로커가 헤지펀드에 배분할 자산이 충분하지 않을 경우에는 증권투자자보호공사(Securities Investor Protection Corporation; SIPC)가 대신 보상하게 된다. 보상의 전제는 프라임브로커가 SIPC에 가입하여 있어야 하고, 보상의 한도는 헤지펀드의 수탁자산이 증권인 경우에는 5십만불, 현금인 경우에는 1십만불이 된다. 아울러 SIPC는 현금과 증권의 비율을 재량으로 결정하여 배분할 수 있는 권리를 가지고 있다.20) 보상 이후의 헤지펀드 수탁 자산은 다른 일반 채권자의 지위와 동일한 상태로 전환되는데, 프라임브로커의 레버리지수준이 높은 경우 리먼브러더스의 경우처럼 수탁자산 중, 특히 현금을 완전히 돌려받는 것은 거의 불가능하다고 보면 된다. 수탁자산 중 증권의 경우에는 SIPC가 가치를 평가할 때 파산 신청 직전의 장부가를 기준으로 계산하게 되는데, 장부가로 평가된 증권을 돌려받을 경우 파산이라는 이벤트가 반영되면서 시장가치(MtM; Mark to Market)가 파산신청 직전보다 매우 낮아질 확률이 높기 때문이다.

따라서, 최근에는 프라임브로커를 분산하여 최소 3~4개 이상의 프라임브로커를 보유하고 있어야 헤지펀드의 투자 위험성을 낮출 수 있다고 할 수 있겠다.21) 아울러 프라임브로커가 SIPC에 가입하고 있는지 확인하는 것도 필요하다. 한편 프라임 브로커가 헤지펀드의 자산을 보관하는 경우, 그 자산은 명목상으로 프라임 브로커 명의로 등록되어 있는데, 이 경우 프라

---

19) 이와 같은 PB의 재담보 규정은 은행 이외의 기관이 자금을 조달할 수 있는 이른 바 그림자 뱅킹(shadow banking)의 대부분을 차지하고 있는데, IMF 보고서에 따르면 그 규모가 미국에서만 2007년에 4조 달러를 넘었고, 글로벌 전체로는 10조 달러에 이르렀다고 한다. IMF working paper, The Role of Rehypothecation in the Shadow Banking System, WP/10/172

20) 따라서, 헤지펀드가 현금을 많이 받을지 증권을 많이 받을지는 SIPC의 결정까지는 불확실한 상태가 된다.

21) Citadel의 경우에는 PB수가 10개였다.

임 브로커는 실제 주인(beneficial owner)이 누구인지를 내부 시스템을 통해 기록해야 한다. 헤지펀드를 선정할 때는 헤지펀드의 프라임브로커가 이와 같은 시스템을 갖추고 있는지도 확인해야 한다.

프라임브로커의 자산수탁과 관련하여, 프라임 브로커와 자산수탁자(Custodian) 및 은행의 차이는 일반적으로 자산수탁자 및 은행은 자산 수탁과 관련한 수수료를 부과하는 반면, 프라임브로커는 장기 수탁인 경우 수수료를 면제한다는 점이다. 또 하나의 중요한 차이는 앞서 설명한 재담보가 PB의 경우에는 허용되는 반면, 자산수탁자인 경우에는 일반적으로 허용되지 않는다는 차이점이 있다. 보통 프라임브로커는 투자은행이 하고 자산수탁자는 상업은행이 수행한다는 점도 차이이다.

한편, 2013년부터 2014년까지 Dodd-Frank Act나 Volcker Rule 등의 도입으로 프라임브로커 역할을 하였던 투자은행에 대한 규제가 강화되면서, 2008년 이전보다 헤지펀드에 대한 파이낸싱 요건이 상대적으로 악화되었다. 예컨대 헤지펀드가 헤징을 위해 PB와 swap, options, futures와 같은 파생상품 계약을 OTC 형태로 체결하였을 경우, 헤지펀드 매니저나 관계사가 행정적, 사법적 조치에 직면하게 될 경우 PB가 사전 통지 없이 OTC 계약체결을 해지할 수 있는 이른 바, "prejudgement clause"를 삽입하는 것이 추세가 되고 있다. 과거에는 헤지펀드와 PB간의 Prime Brokerage Agreement는 PB service를 종료하기 위해서 90일~180일 이전의 사전통지를 필요로 하는 Lock-up 조항을 두는 것이 통상적이었다. 하지만 이와 같은 Lock-up 조항 자체가 prejudgement clause와 같은 특정사건을 계기로 무효화될 수 있도록 하는 것이 최근의 추세이다. 나아가 금융관련 규제당국이 헤지펀드 내의 매니저나 피고용인을 어떤 이유로든 접촉하는 경우, 헤지펀드에 대해 제공할 수 있는 신용한도를 철회하는 권한을 PB에 부여하기도 한다. 이에 따라 과거보다 법률적 제제에 직면할 가능성이 높은 헤지펀드는 프라임브로커를 활용한 헤징 전략이나 레버리지 전략에 상당한 애로가 따를 것으로 예상된다. 이는 헤지펀드가 규제당국으로부터의 조사나 제제 등을 받는 것이 단순히 operation에 한정된 이슈가 아니라, 해당 헤지펀드의 성과와 직결된 이슈라는 점을 의미하는 것이다. 따라서 투자자 입장에서도 해당 헤지펀드의 법률 위반, 금융당국으로부터의 조사 등 reputation risk 등을 반드시 면밀히 모니터링 해야 한다.

헤지펀드는 주기적으로 프라임브로커의 신용상태를 확인하는데 주요 지표로는 해당 PB의 주가, 신용등급, CDS 레벨 등이다. CDS의 경우 통상적인 레벨은 없으나 보통 5년 프리미엄이 250~300을 넘는 경우는 해당 PB에 대한 주의를 환기하고, 어떤 경우에는 PB에 대한 포지션을 강제로 청산하는 헤지펀드도 있었다.[22] 어떤 헤지펀드는 PB에 대한 신용리스크를

주기적으로 평가하기 위해, CIO, CRO 등으로 구성된 내부 Counter-party Risk Committee를 별도로 두기도 하는데, 통상적으로는 내부 Risk Committee에서 시장리스크와 함께 counter-party risk도 같이 통제한다. 아울러 PB의 특성에 따라 fixed income 관련 투자는 예컨대 JP Morgan에, futures와 FX는 CS에, equities 관련 거래는 Barclays에 분산하는 경우도 있었다. 헤지펀드는 단일 PB에 대한 exposure 한도를 설정하는 것이 일반적이다. 통상 1개 PB에 대한 exposure에 대한 한도는 20% 내외이며 1개 PB에 40%를 넘는 exposure를 가져가는 헤지펀드는 주의를 요한다.

아울러 PB로부터 증권을 대여하는데 소요되는 비용은 헤지펀드와 해당 증권의 유동성에 따라 다르기는 하나, 연간으로는 25bp~200bp 정도의 비용이 소요되는 것으로 추정된다.[23] 거의 모든 헤지펀드는 증권대차비용을 비공개로 하고 있는데,[24] 이는 증권대차비용이 특히 equity long/short 전략과 equity market neutral 전략의 수익률과 직결되기 때문이기도 하다. 헤지펀드의 명성과 신용도가 높을수록 증권대차비용은 낮아지며, 어떤 헤지펀드는 여러 PB로부터 bidding을 통해서 대차비용이 가장 낮은 PB를 선택하는 시스템을 갖추고 있기도 하다.[25] PB를 선정하는 과정도 헤지펀드마다 차이가 있는데, 어떤 헤지펀드는 포트폴리오 매너저가 투표를 통해서 PB를 선정하는 경우도 있었다.[26]

해외 헤지펀드의 PB 선정 중 또 하나의 이슈는 바로 PB의 지리적 위치이다. 2008년 금융위기는 PB가 위치한 국가가 어디냐에 따라 담보 제공방식 및 재담보 규정 등이 너무 달라서 실제 위기가 발생하였을 경우 헤지펀드 자신의 수탁자산을 적절히 보호하는 조치를 취하지 못함으로써 그 파장이 확산되었다. 특히, 영국을 중심으로 한 유럽 지역에 소재한 프라임브로커의 경우는 헤지펀드나 고객예탁금 보호 수준이 미국보다 낮아서 헤지펀드에게는 미국의 프라임브로커보다는 상대적으로 큰 규모의 손실이 발생하였다. 따라서, PB의 위치에 따라 헤지펀드가 대응해야 할 법률적 이슈가 다르므로 이에 대한 법률 시스템이 구비되어 있는지도 확인하는 것이 바람직하다.[27]

---

22) MKP

23) Well** 연간 비용 59bp

24) 2sigma

25) Renaissance Technology

26) Citadel

27) 필자가 알기로는 영국과 유럽 지역은 2008년 금융위기 이후에도 헤지펀드 자산을 보호하기 위한 법률적 시스템 개선조치가 없었던 것으로 알고 있다. 따라서 가급적 미국 지역의 PB를 주요 counter-party로 하는 헤지펀드가 더 바람직하다고 본다.

[표 40] 프라임 브로커 시장점유율 현황(2013년말 기준)

PB	시장점유율
Goldman Sachs	18%
J.P. Morgan	13%
Morgan Stanley Prime Brokerage	13%
Credit Suisse Prime Fund Services	10%
UBS Prime Services	10%
Deutsche Bank Global Prime Finance	8%
Bank of America Merrill Lynch	5%
Citi Prime Finance	5%
Newedge Prime Brokerage Group	4%
Barclays	4%

출처: Preqin Hedge Fund Analyst

가장 큰 시장점유율을 가진 PB는 Goldman Sachs이다. 2013년말 현재 18%의 시장점유율을 차지하고 있다. 다음으로 J.P. Morgan, Morgan Stanley, Credit Suisse 등이 그 뒤를 잇는다. 헤지펀드 출범시 필요한 서비스를 제공하는 PB로 가장 큰 시장점유율을 차지하는 업체는 Morgan Stanley와 Goldman Sachs이다.

[표 41] Incubating Service 시장점유율 현황(2013년말 기준)

PB	시장점유율
Morgan Stanley Prime Brokerage	19%
Goldman Sachs	19%
J.P. Morgan	14%
Credit Suisse Prime Fund Services	13%
UBS Prime Services	8 %

출처: Preqin Hedge Fund Analyst

프라임브로커와 달리 헤지펀드와 장외 파생거래를 수행하는 거래 상대방을 Over-the-counter(OTC) Counterparty 혹은 Swap Provider라 부른다. OTC counterparty는 PB와 달리 수시로 증권을 내차하는 구조가 아니라, 해당 헤지펀드와 ISDA 계약을 통해 비정형화된 자산에 대한 long/short position을 구축한다. 대상 자산은 Swaps, Options, Swaptions,

Futures, Securitized products 등이다. 이와 같은 OTC 거래는 PB와의 거래처럼 정형화된 것이 아니라 유동성이 다소 낮은 시장에서 매우 다양한 포트폴리오 구축 전략 하에서 이루어진다. 따라서 증권대차에 초점을 맞춘 전략 이외의 복잡한 전략을 구사하는 헤지펀드는 필연적으로 ISDA 계약을 통해 거래 상대방을 선정하게 된다. 이 때 OTC counterparty exposure 수치는 OTC margin을 기준으로 netting한 이후 2% 내외의 수치를 시현하면 정상적인 범위에 있다고 본다.[28]

2008년 이전에는 파생상품 거래시 체결하는 ISDA 계약에서 프라임브로커는 담보를 제공하지 않고, 오직 헤지펀드만 담보를 제공하는 것이 시장 관행이었다.[29] 헤지펀드는 기관의 성격이 아니라 몇몇 개인의 특별한 능력에 따라 자금을 모집한 family fund인 경우가 많은 반면, 대형 프라임브로커는 신용평가기관으로부터 등급을 부여받는 명망있는 투자은행들이 대부분이었기 때문이다. 특히 프라임 브로커가 헤지펀드를 통제했던 주요 수단으로는 프라임브로커가 보관한 자산의 순현재가치(Net Asset Value)가 일정수준 이하로 하락하거나, 대차거래 과정에서 헤지펀드가 제공한 담보비율이 일정수준 이하로 하락할 경우 추가로 증거금을 납부해야 하는 것이 그것이다. 만약 마진 콜 상황에서 추가로 증거금을 납부하지 않을 경우 프라임브로커는 강제로 수탁자산을 청산하기도 하였다.[30] 하지만 앞서 언급한 바와 같이 최근에는 헤지펀드와 OTC counterparty간 힘의 균형이 맞춰지면서, 일방적인 담보제공이 아니라 ISDA CSA를 통한 상호간 담보제공과 이에 따른 netting이 일반화되어 있다.

한편, Dodd-Frank Act와 EMIR 등의 시행으로 OTC 상품의 중앙청산소(CCP)를 통한 거래 의무가 부과되면서 헤지펀드의 거래전략에도 상당한 변화가 예상된다. 특히, OTC 거래를 통해 주요 전략을 수행하는 헤지펀드의 경우에는 거래비용이 상당히 올라갈 가능성이 높다.

---

28) 어떤 경우에는 특별한 거래에 경쟁력을 보유한 거래 상대방에 대해서는 counterparty exposure가 비정상적으로 높아지기도 한다. 예컨대, 특정 전략에서 repo 거래를 많이 수행해야 하는 경우가 발생할 수도 있는데, 이 repo 거래를 ISDA의 특정 counterparty에 집중에서 거래를 수행하면 다른 IB보다 reop 거래에 뛰어난 경쟁력을 보유한 counterparty에 대해서는 exposure가 많이 올라갈 수 있다. 어떤 헤지펀드는 FX와 관련된 거래는 HSBC에 집중하고 repo 거래는 CS에 집중하는 등의 사례를 보이기도 한다. 이와 같은 exposure는 OTC 거래와 분리해서 관찰하는 것이 좋다. 다만, 이 경우에도 두 거래를 합친 exposure 기준으로 한 개 기관에 집중도가 높은 것은 결코 바람직하지 않다.

29) Negotiating Skills, Seth P. Bender, Esq, 2011. 2

30) 통상적으로 증거금은 거래를 개시할 때 부과하는 개시증거금과 거래관계가 유지될 때 유지해야 하는 유지증거금으로 나뉜다. 유지증거금이 마진율을 벗어나는 상황에서는 추가로 담보를 제공해야 한다. 다만, 얼마의 시간을 두고 담보를 제공해야 하는지는 개별 ISDA 및 CSA 계약에 달려 있다. 실제로 이와 같은 기술적 파산(technical default)이 발생했을 때, PB가 수탁자산을 즉시 청산하는 사례는 거의 없다. 이 경우에는 헤지펀드 관계자와의 대화를 통해서 문제점이 해결가능하다고 판단하면 즉시청산 절차를 개시하지는 않는다.

이 경우에는 자신의 주전략을 변경하거나 DFA나 EMIR가 적용되지 않는 지역으로 거점을 옮겨야 할 수도 있다.

2) Administrator

Administrator (이하 Admin)의 역할은 펀드의 운영에 있어 매우 중요하다. 중요 역할은 펀드 현금관리, 펀드의 공정가치 평가, 펀드 거래의 관리, 펀드 회계장부 관리, 펀드 투명성 관리, 자금세탁 방지 관련 기능 등 헤지펀드의 실제 거래 전체를 총괄하고 관리하는 역할을 한다고 보면 된다. 주요 플레이어로는 State Street Bank, IFS, State Street Global Services, SS&C/GlobeOp, Northern Trust Hedge Fund Services, Citi Hedge Fund Services, International Fund Services, Kaufman Rossin Fund Services LLC (KFRS) 등이다.[31] 예컨대 A펀드가 시장에서 B 프라임브로커에게 C 거래를 지정하면, B 프라임브로커는 거래 후 C 거래와 관련된 증빙서류를 D Admin에게 제출하는 식이다.

Admin의 중요성은 Madoff 사건으로 더욱 부각되었다. 세상을 떠들썩하게 했던 Madoff는 실제 수행하지 않는 거래를 한 것처럼 꾸며서 펀드의 공정 가치(fair value)를 부풀렸는데, 이는 Admin의 역할과 관련되어 있다. Madoff 사태는 명망 있는 Admin을 주요 Admin으로 지정하고, 이를 다시 Madoff의 자회사인 다른 Admin에 재위탁을 줌으로써 발생하였다. 독립적인 Admin이 아니라 펀드의 자회사에 Admin 기능을 우회적으로 맡김으로써 거래를 조작할 수 있었던 것이다. 이에 따라 Admin이 자신의 기능을 또 다른 회사에 어떤 형태로든 위탁하는지에 대한 검증을 반드시 수행하여야 하며, 헤지펀드를 실사할 경우 Admin에 대한 현장 방문도 같이 하는 것이 가장 바람직하다고 볼 수 있겠다.

헤지펀드가 수행하는 거래는 크게 프라임브로커나 결제 회원(clearing member)을 통한 외부거래와 내부 미들 오피스를 통한 내부망 거래로 구분된다. 일반적으로 프라임브로커 등을 통한 외부거래를 먼저 수행하면, 프라임브로커가 헤지펀드의 미들오피스에 거래 사실을 알리고 최종적으로 admin에게 통보한다. 헤지펀드는 프라임브로커가 제출한 거래기록을 내부 미들 오피스 혹은 리스크 팀 등을 통해 보관하고 있다가 이를 다시 admin에게 넘긴다. Admin은 실제 거래를 수행한 프라임브로커 기록과 헤지펀드의 내부 기록을 비교하여 실제 거래가 이루어졌는지 여부 등을 대사 혹은 확인(reconciliation)하게 된다. 이 때 custodian으

---

31) 골드만 삭스도 자회사로 헤지펀드 admin을 보유하고 있었는데(Goldman Sachs Administrative Services: GSAS), State Street Bank는 동 회사를 2012년에 합병하였다.

로 지정된 은행계좌도 확인하여 실제 거래여부 등을 대사하게 된다. 보통 거래 다음날(T+1)에 이와 같은 절차가 이루어지게 된다. 거래가 확인되면 주기적으로 수행된 거래의 현재가치를 평가하여 NAV를 산출한다.[32] 매일 매일의 거래에 대해 공정가치, 거래확인 등의 Admin 서비스를 받는 경우를 full service라 지칭하고 가장 이상적인 헤지펀드의 admin이 이에 해당한다. 하지만 매월 말일의 NAV를 산출하기 위해 매월 1회만 admin 서비스를 받는 경우도 있는데, 이는 바람직한 헤지펀드 운영 방식이 아니다. 따라서 헤지펀드 실사시 full service of admin을 받는지 여부를 반드시 확인하여야 한다.

하지만 최근에는 내부적으로 처리되던 Middle office 혹은 Back office 기능이 펀드의 비용절감을 위해서 outsourcing 하는 추세가 진행 중이다. 특히, 100억불 이상의 대형 헤지펀드들일수록 Middle/Back office 기능을 outsourcing 하는 경향이 많다. Albourne 조사에 따르면 직원수가 250명 이상인 대형 헤지펀드들의 48%가 이 기능을 회사 내부가 아닌 회사 외부역량을 활용하고 있다고 한다. 한편, 미국보다는 영국에 위치한 헤지펀드들이 아웃소싱에 좀더 적극적이었다고 하는데, 이는 2011년부터 시행되고 있는 대체투자 펀드매니저 지침(Alternative Investment Fund Managers Directive: AIFMD)이나 UCITS와 같은 유럽 국가 소재 헤지펀드에 대한 규제들 때문에 발생하는 비용을 줄이기 위한 것으로 보인다.[33] 아울러 신규나 소형 헤지펀드의 경우에도 창업 초기에 소요되는 비용을 줄이기 위해 대형 헤지펀드와 유사하게 동 기능을 외부에 맡기는 경우가 증가하고 있다. 마지막으로 시장에서 거래되는 상품이 비정형화 되어 있거나 비표준화된 거래가 많은 Relative Value 전략이나 Event Driven 전략이 거래와 관련된 비용을 줄이기 위한 목적으로 Middle/Back office 기능을 외주하는 경우가 많다.

최근에는 유럽에 위치한 Admin의 경우 펀드 투자자의 최종 수익자(beneficial owner)를 반드시 밝힐 것을 요구하는 경우가 많다. 이는 조세회피에 대한 국제적 논의가 구체화되면서 최종 수익자를 밝히지 않는다면 펀드가입이 불가능한 규정을 신설하였기 때문이다. 이는 유럽지역 소재 헤지펀드에 대한 AIFMD, UCITS 등의 규제가 강화되면서 나타나는 특징이다. 특히, FATCA (Foreign Account Tax Compliance Act)[34]가 양자간 국가협정을 통해서

---

32) Middle office는 주로 거래체결 역할을, Back office는 회계처리를 담당하게 된다.

33) Outsourcing 현황: 영국 38%, 미국 17%, 홍콩 17%, 기타 지역 13%, Albourne, Up Close and Operational, Dec 12, 2013. 한편 AIFMD는 UCITS 범주에 속하지 않는 헤지펀드에 대한 규제를 주요 내용으로 한다.

34) FATCA는 미국 IRS가 미국 시민이 외국 금융기관에 자산을 이전하여 세금을 회피하는 것을 방지할 목적으로 제정되었으며, 2013년 1월에 발표되었다. FATCA는 외국에 소재하는 기관을 금융기관(FFIs:

미국 예금자에 대한 정보를 요구하고, 양자간 협정을 통하지 않는 경우에는 개별은행이 2013년 8월 19일부터 예금자 정보를 제공하겠다는 online 등록이 시작되면서 Admin이 펀드 투자자의 상세정보 요구를 좀더 강화하는 추세에 있다.

　Admin 업무 중의 중요한 일 중의 하나는 헤지펀드의 자산 분류와 가치 평가이다. 헤지펀드의 자산분류는 2006년 9월에 미국의 재무회계기준위원회(FASB: Financial Accounting Statements Board)가 발표한 회계기준(FAS: Financial Accounting Standards) 157 (AKA: ASC 820)에 따른다. 이 기준에 따르면 모든 투자는 다음의 3개 기준으로 분류가능하다. Level 1 자산은 동일자산에 대해 측정일 현재 유동성 있는 시장에서 가격을 인용하는 것이 가능한 자산이다. Level 1 자산은 모두가 증권화된 자산이라고 보면 되고 파생상품은 Level 1 자산이 될 수가 없다. 예를 들면 국채, 채권지수, 주식, 주가지수, 상장된 옵션, MMF 등이 이에 해당한다. Level 2 자산은 Level 1과 거의 유사하나 유동성 있는 시장 외에 관찰 가능한 시장의 수요(observable market inputs)가 있는 경우에 해당한다. Level 2 자산은 증권과 파생상품 2가지로 구분이 가능하나, 주로 파생상품이 대부분을 차지한다. Level 2 중 증권에 속하는 사례는 일부 국채와 옵션이 이에 해당한다. Level 2 중에서 파생상품의 예로는 CDS, CDS index, IRS, OIS (overnight interest swap), FX forward, 보통 3명 이상의 브로커가 가격을 부여하는 기업의 사채 등이 이에 해당한다. Level 3 자산은 오직 모델에 의해서만 가격 평가가 가능하고 단일 브로커, 브로커 1명이 가격을 매기는 자산이다. 대표적인 자산이 PEF, CDO, CLO 등이다.[35] 유동성 위험 측면에서 보면 Level 1 비중이 높을수록 펀드의 안전성이 제고된다는 점에서 이론의 여지는 없다. 그러나 펀드의 전략적 특성과 수익률 제고의 측면에서 보면 Level 2와 3 자산을 불가피하게 편입하는 것은 매우 자연스러운 일이다.

　Level 2와 Level 3 자산을 구분하는 것은 이론상으로나 실무적으로 명확하지 않다. ABS나 MBS 같은 경우는 어떤 헤지펀드는 Level 2로 분류하는 반면, 보수적인 헤지펀드는 이를 Level 3로 분류한다. 단일 펀드라 하더라도 동일 자산이 어떤 해에는 Level 3로 분류되었다가, 시장에서 조금씩 가격을 매기는 브로커가 증가하면 이를 Level 2로 다시 분류한다. 이는 통상적인 시장 관행으로, 재분류 자체를 문제 삼을 것이 아니라 재분류 기준이 얼마나 엄격

　　Foreign Financial Institutions)과 비금융기관(NFFEs: Foreign Financial Entities) 2개로 구분하여 규제체계를 달리하고 있다. FFIs의 경우, 관련된 자료요구 등을 위해 미국 IRS와 직접 혹은 정부간 협정 (IGA: Intergovernmental Agreement)의 간접적 양자간 협약이 없는 경우에는 배당, 이자, 자산 처분 등에 따라 미국에서 발생한 소득에 대해 30%의 원천세를 징수한다.

35) 어떤 헤지펀드는 보수적으로 펀드자산을 분류하기 위해 2명 이하의 브로커 가격을 받은 자산을 Level 3 자산으로 분류한다. 대표적인 헤지펀드가 York Capital Management이다.

하게 운용되고 있는지를 확인하는 것이 더 중요하다고 본다.

Level 3 자산에 대한 평가 방식은 시장에서 합의되어 통용되는 일관적 방안이 없고 자의적인 cherry picking이 가능하다는 점에서 주의 깊게 살펴보아야 한다. 어떤 때에는 외부 브로커가 아니라 자산을 취득한 헤지펀드 스스로 해당 자산의 가치를 평가하는 경우도 있다. 이는 해당 자산이 외부로 공개하기 어렵기 때문에 불가피한 경우 일수도 있지만, 투자자 입장에서는 가치 평가 방식에 대한 자의적 평가가 가능하다는 점에서 면밀한 검토가 필요하다. Albourne 조사에 따르면 Level 3 전체에 대한 평가방식 중 가장 많이 사용하고 있는 방법이 브로커의 가격 인용방식(Broker Quotation)이라고 한다.[36] 그 다음이 유사한 상품에 대한 시장가격을 추적하여 가치를 평가하는 비교시장법(Market Comparable Approach), 그 다음이 미래의 현금흐름을 할인하여 현재 가치화하는 DCF라고 한다. FAS 기준이 아니라 실무적으로 Level 0 자산을 별도로 두고 정의하기도 한다. Level 0 자산이란 현금화가 언제든지 가능한 자산이다. 현금, 미국 국채, Repo/Reverse Repo 등의 자산이 이에 해당된다.

Admin의 또 다른 중요한 기능은 바로 자산 가치 평가 확인(pricing verification)이다. 하지만 Admin의 자산가치 평가는 해당 자산의 적정 가치를 직접 산출하는 것이 아니라는 점을 유의해야 한다. Admin의 역할은 해당 자산이 적절한 절차를 거쳤는지, 몇 명의 브로커를 통해 가격을 받았는지, 그를 증명하는 내용은 있는지 등을 확인(verification)하는 데 한정된다. 보통 Admin 내부의 별도의 팀을 두고 특히, 유동성이 낮은 Level 2, 3 증권에 대한 가치평가 확인을 시도한다. 경우에 따라서는 Interactive Data, Reuters, JPM/Pricing Direct, Bloomberg, Markit, CME Group 등의 외부 평가기관으로부터 가격 인용 데이터를 직접 받기도 한다 (Direct Third Party). 100개 중 1~2개 자산에 대해서는 자산 매도자로부터 외부 평가기관 데이터를 넘겨 받아 인용하는 방식을 사용하기도 한다(Indirect Third Party). 물론 바람직한 방법은 아니다. 아울러, 가치가 매우 어려운 자산에 대해서는 제3의 특수기관으로부터 가격에 대한 자문을 구하는 방식으로 객관적인 가치평가 확인을 시도한다.

이와 같은 방식으로 도출된 NAV는 Admin의 자체 내부 정책에 따라 사전에 정해진 허용(tolerance) 구간을 벗어나는지 면밀히 모니터링 된다. 허용구간을 측정하는 방식은 특정 자산에 대한 과거 자산 가치 데이터를 구하는 역사적 방식과 단일 자산에 대해 여러 기관으로부터 받은 자산가치를 비교하는 비교 방식이 있다. 만약 허용구간을 벗어나게 되면 내부의

---

36) 조사대상은 크레딧 전략을 구사하는 62개 헤지펀드의 자산 중 level 3 자산만을 추출하여 자산을 평가하는 방식을 비교하였다. Albourne, 앞의 책

팀이 별도의 조사를 진행하게 되고 필요할 경우 헤지펀드 매니저와 접촉하여 자산가치에 대한 자신의 의견을 전달하기도 한다. 이외에도 Admin은 운영보수 및 성과보수를 헤지펀드를 대신해서 계산하기도 하고, 세금 납부 의무를 목적으로 작성하는 각종 신고서를 대신해서 작성해 주기도 한다.

Admin업무를 내부 조직을 통해서 수행하는 헤지펀드가 있다. 이는 2008년 Madoff 사건 이전부터 주로 대형 헤지펀드가 자신의 회사 내부에 operation 팀을 별도로 두고 출발한데서 기인한다. 하지만 Madoff 사건 이후 admin 업무의 중요성이 갈수록 강조되면서, 비록 내부팀의 역량과 공정성이 아무리 보장된다고 하더라도 admin 업무를 전적으로 내부에서 수행하는 것은 결코 바람직하지 않다고 본다. 특히, admin의 NAV 산출 업무는 헤지펀드가 투자자에게 내세우는 투자성과 수치 자체의 신빙성과 직결되는 사안이므로, admin을 내부 조직을 통해서 수행하는 헤지펀드는 성과가 아무리 좋아도 신뢰할 수 없다는 점에서 극도의 주의를 요한다.

3) Custodian

Custodian은 자산을 보관하는 역할을 수행한다. 주로 상업은행이 이 역할을 맡는다. 2008년 리먼 이전에는 주요 프라임브로커가 custodian을 자회사로 두는 경우가 많았다. 서로 다른 법률적 실체이므로 risk가 집중되지는 않으나, 이 경우에는 PB와 custodian간 자산의 이동을 좀더 자유롭게 하는 협정이 있는 게 보통이다. 따라서, 이 경우에는 펀드가 custodian에 보관하는 자산을 특정해서 통제하기 어려우므로 바람직한 자산보관 방식은 아니라고 본다. 한편, 프라임브로커가 custodian 역할을 스스로 수행하는 경우도 있었다. 이 경우에는 프라임브로커의 파산이 custodian에 보관된 자산의 동결로 직결되면서 헤지펀드의 연쇄파산으로 연결될 수도 있으므로, 담보로 제공되지 않는 자산까지 프라임브로커에 보관하는 것은 바람직하지 않다. 2008년 리먼 사태 이후 헤지펀드는 PB의 크레딧 리스크로부터 자산을 보호하기 위해 다양한 투자구조를 마련하게 되는 데, 이를 Bankruptcy Remote Vehicle (BRV)이라 부른다.

이와 같은 BRV는 헤지펀드가 보유한 자산의 대표적 형태인 현금과 증권의 보관 방법에 따라 크게 두 가지 유형으로 나뉜다. 첫 번째는 custodian에는 현금만 보관하고 PB에는 증권만 보관하는 방식이다. 담보로 제공되지 않는 현금(unencumbered cash)은 PB에 대한 credit risk를 최소화하기 위해 custodian에만 보관하는 것이다. PB의 신용사건 발생시 PB의 전체 자산이 동결되므로 담보로 제공되지 않는 현금을 PB에 보관할 이유가 없다. 두 번째 방식은

custodian에 현금과 증권 모두를 보관하는 방식이다. 이 경우에는 사전에 체결된 custodian, PB와 해당 헤지펀드 사이의 tri-party agreement에 따라, 필요할 경우 PB에 제공될 담보자산을 해당 custodian의 PB 계좌로 이동시키는 방식이다. 이를 custodian + α 방식이라 부른다. 첫 번째 방식과의 차이점은 PB에 위탁된 담보자산도 PB 계좌가 아닌 custodian 계좌에 보관됨으로써, 사실상 다른 헤지펀드와 별도로 분리된 담보계좌를 보유하는 효과를 누릴 수 있다는 점이다. 자산을 별도로 보관하므로 counter-party risk가 없는 반면, 펀드의 운영비용이 올라가는 단점이 있다. PB 입장에서는 재담보 기회를 놓치게 되므로 PB가 헤지펀드에 제공하는 각종 PB 서비스에 부과되는 요금이 올라가는 단점도 있다.

통상 펀드당 1~2개의 custodian을 두는데 custodian의 절대 강자는 뉴욕 멜론 은행 (Bank of New York Mellon; BONY Mellon)이다.[37] BONY Mellon은 2007년 Bank of New York 과 Mellon Financial Corporation이 합병하여 설립된 회사이다. 전통적인 custodian 업무 외에도 1994년부터 아일랜드에서 Admin 업무를 시작하였으며 Mellon과의 합병을 통해 본격적으로 Admin 업무를 확장시켰다. 2012년말 현재 전세계에 뉴욕, 케이만, 더블린, 버뮤다, 홍콩 등 25개 사무소와 1,600여 명의 인원이 근무하고 있으며 5,790억불 가량의 대체투자자산을 관리하고 있다. BONY Mellon의 소유자는 The Bank of New York Mellon Corporation 이며 NYSE에 상장되어 있고, 2015년 2월 현재 시총은 446억불이다. BONY Mellon은 4,000 여개의 헤지펀드 custodian 역할을 하고 있으며, 전세계 헤지펀드가 10,000여개인 점을 감안하면 약 40%가 넘는 시장 점유율을 가지고 있다고 보면 된다.

앞서 언급한대로 BONY Mellon은 현금 보관 외에도 Admin의 역할도 동시에 하고 있다. 예컨대 자산 가치 평가는 기본적으로 내부의 pricing group을 운영하면서 동시에 Interactive Data, Reuters, JPM/Pricing Direct, Bloomberg, Markit, CME Group 등의 외부 기관(pricing vendors)을 활용하고 있다. 평가가 어려운 비유동화 증권에 대해서는 외부전문가를 사용하여 객관적인 평가를 시도한다. 소액의 정기적 현금 입출입은 정형화된 절차를 준수하면 가능하나, 통상 5만불 이상의 현금 입출입에 대해서는 특별한 절차를 마련하여 현금 입출입을 통제한다. BONY Mellon은 보통 펀드의 운영비용과 관련된 계좌와 펀드 가입 및 환매와 관련된 계좌를 분리해서 운영한다. BONY Mellon의 또 다른 중요한 기능 중의 하나는 성과보수 계산이며, 이 외에도 ERISA reporting, TAX reporting, FATCA 관련 조언, AML/KYC 서비스 등 각종 서비스를 제공하고 있다.[38]

---

37) Bank of New York은 1792년에 설립된 유서 깊은 은행으로 FRB의 설립에도 깊이 간여한 것으로 알려져 있다.

BONY Mellon 다음은 JP Morgan Chase 은행, Bank of America 등이다. 1개의 custodian 보다 back-up custodian이 있는 2개 정도의 custodian이 펀드 운영의 안전성에는 좀 더 도움이 된다고 하겠다. 그러나 운영 비용을 고려하였을 경우, 2개 이상의 custodian이 반드시 최적이라고 보기는 어렵다. custodian은 PB와 달리 주로 상업은행의 영역에 속하므로 PB보다 상대적으로 크레딧 리스크가 적은 것으로 보는 것이 타당하다. 따라서 counter-party risk를 측정할 때는 PB와 Custodian을 별도로 분리해서 집중도를 계산하는 것이 바람직하다고 본다.

4) Form ADV / Form PE

증권을 거래하는 회사는 Investment Company Act of 1940 법률 상 투자회사(investment company)로 분류된다. 동 법상 모든 투자회사는 SEC에 등록해야 하는데, 예외적으로 등록을 면제하는 조항이 있다. 바로 §3(c)(1)과 §3(c)(7)이다. 앞서 설명한 대로 §3(c)(1)은 수익적 소유자가 100인 이하일 경우, §3(c)(7)은 지분 소유자가 모두 qualified purchaser인 경우가 이에 해당한다.[39] 거의 모든 헤지펀드가 §3(c)(1)과 §3(c)(7) 면제 조항을 활용하고 있어, 전통적으로 헤지펀드는 SEC 등록의무가 면제된다.[40] 등록이나 보고의무는 많은 시간과 비용이 소요되므로 대다수의 PEF나 헤지펀드들은 가급적 등록면제 조항을 활용하려고 한다.[41] 하지만, SEC에 등록이 되어 있든 되어 있지 않든 헤지펀드는 SEC에 Form ADV라는 형태의 연간 보고서를 반드시 제출해야 한다.[42] Form ADV는 크게 두 가지 부분으로 구성되어 있다. 첫 번째 파트에서는 회사의 이름, 고용원 수, 조직도, 비즈니스 형태 등 조직의 개괄적인 내용을 공개해야 한다. Part 1A는 SEC에 등록 혹은 등록이 면제된 헤지펀드가, Part 1B는 미국 주정부에만 등록 혹은 등록하려는 펀드가 작성해야 하는 포맷이다.[43] Part 1은 주로 SEC

---

38) BONY Mellon은 헤지펀드 외 PEF에 대해서도 Custody, ERISA reporting, TAX reporting, FATCA 조언, AML/KYC 서비스 등 각종 서비스를 제공하고 있다.

39) Qualified purchaser란 개인의 유동성 있는 순자산이 5백만불 이상, 순자산 2천 5백만 이상의 기관 투자자를 의미한다. 아울러 해당 펀드의 지분은 공개시장에서 거래될 수 없다.

40) Securities Exchange Act of §12(g)(1)에 따른 Reporting Company 규정에 따라 총 투자자가 500인 이상이고 자산규모가 1백만 불을 넘는 경우에는 Investment Company Act의 면제조항의 적용을 받더라도 SEC에 보고의무가 부여된다. 따라서 어느 경우에도 헤지펀드나 PEF는 투자자가 499명 이하이어야 보고의무가 없다.

41) 등록의무가 면제된다 하더라도 투명성 제고를 위해 SEC에 자발적으로 등록하는 헤지펀드들도 적지 않게 볼 수 있다.

42) § 203 and 204 of the Advisers Act (15 U.S.C. §§ 80b-3 and 80b-4) 다만, 총 관리자산(Asset Under Management)이 2,500백만 미만인 경우에는 Form ADV를 제출할 필요가 없다.

43) 항상 정확한 것은 아니지만 대략적인 규칙은 RAUM이 1억불 미만이면 주정부에 등록하고 그 이상이면

나 미국 주정부의 규제 목적에 따라 요청되는 내용으로, 해당사항에 체크하는 이른 바 check-the-box 형식이다.

주요 내용 중 특기할 만한 내용은 바로 총규제대상 자산(Regulatory Assets Under Management: RAUM)이다. RAUM은 US GAAP에 따라 계산하는 투자자의 순자본(net capital at risk)을 의미하는 AUM과 달리 Dodd-Frank Act에 따라 SEC가 자신의 규제목적을 위해 투자자가 해당 헤지펀드나 PEF에 투자한 "총투하자금"을 의미한다. 따라서 RAUM은 다른 펀드의 손실이나 부채를 투하자금에서 공제하면 안된다. 나아가서 숏포지션을 롱포지션에서 차감해서도 안되고 펀드 차원의 레버리지를 차감해서도 안된다. 심지어 fee를 받지 않더라도 운영에 관여하는 펀드의 자산도 RAUM에 포함하여야 한다. 아울러 PEF의 경우에는 call 되지 않은 총 약정금액을 포함해야 한다. 매니저 입장에서 리스크를 헤지하는 수단이 감안되지 않고 결과적으로 순 위험량이 아닌 총 위험량이 합산되므로 일반적으로 통용되는 AUM을 대체하는 개념은 아니다. 따라서 CFTC는 SEC와 달리 RAUM이 아니라 AUM을 여전히 규제목적으로 사용한다. 아울러 펀드규모가 1.5억불 이상인 경우에는 RAUM에 대한 내용을 매년 기재하는 Form PE를 작성해야 하며, 15억불 이상인 펀드는 RAUM 정보를 분기별로 Form PE에 기재하여 SEC에 제출하여야 한다.

두 번째 part가 바로 고객 입장에서 필요한 정보를 기재하기 위해 마련된 것으로, check-the-box 형태가 아니라 narrative 형태로 기재한다. 매년 SEC에 제출해야 하며 중요한(material) 변경이 있을 때에는 즉시(promptly) 공개해야 한다. 주요 내용으로는 관리보수와 성과보수(Fees and Compensation; Performance-based fee), 규제당국으로부터의 중요한 제제(disciplinary information of Item 9) 등이 포함된다.[44] 2008년 금융위기 이후 제정된 Dodd-Frank Act 규정에 따라 2010년부터 시행되었다. 따라서, 헤지펀드에 투자하는 투자자는 반드시 Form ADV를 확인하여야 한다. 특히 규제당국으로부터 제제를 받은 경우에는 어떤 제제를 받았는지 내용을 반드시 확인하는 것이 좋다. 만약 제제 내용이 합리적인 수준을 넘어선 위반이라고 판단이 되면 투자대상에서 제외하는 것이 바람직하다.

Form ADV에 기재해야 하는 내용 중 뇌물이나 부패와 관련된 사실이나 조사 등이 있을 수 있다. 미국은 Foreign Corrupt Practices Act of 1977 (FCPA), 영국은 2011년 7월 1일부터 시행된 UK Bribery Act of 2010 (UKBA) 등에 따라 헤지펀드 매니저가 뇌물이나 부패 사건에

SEC에 등록하여야 한다.

44) 규제대상 자산이란 SEC의 규제대상이 되는 자산의 총액을 의미한다.

연루되는 것을 법으로 금지하고 있다.[45] 두 개 법 모두 미국이나 영국 이외의 지역에서 발생한 행위에도 적용되는 법(extra-territorial)이라는 점에서 공통점이 있다. 차이점은 미국의 FCPA는 오직 정부 관련된 기관에만 적용되며 민간 기관의 뇌물이나 부패사건에는 적용되지 않는 반면, UKBA는 정부와 민간 기관 모두 뇌물, 부패 사건에 적용이 된다. 또 하나의 차이점은 FCPA는 뇌물공여 행위만 처벌이 되는 반면, UKBA는 뇌물공여와 뇌물수수 모두를 처벌한다는 점에서 차이가 있다. 두 법 모두 회사가 아닌 개인에 대한 처벌조항 위주로 되어 있으나, 경우에 따라서는 개인에 대한 감독권을 보유한 회사 차원에서 책임을 져야하며 최근에는 회사 책임 사례가 증가하는 추세에 있다. 따라서 헤지펀드에 투자하고자 하는 기관투자자는 Form ADV 등을 통해 해당 헤지펀드가 뇌물이나 부패와 관련된 사실이 있는지 여부 등을 지속적으로 모니터링하는 것이 바람직하다.

05 헤지펀드의 레버리지

1998년 러시아 모라토리엄 선언으로 파산한 존 메리웨더 및 숄즈 머튼의 LTCM의 자기자본은 파산시 4.7억불에 불과했지만 자산은 1,250억불이었다. 단순 계산으로 200배가 넘는 엄청난 수준의 레버리지였다. 2008년 글로벌 금융위기의 시작점이었던 주택모기지 담보대출을 묶은 CDO나 CMO도 본질적으로 equity holder 비중이 2~3%라고 가정하면 레버리지 비율이 단순 계산으로 30~50배이고, 이를 다시 묶은 CDO squared는 레버리지 비율이 900~2,500배에 이르는 엄청난 양의 레버리지 상품이다. 2008년 미국의 신용위기를 글로벌 위기로 확산시켰던 CDS도 사실상 소규모의 보험료를 사용하여 전체 원금을 보장받는 일종의 레버리지 상품이었다. 이처럼 헤지펀드와 레버리지는 뗄레야 뗄 수 없는 관계에 있다. 그러나 헤지펀드의 레버리지는 그 정의가 조금씩 달라서 일관되게 적용되기 어려운 측면이 있어, 레

---

45) FCPA는 미국내 상장된 기업이거나 미국기업과 컨소시엄을 구성하기만 하면 외국기업과 외국인에게도 적용된다. 아울러 해당 행위가 미국은행 계좌를 통하거나 해당 행위가 미국에 서버를 둔 이메일을 통해서 이루어져도 처벌할 수 있다. 따라서, 거의 모든 글로벌 기업이 FCPA의 적용을 받는다고 보면 된다. 1977년에 제정되어 초기에는 법적용이 거의 없었으나 최근에는 미국 법무부와 SEC를 중심으로 법적용이 매우 활발하게 전개되고 있다. 2008년 독일의 지멘스는 중국, 러시아 등의 관리들에게 뇌물을 공여하였다가 8억불의 과징금을 부여 받았다. 엄격히 말하면 뇌물 공여주체가 독일 기업이고 뇌물 수수도 미국인이 아니었지만 미국에 상장되어 있었으므로 미국기업으로 간주하여 FCPA를 적용하였다. 일본의 플랜트엔지니어링 업체인 JGC는 나이지리아 LNG 개발과정에 국제 컨소시엄으로 참여하였는데 미국기업이 참여하면서 FCPA의 적용을 받아, 나이지리아 공무원에 뇌물을 공여했다는 이유로 2.2억불의 과징금을 받았다.

버리지에 대한 기본적인 정의에 대한 이해가 필수적이다.

레버리지 개념은 크게 3가지로 구분이 가능하다. 첫 번째 개념이 가장 전통적인 개념인 Balance Sheet Leverage 이다. (이하 BSL) BSL은 전통적으로 Equity Long/Short 전략 사용 시 short position에서 발생한 현금으로 long position의 크기를 증가시키면서 발생하는 레버리지이다. 예컨대 현재 펀드자산이 100만원이라고 가정하자. 이 돈으로 100만원어치 주식을 long하였다. 아울러 ELS 매니저가 60만원 가치의 주식을 빌려서 팔았다. 이 때 현금이 60만원이 발생하였고, 60만원의 short position이 생겼다. 이 60만원 중 35만원을 사용하여 다른 주식 35만원을 long 하였다. 바로 레버리지의 사용이다. 이것이 전통적 방식의 BSL이다. 정리하면 long 135 (100+35), short 60, gross 195 (135 + 60), unencumbered cash 25이다. 이 때 BSL 레버리지 비율은 1.95x (*gross/investor's capital*, 195/100)이다.

BSL은 주식을 빌려서 현금을 마련하는 상기 방식 이외에도 헤지펀드가 보유한 Level 0 자산을 활용한 방식도 가능하다. 예컨대 글로벌 매크로 펀드는 선물거래시 제공해야 할 현금성 자산을 제외한 비담보 유동성 자산(unencumbered cash)이 다른 헤지펀드보다 많은 비중을 차지하는 데, 이를 repo로 활용하면 또 다른 단기차입이 가능하다. 예컨대 A 헤지펀드가 보유한 unencumbered cash 중 미국 국채 일부를 B 투자은행에 단기로 빌려 주면서 현금을 조달하는 repo 거래를 한다면 또 다른 레버리지가 가능하다. 만약 repo 금리가 아주 낮은 상황이면 A 헤지펀드는 repo 거래에 대한 유인이 매우 높을 것이다. 2014년 현재 미국의 단기금리가 매우 낮은 상태이기 때문에 다수의 헤지펀드가 repo를 활용한 초단기 레버리지가 매우 활발한 상황이다. 이것이 미국 주식시장이 연일 사상 최고치를 갈아치우는 주요한 원인 중의 하나로 판단된다. 만약 정책금리 인상 등 정책적 영향으로 미국 단기금리의 급격한 상승이 이루어진다면 미국 주식시장으로의 단기자금 유입이 차단되면서 미국 주식시장의 급락이 매우 우려되는 상황이다.

두 번째 개념이 Margin Leverage이다. (이하 ML) ML의 경우는 프라임브로커의 도움이 필요하다. 앞선 예에서 short position으로 발생한 자금 중 남은 돈인 25만원의 현금보다 더 많은 현금을 추가의 short position 없이 사용하려면 프라임브로커로부터 돈을 빌려서 사용할 수 있다. 이것이 바로 ML이다. 프라임브로커에서 정한 마진을 15%라고 가정하면 short position의 15%인 9만원(60만원×15%)을 추가로 빌려서 사용할 수 있고 남은 현금 25만원과 합하여 34만원의 현금을 long 하는데 사용할 수 있다. 이 거래가 끝나면 long 169 (100+35+34), short 60, gross 229 (169 + 60), unencumbered cash 0이다. 이 때 ML 레버리지 비율은 2.29x (*gross/investor's capital*, 229/100)이다. 이와 같은 ML 비율은 헤지펀드와 PB간에 사전에 정한 prime brokerage agreement에 의해 사전에 정의된다.

세 번째 개념은 Derivative-based Leverage이다. (이하 DBL) DBL은 파생금융상품에 전형적으로 내재된 레버리지이다. 이는 전체 명목금액(notional amount)을 매수하기 위해 필요한 증거금(margin requirement)이 100%가 아니기 때문에 발생한다. 예컨대 구리선물 시장에서 1백만불 어치의 구리를 사기 위해 필요한 증거금은 1백만불의 3%만 있으면 매수가 가능하다.[46] 펀드의 자산이 1백만불이 있다고 가정할 경우, 6만불의 증거금으로 2백만불 어치의 구리를 매수하였다고 하자. 이 경우의 레버리지는 구리매수에 대한 총매수포지션인 2백만불을 순자산가치 1백만불로 나눈 2×가 된다. 총자산 중 사용한 증거금 비율을 Margin-to-Equity ratio라고 부르는데 이 경우는 6%이다.

요약컨대 전통적으로 레버리지의 정의를 포괄하면 총포지션을 순자산가치로 나눈 값이라고 정의할 수 있겠다.[47] 여기서 총포지션은 모든 명목 포지션의 절대값을 합한 값이다. 예컨대 국채선물 2백만불을 매수할 때 증거금 25%만 있으면 가능하다고 할 때 실제 지출된 포지션은 5십만불이지만 명목 포지션은 2백만불이다. 이 명목포지션을 모두 합친 금액을 펀드의 순자산가치(Net Asset Value: NAV)로 나누면 레버리지 비율이 나온다. 이는 전통적인 개념의 레버리지이다.

하지만, 헤지펀드별로 레버리지의 정의를 조금씩 다르게 하고 있어서 헤지펀드의 레버리지 정의에 대한 명확한 내부지침을 반드시 확인해야 한다. 예컨대 채권이나 외환의 경우 상관관계가 매우 높은 두 자산을 서로 매수, 매도하고 있는 포지션이 있다고 가정하자. 이 때 명목포지션은 전통적 정의에 따르면 두 개 자산의 명목가치를 단순히 합쳐야 하나, 어떤 헤지펀드는 두 포지션의 상관관계가 높은 상태에서 서로 반대 포지션을 취하고 있으므로 동 명목 포지션을 서로 상계하여 명목 포지션을 줄이는 경우가 있다. 이렇게 하면 레버리지 비율이 내려간다. 이것이 펀드별 레버리지 비율의 정의를 명확히 파악하여야 하는 이유이다.

어떤 경우에는 자산군별로 레버리지의 정의를 다르게 정의하여 적용하는 경우도 있다. 주로 채권형 자산과 그 외 주가지수선물관련, 외환 및 commodity를 양분하여 레버리지를 별도로 산출한다. 예를 들면 채권형 자산의 경우는 듀레이션을 기준으로, 그 외 자산은 변동성을 기준으로 기준자산에 대한 상대적 레버리지를 측정한다. 기준자산을 미국 국채 10년으로 하고 이 국채의 듀레이션이 8이고 변동성이 과거 10년간 평균 3%라고 가정하자. 채권형 자

---

46) 통상 OTC 거래의 증거금은 notional 금액의 2~3%이다.

47) (*Long Market Value + Short Market Value*)/*Capital* (*NAV*)

산 중 미국 2년 만기 국채의 듀레이션이 2라고 하면 이 채권의 명목 포지션이 1백만불이라고 했을 때 미국채와 비교한 상대 계수가 (2/8)이므로 이 포지션의 레버리지는 변동성이 6%면 5십만불이 된다. 만약 S&P 주가지수 선물의 10년 변동성의 평균이 연 30%라고 가정하고 이 명목 포지션이 5십만불이라고 하면 미국채와 비교한 상대 계수가 (30%/3%) 이므로 이 포지션의 레버리지는 5백만불이 된다.

한편 레버리지 비율은 펀드의 전략에 따라서도 차이가 있다. 가장 레버리지 비율이 높은 전략은 상대가치 전략과 CTA 전략이다.

[표 42] 전략별 헤지펀드 레버리지 비율

대분류 전략	전략 분야	통상적인 레버리지 수준
Relative-Value	Rates	7.0x~12.0x
	Multi-strategy	5.0x~10.0x
	Volatility	3.0x~8.0x
	Capital Structure	2.0x~4.0x
	Statistical	2.0x~4.0x
	Convergence	1.0x~3.0x
Event Driven	Multi-strategy	2.0x~4.0x
	Merger/Acquisition	1.5x~3.0x
	Corporate Action	1.5x~3.0x
	Distressed	0.8x~2.0x
Equity L/S (fundamental)	Multi-strategy	1.5x~4.0x
	Credit	1.3x~2.5x
	Equity Selection	0.5x~1.5x
	Equity Active Value	0.5x~1.2x
Direct Sourcing	Multi-strategy	1.0x~2.0x
	Lending	0.7x~1.2x
	Equity Financing	0.7x~1.2x
	Real Estate	0.7x~1.2x
Directional Trading	Global Macro	5.0x~8.0x
	Managed Futures	3.0x~5.0x
Etc.	Multi-strategy	5.0x~8.0x

출처: Black Rock, 2012년말 현재

상대가치 전략은 단기간에 균형 자산 가격으로부터 소폭 이탈한 credit 자산가치의 좁은 간격을 이용하여 수익을 추구하는 전략이므로 레버리지를 높이지 않으면 수익을 낼 수 없는 본질적인 한계를 가지고 있다. CTA 전략도 상품 포지션을 취할 경우 증거금 비율이 기본적으로 매우 낮기 때문에 본질적으로 레버리지가 높은 특징이 있다. 반면 equity long/short 전략은 주식이 가진 변동성이 근본적으로 credit 자산보다 높으므로 레버리지를 높이지 않아도 충분한 수익을 창출할 수 있는 기회가 많다. 따라서 레버리지 수준이 높을 필요가 없다. 글로벌 매크로 전략 역시 변동성이 높은 상품에 투자하므로 레버리지 비율이 높지 않고, 오히려 증거금과 MtM으로 인한 증거금 보전에 대응하기 위해 담보로 제공되지 않는 현금(unencumbered cash) 비중이 매우 높은 것이 특징이다.[48] 하지만 LTCM처럼 방향성 투자이면서 상대가치 전략을 활용하는 글로벌 매크로 전략의 경우에는 레버리지 비율이 수백배에 달했을 정도로 매우 높다.

헤지펀드의 오해 중 가장 대표적인 예는 과도한 레버리지를 사용하여 금융시장을 교란한 주역이라는 오명이다. 그나마 2008년 금융위기 이후에는 헤지펀드가 사용하는 레버리지 비율 자체는 낮아지는 추세이다. NBER에 따르면 2007년 이후에는 헤지펀드의 레버리지가 점점 하락하는 추세이며, 가장 정점이었던 2007년과 비교해서 30% 정도 레버리지가 하락한 상태라고 한다. 하지만 영국 규제당국인 FCA(Financial Conduct Authority)가 2014년 3월에 조사한 결과를 보면 2009년 3배 미만이던 헤지펀드의 레버리지가 2011년 이후에는 다소 상승하여 4배 이상으로 상승하였다고 한다. 특히 저금리가 본격적으로 고착화되기 시작한 2012년 이후로는 소수의 대형 헤지펀드를 중심으로 레버리지 비율이 지속적으로 올라가는 추세라고 한다. 향후 헤지펀드의 레버리지 추세에 대해서는 지속적인 모니터링이 필요할 것으로 본다.

[그림 46] 헤지펀드 레버리지 변화 추이(2009~2013)

---

[48] 글로벌 매크로의 경우는 통상적으로 순자산가치 대비 60~80%의 unencumbered cash를 보유하고 있다. 극단적인 경우에는 90%가 넘는 unencumbered cash를 보유하는 경우도 있다.

하지만 헤지펀드의 레버리지 비율에 대한 판단은 간단한 문제가 아니다. 레버리지에 대한 판단이 매우 어려운 것은 조지 소로스의 일화에서도 드러난다. 즉, 투자금 1억불에 대해 평균 얼마의 자금을 빌려서 투자하는가라는 질문을 조지 소로스가 받은 적이 있다고 한다. 그의 대답은 "그 질문은 의미가 없다. 왜냐하면 1억불을 미국 단기국채에 투자하는 것과 30년 만기 회사채에 투자하는 것의 리스크가 전혀 다르기 때문이다."[49] 예컨대 gross 300%, net 0%의 Equity Market Neutral (EMN) 전략이 위험한가, 아니면 gross 100%, net 100%의 Equity Long/Short (ELS) 전략이 위험한가? EMN 전략은 본질적으로 상대가치 전략을 사용하기 때문에 ELS 전략보다 레버리지 비율이 높다. 하지만 ELS는 해당 포트폴리오 자체의 변동성이 높기 때문에 굳이 레버리지 비율을 높일 필요가 없다. 이와 같은 점을 이해한다면 레버리지 비율이 높은 EMN 전략이 레버리지 비율이 낮은 ELS 전략보다 반드시 위험하다고 이야기 할 수 없다. 이는 레버리지 비율이 높은 상대가치 전략이 레버리지 비율이 낮은 방향성 전략보다 반드시 더 위험하다고 이야기하기 어렵다는 것을 의미한다. 전체 레버리지 비율보다 포트폴리오 매니저의 거래 및 운용방식에 대한 명확한 이해가 더 중요한 이유이다.

나아가, 만약 2배의 레버리지를 사용한 개도국의 유동성이 낮은 신용물 거래와 4배의 레버리지를 사용하면서 G7국가의 매우 유동성이 높은 이자율 선물 거래를 비교하는 경우, 어느 것이 더 위험하다고 이야기할 수 있을까? 레버리지를 적게 사용하였다고 개도국의 유동성이 낮은 신용물 거래가 G7국가의 유동성이 높은 이자율 선물 거래보다 안전하다고 이야기할 수는 없다. 역시 유동성, 시장상황 전체 및 해당 포트폴리오의 운용 메카니즘 등을 종합적으로 고려해야 판단할 수 있는 문제이다.

또 하나의 이슈가 상관관계이다. 만약 자산간 상관관계가 음의 관계에 있다면 두 자산의 레버리지를 높이는 것은 펀드 성과의 변동성을 감소시키는 역할을 할 수 있다. 이 경우에도 역시 레버리지 비율이 높다는 자체만으로 펀드의 위험성을 단언하여 판단하기 어려운 측면을 보여 주는 것이다. 물론 상관관계가 정확히 측정되었다는 전제하에서 해당하는 말이다.

결론적으로 레버리지는 모든 포트폴리오의 리스크와 리턴의 분포가 동일하다고 가정해야만 비교가 가능한 지표이다. 전략과 포트폴리오가 다름에도 불구하고 레버리지라는 지표를 단순 비교하는 것은 적절치 않다. 조지 소로스가 언급하였듯이 단기 미국국채와 30년 회사채의 레버리지 비율을 단순히 비교하는 것은 논리적 오류를 범하는 것이다. 해당 포트폴리오의 유형, 유동성, 변동성, VaR, 상관관계, 스트레스 테스트 등 모든 요소를 종합적으로 고

---

49) Andrew Rozanov, 앞의 책

려해야만 레버리지가 초래하는 위험성에 대한 정확한 판단을 할 수 있게 된다.

▌2008 Madoff

Bernard Lawrence Madoff는 1938년 뉴욕 퀸즈에서 태어났다. 1960년 Bernard L. Madoff Investment Securities LLC (MIS)를 세워 본격적으로 금융계 활동을 시작한 그는 NASDAQ 창설 주도 및 회장 역임, 딜러의 자발적 모임인 NASD(National Association of Securities Dealers) 이사회 멤버, 증권금융협회인 SIFMA (Securities Industry and Financial Markets Association) 이사회 멤버, 국제증권청산회사 (International Securities Clearing Corporation)의 창립 멤버 등 화려한 경력을 갖춘 월가의 금융 거물이었다. 그의 개인적 명성과 더불어 MIS는 거래량 기준으로 2008년 월가 6위의 대형 브로커로서, 소매 브로커로부터 장외시장(over-the-counter)의 파생금융상품 거래요청을 직접 처리할 수 있는 회사로 유명했다.

1992년 Avellino & Bienes (A&B)라는 금융회사가 SEC에 의해 피라미드식 사기혐의로 폐쇄되었다. 이 회사의 자산은 MIS에 대부분 신탁되어 있었는데, 어찌된 일인지 SEC는 A&B 자산을 청산하지 않고 오히려 투자자로 하여금 A&B의 동결된 자산을 MIS에 보관된 다른 자산으로 교환할 수 있도록 조치하였다. 더구나 SEC는 MIS에 대한 추가적인 조사도 하지 않고 사건을 종결지었다.

1999년 Harry Markoplos는 그의 상사로부터 MIS가 어떻게 높은 수익을 일관되게 산출할 수 있는지 조사하라는 지시를 받았다. Markopolos는 거의 몇 시간 만에 MIS의 수익률이 그들이 내세우는 전략으로는 달성불가능하다는 사실을 발견하였다. 이를 인지한 Markoplos는 SEC를 대상으로 끊임없이 문제를 제기하고 조사를 촉구하였다. 그는 2005년 Wall Street Journal에 "The World's Largest Hedge Fund is a Fraud"라는 제목의 기고를 통해 이 사실을 세상에 알렸다. 하지만 SEC는 여전히 묵묵부답이었다.

Markoplos에 따르면 메이도프의 feeder fund인 Madoff Investment Securities, LLC (MIS)는 SEC에 등록된 투자자문사였다. MIS는 주로 FoHF로부터 equity tranch 투자를 유치하였는데, 그 통로가 직접 유치방식이 아니었다. MIS는 제3의 펀드를 설립하고, 그 펀드에 FoHF 투자를 유치한 후, 그 제3의 펀드가 행하는 거래 전부를 대행하는 agent 역할을 수행하면서 펀드를 운영하였다. 동시에 이와 같은 거래구조를 용인한 FoHF에게는 동 거래구조를 허용하는 댓가로 일정한 수수료를 지급하였는데, FoHF에게는 동 수수료가 추가수익이었다. 요약컨대 기술적으로는 MIS는 헤지펀드 설립자가 아니고 헤지펀드 거래를 100% 대행하는 일종의 브로커-딜러였다. 그러나 실질적으로는 그 제3의 펀드 돈을 운영하면서 MIS가 헤지펀드 전략을 구사하는 실체적 역할을 수행하였다.

MIS의 operation은 특히 가관이었다. MIS의 회계를 검사하는 외부감사인은 Freihling & Horowitz

로 3명의 고용인이 전부인 무명의 회계법인이었다. 더구나 펀드의 거래 전체를 실질적으로 관리하는 admin의 기능을 자기회사와 연관된 계열 회사에 위탁함으로써, 거래전체의 신뢰성이 심각하게 훼손되어 있었다. 현금과 증권을 위탁 보관하는 custodian까지도 MIS와 독립적인 관계를 가질 수 없었던 계열사에 위탁되어 있었고, PB역할도 그 자신이 행하는 기형적 구조를 가지고 있었다. 특히, 그의 동생인 Peter가 회사의 compliance officer, Peter의 딸인 Shana가 사내 변호사, 그리고 그의 두 아들인 Andrew와 Mark가 같이 고용되어 견제와 균형이라는 원리가 회사의 지배구조에 적절하게 반영되어 있지 않았다. Madoff의 투명성은 또 다른 이슈였다. 특히, MIS는 전략은 물론, MIS가 실체 펀드운용자라는 것을 절대 밝히지 않을 것을 요구하였다. 예컨대, 52억불을 투자한 FoHF인 Fairfield는 Madoff와의 사전 계약에 따라, 자신의 성과보고서 어디에도 Madoff가 실제 운영자라는 것을 밝히지 않았다.

그럼에도 불구하고 MIS의 AUM, 정확하게 말하면 MIS의 전략수행을 가능하게 하는 일종의 feeder fund들의 AUM은 단연 전세계 최고였다. 이 feeder fund가 몇 개인지, 그 규모가 얼마에 이르는지는 정확히 알려져 있지 않지만, 2008년 12월, 언론이 일제히 메이도프 사건을 대서특필하면서 피해액이 500억불이라고 보도하였고, Wall Street Journal은 피해액이 총 650억불이라고 보도하였다.[50] 이 금액만으로도 단일 헤지펀드 규모로는 사상 최대이다. MIS에는 Fairfield Sentry Limited, Access International Advisor 등의 FoHF외에도 HSBC 10억불, RBS 6억불, BNP Paribas 3.5억불, Nomura 3억불 등 세계 유수의 상업 및 투자 은행들이 수억 달러에 이르는 돈을 빌려 주었다.[51] 영화 배우 케빈 베이컨과 스티븐 스필버그까지 그의 펀드에 투자하였다고 알려졌다. BoNY Mellon의 자회사인 Ivy Asset Management는 투자자로 하여금 Madoff 펀드 투자를 유도하면서 자신은 1998년부터 2008년까지 4천만불에 이르는 막대한 수수료까지 챙겼다.[52] 더 나아가 노무라와 스페인의 BBVA는 MIS 펀드에 소액투자가가 투자할 수 있는 구조화 채권을 만들어 일반인에게 판매하여 4.29억불을 모집[53]하기도 하였다.

거래를 대행하는 MIS의 주요 전략은 미국 주식시장의 α 를 창출하기 위해 미국내 대형기업의 주식에 투자하면서, 동시에 헤징전략을 수행하는 일종의 equity long/short 전략과 market neutral 전략을 혼합한 전략이었다. 동 전략의 핵심은 "split-strike conversion"으로,[54] 30~35개의 대형(large cap) 주식 투자와 동시에 S&P 100개 주식을 인덱스로 만든 OEX index의 call option 매각 및 put option 매수로 헤징하는 전략이었다. 따라서 동 전략 수익의 원천은 첫째, 대형주식의 배당금, 둘째, call option 매각 대금, 셋째, 매수한 주식의 상승에 따른 자본이득이다.

---

50) Bray, Chad (March 12, 2009), "Madoff Pleads Guilty to Massive Fraud," The Wall Street Journal, March 12, 2009.

51) Financial Times, Dec 19, 2008

52) Financial Times, Nov 13, 2012

53) Financial Times, Nov 13, 2012

54) The World's Largest Hedge Fund is a Fraud, Nov 7 2005, Submission to the SEC

MIS의 1990년부터 2005년까지 연평균 수익률은 모든 비용을 공제한 후 net 12%였는데, management fee 2%, 성과보수 20%를 가정하면 gross로 연평균 17%의 성과를 올려야 가능하다.[55] 배당금이 연 최대 2%, call option 매각 대금 연 최대 2%, put option 매수 대금 연 최소 1%라고 가정할 경우, 매수 주식의 상승에 따른 자본이득은 최소한 14%는 넘어야 한다는 계산이 나오는데, 이와 같은 수익률을 14.5년간 유지하였다는 건 그야말로 기적에 가까운 기록이었다. 특히, 매수한 put option의 가격에 대해서 Markopolos는 거의 15년 동안 7개월만 손실을 기록하고 그 손실이 0.55%라는 점을 감안했을 때, 가격이 매우 비싼 at-the-money put option일 가능성이 매우 크므로 실제로는 매수 비용이 연 1%를 훨씬 초과하는 연 8%이었을 것이라고 추정하였다. 따라서 매수 주식의 자본이득에 따른 수익은 연평균 20%를 넘어야 하는 바, 이와 같은 수익을 거의 15년간 유지하는 것은 Ponzi scheme[56]이 아니면 불가능하다는 것이 그의 결론이었다.

Markopolos의 추측대로 메이도프는 고객돈을 투자하지 않고 그 돈을 JP Morgan Chase 은행의 개인 계좌에 그대로 예탁하고, 고객이 원하면 미리 조작된 수익률에 따라 그 돈을 인출하여 지급하였다. 메이도프 자신이 말했듯이 SEC가 펀드의 조작 사실을 발견하지 못한 것도 그저 경이적일 따름이다. Wall Street Journal에 Markopolos의 기고문이 실린 때가 2005년이었고, 2009년 소송에서 메이도프는 1991년부터 Ponzi scheme을 시작했다고 하니 무려 17년 동안 SEC는 조작 사실을 알고 있지 못했다. 펀드의 회계담당자가 컴퓨터 프로그래밍을 조작하여 고객이 요구하는 수익률을 역산하여 실제로 있지도 않은 거래를 만들어 내고, 어떤 경우에는 계좌를 만들지도 않고 거래가 만들어지기도 하였는데, 이를 20년 가까이 숨길 수 있었다는 사실에 모든 이가 허를 내둘렀을 뿐이었다.

Madoff로 인한 피해액은 총 175억불로 추정되었다. 이 피해액을 회수하기 위해 법원은 Irving Picard를 신탁 관리자로 임명하고 특수 신탁을 만들었다. 이 신탁은 2013년 12월까지 추정 피해액의 74%인 129억불의 원금을 회수하였다. 아울러, 파이낸셜 타임즈에 따르면 2013년 12월에 JP Morgan Chase가 Madoff 사건으로 인한 책임을 위해 미국 역사상 가장 큰 합의금인 26억불을 내기로 하였다고 한다.[57] 파이낸셜 타임즈에 따르면 Madoff 펀드 계좌에 이상 징후를 발견한 것은 JP Morgan 자산운용이 Madoff의 수익률이 너무 좋아서 믿기가 어렵다는 ("possibly" too good to be true) 내부보고가 있었던 1998년이었다고 한다. 적절한 내부통제가 없었던 댓가가 미국 역사상 가장 큰 합의금으로 이어진 것이다. 언제까지 원금회수가 진행

---

55) 17% = 12% net + 2% management fee + 3% performance fee [15% (i.e., 17% - 2%) × 20%]

56) 1920년대 Charles Ponzi는 통화와 이자율 arbitrage를 이용하여 45일 만에 50% 이자를 주겠다고 공언하였다. 실제로는 후속 투자가의 원금으로 이전 투자가에게 이자를 지급하는 이른바 피라미드식 이자지급이었다.

57) 17억불 - 미국 법무부, 3.2억불 - Irving Picard 신탁, 3.5억불 - 통화감독청, 2.2억불 - Madoff 집단소송 원고, Financial Times, Dec 13, 2013., Jan 8, 2014.

될지는 귀추가 주목된다.

메이도프 사건은 funds of hedge funds industry에게는 치명적인 사건으로 남아 있다. 투자
가가 직접 due diligence를 할 수 없는 funds of hedge funds가 메이도프 사건의 직접 피해자
였기 때문이었다. Madoff는 증권사기, 자금세탁, 위증, 절도 등의 혐의를 대부분 인정하여 법원
으로부터 125년형을 선고받았다. 그의 사기행각을 처음으로 내부 고발한 그의 아들 Mark는 그
의 아버지가 체포된 정확히 2년 후에 자살함으로써 비극적인 생을 마감하였다. Madoff fund의
자산은 현재에도 Irving Picard 관리하에 trust에 맡겨져 청산 절차가 2015년 현재까지도 진행
중에 있다.

06 헤지펀드의 보수 및 환매(Fee and Redemption)

헤지펀드의 fee 구조는 PEF와 비교할 경우 매우 독특하다. PEF의 경우는 투자기간 동안
펀드의 기본적인 운용을 위해 필요한 관리보수가 일반적으로 분기별로 지급된다. 투자기간
동안 투자한 자산이 수익을 창출하여 exit을 하게 되면, 해당 펀드별로 혹은 해당 자산별로
일정한 수익률인 hurdle을 초과하는 부분에 대해 일정비율을 PEF가 가져가는 구조이다.[58]
헤지펀드의 경우에는 매월 필요한 관리보수를 펀드의 총수탁금액에 비례한 비율로 가져간
후 전월보다 수익률이 상승한 경우에는 상승한 수익률의 일정비율을 가져가는 구조이다. 통
상 2%의 관리보수와 20%의 성과보수를 가져간다. 이를 2-20 원칙이라고 한다.[59] 따라서 헤
지펀드는 일반적으로 hurdle rate이라는 개념이 없다. 다만, T-1월보다 T월의 성과가 좋아서
성과보수를 받았는데 T+1월의 성과가 T월의 성과보다 낮은 경우에는 성과보수를 받지 않는
다. 이를 High-Water- Mark(HMK) 규정이라고 부른다. 저수지의 최고 수위의 수량을 반드
시 넘어야 성과보수를 받아야 한다는 의미에서 붙여진 이름이다. 나아가 T+1월의 성과가 T
월보다 좋지 않을 경우에는 T월의 성과보수를 환수하는 규정(clawback)을 두는 것이 일반
적이다. HWM과 환수규정은 기준점을 펀드 투자시점에 지정해야 하는데 통상 1년이 주기이

---

58) 일반적으로 hurdle rate은 8%이다.

59) 최근에는 헤지펀드간 경쟁으로 수수료가 2-20 이하로 내려가는 경우가 많다. 어떤 헤지펀드는 관리보수
   를 0%로 표기하는데 이는 관리보수가 없다는 뜻이 아니라, 실비로 정산한다는 뜻이다. 실비정산은 펀드
   의 운영과 관련된 인건비 등의 고정비용과 성과금 등의 변동비용을 매월 산출하여 이를 펀드 NAV에서
   삭감하는 방식이다. 보통 2%를 넘는 경우가 많다. 성과가 좋을 때는 관리보수가 6~7%에 육박할 때도 있
   다. Millenium과 Citadel이 이 방식을 사용한다.

다.[60] 예컨대 Y0년도 01월에 투자한 경우에 Y-1년도 12월 기준으로 HWM을 지정한다. 성과보수를 1년으로 정한 경우에는 매월 회계적으로 NAV에 이를 반영하고 실제 자금지출은 연도말에 집행한다. 이를 표로 설명하면 아래와 같다.

[표 43] 헤지펀드 보수 예

월	Y-1년 12월	Y0년 1월	Y0년 2월	Y0년 3월	Y0년 4월
펀드 NAV(Y-1년)	95			100	106
펀드 NAV(Y0년) * 성과보수 차감 전	95	100	95	100	106
펀드 NAV 증감분 * 성과보수 차감 전		5	△5	5	7
성과보수 (20%)		+1(5*20%)	0	+1(5*20%)	+1.4 (7*20%)
clawback			1(5*20%)	0	
성과보수 합		+1	0(1-1)	+1	+2.4
펀드 net NAV(Y0년) * 성과보수 차감 후		99	95	99	104.6
HWM	95	95	95	99	99
비고			clawback	HWM	

헤지펀드는 전략의 특성상 급작스런 인출을 본질적으로 싫어한다. 따라서 헤지펀드는 자금의 인출, 즉 환매(redemption)에 다양한 제한을 두는 경우가 많다. 우선 펀드 NAV의 일정 비율 이상의 환매가 일시에 몰리게 되면 그 이상의 환매를 제한하는 규정이 있다. 이를 Gate라고 하는데 통상 20%이다. 펀드 차원이 아니라 개별 투자자별로 Gate 규정(이른 바, investor level gate)을 둘 수도 있다. 이 경우에는 투자자가 환매할 수 있는 환매금액의 비중을 사전에 지정하게 된다. 펀드 차원보다 다소 높은 25%의 Gate가 일반적이다. Equity L/S 등 유동성이 높은 전략은 Gate가 없으나 Event Driven, Relative Value와 같이 유동성이 낮은 전략은 Gate를 통상 두게 된다. Gate는 펀드 전체에 환매가 일시에 몰리는 경우 이를 방어하기 위한 일종의 안전장치이다.

이와 달리 평상시에도 환매제한을 두는 경우가 있다. 평상시의 환매제한을 Holdback이라

---

60) HWM을 분기별로 지정하거나 월별로 지정하는 펀드는 투자자 입장에서 바람직하지 않다. 특히 월별로 HWM을 지정해서 cash-out이 되는 경우는 사실상 clawback이 없는 것이나 마찬가지다.

고 하는데 이는 Level III처럼 유동성이 낮은 자산에 대해 외부 평가기관의 공정가치 평가가 끝난 후에 환매금액을 확정해서 돌려주기 위한 환매제한이다. Gate와 마찬가지로 유동성이 낮은 자산을 담고 있는 펀드에 이 규정이 많으며 통상 5~10%이다. 일반적으로 헤지펀드는 순자산가치를 매월 평가하게 되는데 통상 매월 10일 근방에서 NAV가 산출되므로, 예컨대 환매가 분기별로 이루어지는 경우, 1Q에 환매를 요청하고 Holdback이 5%이면 다음 분기 2Q에 95%의 환매를 받고 나머지 5%는 2Q가 속한 달의 10일 이후에 돌려받는다. Gate가 일시적 환매를 제어하는 장치라면 Holdback은 일시적으로 환매가 집중되는 시기는 물론, 평상시에도 환매요청에 필요한 절차를 마무리하기 위한 환매 제한조치이다.

Holdback과 유사하지만 유동성이 낮은 자산을 별도의 계좌로 관리하면서 환매 요구가 들어왔을 때, 동 자산을 처분할 때까지 환매를 연기하는 것을 side pocket이라고 한다. 유동성이 낮은 자산이므로 대체로 위험성이 높은 자산이 이에 해당한다. side pocket에 투자한 자금의 분배는 side pocket에 들어 있는 자산에 투자할 당시의 투자자에게만 배분된다. 즉, side pocket에 들어 있는 투자자산은 취득 이후의 미래 투자자에게는 배분되지 아니한다. side pocket이 있는 헤지펀드는 일단 주의를 요한다. 왜냐하면 별도의 계좌로 관리하므로 위험성이 높은 자산에 대한 투자가 집중될 가능성이 높기 때문이다. 예컨대 헤지펀드가 자회사를 통해 부실자산을 인수한 이후 동 자산을 side pocket에 집중해서 관리할 수도 있다. 일종의 레버리지 인데, 공식적으로 환매가 제한되어 있기 때문에 헤지펀드가 side pocket을 늘려 위험자산에 공격적으로 투자를 할 유인이 높아진다.

다음으로 펀드투자 개시 후 일정기간 환매를 금지하는 규정이 Lock-up이다. Lock-up의 경우는 투자 후 통상 6개월~1년 사이에 환매를 요청하는 경우 추가 비용을 부과(soft lock-up)하거나 아예 환매를 금지(hard lock-up)하는 경우도 있다. 펀드의 전략이 유동성이 낮은 자산인 경우에 Lock-up이 있는 경우가 많다. 예컨대 A 헤지펀드의 경우에는 90일 이내 환매요청하면 0.5%의 추가 수수료를 부과하고 있고, 유동성이 낮은 전략을 사용하는 C 헤지펀드의 경우에는 1년 이내 환매시 3%의 추가수수료를 부과하는 방식이 그것이다. 한편, Rolling Lock-up인 경우는 헤지펀드에 자금이 들어갈 때마다 Lock-up이 적용된다. 예컨대 Lock-up이 6개월인 헤지펀드에 1월에 1천만불이 들어가고 5월에 추가로 2천만불이 들어갔다고 가정하면, 1월에 투자된 자금 1천만불은 7월까지 환매가 불가능하고 5월에 투자된 자금 2천만불은 11월까지 환매가 불가능하다. Recurring Lock-up이란 환매가 이루어지지 않았을 경우 다시 Lock-up 기간이 연장되는 것으로 사실상 Lock-up 기간이 계속 늘어나는 효과가 있다. Rolling Lock-up은 환매기간이 종료되면 환매가 가능하나 Recurring Lock-up은 환매신청이 없을 경우 환매금지가 다시 연장된다는 점에서 투자자에게는 다소 불리한 조항이다. Preqin이 조사한 바에 따르면 국부펀드가 수용 가능한 평균 최대 Lock-up 기간은 40개월이고, 민간의 pension fund가 16개월로 가장 짧다고 한다.

[표 44] 기관투자자의 최대 수용 가능 Lock-up 기간

투자자	평균 최대 Lock-up 기간 (개월)
국부펀드	40
재단	28
대학 기부금	28
가족회사(family office)	20
공적 기금	20
보험회사	19
Fund of HF	18
민간기업 연금	16

출처: 2014 Preqin Global Hedge Fund Report

마지막으로 사전 통지기간이 있다. 사전 통지기간은 환매를 적용하기 위한 개시 시점을 계산할 때 사용한다. 예컨대 사전 통지기간이 3개월이면 오늘 환매 통보를 하더라도 환매는 3개월째에 시작한다. 시작된 날부터 gate와 lock-up 규정이 모두 적용되므로 사전 통지기간 역시 또 하나의 환매제약 조건이라고 볼 수 있다.

07 헤지펀드의 성과분석 기법

헤지펀드는 PEF와 달리 거래가 잦고 admin과 같은 공정가치 평가 주기가 통상 daily나 weekly로 진행된다는 점에서 헤지펀드 월별 성과에 대한 통계적 분석이 반드시 필요하다. 예컨대 PEF의 경우에는 각 포트폴리오별로 exit 성과를 기준으로 정량평가를 하는 반면, 헤지펀드는 펀드 전체에 대한 월별 성과의 통계적 검증을 통해서 정량평가를 하여야 한다. 따라서 헤지펀드 성과에 대한 분석시 반드시 통계적 기법에 대한 내용을 숙지하는 것이 좋다.

기본적인 테스트 항목은 수익률과 변동성, 그리고 수익률과 변동성을 동시에 고려한 지표

등 크게 3가지로 대별된다. 가장 우선적으로 관찰해야 할 통계는 수익률이다. 수익률은 반드시 모든 비용을 제외한 순수익률 통계가 필요하며, 단기수익률과 장기수익률이 동시에 고려되어야 한다. 특히 장기수익률의 경우에는 2008년 전후의 통계가 반드시 포함되도록 하여야 tail risk시 헤지펀드의 대응능력을 평가할 수 있다. 아울러 헤지펀드 BM 대비 α 수익률도 동시에 고려하는 것이 좋다. 한편, MSCI 세계주식 대비 β를 계산해서 상대적인 수익성을 계산해 내기도 한다.

위험 요소의 경우에는 연간변동성과 함께 Downside Deviation, MSCI 세계주식 대비 β값을 고려하는 방안도 필요하다. Downside Deviation (DD)이란 목표 연수익률을 8%로 가정할 경우 월 평균 0.67% 이하의 수익률을 기록한 수익률의 변동성을 계산하는 것이다. DD는 절대값이 작을수록 좋다. 그러나 펀드 전략에 따라 그리고 single 혹은 commingled fund에 따라 값에 차이가 나므로 일률적으로 비교하는 것은 곤란하다. 예컨대 Single HF 중 Global macro 전략을 사용하는 펀드는 그 값이 통상 크며 1~2%의 값을 가진다. Fund of HF 중 commingled fund인 경우에는 통상 좋은 펀드가 0.2~0.3%의 값을 가지고 1%를 넘는 펀드는 주의를 요한다.

수익률과 변동성을 동시에 측정하는 지표는 Sharpe ratio, Sortino ratio, Omega ratio, Calmar ratio 등이 있다. Sharpe ratio는 수익률에서 무위험자산 수익률을 차감한 값을 변동성으로 나눈 값이다. 변동성에 대비해 무위험 자산보다 얼마나 더 높은 수익을 올렸는지를 측정하는 지표이다. 무위험자산 수익률을 3%로 가정했을 때 통상 1~2%이며 3%를 넘는 경우는 좋은 펀드라고 할 수 있다. Sortino ratio는 Sharpe ratio와 분자가 같으나 분모에 목표수익률을 하회하는 수익률만을 대상으로 변동성을 계산하게 된다. 무위험자산 수익률을 감안했을 때 하회한 목표수익률의 변동성 대비 수익률을 얼마나 올렸는지 보여주는 지표이다. 높을수록 좋으며 일반적으로 Sharpe ratio와 수치가 유사하다. Sharpe ratio보다 높다는 것은 하락장에서 수익률을 잘 방어하는 펀드라는 뜻이며 Sharpe ratio보다 낮으면 하락장에서 수익률방어가 잘 안되는 펀드라는 뜻이다. 보통 Fund of HF의 Sortino ratio가 Sharpe ratio보다 높은데 이는 펀드의 분산효과로 인해 하락방어가 잘 된다는 뜻이다. Omega ratio는 기준수익률을 중심으로 성과가 잘 나온 달 수익률의 평균값을 성과가 잘 나오지 않은 달의 수익률 평균값으로 나눈 값이다.[61] 지표가 2~3이면 통상적인 펀드이고 3~4 값이 나오면 좋은 펀드이다. 승률이란 이익을 낸 달의 수를 손실의 낸 달의 수로 나눈 값으로 통상 80~90% 값

---

61) 예컨대 기준수익률이 연 8%이면 매달 0.67%이고 0.67%보다 잘 나온 달의 성과가 예컨대 1%이면 1-0.67%를 평균하는 식이다.

을 가져야 한다. 95%를 넘으면 좋은 펀드라고 할 수 있겠다. 한편 이득과 손실의 표준편차를 구해서 나눈 값으로도 펀드의 성과 및 위험도를 측정할 수 있다.[62] 이득의 표준편차가 손실의 표준편차보다 크다는 건 특별히 잘 나오는 성과가 특별히 못 나오는 성과보다 많다는 뜻이므로 펀드의 초과성과 달성 가능성이 높다는 뜻이다. 2~3이 통상적인 수치이고 3을 넘으면 좋은 펀드이다. Calmar ratio는 연수익률을 일정기간의 최대 하락률로 나누는 값이다. 최대 하락률에 비해 연평균 성과가 어느 정도인지 보여주는 수치이다. Calmar ratio도 펀드별 전략에 따라 차이가 크다. Global macro의 경우는 통상 1~2의 값을 가지면 3의 값을 갖는 경우는 좋은 펀드라고 할 수 있다.

펀드 수익률의 분포로도 헤지펀드의 성과를 가늠할 수 있다. 대표적인 것이 왜도(Skewness)와 첨도(Kurtosis) 지표이다. Skewness가 음의 값을 가지는 경우는 수익률 빈도수의 분포도 꼬리가 오른쪽으로 길게 드리워져 있고 중간값이 왼쪽으로 치우쳐 있는 펀드다.[63] 이 경우에는 중간값(median)이 평균값(mean)보다 높은 값을 가지게 되어, 평균적으로 중간값보다 낮은 수익률의 빈도수가 나타날 확률이 많은 펀드이므로 좋은 펀드가 아니다. 보통 △3을 넘으면 좋지 않은 펀드이다. Skewness가 양이면, 즉 수익률이 음수인 경우가 적게 나타나는 left skewed이면 좋은 펀드이며 보통 1~2의 값이고 3을 넘으면 좋은 펀드이다. Kurtosis는 정규분포에 얼마나 가까운 가를 표현하는 척도이며 이 수치가 높을수록 정규분포에 가깝다는 뜻이므로 수익률이 안정적으로 나온다는 긍정적인 신호이다.[64]

08 조세회피처(Tax Haven)

통상 헤지펀드는 역외펀드를 케이만군도, 영국령 버진 아일랜드, 바하마, 버뮤다 군도 등 조세회피지역에 설립을 한다.[65] HFR에 따르면 2014년말 기준으로 자메이카 북서쪽 카리브

---

62) $\frac{gainSD}{lossSD}$

63) 왼쪽으로 치우쳐 있고 값이 음수이며 영어로는 right skewed라고 부른다. 정규분포인 경우는 Skewness 값이 "0"이다.

64) 정규분포의 경우 Kurtosis 값은 3이다. Kurtosis에서 3을 뺀 지표를 excess Kurtosis로 정의하기도 한다. 이 지표가 (+)이면 중심 축에 수익이 더 많이 집중되어 있다는 뜻이다.

65) 조지 소로스의 퀀텀펀드는 남부 카리브해 연안의 네덜란드 령인 퀴라소섬에 있다. 퀴라소섬은 고도의 인프라 시설과 명목 GDP 세계 29위를 기록하는 중견국가로 역시 조세회피지역으로 분류한다.

해상에 위치한 영국령 케이만 군도가 전세계 헤지펀드 설립지의 약 30%를 차지하는 최대 설립지이다. 2위가 미국의 Delaware 주인데 전체 헤지펀드의 21.7%가 이 지역에 회사를 설립하고 있다. 미국내 투자자를 대상으로 하는 On-shore 펀드는 주로 미국의 Delaware주에 설립하고, 미국외 투자자를 대상으로 한 Off-shore 펀드는 조세 감면 지역인 케이먼 군도가 주된 설립지라고 보면 된다. 하지만 케이만 군도를 설립지로 하는 헤지펀드는 공식 통계보다 훨씬 많을 것으로 추정된다.[66]

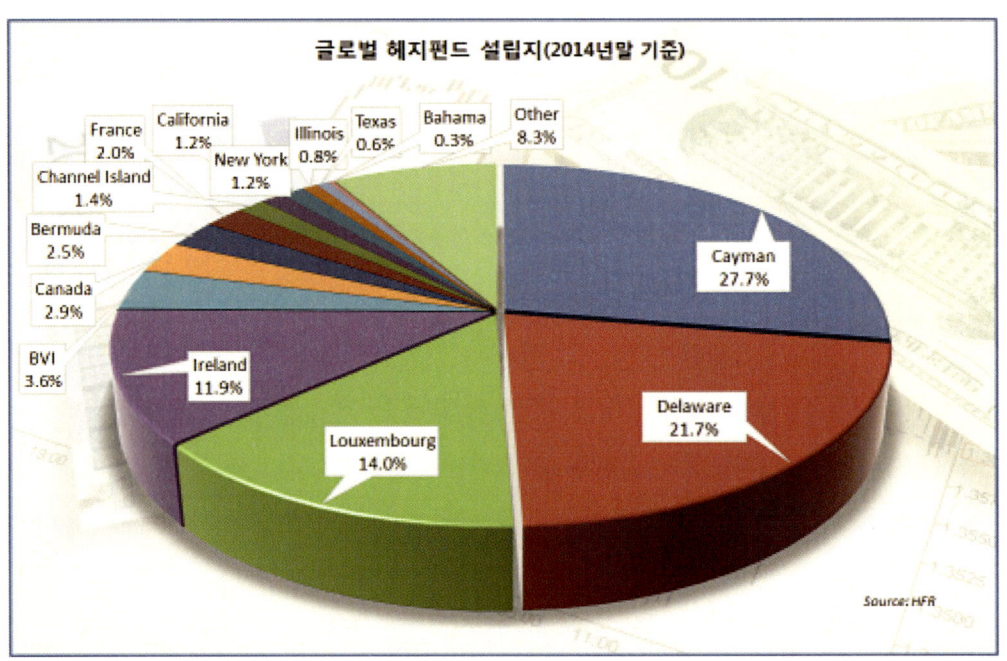

출처: HFR Global Hedge Fund Industry Report, 2014년말 기준

[그림 47] 글로벌 헤지펀드의 설립지(2014년말 기준)

헤지펀드가 역외에 펀드를 설립할 경우에는 통상 관리 회사를 별도로 지정하고 이를 통해서 관리하게 되는데, 케이만 군도의 가장 대표적인 회사가 DMS Management이다.[67] 이 회사는 연간 수수료를 받고 케이만에 등록된 헤지펀드 이사회를 구성하며, 투자자 이익을 보호

---

[66] 파이낸셜 타임즈에 따르면 케이만 군도는 2012년말 현재 9,400개의 헤지펀드가 2.2조 달러의 재산을 보관하고 있는 것으로 알려져 있는 세계 최대 역외 헤지펀드 설립지이다. Financial Times, Apr 29, 2013

[67] 동사의 설립자인 Don Seymore는 케이만 통화국(CIMA; Cayman Islands Monetary Authority) 출신으로, 2013년 케이만이 등록된 헤지펀드의 주요 정보(예: 등록된 이사회 구성원 공개 등)를 공개하려는 정책을 입안하자 CIMA를 상대로 소송을 제기하기도 하였다. Financial Times, Apr 29, 2013

하는 독립적이고 전문적인 이사회 멤버들을 소개시켜 주거나 임명하는 서비스를 대행한다.

케이만 군도는 영국이 지배하는 섬나라이다. 조세구조를 살펴보면 법인의 영업이익, 당기순이익, 자본이득에 대한 과세가 전혀 없고, 해외 투자자에 대한 원천과세(withholding tax) 제도도 없다. 이에 따라 헤지펀드 이외에도 은행·보험·증권, 구조화 금융 및 일반 글로벌 기업활동의 주요 금융 거점지로 확고히 자리잡고 있다. 자연스럽게 금융 서비스가 케이만 군도 GDP의 절반 이상을 차지하고 있고, 정부수입과 고용의 40%가 금융 서비스에 의존하고 있다. 케이만 군도의 금융서비스는 케이만 통화청(Cayman Islands Monetary Authority: CIMA) 관할 하에 있으며, 조세회피 지역을 규제하려는 OECD 규제 움직임에 효과적으로 대응하여[68] 현재까지도 가장 선호되는 조세회피지 지역으로 남아 있다. 케이만 군도를 사용하는 경우 단점도 있다. 예컨대 유럽지역의 채권 투자에 대한 거래의 체결과 결제는 케이만 군도를 이용하는 것보다 아일랜드의 더블린에 펀드를 설립하는 것이 유리한 경우가 있다.[69] 이럴 경우에는 Cayman 군도의 펀드와 Dublin 펀드를 병행해서 설립하고 유럽지역의 채권 투자는 Dublin 펀드에서만 수행하게 된다. 이에 따라 양 펀드의 성과는 유럽지역의 채권 투자분만큼 차이가 나게 되고 투자자는 자신의 선호에 따라서 두 펀드 중 하나를 선택하게 된다.

케이만 군도, 버진 아일랜드나 버뮤다와 같은 조세회피 지역의 기업관련 규제 내용을 살펴보면 아래와 같다. 기업의 이사와 주주가 같아도 된다는 내용이나 주총을 어떤 형식으로 하여도 합법적이라는 내용 등 기업활동에 대한 극도의 자율성을 보장하는 것이 특징이다. 특히, 소득과 관련한 어떠한 세금이 없다거나 기업설립과 활동을 반드시 당해 조세회피 지역에 할 필요가 없다는 내용 때문에 전세계 헤지펀드, 다국적 기업 및 금융기관이 이 지역을 회사설립지로 가장 선호하고 있다.

---

[68] CIMA의 대응은 주로 투명성 강화와 자금세탁 방지 등에 초점을 맞추어 OECD의 규제를 피해왔다. 예컨대 자금 세탁방지를 위한 가이드라인(Guidance Notes on the Prevention and Detection of Money Laundering and Terrorist Financing) 운영 등을 통해 OECD 규제의 화살을 효과적으로 회피해 왔다.

[69] 예컨대 스페인, 포르투갈, 이탈리아의 경우는 역내에서 채권을 거래하는 경우 좀더 유리한 세율을 적용받게 된다. 유럽 주요 국가별 상세 tax 내용은 『대체투자 파헤치기』(중)권 참조.

▶ One director and one shareholder are sufficient to register a company.

▶ Director and shareholder can be the same person.

▶ A company can be a director and shareholder of the company.

▶ Non par value shares are allowed; No limitation to the value of Share Capital.

▶ Share Capital can be nominated in any recognizable currency.

▶ No income tax, no transfer tax for substantial period (usually 20 yrs at least).

▶ Annual meetings of shareholders (if they are more than one) can take place in any country in the world.

▶ There is no need to meet personally; you can do it by using modern sources of communications.

▶ There is no requirement to come to Tax havens to incorporate the company or to conduct the company's activities.

▶ There are no dual taxation treaties with other countries, and therefore no exchange of information with other countries' tax authorities (this paragraph is usually present in all dual taxation treaties).

▶ Tax haven has various "Offshore Financial Centers (OFC)" and a strict bank secrecy laws that treat as confidential all information regarding the investments.

▶ Any internationally recognized ending for the company indicating limited liability is permitted. (E.g., Inc., Incorporated, Ltd., Limited, Corp., Corporation, S.A., PLC, GmbH, N.V., LLC, LC, TOO, OAO, TBB, etc.)

케이만 군도 외에도 유럽의 룩셈부르크, 아일랜드, 사이프러스 등이 투자자들이 선호하는 회사의 설립지이다. Preqin에 따르면 2013년말 현재 유럽 지역에 근거지를 둔 헤지펀드의 35%가 룩셈부르크와 아일랜드에 근거지를 두고 있다고 한다.[70] 특히 그 증가세는 가히 폭발적이라고 하는데 2009년 이후 룩셈부르크와 아일랜드에 새로 설립된 헤지펀드수는 167% 증가한 수치라고 한다. Preqin은 이와 같은 폭증세는 유럽지역의 UCITS 펀드 수가 주로 룩셈부르크와 아일랜드에 집중되어 설립되었기 때문이라고 분석한다. 실제로 UCITS 펀드의 58%가 룩셈부르크 소재, 32%가 아일랜드 소재이다.[71] 룩셈부르크와 아일랜드가 반드시 조세회피지역이기 때문에 회사설립지로 선호된다는 논리는 지나치게 단순한 논리다. 특히 룩셈부르크는 헤지펀드와 함께 아마존, 마이크로소프트의 스카이프 등 다국적 기업의 유럽 본사 설립지로도 매우 선호되는 곳이다. 이와 같은 자금의 유입세로 인해 룩셈부르크 은행의 자산규모는 2011년말 기준으로 자국 GDP의 20배 가까운 8,000억 유로에 육박한다.[72] 룩셈

70) World Hedge Fund Report, 2014. Preqin

71) 2013년 12월 현재 UCITS에 등록된 헤지펀드의 설립지 분포는 다음과 같다. 룩셈부르크 - 58%, 아일랜드 - 32%, 프랑스 - 6%, 리히텐슈타인 - 2%, 오스트리아 - 1%, 몰타 - 0.4%, 스페인 - 0.4%, 기타 1% 이다. Preqin, World Hedge Fund Report, 2014. UCIT 펀드 관련 상세내용은 『대체투자 파헤치기』 (중)권 참조.

72) Financial Times, Apr 30, 2013

부르크를 이용하는 90%의 주 고객층도 20여년 전만 해도 독일, 프랑스, 벨기에 등 유럽국가이었으나, 지금은 고객층의 50% 정도가 남미, 중동, 아시아 등으로 확장되어 있다.[73]

헤지펀드는 그 특성상 공모가 아닌 사모위주로 자금을 모집하는 경우가 대부분이기 때문에, 금융당국의 등록이 법적으로 면제되는 경우가 대부분이다. 또한, 이중 과세의 문제를 원천적으로 차단하여 펀드 차원의 세금납부를 피하기 위해 유한책임파트너쉽(Limited Liability Partnership)이나 유한책임회사(Limited Liability Company) 형태로 설립을 하는 경우가 대부분이다. 피더펀드의 자금을 미국에서 모집할 경우에는 미국내 투자자 편의와 보호를 위해 미국내에 LLC나 LLP 형태의 feeder fund를 설립하는 경우가 역내 설립에 해당한다. 역외에서 투자를 유치하는 경우에는 케이만 군도와 같은 역외에 피더 펀드를 설립하고, 투자전략을 수행하는 마스터 펀드에 자금을 송금하는 형태가 일반적이다. 전략에 따라 최적의 세율을 보유한 국가에 마스터 펀드를 설립하게 되는데, 마스터 펀드도 통상 케이만 군도와 같은 조세회피지역에 설립하게 된다.

특히 조세회피지역에 대한 규제를 강화하면서 administration 회사를 유럽에 둔 헤지펀드의 경우, 자금세탁과 관련한 규정을 Cayman 군도와 동일한 정도로 시행하는 국가에 포함되지 않는다면 최종 투자자(beneficial owner)를 실명으로 요구하는 경우가 많다.[74] 우리 나라는 이 리스트에 포함되어 있지 않아 admin이 유럽에 위치한 헤지펀드에 투자하기 위해서는 최종 투자자를 명기해야 하는 바, 이 점에 유의해야 한다.

▌2014 Basket Option

Equity Long/Short 전략의 대표적인 헤지펀드인 Renaissance Technology는 Medallion Fund라는 대표 펀드를 운영하고 있다. 하지만 Medallion Fund의 전략은 물론 수익률까지도 철저히 베일에 가려져 있다. 알려진 것이라고는 초단기 매매의 Equity Long/Short 전략을 구사하면서 수익률이 매년 두 자리 이상을 기록하고 오직 Renaissance Technology의 종업원만 투자할 수 있다는 정도였다. 일설에는 Medallion Fund의 전체 AUM은 10억불이며 20년 연평균 수

---

73) 조세회피지역과는 별도로 사금융의 전세계 거점은 스위스이다. 스위스의 경우는 전세계 사금융의 34%에 해당하는 2조 8천억 달러의 예금을 보유하고 있어 해외금융에서 부동의 1위 자리를 고수하고 있다. CNN에 따르면 싱가폴의 경우 2000년 500억불의 사금융 예금고가 2011년말에는 5,500억불로 증가하면서, 전세계에서 가장 빠른 속도로 사금융 시장이 성장하고 있다고 보도했다. 연합뉴스 2013.5.14. 재인용

74) See Money Laundering Regulation (2010 version) regulation 9(5)(b), Third Schedule. 현재 한국은 이 리스트에 포함되어 있지 않다.

익률이 35%에 이른다는 이야기도 있다.

2014년 7월, 미국 상원조사위원회는 언론을 통해 Renaissance Technology가 초단기 매매 이익에 대한 39%의 세율을 회피하기 위한 탈법 거래를 하여 왔다고 주장했다. 상원조사위원회에 따르면 도이치나 바클레이즈에서 만든 Basket Option 상품을 통해, Renaissance Technology의 초단기 매매 이득이 장기자본이득으로 신고 되어 일반세율보다 낮은 20%의 세금만 부과하면서 세금탈루 의혹이 있다는 것이다. 상원조사위원회가 밝힌 세금 탈루 금액은 14년 동안 총 60억 달러였다고 한다.

도이치나 바클레이즈가 만든 Basket Option은 만기 2년에 옵션 행사가 언제든지 가능한 American option 형태로 옵션 프리미엄은 10%로 알려졌다. 도이치와 바클레이즈가 1998년부터 2014년 5월까지 판매한 Basket Option은 총 199개, 금액으로는 약 1,200억 달러이다. 이 Basket Option은 도이치나 바클레이즈의 계좌 형태로 운영되고 있었으며, 투자운영계획(Investment Management Agreement: IMA)을 통해 Renaissance가 바스켓에 포함된 수 백개의 주식을 매수, 매도하는 등 실질적인 운영권을 보유하고 있었다. 도이치나 바클레이즈는 헤지펀드의 프라임브로커로서 이 계좌에 초기 자금의 최대 17배에 이르는 막대한 레버리지를 허용해 주었고, Renaissance Technology는 이 레버리지를 활용하여 높은 수익률을 올릴 수 있었던 것으로 추정된다. 한편 해당 계약은 바스켓에 10%의 손실이 날 경우 자동으로 청산되는 knock-out 조항이 들어 있어 도이치나 바클레이즈 입장에서 최소한의 원금이 보장되는 형태로 운영되고 있었다.[75] 특히 바클레이즈가 만든 COLT 상품은 오직 Renaissance Technology 전용 상품이었다고 한다.

		All Basket Options*				Basket Options Executed After One Year		
Bank	Name of Product	Total Number Sold1	Revenue for Bank (mio)	Number Sold to RenTec1	Profits Generated for RenTec	Total Number Sold	Total Initial Notional Value (mio)	Number Sold to Rentec
Deutsche Bank	MAPS	156	$571	36	$16,969	96	$60,446	29
Barclays	COLT	43	$655	43	$18,484	31	$61,925	31
Total		199	$1,121	79	$35,453	127	$122,371	60

Total Basket Options Sold by Deutche Bank and Barclays 1998-2014

Renaissance Technology는 이 바스켓에 수 백개의 주식을 수 초만에 매수, 매도하여 일년에 평균 2,600만건~3,900만건에 이르는 거래를 수행했다. 이 거래는 컴퓨터를 이용한 콴토

---

75) 옵션 프리미엄이 10%이므로 바스켓에 손실이 10% 발생하면 옵션 프리미엄만 포기하고, 자동 청산됨으로써 나머지 레버리지된 금액은 보전되는 형태이다.

거래로 수 초만에 벌어지는 가격을 순간적으로 포착하여 차익을 남기는 기법이었다. 옵션 만기가 2년이면서 도이치나 바클레이즈는 레버리지 한도를 최대한 높일 수 있었고, 최대 17배에 이르는 레버리지 덕분에 Renaissance Technology는 아주 작은 가격 차이만으로도 막대한 이익을 남길 수 있었다.[76] 나아가 39% 세율 대신 20%의 세율만을 적용함으로써 추가적인 수익까지 가능했었다.

이슈는 이 Basket Option의 만기가 2년인데 Renaissance Technology가 부여된 콜옵션을 행사하여 자본이득을 남겼을 경우, 이를 바스켓에 들어 있는 주식 초단타 매매일을 기준으로 일반소득으로 인식할 것인가, 아니면 옵션 만기일 2년을 기준으로 장기소득으로 인식할 것인가이다. Renaissance Technology는 옵션의 만기일을 기준으로 동 옵션에서 발생한 수익은 당연히 장기소득이라는 입장인 반면, 상원과 IRS는 사실상 바스켓에 들어 있는 주식의 매매일을 기준으로 세율을 적용해야 한다는 입장이다. 이 이슈는 2011년부터 지속적으로 제기되어 왔던 사안이었지만, 언론을 통해 대대적으로 보도된 것은 2014년 7월이었다. 상원 조사위원회에 따르면 동 옵션에 관련된 헤지펀드는 Renaissance Technology외에도 George Weiss Associates LLC, Ballentine Capital Management, Deephaven Capital Management, SAC Capital Advisors, Talon Capital LLC, Provident Advisors LLC, MFT Limited, MWN Limited, Analytic Investors Inc., Riverside Asset Management LLC, 646 Advisors LLC, Northern Asset Management, Inc. 등 13개였다. 여전히 조사 중인 이 사건의 결론이 어떻게 될지 지켜봐야 하겠지만, 이 사건은 헤지펀드에게 세율이 얼마나 민감한 이슈인지를 극명하게 보여주는 사례라고 하겠다.

⑨ 헤지펀드의 투자 전략

이론적으로 헤지펀드는 absolute 전략이라고 하여 시장 상황과 무관하게 수익을 추구하는 사모펀드이다. 그러나 필자의 경험에 따르면 매크로 상황에 따라 수익이 잘 나오는 (out-perform) 전략이 있고 수익이 상대적으로 나오지 않는(under-perform) 전략이 있다. 예컨대, 2012년 집권한 아베총리가 자국의 경기부양과 수출경쟁력 강화를 위해 통화를 팽창시키면서 엔화 가치를 인위적으로 절하시키는 정책을 채택하였는데, 이 정책으로 일본의 주식시장이 급격히 상승하는 장세가 연출되었다. 2013년 1사분기 동안 아시아 지역을 대상으로 한 헤지펀드의 수익률을 분석해 보면 일본 시장을 대상으로 한 Equity L/S 전략이 14.5%

---

76) 단기자본 투자일 경우 레버리지 한도는 3배 이내이다.

로 가장 높은 수익률을 기록하였는데, 앞서 언급한 일본 주식시장의 급격한 상승이 직접적인
이유였다.

[표 45] 전략별 수익률(2013.1Q 기준)

전략	Asian Equity L/S	China Equity L/S	Japan Equity L/S	Multi-Strategy	Macro	Event Driven	Credit	Quant
수익률 분포 ('13.1~3)	-2%~ 5%	-1.2%~ 5.2%	1%~ 14.5%	0%~7%	-3%~ 1%	0%~ 0.5%	0.5%~ 0.85%	0%~ 2.5%

출처: 도이치 자산운용, 2013년 1/4분기 기준

이처럼 글로벌 경제상황에 따라 성과가 잘 나오는 전략이 있고 성과가 잘 나오지 않는 전
략이 있다. 따라서 펀드 전략에 대한 정확한 이해를 가지고 있어야 헤지펀드 전략을 합리적
으로 구사할 수 있다. 그 방식이 single 헤지펀드 선정이든, 일정한 유동성 조건하에 single
HF들을 선택하는 commingled fund이든, 아니면 특정 HF를 원하는 조건대로 자유롭게 선
정하는 customized fund이든, 헤지펀드 전략에 대한 이해 없이는 효율적인 헤지펀드의 선정
과 운영이 불가능하다고 본다.

1) Equity Long/Short

Equity Long/Short (ELS) 전략은 가장 전통적인 헤지펀드 투자전략이다. ELS 전략의 기본
은 저평가된 주식을 싸게 사서 비싸게 팔고, 고평가된 주식을 공매도해서 싸게 되사는 전략
이다. ELS 전략은 해당 주식시장의 거시경제를 분석하고(top-down), 해당 주식시장의 개별
기업에 대한 분석(bottom-up)을 병행하면서 주식을 선정(stock-picking)하는 방식과 해당
주식시장의 개별기업에 대한 분석에 집중하는 전략으로 나뉜다. 어떤 방식이 더 우월하다는
평가는 하기 매우 어려우나 전통적인 방식은 bottom-up 방식이다. 왜냐하면 ELS 헤지펀드
의 본래 취지는 시장의 큰 흐름과 무관한 알파를 창출하는 전략을 구사하기 위한 것이므로,
시장의 흐름에 대한 관점이나 전망(view or outlook)을 기초로 포지션을 구축하는 것은 매
크로 전략 등 방향성 투자요소가 가미된 것이기 때문이다. 한편, top-down과 bottom-up이
양 극단에 위치해 있다면 중간의 어느 영역의 혼합전략을 사용하는 경우도 있다. 주식시장
의 상관관계가 갈수록 높아지고 있어서 기본적으로 Bottom-up 방식을 사용하는 ELS 헤지펀
드라 하더라도 거시경제에 대한 모니터링을 병행하여 자산배분을 top-down 방식으로 수행

하는 것이 효율적일 수 있기 때문이다.

Top-down 접근방식의 경우 거시경제 분석을 바탕으로 해당 주식시장의 전체 PE ratio, PBR 등을 산출하여 주식시장이 과소평가 되었는지, 과대평가 되었는지 판단하게 된다. Bottom-up 접근방식은 상대적으로 저평가된 개별주식을 선정하여 매수하는 방식이 가장 기본이다. 상대평가를 위해서 각 개별 헤지펀드는 자신만의 모델을 구축하여 각 개별기업의 기업가치를 산정하고, 이를 주식시장의 주가로 반영된 시총(Market cap)과 비교한다. 이 비교에서 헤지펀드 고유의 모델에 따른 기업가치가 시총보다 높으면 상대적으로 저평가된 종목이므로 이를 매수한다. 기업가치를 분석하기 위해서 각 헤지펀드는 각종 재무재표는 기본이고, 각 회사의 경영진, 현금창출 능력, 무형의 자산가치 등 계량화할 수 있는 거의 모든 정보를 수집한다.

ELS의 경우 종목 선택의 방법에 따라서 기본적으로 수학적 모델을 사용하여 펀드매니저의 판단을 최소화하는 Quant ELS와 펀드매니저의 개인적 판단을 중시하는 Fundamental (or Discretionary) ELS로 구분된다. Quant와 Fundamental의 차이점은 비행기 운항과 곧잘 비교된다. 비행기가 이착륙할 경우에는 기계의 도움을 받아 사람이 비행기를 조정하게 되는데, 모델의 도움을 받지만 최종 결정은 사람이 한다는 점에서 Fundamental ELS 전략과 유사하다고 볼 수 있다. 비행기가 일정 고도에 도달하게 되면, auto-pilot mode로 전환하여 사람이 아니라 기계가 비행기를 운항하게 되는데, 이는 사람의 판단이 배제되어 모델로만 거래되는 Quant 전략과 유사하다고 볼 수 있다.

Quant의 경우는 개별 펀드매니저의 판단착오로 인한 실수(behavior mistake)를 제거한다는 점이 장점이다. 그러나 시장이 모델에 의해 설명되는 정상적인 범위를 벗어나 극단적인 방향으로 편중되어 움직이면서, 적극적인 트레이딩보다는 시장을 관찰해야 할 시점에서도 룰에 의한 기계적 트레이딩으로 손실을 볼 수 있다는 단점이 있다. 아울러 룰에 의한 기계적 트레이딩의 경우는 그 룰이 시장에 적용되는 순간부터 알파 창출 능력이 서서히 떨어지게 되는, 이른 바 α-decay가 생성된다는 단점도 있다. 이는 적용되는 모델 스스로가 시장에 적용되는 순간부터 예측능력이 서서히 저하되는 본질적인 이유도 있고, 모델의 내용이 알려지면서 많은 참가자들이 이를 추종하게 되면서 수익률이 떨어지는 외부적인 이유도 있을 수 있다.[77] 따라서, 룰에 의한 ELS의 경우는 모델을 주기적으로 수정하고 개선하는 노력이 필수적이다.[78] Fundamental의 경우는 시장이 정상적인 범위를 벗어나는 경우 quant 모델보다

---

77) 따라서, quant 기법은 서로 공개하지 않는게 원칙이다.

손실을 덜 볼 수 있고 적중하는 경우 높은 수익률을 가져올 수 있다는 장점이 있는 반면, 개인의 판단착오로 인한 실수를 근본적으로 막기 어렵고 펀드 매니저의 역량에 지나치게 의존한다는 단점이 있다. 그러나 모든 ELS 헤지펀드가 이 두 개의 모델 중 하나만을 선택해서 사용하여 펀드를 운영하는 것은 아니다. ELS 헤지펀드는 두 전략을 양극단에 두고 중간의 어느 한 곳에서 양 전략을 혼합하여 사용한다고 보는 것이 정확하다.

Quant ELS의 대표적 펀드인 Renaissance Technology의 ELS Quant Fund는 개별 종목에 대한 분석 능력이 상상을 초월한다.[79] Renaissance Technology가 하루에 처리하는 정보량이 2~3 테라바이트라고 하는데, 미국 의회 도서관에 보관된 3천만권의 책과 6천만권의 필사본(manuscript)의 정보량이 20~30 테라바이트임을 고려할 때, 이는 10 영업일 만에 미국 의회 도서관의 정보량과 맞먹는 데이터를 처리할 수 있다는 뜻이다. Quant ELS의 경우는 모델 수립을 위한 research에 최대한의 역량을 집중한다. RenTech의 경우는 수학자, 물리학자, 핵물리학자, 로켓학자, 통계학자, 컴퓨터 과학자 등으로 구성된 80여명의 박사급 연구진이 한 종목의 두 시점간 주가를 예측하는 비연속적 모델을 구축하지 않고, 양 시점간 주가의 궤적(trajectory)을 추적하는 연속적 예측 모델을 수립한다.[80] 이외에도 50여명의 인력이 RenTech의 거의 모든 인원이 참여하는 개방적 프로세스를 보유한 R&D에만 주력하고, 40여명이 데이터 수집과 처리 등을 담당한다. 대상 정보는 해당 기업의 재무정보는 기본이고, 이외에도 해당 기업 CEO의 코멘트,[81] 정치적 사건, 인터넷 블로그 내용, 농작물 작황 현황, 기

78) RenTech의 경우는 매주 2개의 모델을 테스트하여 매월 1개의 트레이딩 전략을 채택하고, 6개월마다 이를 평가하고 개선한다고 한다. 이와 같이 모델에 대한 주기적 개선 여부는 equity 뿐만 아니라 룰에 의한 모든 트레이딩에도 적용된다. 대표적인 헤지펀드 전략이 CTA 전략인데, CTA 전략을 사용하는 헤지펀드를 평가할 때는 반드시 모델의 평가를 언제 어떻게 하는지 파악하여야 한다.

79) 가장 오래된 100% quant ELS fund 중 하나인 RenTech의 Medallion은 1988년에 출범하여 1993년 close 되었다. 현재는 Renaissance Technology 직원에게만 투자가 허용되고 다른 투자자에게는 공개되지 않는다. Medallion Fund를 외부 투자자에게 공개한 version이 RIEF (Renaissance Institutional Equities Fund)이다. 양 펀드간 모델은 기본적으로 서로 다른 것으로 알려져 있으나 특별한 경우에는 같은 모델을 사용하는 것으로 알려져 있다. 보유기간도 많이 다른데, RIEF의 경우, large cap 종목은 1년 이내, mid/small의 경우는 2~3년 동안 보유하는 것과 달리 Medallion의 경우는 짧게는 보유기간이 3일 밖에 되지 않는다. RIEF의 2012년말 현재 AUM은 5.9bn USD이고 이 중 37%인 2.2bn USD가 직원들의 투자금이다.

80) RenTech의 본사는 미국의 롱아일랜드에 위치하고 있는데, 일반적인 헤지펀드 분위기와 달리 연구중심의 대학교 캠퍼스 분위기다. 또 하나 RenTech 연구진의 특이점은 금융분야 전공자가 거의 없다는 점이다. 특히 지하에 위치한 방대한 컴퓨터 서버와 데이터 센터는 동사의 가장 큰 특징이고 장점이라고 할 수 있겠다.

81) 미국에 상장된 기업은 Securities Exchange Act of 1934에 따라 주가에 영향을 미치는(material) 모든 내용(events and/or facts)을 Form 8-K에 기재하여 4영업일 이내에 모두 공개해야 한다.

상데이터 등 활용 가능한 모든 정보를 대상으로 하게 된다.

아울러 R&D 과정에 RenTech은 의도적으로 월가의 투자인력을 채용하지 않는 것이 전통이다. 이는 데이터의 광범위한 수집, 활용, 저장 등을 위한 과정에서 월가의 투자 및 금융지식은 필요하지 않다는 판단에 기인한 것이다. 특히 주식시장의 알파 창출능력은 투자자의 투자본능이나 금융지식에 의해 좌우되는 것이 아니라, 집합적인 과학적 모델에 의해 창출된다는 확고한 입장을 가지고 있다. RenTech의 이와 같은 특징으로 인해 펀드의 AUM이 커져도 작동이 가능한 모델을 개발할 수 있게 된다. 따라서 마음만 먹으면 일반적인 헤지펀드가 가진 Capacity 이슈가 거의 없는 펀드를 개발할 수 있게 된다. RenTech은 James Simon이 1982년에 뉴욕에서 설립하였다. Simon은 미국 정부에서 암호 해독자로 근무한 경력이 있는 수학자였다. 2010년에 은퇴하였고, 지금은 Peter Brown과 Robert Mercer가 CEO이다. 두 사람 모두 컴퓨터 공학전공이다. 대표적인 펀드인 Medallion이 정확히 얼마의 AUM인지 밝혀지지 않은 것도 추정컨대 그 AUM이 너무 크기 때문이 아닌가 생각한다. 2010년 11월 11일, 한국의 코스피 시장의 대규모 현물 매도사건의 배후가 RenTech이라는 시장의 의심이 지속되는 이유 중의 하나도, 그와 같은 대규모 주식을 처리할 수 있는 capacity가 있는 헤지펀드가 많지 않기 때문이다.

한편, 인터넷에 공개된 정보를 실시간으로 분석하여 종목에 대한 long/short position을 취하는 quant 전략을 '특이성(idiosyncratic) 전략'이라고 부른다. 특이성 전략의 경우는 해당 기업이 인터넷에 실시간으로 공개하는 모든 커뮤니케이션의 내용을 모두 계량화해서 long/short position 구축에 활용하게 된다. 예컨대, 어닝 시즌에 즈음하여 해당 기업의 CEO가 당해 산업의 성장 가능성이 매우 크다는 코멘트를 하였다고 하자. 해당 펀드의 quant는 동 CEO의 코멘트 중 "성장"과 "매우 크다" 등을 미리 설정한 가중치에 따라 점수로 전환하고, 동 점수가 hurdle을 넘게 되면 해당 주식의 long position을 늘리는 전략을 택하게 된다. Quant 기법을 사용하는 헤지펀드에 따르면 어닝 시즌 직전에 해당 기업의 CEO 멘트가 장황하고 길어지게 되면 당해 어닝은 통상적으로 예상보다 하회하는 경우가 많고, 반대로 해당 기업 CEO가 짧고 간략하면 당해 시즌의 어닝은 예상을 뛰어넘는 경우가 많다고 한다.[82]

ELS의 경우는 사전에 해당 모델에 의한 변동성 목표(Volatility Target or VaR)와 특정종목 및 산업의 exposure에 대해 한도를 설정하는 것이 보통이다. 이렇게 해야만 분산투자의 효과를 향유할 수 있고 시장이 극단적인 상황에 진입했을 때 펀드의 손실을 최소화할 수 있다.

---

82) 이와 같은 인간의 행태를 심리학에서는 "수다를 떠는 경향(twaddle tendency)"이라고 부른다고 한다.

얼마만큼의 한도가 적정한지에 대해서는 펀드마다 다르게 일반적이나, 특정종목 및 산업의 exposure 한도가 10%를 넘는 경우나, 펀드의 변동성 목표가 10% 중반을 넘는 경우는 주의를 요한다고 본다.[83] 필자 경험에 따르면 ELS의 경우 변동성 목표를 설정하는 경우는 있으나 종목당 loss-cut 규정을 두는 경우는 거의 없었다. 이는 종목당 손익보다는 포트폴리오 전체의 성과가 더 중요하고, 포트폴리오 전체의 성과는 변동성 목표를 통해 통제가능하기 때문이다. ELS는 변동성 외에도 주식의 유동성에도 일정 부분 제약을 두고 운영하는 것이 통상적이다. 예컨대 소비재산업 부문의 보유주식을 하루에 15%씩 매각했을 때, 몇일 만에 모두 처분하여 현금화할 수 있는지를 매일 계량화하여 통제하는 식이다. 필자의 경험에 따르면 전체 포지션을 청산하는데 10일 이상이 소요되는 경우는 펀드의 유동성에 문제가 있는 것으로 보는 것이 맞는 것 같다.[84]

타겟 수익률은 통상 거래되는 주식시장의 지수를 벤치마크로 설정하고 이에 추가 수익률을 더하는 형식이다. 에컨대 미국 주식을 거래하는 ELS의 경우는 S&P 500 지수 + α라는 벤치마크를 설정하는데, 통상적인 ELS의 경우 α의 범위는 100~300bp라고 보면 된다.

Long과 Short position의 조합 비율은 해당 헤지펀드의 전략을 한눈에 파악할 수 있는 특성이라고 할 수 있겠다. 주요 지표로는 Gross position, Net Position, L/S ratio 세 가지인데, 해당 펀드의 전략적 특성을 정확히 파악하기 위해서는 동 비율에 대한 면밀한 검토가 필요하다. 우선 Gross position이 높을수록 시장 노출정도가 커서 시장의 움직임에 큰 영향을 받는다. Net position은 동 펀드가 long bias된 펀드인지 neutral한 펀드인지 알 수 있게 해준다. Long/short ratio는 동 펀드가 시장의 움직임에 따라서 성과가 좌우되는 펀드인지 시장의 움직임과 거의 무관하게 종목 선택능력에 따라 좌우되는 펀드인지 알 수 있게 해 준다.

예를 들어 Long position (L) 110%, Short position (S) 90%인 펀드 A와 L 50%, S 30% 인 펀드 B를 비교해 보자. A와 B 모두 net position은 20%로(A; 110-90 B: 50-30) 동일하며, long position이 많으므로 두 펀드 모두 long bias 펀드이다. 그러나 Gross position은 A의 경우 200%(110+90)로 B의 80%(50+30)보다 2배 이상 높으며, 이는 펀드 A가 시장의 움직임에 크게 영향을 받는다는 뜻이다. L/S ratio는 펀드 A가 1.22 (11/9)이고 B가 1.67 (5/3)로 Long의 상대적 비율이 펀드 B가 A보다 높다. 이는 펀드 B가 시장의 방향성에 더 크게 영향을 받는다는 뜻이며, 펀드 A의 경우는 시장전체의 방향성보다는 개별 종목의 선택역량에 성과가

---

83) 따라서 ELS 펀드를 선정할 때는 변동성 타겟과 종목 및 산업의 exposure 한도를 사전에 반드시 확인하여야 한다.

84) 보통 ELS 전체 펀드를 완전히 청산하는데 5영업일 이내가 소요되는 펀드가 선호된다.

많이 좌우된다는 뜻이다. 하지만 개별 종목 선택의 효과 역시 주식시장 전체의 매크로와 무관하지 않는데, 주식시장의 변동성이 크게 움직이거나[85] 인덱스와 그 안에 포함된 개별 주식 가격간의 상관관계가 높아지게 되면 종목선택의 효과가 잘 나오지 않는다.

보통 ELS 전략은 전체적으로 short보다는 long position의 비중이 더 크므로 net position이 (+)인 경우가 많다. 따라서, ELS 전략은 전체적으로 주식 시장이 상승하는 국면에서 다른 헤지펀드 전략보다 더 큰 수익을 낼 수 있다. 그러나 short position을 동시에 보유하고 있기 때문에 주식시장의 지수만큼 상승할 수는 없다.[86] 반대로 전체 주식시장의 성과가 나쁠 경우에는 다른 헤지펀드 전략에 비해서 ELS 전략에서 손실이 날 가능성이 크다. 특히, 2008년 이후 전체 주식시장의 상관관계가 매우 높아서 종목선정을 통한 알파 창출 능력이 극도로 어려워졌다.[87] 다시 말해 글로벌 주식시장 전체가 시장 충격으로 하락하는 시점에서 종목선정을 통한 나홀로 알파를 창출하는 ELS 전략의 헤지펀드는 거의 없다고 보면 된다.[88] 하지만, long과 short position을 동시에 보유하고 있기 때문에 하락장에서 전체 주식시장의 지수보다는 덜 하락하는 장점을 보유하고 있다. ELS 전략의 핵심은 시장이 하락할 때 이보다 덜 하락한다는 장점을 가지고 있다는 것이지, 시장전체가 하락할 때 나홀로 수익을 내는 전략은 아니라는 점을 알아야 한다.

대부분의 헤지펀드는 Net position 한도를 사전에 설정하여 long이나 short에 지나치게 포지션이 편중되지 않도록 관리한다. 통상적인 Net position 한도는 30% 내외이며 주로 CIO가 hedging book을 운영하면서 전체 포지션을 관리하는 방식을 취한다.[89] 예컨대, consumer, industry, TMT, health care sector 등에 전문화된 개별 PM이 자신의 판단에 따라 long과 short position을 구축했는데, 이를 합쳐 보니 net position이 한도를 넘게 되었다고 가정하자. 이 경우 CIO는 별도의 hedging book을 통해 S&P 500과 같은 주식시장의 지수에 short position을 취하여 전체적인 net position 한도를 맞추게 된다.

ELS 전략의 핵심 기법은 long 보다는 short selling 기법에 좌우되는 경우가 더 많다. 그 만

---

85) 변동성 자체의 크기가 아니라 변동성의 변동성을 의미한다.

86) 지수와 같은 정도의 성과를 내는 펀드는 주식시장을 상대로 한 상장지수펀드(ETF, Exchange Traded Fund) 혹은 오직 long position만 보유하는 뮤추얼 펀드 등이다.

87) ELS 실사시 대부분의 ELS 헤지펀드가 스트레스 테스트에서 가장 최악의 날을 2011년 8월 8일로 잡고 있는데, 이 때는 미국 신용등급의 강등으로 거의 모든 종목에서 손실이 발생한 날이다.

88) 대표적인 퀀트 ELS 펀드인 RenTech의 RIEF의 2008년 수익률은 △16%~△18%였는데, 2008년 S&P지수는 37%가 하락하였다.

89) Lom** 1798은 net position 한도가 25%이다.

큼 long 전략을 위한 종목 선택도 중요하지만, short 전략이 ELS 전략에서 차지하는 중요성은 결코 무시할 수 없다. short 전략의 특징은 주식을 차입한다는 점, 그리고 차입한 주식을 팔면서 새로운 현금이 창출된다는 점에서 본질적으로 레버리지가 포함되어 있다. 특히 shorting한 주식을 매각하면서 새로 발생한 현금으로 long position을 구축할 수 있기 때문에 short position은 long position의 크기에도 영향을 미친다. 보통 ELS 펀드의 레버리지는 전체 펀드규모의 2~3배 정도가 적당하며, 동 비율을 넘어가는 헤지펀드의 경우에는 주의를 요한다고 본다. short position을 구축하는데 소요되는 비용은 해당 주식의 유동성, 그리고 차입하는 펀드의 신용 등에 따라 달라진다. 보통 유동성이 좋은 주식의 경우는 연간 50bp 내외이고, 차입하는 펀드의 신용도가 올라가면 50bp 아래의 비용으로 주식을 차입할 수 있다.

short cost는 해당 헤지펀드와 PB와의 관계에 의해 결정되기도 한다. 헤지펀드와 PB가 긴밀한 협력관계를 가지고서 cost를 내리는 경우도 있고, 아주 명성이 높은 헤지펀드의 경우에는 PB를 수십개 거느리면서 가장 낮은 비용으로 주식을 빌려주는 PB를 경매를 통해 선정하기도 한다. 이 경우 short cost는 20~30 bp로 거의 시장 가격의 절반 이상의 낮은 비용으로 short cost가 결정된다. 미국의 주식대차 규모는 2010년말 기준으로 3,000억불 가까이 되며, 영국이나 일본에 비해 각 15배, 19배에 달한다고 한다.[90] 이에 따라, 미국의 주식시장을 상대로 하는 ELS 전략이 short 전략을 구사하기가 다른 나라에 비해 월등히 수월하여 가장 효율성이 높다고 할 수 있다. 왜냐하면 short이 되는 종목이 적거나 short을 하는 비용이 높으면 ELS 전략의 성과가 좋게 나올 수가 없다. 조금 더 지켜봐야 하겠지만, 우리 나라의 경우 short 비용이 높을 뿐만 아니라 short이 가능한 종목이 많지 않아 대부분의 펀드가 ELS 전략을 구사하는 한국형 헤지펀드가 안정적인 성과를 산출하기는 상당한 시일이 소요될 것으로 본다.[91] 한편, 어떤 헤지펀드는 개별종목의 short selling 이외에도 주식시장 전체의 급격한 하락, 이른바 tail risk에 대비하여 주식시장의 인덱스에 대한 put option 매입 등 순수한 short position을 잡기도 한다.

Long과 short position의 조합은 해당 헤지펀드 고유의 모델과 독특한 기법에 의해 결정된다. 예컨대 A 헤지펀드의 경우는 기업의 fundamental이 좋고 (high quality) 시장의 영향을 크게 받는 (high β) 종목 중 large cap에 long position을 취하고, 그 반대로 low quality와 low β의 small cap 종목에 short position을 취한다. 이런 방식의 position은 기업의 quality

90) The Securities Lending Committee of RMA
91) 우리나라의 공매도 내용은 『대체투자 파헤치기』 (중)권 참조

와 무관하게 시장 전체가 상승하는 2009년의 주식시장에서는 다른 헤지펀드에 비해 under-perform하게 된다. 반대로 시장전체는 크게 움직이지 않더라도 개별 기업의 실적에 의한 실적장세가 연출될 때는 다른 헤지펀드보다 out-perform하게 된다.[92] 만약 향후 이자율이 상승하게 되리라는 예상을 PM이 취하게 된다면, small cap에 short position을 취하는 것이 수익을 낼 가능성이 높다. 왜냐하면 small cap 주식 가치는 현재의 주식가치가 좀더 먼 미래의 현금흐름에 의존하는 정도가 높아 이자율에 반응하는 민감도가 높기 때문이다.

또 다른 예는 2014년 4월에 발생한 ELS 전략을 구사하는 헤지펀드의 대규모 손실사건이다. ELS 전략을 구사하는 대부분의 헤지펀드들은 2013년부터 2014년초까지 현재는 현금창출 능력이 상대적으로 낮으나 미래에는 현금창출 능력이 급격히 개선될 것으로 예상되는 인터넷, 바이오, 미디어, 하이텍 등 이른 바 TMT (Technology-Media-Telecommunication) 종목인 Growth Company에 대규모 롱포지션을 가지고 있었다. 이 롱포지션은 현재는 현금창출 능력이 좋지 않으나 미래의 성장성에 주목하여 미래의 가치평가를 현재 상태로 극단적으로 현가화하면서 가능했다. 이들 헤지펀드의 포지션에 롱포지션만 취하는 대부분의 ETF 포지션이 추가되면서 미국 전기차인 테슬라의 주가는 2013년 35불에서 2014년 2월과 3월에 250불을 넘나드는 폭등세를 보였다.[93]

한편, 에너지, 소매, 문구 등 전통적인 산업, 이른 바 Value Company에 대해서는 현재는 재무상태가 좋으나 미래의 현금창출 능력이 급등하지 않을 것으로 보고 ELS 전략을 구사하는 헤지펀드들이 대부분 숏포지션을 보유하고 있었다. 이 가운데 2014년 3월 19일, FRB 의장인 옐렌 의장이 2014년에 단기금리를 인상할 가능성을 처음으로 언급했다. 이 발언이 시장에 나가자 시장은 크게 흔들렸다. 이론적으로 미래의 현금흐름이 크게 할인되어 growth company의 현재 기업가치가 과대평가 되었다고 알려지면서 대규모 매물이 출현한 것이다. 이에 따라 테슬라 주가가 4월 14일 200불이 붕괴되는 등 TMT 주가는 폭락하고 오히려 전통

---

92) 동 펀드의 series A 성과를 S&P와 비교해 보면 다음과 같다. 2009 – A: △6.58%, S&P: 26.46%, 2010 – A: 14.73%, S&P: 15.06%, 2011 – A: 36.12%, S&P: 2.11%

93) 테슬라의 CEO인 Elon Musk는 영화 아이언 맨의 주인공인 토니 스타크의 실제 모델로 알려져 있다. 엘런은 인터넷 결제시스템인 PayPal을 설립하여 이베이에 매각하면서 1.7억불을 벌어들였다. 전기차 제조회사인 테슬라 외에도, 태양열 패널 공급업체인 솔라시티, 세계 최초의 민간 우주화물회사인 스페이스X의 대표이기도 하다. 2014년 2~3월 주가가 최고치를 경신한 이유는 Tesla와 Apple과의 합병설이 시장에 나돌았기 때문이다. 한편, Elon은 2013년 8월에 진공상태에서 캡슐 형태로 시속 6,400km의 속도로 달려 서울과 뉴욕을 2시간 내로 주파하는 하이퍼루프(Hyperloop) 개념을 소개하면서 시장에 또 다른 파란을 일으켰다.

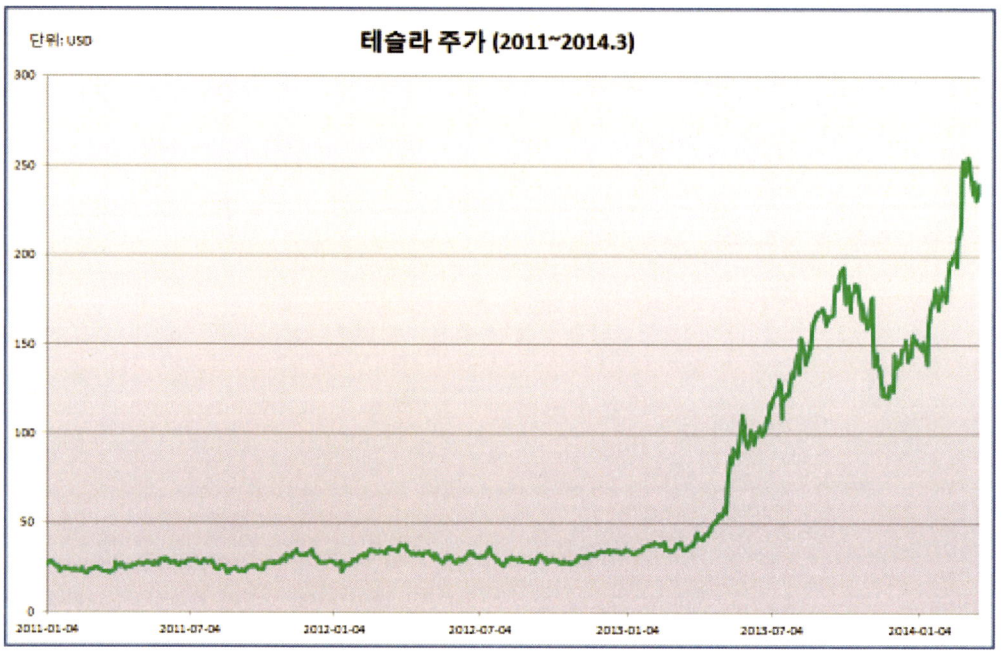

출처: Bloomberg

[그림 48] 테슬라 주가 현황(2011~2014.3)

산업을 영위하는 종목의 주가는 안정적이거나 상승하는 현상이 발생했다. 결국 ELS 전략을 구사하는 헤지펀드는 롱과 숏 포지션 모두에서 손실이 발생하면서 한달 동안 3~5%라는 대규모 손실을 기록하기도 하였다. 이 이처럼 long과 short position의 조합을 어떻게 가지고 가는지를 알게 되면 어떤 시장에서 어떤 성과가 나올지 어느 정도 예상이 가능하게 된다.[94]

어떤 헤지펀드는 주식시장 자체의 valuation 외에 신용시장의 동향을 동시에 관찰한다.[95] 주식시장에 유입되는 자금이 상당부분 레버리지된 자금이기 때문에 단기신용시장이 경색되는 경우에는 기투자된 자금이 급격히 회수되거나 추가자금 유입이 끊어질 가능성이 많기 때문이다. 예컨대, 어떤 헤지펀드는 2013년 S&P, 나스닥, Dow Jones 모두 신고가를 갱신하는 것은 단기자금시장의 초저금리와 무관하지 않으므로 보유주식을 처분하거나 서서히 롱포지

---

94) 다만, 헤지펀드들은 일반적으로 개별 포지션 정보를 공개하지 않으므로 이를 사전에 파악하기는 실무적으로는 매우 어려운 일이다. 하지만 전략에 대한 개략적인 이해가 있으면 어느 정도 환경변화에 대한 예측이 가능하다. 예컨대 Equity L/S과 달리 Event Driven 전략을 구사하는 헤지펀드의 경우에는 해당 기업의 특정 events나 catalysts 등으로 촉발되는 가격의 비효율성을 포착하는 전략이므로 이와 같은 환경변화에 ELS보다는 덜 영향을 받게 될 것이다. 이는 전략에 대한 정확한 이해를 가지고 있어야만 합리적인 수준의 예측이 가능하다는 것을 의미한다.

95) Broadmark

션을 줄이는 전략을 취한다.[96] 만약, 단기자금시장의 금리가 상승하기 시작하는 순간 주식 시장에 대규모 selling이 이루어질 수도 있으므로, 이에 대비하여 포지션을 조절하는 전략을 취하는 것이다.

Equity L/S 전략을 구사하는 헤지펀드 중에는 적극적인 주주권리를 주장하면서 기업가치를 제고한 이후 exit 하는, 이른 바 행동주의(Activism)를 표방하는 헤지펀드가 있다. 파이낸셜 타임즈는 2013년 4분기에 행동주의 헤지펀드(Activists Hedge Fund)가 운영하는 자금규모를 900억불로 추산했는데, 5년 전에 비해 3배가 늘어난 숫자라고 한다.[97] 대표적인 헤지펀드가 ValueAct Capital, Third Point, Jana Partners, Pershing Square, The Children Investment (TCI) 등이 있는데,[98] 주로 저평가된 기업을 발굴하여 주식 long position을 취한 후 상대적으로 장기간 주식을 보유하면서 기업에 대한 적극적인 주주권리를 주장하면서 기업가치를 제고하려고 한다. 이는 단순히 소극적인 보유전략으로 주가 차익을 추구하는 다른 헤지펀드와 구분되는 특징이다.[99] 굳이 정의하자면 행동주의 헤지펀드는 장기투자를 원칙으로 하는 PEF와 단기적인 투자이익을 극대화하려는 헤지펀드 전략의 중간쯤이라고 할 수 있겠다. 최근 그 수가 급증하면서 이 전략을 구사하는 헤지펀드 스스로가 자신을 행동주의자(Activists)가 아닌, 구성주의자(Constructivists)라고 부르기도 한다.

이들의 요구는 현 경영진 퇴진, 기업분할 및 매각, 적자사업 부문 폐쇄, 적극적 현금 배당 요구, 심지어는 이사회 임원 임명권 요구 등 광범위한 경영현안 전반이며, 현재의 경영진이 이에 굴복할 때는 주주간 대결(proxy fight)도 불사할 만큼 공격적이다. 예컨대 ValueAct는 Microsoft의 주가하락에 책임을 지고 CEO인 Steve Balmer의 퇴진을 적극적으로 주장하였고, 이들의 요구에 굴복했는지 여부는 알 수 없으나 Steve Balmer는 2014년 8월 이전에 은퇴한다고 발표하였다. Third Point 역시 이사회에서 부결되기는 하였지만, 2013년 10억불이 넘는 규모의 Sony 주식을 취득한 이후 Sony의 엔터테인먼트 사업부를 분리하라는 제안을 냈

---

96) Broadmark는 자체 분석을 통해 2013년 12월 현재, 미국 주식시장의 과열정도가 금융위기 이전 고점을 기록했던 2007년 9월의 S&P보다 높은 수준을 기록하고 있어 조만간 하락할 가능성이 크다는 입장이다. 이에 따라 그들은 주식시장의 exposure를 점차로 줄이는 작업을 진행 중이라고 한다. 이 헤지펀드는 이외에도 investor's sentiment (공격적인지 보수적인지)와 momentum 동향(연기금과 MMF 투자 동향) 등 4가지 pillar를 고려하여 투자전략을 구축한다고 한다.

97) Financial Times, Dec 24, 2013

98) 이들 펀드의 CEO는 다음과 같다; Jeffery Ubben (ValueAct, 12bn USD), Barry Rosenstein (Jana Partners, 8bn USD), Bill Ackman (Pershing Square), Dan Loeb (Third Point)

99) 『대체투자 파헤치기』(중)권에서 서술할 바이아웃 전략을 구사하는 PEF 중에서도 행동주의를 표방하는 PEF가 있다. Shareholder Activism은 『대체투자 파헤치기』(하)권에서 좀 더 상세히 다룬다.

었다. 영국의 가장 공격적인 행동주의 헤지펀드인 TCI는 2007년 네덜란드 은행인 ABN AMRO의 구주 1%를 취득한 뒤, 회사를 분할하든지 아니면 최고 가격을 써 낸 입찰자에게 회사를 매각하라는 압력을 가하였다. 결국 ABN AMRO는 Royal Bank of Scotland (RBS)와 Fortis, Banco Santander에게 매각되었는데, 매수자였던 RBS와 Fortis는 2015년 현재까지도 매각 후유증에 시달리고 있다. 너무 비싼 가격에 매입하였기 때문이다. 파이낸셜 타임스에 따르면 이들의 적극적 주장에 대한 성공률은 2012년에는 43%였다가 2013년 11월말 기준으로는 68%로 점점 증가하는 추세라고 한다.[100] 하지만 이들의 활동에 대한 여론의 역풍도 만만치 않은데, 그들 주장의 목적이 주로 장기적인 기업의 발전보다는 단기적 차익에 치중하면서 극단적으로는 해당 기업의 단맛만 빨아먹는 기업사냥꾼이라는 오명이 바로 그것이다.[101]

헤지펀드 데이터 피딩 업체인 Institutional Investor's Alpha에 따르면 2014년 6월말 현재 Equity L/S 중 가장 큰 펀드는 전체 AUM이 290억불에 이르는 Lone Pine Capital이다.[102] 커네티컷 그리니치에 위치하며 1997년 Stephen F. Mandel이 창립하였다. Mandel은 골드만 삭스 출신으로 Julian Robertson이 창립한 Tiger Management에서 근무한 이후 독립하여 Lone Pine Capital을 창립하였다. 최초 창립시 펀드 규모는 800만불에 불과하였으나, 지금은 전세계 최대의 ELS 헤지펀드로 등극하였다. 확인되지는 않았지만 20년이 넘게 S&P 500 보다 20~30% 많은 놀라운 수익률을 자랑하기도 한다고 한다. Mandel의 접근법은 Tiger Cubs 답게 철저한 bottom up 방식에 기초한다. 하지만, 해당 종목에 영향을 미치는 Macro 영역에 대한 분석도 병행하는 것이 특징이다.[103] 창립자인 Mandel은 2014년 Forbes가 선정한 2013년 헤지펀드 업계 거물 25인에 선정되기도 하였다. 2015년 현재 나이 59세로 투자 외에도 교육재단 설립, 저소득층 아동지원 등 왕성한 사회활동을 벌이고 있다.

2012년말까지 가장 컸던 Viking Global Investors는 총 AUM이 270억불에 육박하는 대규모 펀드이며, Viking Global Equities III는 펀드 1개의 크기가 100억불을 넘는다. 보통 ELS 펀드는 50억불~100억불이 큰 규모에 속하여 globe top5 헤지펀드 매니저는 통상 200억불

100) Financial Times, Dec 24, 2013
101) 이들의 수익률은 어떠할까? Hedge Fund Research에 따르면 2013년 이들의 수익률은 14.4%로 S&P500 수익률 27%, FTSE All-World 수익률 18% 보다 저조하다고 한다. Financial Times, Dec 24, 2013
102) 헤지펀드의 AUM을 총괄해서 집계하는 것은 매우 어려운 일이다. 이는 헤지펀드가 대부분 사모펀드이기 때문에 계약당사자가 아니면 AUM을 파악하기가 어렵기 때문이다. 따라서 집계기관에 따라서 순위에 차이가 많이 날 수 밖에 없다. 대표적인 데이터 피딩 업체는 HFR, Eurekahedge, Institutional Investor's Alpah, Albourne 등이며 연 $7,000~10,000의 수수료를 내야 한다. HFR은 미국 소재 헤지펀드에, Eurekahedge는 아시아 쪽 헤지펀드에 강점을 보유한다.
103) Mandel의 Macro 분석기법을 Mandel's Cycle이라고 한단다.

이상의 AUM이라고 보면 된다. 10억불~50억불은 중규모에 해당된다고 본다. 10억불에서 1
억불까지는 작은 규모에 속하며, 1억불 미만 펀드는 규모가 매우 작은 펀이므로 기관 투자가
가 투자하기에는 적합하지 않다. 2012년에 가장 AUM이 컸던 Viking Global Equities는
Andreas Halvorsen과 David Ott가 1999년에 창립한 헤지펀드이다. 두 사람 모두 1980~90년
대를 주름잡았던 헤지펀드인 Tiger Management (Tiger Fund)에서 활동하였다. 2000년에
Tiger Fund가 문을 닫자 Tiger Fund의 창립자인 Julian Robertson은 자기 자본으로 신생 헤
지펀드에 자금과 인프라 리소스 등을 제공하는 이른바 헤지펀드 seeding 사업을 벌였다.
Tiger Fund의 seeding을 받고 성공한 헤지펀드들을 Tiger Seeds, 이 헤지펀드의 매니저들을
Tiger Cubs라고 불렀는데, Andreas와 David은 Tiger Cubs로서, 그리고 Viking Global
Equities는 Tiger seeds로서 2012년말 기준으로 equity long/short 전략의 AUM 기준 세계 최
대 헤지펀드였다.

[표 46] AUM 기준 Top 10 헤지펀드(ELS)

순위	매니저명/펀드명	Fund AUM (mil USD, 2014.6 현재)	Fund AUM (mil USD, 2013 기준)	증감율
1	Lone Pine Capital	29,000	22,000	31.8
2	Man Group (GLG: 16.4 bil)	28,300	29,600	△4.4
3	Viking Global Equities III Ltd	27,100	19,400	39.7
4	Adage Capital Mgmt	25,000	18,360	36.2
5	Renaissance Technologies	24,000	22,000	9.1
6	Marshall Wace	15,518	7,563	105.2
7	Wellington Hedge Mgmt	15,300	11,669	31.1
8	Lansdowne Partners	14,991	11,039	35.8
9	Egerton Captial	13,225	7,272	81.9
10	Hillhouse Capital Mgmt	11,000		

출처: Institutional Investor's Alpha

2) Equity Market Neutral

Equity Market/Neutral (EMN)은 Equity Long/Short (ELS) 전략과 근본적으로 동일한 전
략을 사용한다. 투자대상이 상장주식과 주식관련 파생상품이고 quant나 fundamental 등의
전략을 사용하게 된다. ELS와 가장 큰 차이는 시장과의 β가 이론상 "0"이어야 한다는 점이
다. 시장에 대한 β를 계산하는 방식은 펀드마다 차이가 있으나, 간단히 말하여 주식시장의

전체 추세와 상관관계 없이 일정한 수익을 가져올 수 있도록 설계하는 것이 핵심이다. 예컨대, A, B, C 등의 주식을 Long한 금액이 전체 NAV의 1.3배이고, a, b, c 등의 주식을 short한 position이 전체 NAV의 1.3배이면 net exposure는 "0"이다. 그러나 펀드가 자체 산출하는 β를 계산하여 보았더니 β가 0.6을 기록하였다고 가정하자. 이 경우는 net이 "0"이지만 전체 시장의 성과를 추종하는 ELS이다. 반면 net exposure가 7배인 경우에도 β가 "0"이 되도록 포트폴리오를 구축할 수 있는데, 이 경우 헤지펀드의 전략은 EMN이 된다.[104] 통상적으로 β의 범위가 ±0.05~±0.15까지도 EMN의 범주에 포함되는 것으로 본다.

EMN 전략 중 fundamental 전략은 ELS 전략과 마찬가지로 펀드매니저와 애널리스트들의 협업 시스템이 기본이다. 애널들의 기업 및 산업분석 결과를 바탕으로 펀드매니저가 자신만의 조사결과와 비교하여, 기업별 long/short position을 구축하게 된다. ELS 전략과 다른 점은 예컨대 동종 산업 내에서 리스크 특성이 유사한 long/short position을 구축하여 거래할 짝(pair trading)을 찾게 된다는 점이다. 예를 들면 토요타와 현대차는 경쟁 관계에 있으므로, 두 종목의 주가에 영향을 미치게 될 사건(catalyst), 예컨대 엔화 약세가 진행되는 경우, 두 종목 중 토요타는 long position, 현대차는 short position을 구축하는 식이다. 달리 말해 두 종목간 주가의 스프레드를 관찰하고 스프레드 추세가 수렴하든지, 아니면 확대되는 사건을 면밀히 관찰하여 long/short pair 포트폴리오를 구축하게 되는 것이다. 두 종목에 대한 net position은 실무적으로 약간의 차이가 있을 수 있으나 거의 "0"로 보면 된다. 이론적으로 보면 이와 같은 pair trading으로 전체 포트폴리오를 구성하게 될 경우, β가 0이 되어 시장의 움직임과는 무관한 α를 창출할 수 있게 된다.

Pair를 선정하는 기준은 펀드의 특성을 좌우하는 중요한 기준이다. 보통 섹터 고유의 위험을 제거하기 위해서 동일 섹터내에서 종목을 선정한다. 두 종목의 스프레드가 상향 혹은 하향 추세를 갖거나 변동성이 큰 경우에는 보통 배제되는 것이 일반적이다. 스프레드의 폭이 일관되어야 관련된 리스크도 통제 가능하기 때문이다. 아울러 short position을 구축하기 위한 비용과 유동성도 고려대상이다. short 비용이 높거나 유동성이 낮은 경우에는 보통 pair 종목에서 배제된다. 그러나, pair trading이 아니라 하더라도 전체 성과의 β를 "0"로 만들기 위한 long/short position 구축은 언제나 가능하다. 그것이 종목간의 관계이든, 산업간의 관계이든,

---

[104] 일반적으로는 EMN 전략은 net exposure를 ±10% 이내로 통제하는 것이 보통이다. net exposure가 특정 수치를 넘어 과도한 경우에는 전체 성과의 β를 0으로 만들기는 쉽지 않다. 한편 EMN 전략은 각 PM별로 P&L의 변동성도 통제하는 것이 보통인데 Millenium처럼 신뢰도 95% 범위내에서 매일 1% 이내로 수익이 변동하지 않아야 한다는 식의 risk limit을 부여하기도 한다.

아니면 더 크게 지역간의 관계이든 β를 "0"으로 창출할 수 있는 능력은 헤지펀드 고유의 전략과 능력이라고 보면 된다.

　Fundamental EMN 전략의 약점은 주식시장이 기업의 실적과 연동되지 않고 전체 주식시장의 상승 기대감에 연동되는 경우 성과가 부진하다는 점이다. 예컨대, 2009년 초에는 기업의 fundamental과 valuation보다는 금융위기 직후 급속한 경기회복 기대감과 풍부한 유동성으로 시장이 rally하는 때였다. 이 경우에는 short position을 취한 종목에서 손실이 발생할 가능성이 크므로 fundamental 접근법의 성과가 좋게 나타나지 않게 된다. 특히, EMN 전략은 전체 시장에 대한 노출을 줄이기 위해 주식인덱스에 투자를 하지 않는데, 시장이 fundamental과 상관없이 rally할 경우에는 가장 먼저 인덱스가 매우 급하고 강하게 반응하게 되므로 상대적으로 EMN 전략에 손실이 발생할 가능성이 커진다. 비록 시차가 있긴 하지만 인덱스가 움직이는 방향과 개별 종목의 주가 움직임이 동일하게 되고, 이는 EMN 전략의 포지션 구축 논리와 무관하게 움직인 것이므로 펀드에는 손실이 발생할 가능성이 높게 되는 것이다.

　Quant 방식의 EMN 전략은 기본적으로 Fundamental EMN 전략의 요소를 고려한다. 각 기업의 매출액, 매출이익, 시장점유율 등 기본적인 기업의 펀더멘털 데이터를 바탕으로 기업에 대한 포지션을 결정하는 것이다.

　가장 최신의 Fundamental 기법은 예컨대 해당 기업의 valuation이 과소평가되었는지, 과대평가되었는지 분석하게 되고, 나아가 해당 기업의 성장세가 지속가능한지 여부도 모델로 평가하게 된다. 이와 같은 Fundamental을 사용한 기본적인 Quant 방식에 각 기업 주가의 그래프를 분석하는 분석기법이 추가될 수도 있다. 주가 그래프가 주는 기술적 분석을 시행한 후 이를 바탕으로 기업에 대한 포지션을 결정하게 된다. 주가의 과매수, 과매도 등을 나타내는 각종 지표와 펀드멘털 요소를 동시에 고려하는 셈이다. 최근에는 컴퓨터 기술이 발달함에 따라 다양한 분석기법이 계속 추가되고 있다. 그 중 하나는 researcher나 IB의 sales, analysts에 대한 추천의견을 계량화하고 각각의 추천의견에 대한 conviction level까지 계량화하여 해당 기업에 대한 포지션을 결정하는 것이다. 가장 최신의 분석기법은 각종 news를 활용하는 quant 기법이다. 이 기법은 유무상 증자, M&A 등 기업자체의 행동, CEO의 교체, CEO의 주식 매수 등 기업을 구성하는 인원의 행동, 혹은 특정 섹터의 경우 날씨, 폭동 등 광범위한 news를 계량화하여 기업에 대한 포지션을 결정하는 것이다. 최근의 Quanto EMN은 4번째 요소인 news의 계량화가 각 헤지펀드의 경쟁력을 좌우할 만큼 중요한 요소로 부각되는 추세이다. 그러나, news나 events의 계량화는 그 자체가 매우 힘들고 엄청난 양의 데이터를 처리해야 하는 만큼 충분한 AUM과 데이터 처리기술을 보유하고 있어야 가능하다. 하여

튼 최종적인 포지션은 이와 같은 4~5가지 요소들을 모두 고려하여 계량화된 후 결정된다. 각 요소들에 대한 가중치는 처음부터 모델에 포함되어 계산될 수도 있고, 해당 헤지펀드의 CIO 가 결정하여 배분할 수도 있다.

Quant EMN의 특징 중의 하나는 turn-over ratio가 지나치게 높다는 것이다. 이는 모델이 가진 자동화 시스템에 기인하는 본질적인 문제점인데, 보통 보유기간이 1개월에 그치기 때문에 전체 일년간 turn-over ratio가 보통 1,200% 수준이다.[105] 이는 전체 포트폴리오가 거의 매달 완전히 바뀐다는 뜻인데 이에 따라 거래비용이 올라가는 시점에서는 전체 포트폴리오의 성과가 좋지가 않게 된다. 특히, small cap이나 mid cap의 경우는 유동성이 떨어지는 시점에서는 bid-offer spread가 벌어지면서 거래비용이 급격히 올라가게 되는데, model이 가진 자동화 시스템이 이를 고려하지 않고 거래를 자동으로 수행하게 되면 이득보다 손실이 많이 나게 된다. 따라서 Quant EMN을 선정할 경우에는 거래비용이 높아지게 되는 시점을 피하고, 불가피하게 선정하더라도 지나치게 모델에 의존하는 펀드는 제외하는 게 좋다.

Fundamental EMN의 절대 강자는 Citadel이다. Citadel의 CIO인 Kenneth Griffin은 특유의 카리스마로 펀드를 운용하는 것으로 유명하다. 필자가 그를 만났을 때도 강력한 카리스

[표 47] AUM 기준 Top 10 헤지펀드(FEMN)

순위	펀드명 (FEMN)	화폐단위	Fund AUM (Mil)
1	Citadel Global Equities Fund	N.A	N.A
2	UBS O'Connor Global Fundamental Market Neutral Long Short Fund	USD	1,652
3	Neon Liberty Capital Management	USD	1,100
4	Moon Capital Global Equity Fund	USD	1,073
5	Black Diamond Relative Value	USD	699
6	AJO Dollar-Neutral Long/Short	USD	185
7	Turner Market Neutral	USD	156
8	CZ Enhanced Fund	USD	67
9	Cedar Street Offshore Fund, Ltd.	USD	58
10	Cayman Fund	USD	28

출처: Albourne, 2012년말 기준

---

105) Quant 모델 기법을 사용하는 대표적인 헤지펀드인 Oxam은 하루 거래 회수가 50만건, Millenium은 하루 거래 회수가 3백만건을 넘나든다고 한다. 특히, Oxam과 달리 Millenium은 퀀토 모델을 6개월마다 수정하고 1년이 지나면 폐기하는 방식으로 엄청난 양의 모델을 수시로 개발하고 폐기하면서 시장에 적용한다.

마를 느낄 수 있었는데, 펀드내 PM을 상대로 끊임없는 열정을 요구하는 강력한 리더쉽이 그의 운용철학이라고 한다. 2003년 Forbes 400에 세상에서 가장 부유한 400인으로 처음 세상에 알려졌을 때 그의 나이 34세로 Ziff Davis에 이어 가장 나이어린 갑부로 세상에 알려졌다. 2008년 금융위기시 대규모의 상환 요청이 들어왔을 때 상환 요청자금을 거액의 자기 자금으로 응한 것은 유명한 사례로 남아 있다. 그의 라이벌로 세상에 알려진 사람은 Third Point의 CIO인 Daniel S. Loeb이다. Griffin이 Third Point로부터 사람을 고용하자 Loeb은 이를 자신에 대한 선전포고라며 강력히 반발하기도 했다고 한다.

Quant 방식의 EMN 중 가장 큰 펀드는 Two Sigma와 OxAM이다. Two Sigma는 Quant 모델을 사용하는 EMN 펀드이며 기본적인 콴트 모델 외에 시장의 이벤트나 특별한 news를 포착하여 모델화하는 기법이 매우 뛰어난 펀드이다. 이에 따라 시장에 예측 불가능한 이벤트가 발생하여 주식시장이 크게 움직일 때에도 수익률 방어가 뛰어난 전략을 구사하고 있다. 실제 투자한 경험에 비추어서도 하락장의 방어능력이 크고 예측불가능한 정치적 이벤트에도 성과를 잘 보존하는 능력이 있었다. 다만, 콴트 모델의 유지에 드는 많은 비용을 높은 수수료로 보전하고 있어, 수수료 지급에 대한 부담은 있는 것 같다.

OxAM은 Oxford 대학 출신들이 수학적 기법을 응용하여 주식을 거래하기 시작하면서 만들어졌다. 주식투자 비중을 75%, 선물투자 비중을 25%로 가져가며 일정 수준의 변동성 타겟을 목표로 시장 β를 0으로 가져간다. OxAm은 주식투자 전략에서 지수에 대한 투자를 전혀 하지 않는다. Trading 기법은 quant 기법으로 예컨대, 주식가격에 영향을 미치는 사건이 발생하는 경우의 패턴을 관찰하여 이를 수식화한 후 비슷한 유형의 사건이 발생하였을 때 주식가격을 예측하여 포지션을 구축한다. 선물의 경우에는 주식, 상품, 이자율, 외환관련 선물지수에 투자하며 통상 5일~60일 사이의 단기 매매를 위주로 거래한다. 거시경제변수, 역사적 변동성 등의 요소들을 quant로 모델화한 후, 예컨대, 한국의 KOSPI 200 선물은 5일 이내의 초단기 매매로 거래한다. quant 방식이므로 자체 모델이 제시하는 signal에 따라 자동으로 포지션을 구축한다. 주식이든 선물이든 특정 사건이 발생하였을 때 가격변동을 관찰하여 모델화한 후 포지션을 구축하는 idiosyncratic 혹은 informational strategy도 구사하는 것으로 알려져 있다. 하지만, 동 펀드에 실제 투자한 경험을 보면 갑작스런 정치적 이벤트에 대한 대응력은 다소 부족한 것으로 보인다. 예컨대, 2013년 5월에 버냉키가 Tapering을 처음 언급했을 때 5% 이상의 손실을 기록하였는데, 이는 이 펀드가 사용하는 모델이 예측불가능한 시장의 움직임을 고려하지 못하는 것 같다는 인상을 받았다. 그 원인 중의 하나가 시장의 성과가 좋지 않다고 하더라도 Oxam이 채택한 모델을 변경하지 않고, 대신 투하자금을 줄이는

방식으로 대응하기 때문이라고 본다. 이는 모델간 경쟁이 치열해 지면서 α-decay가 심각해 지고 있는 현재의 주식시장의 환경에, 성과가 뛰어나지 않는 모델을 수정하지 않고 그대로 들고가는 것은 성과에 좋지 않은 영향을 준다는 반증이기도 하다. 앞으로 이 회사의 대응이 주목된다.

[표 48] AUM 기준 Top 10 헤지펀드(QEMN, FEMN)

순위	펀드명(FEMN & QEMN)	매니저명	화폐	Fund AUM(mil)
1	Two Sigma Spectrum Fund (QEMN)	Two Sigma Investments LLC	USD	4,817
2	OxAM Quant Fund Limited (QEMN)	OxFORD Asset Management	USD	3,859
3	Neon Liberty Capital Management	Neon Liberty Capital Management, LLC	USD	1,661
4	Macquarie Asian Alpha Fund (QEMN)	Macquarie Funds Management	USD	1,630
5	Bogle Global Market Neutral RRP2 (QEMN)	Bogle Investment Management LP	USD	1,204
6	BlackRock Pan Asia Opportunities Fund (QEMN)	BlackRock Institutional Trust Company N.A	USD	1,080
7	BlackRock 32 Capital Fund (QEMN)	BlackRock Institutional Trust Company N.A	USD	1,051
8	Black Diamond Relative Value (FEMN)	Carlson Capital LP	USD	1,003
9	Marshall Wace - MW Market Neutral TOPS Fund(FEMN)	Marshall Wace LLP	USD	923
10	Moon Capital Global Equity Fund (FEMN)	Moon Capital Management LP	USD	846

출처: Albourne, 2014년 3월말 기준

3) Relative Value

RV전략은 통상 채권에 대한 상대가치를 이용하여 절대수익을 추구한다. 예컨대, 담보부 채권과 무담보채권의 가격차이 혹은 신용인덱스와 개별구성요소 간의 가격차이 등을 이용 하여 매매하여 차익을 남기는 전략이다. 상대가치 전략은 시장의 잘못된 가격결정인 가격괴 리(mis-pricing)로 인한 차익거래 때문에 발생한다. 예컨대, 담보부채권이 무담보채권에 비 해 높은 신용도를 가지고 회수가치가 높음에도 불구하고 어떤 이유로 인해 담보부채권의 매도세가 지나치게 과도할 경우, 담보보채권의 가치가 시장의 효율적 가치보다 하락하게 된다. 이럴 경우에는 담보부채권에 대한 long position과 무담보채권에 대한 short position을 결합하여, 시장이 fundamental 가격에 수렴하면서 가격괴리가 사라질 경우 양쪽으로 이득을 얻으려고 시도하게 된다. 한편, 기업간 채권 프리미엄의 스프레드가 커질수록 가격괴리로 인한 상대가치 투자의 기회는 더욱 커진다. iTraxx에 따르면 2007년에는 최고신용도와 최저신용도 간 스프레드가 600bp였으나 2012년에는 그 스프레드가 1,000bp로 확대되었다고 한다. 이와 같은 거시경제 환경의 변화로 인해 상대가치 전략의 투자기회는 종전보다 증가 추세에 있다고 본다.

일반적으로 상대가치 전략은 주식시장의 과잉반응을 탐색하는 것이 아니라 신용 및 채권시장의 과잉반응을 탐색한다. 가장 큰 이유는 신용시장이 주식시장보다 규모가 크기 때문에 가격괴리 기회가 주식시장보다 매우 다양하게 존재하기 때문이다.[106) 또 다른 이유는 주식시장보다 대출(loan; 선순위 담보부 대출), 채권(instrument or bonds; 선순위 담보부 채권, 선순위 무담보 채권, 후순위채 등), CDS, CLO, ABS, 신용 인덱스 (CDX 혹은 iTraxx) 등 다양한 도구가 유통되고 있으며, 모회사 이외에 자회사, 계열사 등을 포함한 발행사 pool이 주식시장보다 훨씬 다양하기 때문에 가격괴리 기회를 탐색할 수 있는 경로가 매우 다양하기 때문이다.[107) 마지막으로 기업의 신용스프레드나 채권가격은 주식가격보다 외부요인에 따라 훨씬 과잉반응 하게 되는데 이에 따라 상대가치 투자기회가 주식시장보다 많다. 특히, 신용 및 채권시장은 기업의 fundamental한 요인보다 거시경제적 헤드라인 요인에 의해 더 크게 영향을 받게 되는 시기가 많다. 이는 시장참여자들이 주식에 대해서는 오랜 경험을 바탕으로 이론적 가격을 추출하는 데 큰 어려움이 없으나, 신용 및 채권시장의 경우에는 이론적 가격 추출방법이 매우 다양하고 참여자별로 pricing의 차이가 커서 과매도, 과매수가 주식보다 훨씬 자주 일어나기 때문이다. 상대가치 전략의 경우 채권 pricing에 대한 전문성이 무엇보다도 중요한 이유이기도 하다.

이와 같은 신용 및 채권시장의 특성은 인덱스 시장에서 더 확연히 나타나게 되는데, 이는 신용인덱스가 전술한 특성을 보유한 단일 구성요소인 개별 기업들의 신용의 합으로 구성되기 때문이다. 특히, 신용 인덱스는 개별 기업들의 신용지표보다 훨씬 빠르게, 그리고 훨씬 과

---

106) 2011년 6월 기준으로 미국의 신용시장 규모는 24조 달러 (담보부 ABS 9.1조, 회사채 6.1조, 기업대출 3.3조, 비담보부 ABS 3.3조, 미 지방부채 2.6조)로 미국 상장기업 3,000개(Russell 3000)의 시총 16조 달러의 1.5배에 해당한다.

107) 물론 이는 글로벌 시장, 특히 미국 시장에 해당한다.

도하게 반응한다.[108] 따라서, 예컨대 미국의 CDX나 유럽의 iTRaxx 등의 신용파생상품지수와 그 지수에 포함된 개별기업의 구성요소(single-name constituent)의 총 가격 간에 "차이(index basis)"가 수시로 발생하게 되는 바, 이와 같은 차이(index basis)가 어떤 이유로 확대되면 이 차이를 이용하여 거래를 수행하는 지수차익거래(Index Arbitrage)를 실행한다.

크레딧 관련 지수차익거래의 대상은 CDS로, index basis가 커졌을 경우 스프레드가 확대된 채권(widen instrument)에 대해서는 CDS 가격이 과도하게 상승한 상태이므로 보장매도 거래를 하고, 스프레드가 축소된 채권(tighten instrument)에 대해서는 CDS 가격이 과도하게 하락한 상태이므로 보장매입 거래를 행하게 된다.[109] 이와 같은 포지션은 개별 구성요소의 포지션이 지수 전체의 구성요소와 완벽하게 일치되는 시점까지 보유되고, 그 시점에서 청산됨으로써 상대가치로 인한 수익을 향유하게 된다. 그와 같은 시점까지 소요되는 기간은 수 주 혹은 수개월 정도이며 베이시스가 확대되면 포지션을 추가하고 베이시스가 공정가치로 회귀할 경우에는 포지션을 축소하거나 청산한다.

예컨대, US 투자등급(IG: Investment Grade) 10년 경과물의 index ticker는 CDX9_DEC17인데, 이 지수의 basis가 현저히 확대되어 공정가치로는 15 basis인데, 현재는 30이라고 가정하자. 이 경우 시장이 효율적이라면 지수는 하락 추세의 압력을 받게 되고 지수의 구성요소인 개별 name의 가격은 향후 추세적으로 상승, 달리 말하면 CDS 프리미엄은 하락할 것이다. 이 때의 포지션은 short index, long names (CDS 매도)가 된다. 적절한 시점에 basis가 15로 수렴하면 포지션을 청산하여 차액을 취한다.

이와 같은 상대가치 전략은 거의 모든 시장참여자에게 알려져 있는 전략이므로, 얼마나 신속하게 크레딧 시장의 비효율성을 포착하고 거래를 실행하느냐에 따라 거래의 성패가 달려 있다. 특히, 거래를 청산해야 하는 arbitrage 시점을 정확하고 신속하게 포착해서 포트폴리오 구축단계부터 내재화시켜야 하는 것이 중요하다. 통상 CDS 매수/매도 거래와 청산 시점포착의 내재화된 거래를 30분~1시간 이내에 끝내고 실행해야만 시장기회를 효율적으로 포착할 수 있는 것으로 알려져 있다.

이와 같이 좁은 간격의 상대가치 기회와 많은 시장 참여자로 인해 상대가치 거래를 통한 차익거래는 다른 전략에 비해 레버리지가 높다는 특징이 있다. 특히 이자율 차이에 대한 상

---

108) 이는 일반적인 지수의 특성이다. 예컨대, KOSPI200도 개별 구성종목의 움직임 총합보다 훨씬 민감하게 반응하는데, 이를 이용하는 것이 바로 지수차익거래이다.

109) 2011년 9월 기준 미국의 CDS 하루 일평균 거래량은 450억불이며, 이는 회사채 일거래량 160억불의 2.8배에 해당하여 유동성이 매우 높다.

대가치 전략은 스프레드 차이가 좁고 시장 참여자가 너무 많기 때문에 상당수준의 레버리지를 쓰지 않으면 수익을 올리기가 쉽지 않다. 블랙락 자료에 따르면 가장 높은 레버리지를 쓰는 전략이 이자율과 관련된 상대가치 전략이다. 많게는 12배까지 레버리지를 쓰게 되는데 이는 시장 참여자가 많고 스프레드가 매우 좁기 때문이다.

크레딧 RV 전략을 구사하는 펀드는 크레딧에 대한 롱/숏 전략도 동시에 수행하는 경우가 많다. 크레딧 long/short 전략은 기업의 fundamental에 대한 분석을 통한 방향성 전략으로 기업의 건전성에 비해 채권가격이 할인되는 경우는 해당 채권을 매입하고 (채권 long position), 기업 경쟁력에 비해 채권가격이 지나치게 비쌀 경우에는 short position, 즉 CDS를 매수하는 전략을 구사한다. 예컨대 글로벌 기업이면서 규모가 큰 제조기업 A가 매출성장율 및 영업이익율이 건실한 데 비해, 한번도 회사채를 발행한 경험이 없다고 가정하자. 만약 그와 같은 상황이라면 통상 발행 채권은 100 이하로 하락하게 된다. 이 때 크레딧 전문 헤지펀드는 동 기업의 채권을 할인된 가격으로 매수한 이후, 일정기간이 경과하여 가격이 상승하면 매도한다.

RV 전략을 구사하는 세계 최대 헤지펀드는 D.E. Shaw Group이다. 1988년에 이 회사를 창업한 David E. Shaw는 콜럼비아 대학 컴퓨터 공학교수 출신이다. 설립 초기에는 자신이 회사를 이끌어 가다가 2002년부터 6명의 이사회 체제로 전환하였다. 이 이사회 구성원에 Shaw는 포함되어 있지 않다. 하지만 Shaw가 직접 훈련시키고 직접 고용한 사람들로만 채워져 있다고 한다. 보통 헤지펀드가 1인의 CEO 체제를 가지고 있고, 드물기는 하지만 2명의 공동 CEO 체제도 가끔 볼 수 있다. 하지만 6인의 이사회가 이끄는 헤지펀드는 매우 이례적인 형태이다. 투자결정이 신속하지 않을 수 있지만 리스크 관리 측면에서는 바람직하다고 볼 수도 있다. 한편 D.E. Shaw Gruop은 1,700명 이상의 인원을 고용하여 고용인원으로만 보면 세계 최대 규모 헤지펀드이다. 초기에는 콴토 모델에 기반한 RV 헤지펀드 전략을 위주로 운영하다가, 최근에는 부동산, PEF, Distressed 전략 등의 정성적 투자 분야로 사업영역을 확대하고 있다.

D.E. Shaw Group의 RV 전략은 철저한 콴토 모델에 기초하고 있다. 특히 그들의 콴토 기법에 대해서는 철저한 비밀을 원칙으로 삼고 있고, 심지어는 회사에 고용된 사람들이 D.E. Shaw Group에 일하고 있다는 사실 자체까지도 비밀로 하도록 한다고 한다. 한편 설립자인 David은 자신을 금융인이 아니라 과학자라고 부른다고 한다. 그가 뽑은 직원들도 화학자, 컴퓨터 공학자, 물리학자, 생명공학자 등의 과학자들이고 이에 따라 D.S. Shaw 직원들은 자신의 회사를 금융회사가 아니라 연구소(research lab)로 생각한다고 한다. 아울러, D.E.

Shaw 그룹의 운영 철학 중 가장 중요한 것은 철저한 원금 보장 원칙이다. "돈을 어떻게 벌어들이는 것은 몰라도 상관은 없지만, 돈을 어떻게 하면 잃지 않는지는 철저히 알아야 한다." 하지만 지나친 비밀주의로 공적 연기금이 투자하기에는 적합하지 않을 수 있다는 점이 단점이다. 특히 최근 헤지펀드에 대한 투명성이 그 어느 때보다 강조되는 시점이어서 향후 이 회사의 비밀주의 정책이 어느 정도 유지될지 주목해야 할 것 같다.

[표 49] AUM 기준 Top 10 헤지펀드(RV)

순위	운용회사	본사 소재지	국가	$ bn AUM (2013.7월)
1	D.E. Shaw Group	New York	USA	22.89
2	Appaloosa Management	New Jersey	USA	17.20
3	Brummer & Partners	Stockholm	Sweden	16.17
4	Citadel	Chicago	USA	15.00
5	Convexity Capital Management	Boston	USA	14.00
6	Angelo, Gordon & Co.	New York	USA	11.75
7	BlueMountain Capital Management	New York	USA	11.60
8	GoldenTree Asset Management	New York	USA	11.40
9	Eton Park Capital Management	New York	USA	10.00
10	Capular Investment Management	London	UK	9.70

출처: 한국투자신탁운용

■ 2012 London Whale

회사의 신용위험을 개별적으로 측정하는 지표인 CDS 가격과 여러 개 회사의 CDS를 pooling 하여 묶은 CDS index는 Relative Value 전략의 가장 대표적인 투자대상이다. 이 중에서 북미지역 121개 투자등급 회사의 CDS 가격을 pooling 한 index인 Markit CDX North America Investment Grade Index Series 9, 이른 바 IG9 index에 대해서 JP Morgan은 막대한 규모의 short position(CDS index 매도)을 구축하고 있었다. 이를 주도한 이는 영국 JP Morgan의 trader인 Bruno Iksil이었다. 하지만, 이는 2012년 6월 이후에나 밝혀진 사실이고, 2012년 초만해도 IG9 인덱스 시장의 비정상적인 왜곡에는 누군가 큰 손이 있을 거라는 예측만 무성하였지 누가 큰 손인지는 정확히 알려져 있지 않았다. 시장 참가자들은 단지 미지의 이 trader를 해리포터에 나오는 괴물이름을 따라 "Voldermort" 혹은 "런던의 백고래(London Whale)"로 불렀다. 당시 IG9 index의 시장전체 포지션은 1,000억불이었는데, JP Morgan이 취한 포지션은 150억불로 전체시장의 15% 내외를 차지할 정도의 막대한 규모의 포지션이었다.

Bruno의 논리는 당시 미국회사의 CDS index 가치가 개별 CDS 가격에 비해 지나치게 높았다는 것이었는데, 이는 달리 말해 미국회사의 신용위험이 지나치게 과대평가되어 있다는 판단에 따른 것이었다. 이에 따라 Bruno는 IG9에 대한 short position인 CDS index 매도 포지션을 대규모로 취하고 있었다. 이로 인해 CDS index의 시장가격이 개별 CDS 가격에 비해 지나치게 낮아지는 가격의 왜곡현상이 생겼다. 2012년 1~2월 이전에 Blue Mountain, Blue Crest, Saba Capital Management, CQS 등의 헤지펀드들은 어떤 trader에 의해 시장에 왜곡현상이 발생하였고, 이를 비정상적인 가격이탈로 간주하면서 JP Morgan과 반대 포지션을 취하고 있었다. 이와 같은 시장상황은 2012년 2월, 한 컨퍼런스에서 Saba Capital Management의 Boaz Weinstein에 의해 trading idea로 세상에 처음 알려지게 되었다.

2012년 3월부터 유럽의 재정위기가 심각하게 전개되면서 유럽 이외 지역인 미국지역의 기업신용시장에도 영향을 미치기 시작했다. 따라서 기업 신용지표인 CDS 가격이 치솟으면서 IG9 index도 상승압력을 받아 JP Morgan의 포지션에 막대한 MtM 손실이 생기기 시작했다. 2012년 5월 10일, JP Morgan의 James Dimon은 언론을 통해 동 포지션에서 20억불의 손실이 발생했다고 처음으로 밝혔다.[110]

JP Morgan의 손실발표 전후로 JP Morgan은 동 포지션을 Blue Mountain에게 대폭 할인된 가격으로 매각하였고, Blue Mountain은 시장에 이 사실이 본격적으로 알려지기 전후인 6월까지 150억불에 이르는 시장 포지션을 단 6주만에 청산하였다. 시장에는 JP Morgan이 Blue Mountain에 동 포지션의 청산을 위탁한 것처럼 알려졌으나, 사실은 JP Morgan이 동 포지션을 이미 정리하고 Blue Mountain에 이를 매각한 것이다. 한편 JP Morgan이 Blue Mountain에 동 포지션을 매각한 이유는 Blue Mountain의 공동 창립자인 Andrew Feldstein이 JP Morgan 신용부문의 글로벌 총괄을 역임한 개인적 관계 때문이기도 하였고, Andrew Feldstein이 JP Morgan 재직 시절 CDS 상품을 세계 최초로 개발한 팀에서 근무한 경력이 있는 CDS 상품 세계 최고 베테랑이었기 때문이기도 하였다.

최초 발표와 달리 JP Morgan은 이 거래로 60억불의 손실을 입은 것으로 추정된다. 이 거래로 인해 Andrew Feldstein을 중심으로 한 Blue Mountain은 최소 3억불에 이르는 이득을 챙긴 것으로 알려졌다. 아이러니하게도 딜을 주도했던 Bruno Iksil은 SEC, FBI 등의 조사에 협력하면서 처벌을 받지 않았다. 그러나, Bruno가 2012년 초에 동 포지션의 손실을 그의 상관인 Javier Martin-Artajo에게 보고했을 때 Javier는 동 손실을 숨기려는 시도를 했다는 혐의를 받았다. 또 다른 trader인 Julien Gourt 역시 투자손실을 숨기려고 했다는 혐의로 Javier와 같이 기소되는 불운을 맞았다. JP Morgan은 2013년 9월, 이 거래와 관련하여 미국의 SEC, FRB, 영국의 FCA (Financial Conduct Authority) 등으로부터 9.2억 달러 규모의 막대한 벌금 처분을 받았다.

---

110) Spelling은 James이지만 읽기는 Jamie로 읽는다.

Andrew Feldstein을 별도로 만날 기회가 두 번 있었는데, 차분하고 냉정한 성격의 소유자로 CDS 관련 상품에 대한 자신감을 엿볼 수 있었다. 그의 투자 철학은 예측을 하지 않는다는 것이다. 그의 투자원칙은 일단 시장을 관찰하고 시장의 왜곡(distortion)이나 비효율성(inefficiency)을 포착한 후, 급격한 변동성(volatility)이 발견되면 언젠가는 변동성이 사라질 것이므로 이를 최대한 이용한다는 것이다. 그의 철학을 한마디로 요약하면 동적인 세계에서 정적인 규칙을 일관되게 적용하는 것이다. 헤지펀드 뿐만 아니라 모든 금융투자에 공통적으로 적용되는 원칙이라고 본다. 그는 채권이나 CDS에 대한 투자를 credit risk 투자와 interest risk 투자로 나누어 개념적으로 구분한다. credit risk에 대한 투자는 불확실성(uncertainty)을 동반하게 되고, interest risk 투자는 변동성(volatility)을 필연적으로 수반하게 되므로, 특히 변동성 부분의 동향을 면밀히 관찰하여 투자 기회를 포착한다고 한다. 2013년말 시장상황에 대한 그의 견해도 들을 수 있었다. 그에 따르면 초저금리로 인해 2013년에 전년보다 80%나 증가한 회사채가 발행되었으나, 대부분의 투자자들이 불확실성과 관련된 credit risk와 변동성과 관련된 interest risk의 차이를 이해하지 못하고 있다고 한다. 현재는 "0" 금리 시대로 언젠가는 금리가 상승하는 것이 자연스러운 예측인 바, 이때는 발행된 회사채의 가치가 급격히 변동하게 될 것이라는 게 그의 판단이었다. 현재 회사채의 주요 투자자는 MMF인데 이 경우 투자기회는 MMF가 대량으로 투자한 회사채에 대한 short position, MMF가 사지 않은 회사채에 대한 long position을 취하는 것이라고 한다. 그의 말이 맞게 될지 나중에 잘 지켜보아야 할 것 같다.

4) Global Macro – Alchemy of the Finance

글로벌 매크로 전략은 전세계 시장을 대상으로 매니저의 시각에 따라 방향성에 투자하는 전략이라고 정의할 수 있겠다.[111] 다른 전략도 전세계를 대상으로 투자대상을 물색하기는 하나, 글로벌 매크로만큼 적극적이고 공격적이지는 않다. 이점에서 어떤 이는 글로벌 매크로 전략을 "어디든 가는(go anywhere)" 전략이라고도 부른다.[112] 보통 유동성이 높은 투자자산을 대상으로 투자하여 언제든지 진입과 탈출이 용이하도록 포트폴리오를 구축한다. 투자 방식에 따라 크게 4가지로 구분이 가능하다. 우선 투자 대상 실체의 성장률, 실업률, 매출 증가율 등의 근본적인 데이터를 바탕으로 투자전략을 구축하는 fundamental 전략과 투자 대상 실체의 과거 데이터를 바탕으로 미래추세(trends & pattern)를 예측하여 투자전략을 구

---

111) Permal 그룹의 Andrew Rozanov는 글로벌 매크로 전략의 특징을 다음의 5가지로 분류한다. 1. Global scope 2. Multi-asset coverage 3. Top-down approach 4. Focus on liquidity 5. Asymmetric trade construction, Andrew Rozanov, 앞의 책

112) Andrew Rozanov, 앞의 책

축하는 technical 전략으로 나뉜다. 또 다른 방식은 매니저의 주관적 판단을 우선시 하는 discretionary 전략과 매니저의 주관적 판단보다는 계량적인 모델의 판단을 존중하는 systematic 전략으로 나뉜다.

[표 50] Global Macro 전략 분류

	Discretionary	Systematic
Fundamental	Traditional GM	
Technical		CTA

이와 같은 전략 구분에 따라 Systematic & Technical 방식은 후술하는 CTA (Commodity Trading Advisor) 전략이라고도 부른다. 글로벌 매크로의 본질적인 특성상 Discretionary & Technical 방식은 흔하지 않으며, Discretionary & Fundamental 방식이 가장 전통적인 글로벌 매크로 전략의 특성이다.

글로벌 매크로 전략의 기원을 이야기할 때 혹자는 수요 경제학의 창시자인 John Maynard Keynes를 들기도 한다.[113] 케인즈는 경제학자이기도 하였지만 케임브리지 대학의 King's College의 기부금을 22년 동안 운용한 포트폴리오 매니저이기도 하였다. 1차 대전 이후 금본위체제의 붕괴로 전세계가 변동환율제도로 이행하자, 이러한 매크로 환경을 활용하여 1920년부터 펀드를 만들어 환율에 대한 매크로 베팅을 시작하였다. 당시 그의 포지션은 달러 롱, 도이치 마르크 · 프랑스 프랑 · 이탈리아 리라에 대한 숏 포지션이었는데, 이는 1차 대전 이후 미국경제의 부흥과 유럽경제의 몰락이라는 판단을 가지고 있기 때문에 가능했다. 케인즈는 이와 같은 자신의 초기 투자스타일을 가리켜 스스로를 "과학적인 투기꾼(scientific gambler)"이라고 불렀는데, 글로벌 매크로 전략의 전통적 특징을 한마디로 정의하는 말이라고 할 수 있겠다.[114]

2차 대전 직후는 미국을 제외하고는 글로벌 매크로 전략을 구사할 수 있는 경제권이 존재하지 않았다. 따라서 미국 내 주식시장을 대상으로 한 equity long/short (ELS) 전략이 헤지펀드 전략의 대부분을 차지하고 있었고, 조지 소로스나 마이클 스타인하르트(Micahel Steinhardt)와 같은 전설적인 매크로 매니저들도 ELS 전략 출신들이었다. 글로벌 매크로 전

---

113) Andrew Rozanov, 앞의 책

114) 케인즈의 이와 같은 top-down approach는 1928년 상품 포지션의 손실과 1929년 대공황으로 막을 내리고, 이후부터는 bottom-up approach로 전환하였다고 한다. Andrew Rozanov, 앞의 책

략의 붐을 초래한 결정적인 계기는 1971년 닉슨의 금태환 정지사건이었다. 이 사건으로 인해 글로벌 환경의 변동성이 급격히 증가하였고, 이에 따라 글로벌 매크로 전략의 투자기회가 도처에 확산되면서 글로벌 매크로 헤지펀드의 활동이 본격적으로 시작되었다. 글로벌 매크로 전략의 황금기는 1980년대 후반부터 2000년까지이며 1990년대에 정점을 이루었다. 실제 통계를 보면 1990년대에는 전체 헤지펀드 전략의 절반 이상이 글로벌 매크로 전략일 정도로 글로벌 매크로전략이 전체 헤지펀드 전략을 사실상 지배하였다.

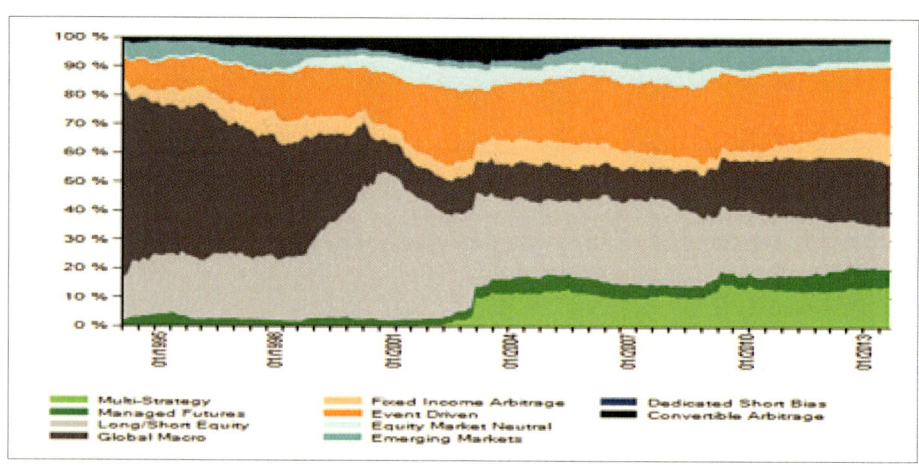

자료출처: www.hedgeindex.com

[그림 49] Dow Jones Credit Suisse Hedge Fund Index내 전략별 비중 추이

이 시기의 전설적인 매크로 매니저는 퀀텀 펀드의 조지 소로스와 타이거 펀드의 줄리안 로버트슨(Julian Robertson)이다. 조지 소로스와 줄리안 로버트슨의 투자스타일은 극명히 대비된다. 우선 조지 소로스의 투자철학은 다분히 공격적이다. 특히 그의 초기 투자방식은 "투자를 우선하고 조사는 나중에(invest first, investigate later)" 하는 방식이다. 하지만 다분히 무모하게 보이는 그의 공격적 투자방식도 자신의 이론에 철저히 기반하고 있다. 조지 소로스가 1987년에 출간한 "금융의 연금술"은 그가 주창한 글로벌 매크로 전략 이론의 집대성이다. 그는 이 책에서 "재귀성(reflexivity) 이론"을 처음으로 세상에 알렸는데, 재귀성 이론의 핵심은 시장과 시장참여자의 반응이 상호간에 영향을 주면서 그 변화가 가속화된다는 것이다. 예컨대 아베가 출범 초기에 엔화 약세를 공언했다고 가정하자. 처음에는 시장 참여자 중 매우 소수가 그 말을 믿고 엔화 약세에 베팅을 한다. 시장의 움직임도 거의 없다. 그러나, 갈수록 많은 시장 참여자가 엔화 약세에 베팅을 하기 시작한다. 시장의 움직임이 시작된다. 이

제 더 많은 시장 참여자가 구름처럼 엔화 약세에 베팅을 한다. 이제부터 시장은 시장 참여자의 자기실현적인 기대로 인해 극적인 엔화약세 장세를 시현한다. 시장 참여자의 기대가 시장의 흐름을 결정한 것이다. 극도의 엔화 약세 장세가 지속되다가 누군가 시장이 과열되어 있다고 판단하고 엔화 강세에 베팅을 한다. 시장의 움직임은 없다. 그러나, 조금씩 엔화 강세 베팅 참여자가 많아지면 엔화약세 추세는 변한다. 이제 더 많은 시장 참여자가 엔화 강세에 베팅하면 시장은 다시 자기 실현적인 힘에 의해 엔화 강세추세로 변한다. 이처럼 시장의 방향성이 시장 참여자의 기대에 의해 결정되고, 다시 시장의 추세가 시장 참여자의 기대를 변화시킨다는 것이 재귀성 이론의 핵심이다.

이와 반대로 타이거 펀드의 줄리안 로버트슨은 투자 포지션 구축 이전에 철저한 사전 리서치를 강조한다. 철저한 리서치와 사전 조사 등을 통해 방어가 가능한 완벽한 논리로 무장하여, 포지션을 구축한 이후에는 웬만한 경우가 아니면 포지션을 바꾸지 않는 것이 또 하나의 특징이다. 자신이 구축한 bottom-up 방식에 대한 절대적 신뢰가 있기 때문에 가능한 것이다. 만약 시장 전체가 타이거 펀드가 구축한 개별 포지션에 불리한 영향을 주더라도 절대로 포지션을 청산하지 않고, 때로는 오히려 해당 포지션을 증가하는 공격성을 보이기도 한다. 이 점에서 줄리안의 투자 스타일은 과격한 역발상 투자(contrarian) 방식이다. 타이거 매니지먼트는 1980년에 만들어져 산하에 6개의 펀드를 소유하고 있었으며, 성과가 가장 좋은 펀드가 1998년까지 연평균 30% 내외의 엄청난 수익률을 올린 것으로 알려져 있다. 1997년 한해에는 타이거 펀드의 수익률이 69%라는 경이적인 기록을 가지고 있기도 하다. 주로 단기성 투자에 집중하면서 각국의 금융시장을 교란하는 투기자본이라는 오명을 쓰기도 하였다. 우리 나라의 경우에도 SK 텔레콤 주식 10% 내외를 주식시장에서 취득한 후 경영진을 위협하여 주가를 올린 후 매도하면서 먹튀 논란을 일으켰다. 타이거 펀드의 SK 텔레콤 주식 매수 매도 전략은 그 뒤 소버린이 SK(주) 주식을 대상으로 그 전략을 그대로 재현하면서 또 다른 먹튀 논란을 일으키기도 하였다. 그러나, 이 회사의 운명도 1999년 닷컴 버블시 소극적 투자 전략으로 일관하면서 성과가 급격히 악화되기 시작하였고 2000년 3월에는 회사가 없어졌다. 타이거 펀드에서 활약했던 이들은 회사가 없어진 이후에도 "타이거의 아이들(Tiger Cubs)"이라는 이름으로 로버트슨의 seeding을 받아 헤지펀드계에 아직도 영향력을 발휘하고 있다.115)

---

115) Tiger Cub 중 로버트슨의 seeding을 받은 매니저 중에는 한국인도 있었다. 2001년 타이거아시아매니지먼트를 설립한 빌 황(한국명 황성국)이 그 중의 하나였는데, BOC의 기업공개 과정에서 주관사로부터 취득한 내부정보를 이용하여 주식거래를 하다가 적발되어 SEC와 6,000만불이라는 거액의 민형사 합의

글로벌 매크로 전략의 특징 중 하나는 소수 매니저에 대한 의존성이 높다는 점이다.[116] 1인 혹은 2~3인이 해당 헤지펀드의 성과와 위험을 좌우하게 된다는 점에서 기관투자자가 투자하기에는 적합하지 않을 가능성도 있다. 따라서 글로벌 매크로 전략의 경우는 사전에 소수 매니저에 대한 집중도나 리스크 관리에 대한 철저한 검증이 반드시 필요하다고 본다.

Global Macro 전략의 주요 투자대상은 크게 4가지이다. 이자율 (혹은 채권), FX, 원자재, 주식 등 4가지이다. 4가지 자산 모두 주로 유동성이 높아서 치고 빠지기 식 투자가 가능하다는 것이 특징이다. 이 점에서 Global Macro 전략이 일반인들로부터 비난을 받기 쉬운 경향이 있다. 아울러, 방향성에 대한 투자이기 때문에 헤지포지션이 거의 없고 수익률의 변동성이 크다는 특징이 있다. 마지막으로 정부개입이나 잠재적인 정치적 이벤트에 민감하다는 특성이 있어 변동성과 리스크를 어떻게 통제하느냐가 가장 중요한 핵심 이슈가 되겠다.

Global Macro 전략 중 대표적인 투자전략이 이자율과 관련된 투자포지션이다. 예컨대 2008년 초에 미국의 정책금리는 4.25%, 유로존의 정책금리는 4.0%였으나 영국의 정책금리는 5.25%였다. 1장에서 언급한대로 2007년부터 미국과 유럽의 금융시장은 극도의 변동성을 경험하고 있었다. 만약 이 때 Global Macro 전략을 구사하는 헤지펀드가 금융시장을 중심으로 침체가 가속화 될 것이라고 판단하였다면, 영국의 정책금리가 지나치게 높다고 생각할 것이다. 한편 영국은 금융과 비즈니스가 전체 고용의 80%를 차지하는 상황이었고 만약 금융산업의 침체가 도래하면 영국 중앙은행은 반드시 정책금리를 낮추지 않을 수 없을 것이라고 생각할 것이다. 이 경우 해당 헤지펀드는 영국의 금리선물, 스왑 및 옵션 시장에서 금리매수 포지션, 즉 정책금리 하락에 방향성 투자를 하게 된다. 만약 그 헤지펀드가 운이 좋았다면 대성공을 거두었을 것이다. 왜냐하면 영국 중앙은행은 2008년 10월부터 12월까지, 단 2개월만에 정책금리를 300bp 인하하는 역사상 단 한번도 없었던 극단적인 정책을 취했기 때문이다.

Global Macro 전략의 또 다른 특징은 시장의 방향성에 대한 견해 혹은 입장(market view)이 포지션 구축에 결정적인 역할을 한다는 점이다. 따라서 Global Macro 전략을 구사하는 헤지펀드는 하우스 내에 거시경제에 대한 research 역량을 갖추고 있는 경우가 대부분이다.[117] 조지 소로스가 이야기한 금융의 연금술이란 포트폴리오 매니저(PM)의 시장에 대한

금을 내고 현재는 활동을 중단한 상태이다.

116) 후술하게 될 Commodities Corporation에서 일했던 Bruce Kovner가 설립한 글로벌 매크로 헤지펀드인 Caxton은 CIO에 대한 리스크 할당량이 전체의 50%에 이른다.

117) 대부분의 Global Macro 전략 헤지펀드의 2013~2014년 거시경제 견해를 간략히 요약하면 다음과 같다. (1) 미국의 양적 완화 축소는 시장의 예상보다 천천히 이루어 질 것 (2) 일본의 양적 완화 정책은 실물경제 데이터에 실제로 영향을 주면서 긍정적인 경제성장 예상 (3) 유럽은 주변국의 침체가 종결되고 점진

견해가 시장 그 자체의 흐름을 바꿀 수 있기 때문에 붙여진 이름이다. 이처럼 글로벌 매크로 전략은 PM의 view가 매우 중요하다. PM이 엔화 약세가 지속될 것이라고 판단하면 엔화 약세에 베팅할 것이다. PM이 미국의 주식시장이 상승할 것이라고 판단하면 S&P 지수에 long position을 취할 것이다. 따라서 다른 헤지펀드와 달리 매크로 전략의 헤징은 원칙적으로 없다고 보면 된다. 다만, 상승과 하락의 범위에 대해서는 일정 수준의 범위를 정하여 투자하게 된다.

예컨대, 호주 달러가 상품시장의 약세로 인해 향후 약세로 진행될 것 같다고 PM이 판단했다고 가정하자. 현재 1 호주달러는 0.95 미국달러이다. PM은 호주 약세에 베팅을 하였으므로 예컨대, 0.94에서 put option을 1개 매수한다. 하지만 0.88 이하까지 내려가거나 1.00 이상 올라갈 것 같지는 않다고 판단해 0.88에서 put option을 1개 매도하고, 1.00에서 call option을 1개 매도한다. 이렇게 되면 일종의 butterfly option이 만들어지는데, 이처럼 방향성에 투자하면서도 일정 범위 안에서만 pay-off가 가능하도록 하면 view taking에 대한 일종의 보호장치가 만들어진다. 그러나 엄밀히 말해서 short position이나 헤징 포지션이 만들어진 것은 아니다. 따라서 방향성 투자라는 글로벌 매크로 전략의 이와 같은 특징 때문에 시장이 크게 한쪽 방향으로 하락하는 상황에서 글로벌 매크로의 성과가 잘 나오게 되는 경향이 많다.

다른 일반적인 헤지펀드 전략과 마찬가지로 Global Macro 전략도 정해진 가격에 대한 무조건적인 매도(hard stop) 지시를 내리는 경우는 거의 없다. 일상적인 상황에서는 포트폴리오 운영과 관련된 전적인 권한은 포트폴리오 매니저에게 있으며 개별 자산에 대한 직접 지시는 없다고 보면 된다. 하지만, 펀드 전체의 성과가 심각하게 손상되거나 특정 포트폴리오 매니저의 수익이 심각하게 악화될 경우에는 특정 포트폴리오를 청산하게 하거나 거래(trading) 중단 등의 조치를 취하게 된다. 중장기적으로는 성과가 저조한 포트폴리오 매니저는 배분되는 자본의 양이 줄어들게 된다.

Global Macro 전략의 레버리지 비율은 RV 전략에 비해 높지 않다. 자산의 움직임이 크게 움직이는 경우가 많아서 굳이 레버리지를 쓸 필요가 없기 때문이다. 보통 2~3배이며 5~6배인 경우도 종종 있다. Global Macro 전략의 레버리지 비율이 8을 넘는 경우는 주의를 요한다. 그러나 상품 선물시장을 대상으로 한 Global Macro 전략은 본질적으로 낮은 증거금을

적으로 경제여건이 개선될 전망 (4) 중국은 금융시장의 안정성이라는 정책기조하에 대규모 경제활성화 조치는 없을 것.

사용하므로 레버리지 비율이 높을 수 있다. 아울러, 방향성 전략에 따른 헤징포지션의 제한
으로 시장의 움직임에 대해 신속한 진출입이 가능해야 하므로 유동성이 높은 자산에 투자하
는 것이 일반적이다.

　Global Macro 전략의 절대강자는 1975년 Ray Dalio가 설립한 Bridgewater Associates이
다. 매크로 전략으로 알려진 이 펀드는 펀드규모만 해도 800억불을 넘고 전체 AUM은 1,200
억불을 넘는 것으로 알려져 있다. 이 회사의 CIO인 Ray Dalio는 2012년 전세계에서 가장 많
은 돈을 번 사람으로 알려져 있다.[118] Bridgewater의 독특한 근무환경도 시장에서는 화젯거
리다. 필자가 들은 바로는 모든 PM은 거래가 끝나는 날 자신이 알고 있는 모든 시장정보를
메모를 통해서 CIO에게 보고해야 한다. PM간의 대화는 사적인 대화말고는 금지되며, 회사

[표 51] AUM 기준 Top 10 헤지펀드(Global Macro)

순위	운용회사	본사 소재지	국가	$ bn AUM (2014.6월)
1	Bridgewater Associates	Connecticut	USA	87.10
2	Brevan Howard Asset Management	London	UK	40.00
3	BlueCrest Capital Management	Guernsey	Channel Islands	32.60
4	GAM Holding	Zurich	Switzerland	24.40
5	Pacific Investment Mgmt Co. (PMCO)	Newport Beach	USA	15.62
6	Discovery Capital Mgmt	Connecticut	USA	15.00
7	Moore Capital Management	New York	USA	14.90
8	Goldman Sachs Asset Mgmt	New York	USA	14.00
9	Tudor Investment Corp.	Connecticut	USA	13.50
10	Fortress Investment Group	New York	USA	13.25

출처: Institutional's Alpha

---

118) Ray Dalio는 4가지 인생의 원칙이 있다고 한다. 1. 원하는 걸 하라 2. 자신만의 의견을 가져라. 3. 자신의
　　견에 대한 스트레스 테스트를 하라. 4. 지나친 자신감을 경계하라.

를 방문한 이에 따르면 회사분위기가 마치 FBI나 CIA 등의 정보기관과 같다고 한다.[119] 이 회사가 발행하는 Daily Observations는 전세계 중앙은행 관계자들과 연기금 매니저들이 반드시 읽어야 하는 보고서로도 알려져 있다. 2번째로 큰 글로벌 매크로 헤지펀드는 Brevan Howard이며 매크로 전략의 AUM이 400억불 가까이 된다. 2013년 7월말 AUM 기준으로 전세계 Top 5 헤지펀드가 Bridgewater($81.9bn), JPMorgan Asset Management($50.6bn), Brevan Howard ($39.73bn), Och-Ziff Capital Management ($37 bn), BlueCrest ($34.21bn) 인데, 5개중 3개 헤지펀드가 글로벌 매크로 전략을 구사하는 펀드이다.

▌1992년 9월 16일, 검은 수요일(Black Wednesday)

유럽환율조정장치(European Exchange Rate Mechanism, ERM)는 1979년에 만들어졌는데, 유럽의 단일통화 구축을 위한 준비단계인 유럽통화제도(European Monetary System)의 핵심이다. 주 내용은 중심국인 독일의 도이치마르크 환율을 기준으로 상하 2.25%, 최악의 경우에는 6%까지만 변동을 허용하여, 사실상 유럽 각국의 통화가치를 일정 범위내에서 고정하는 제도이다. 유럽 각국의 통화가치를 장기간 안정시킴으로써 단일 유로통화를 도입하기 위한 사전 정비작업이었던 셈이다.

하지만 EMS와 ERM 제도의 가장 큰 단점은 EMS의 기축통화와 같은 존재인 독일 마르크화가 항상 안정적이라는 가정이었다. 역설적이게도 유로화 구상은 브레튼우즈 체제의 붕괴에 따른 미국 달러화에 대항하기 위한 것이었지만, 기본적인 틀은 기축통화를 전제로 한 브렌트우즈 체제를 그대로 모방했던 것이다.

영국은 당초 이 제도에 가입하지 않았다. 19세기부터 2차 대전 종전까지 세계의 기축통화였던 자국 통화 파운드화에 대한 자존심 때문이었다. 하지만, ERM을 통해 유럽의 통화가치가 점차 안정되어 가자, 1987년부터 영국은 자국의 파운드화 가치를 독일 마르크화의 가치에 일정 band 내에서 안정화 시키는 shadowing을 하기 시작했다. 2년여에 걸친 shadow를 끝내고 1990년 10월 영국은 마침내 1 파운드에 2.95 도이치 마르크화를 고정하되 상하 2.25%의 변동폭 조건으로 ERM에 가입하였다. 이에 따라 예컨대 1 파운드에 2.778 도이치 마르크화를 벗어나 파운드 가치가 하락하면 영국 정부가 파운드화를 매입하거나 이자율을 올려서 파운드화 가치를 복귀시켜야 했다. 그러나, 영국이 가입할 당시 영국의 인플레이션은 독일의 3배 수준이었고, 실업률 7.1%, 이자율 10%로 최악의 상황을 겪고 있었다. 누가 봐도 파운드화 가치가 독일 마르크화

---

119) 실제로 이 회사는 2010년에 미국 법무부의 수석검찰총장인 James Comey를 영입하기도 하였다. 2013년 현재 James Comey는 FBI 국장이다. 한편, 동 펀드의 투명성에 대해서 의문을 제기하는 FoHF도 있는 것으로 알고 있다.

보다 2.25% 이상으로 하락할 경우, 영국 정부가 이자율을 10% 이상으로 올려 외환시장에 개입할 능력이 없다는 것을 쉽게 알 수 있었다.

엎친데 덮친 격으로 당시 달러 가치가 파운드화 가치에 비해 가파르게 절하되어 1파운드가 1.9달러로 사상최대치에 육박하면서, 영국의 대미 수출가격 경쟁력이 지속 하락하여 1992년에는 실업률이 10%를 넘어서는 등 사회불안이 가중되고 있었다. 1991년 걸프전이 터지면서 보수당 정권은 대처수상에 이어 재집권에 성공하였지만, 이미 경제상황은 이처럼 최악의 상황으로 치닫고 있었다. 당시 보수당 정부는 최악의 실업율, 최악의 이자율, 최악의 파운드高 현상이라는 상황하에서 ERM에 가입함으로써, "장고 끝에 최악의 수"를 던졌다.

ERM의 복병은 전혀 예상치 못한 곳에서 등장했다. 바로 1990년 독일의 통일이었다. 통일 이후 서독정부는 통일 독일의 비용충당을 위해 서독정부의 저축 소득(saving revenue)을 동독 정부로 이관시켰고, 이에 따라 서독정부의 재정적자 비율이 GDP의 5%에서 13.2%로 급격히 확대되었다. 독일 중앙은행인 분데스방크는 막대한 재정적자와 통화팽창으로 인한 인플레이션 압력을 방어하기 위해 이자율을 올릴 수밖에 없었다. 이자율 상승으로 인한 도이치 마르크 가치 상승으로 여타 다른 ERM 가입국들도 통화가치를 올리기 위한 조치를 취해야 하였다.

프랑스나 스페인처럼 이자율과 인플레이션이 높지 않았던 국가의 경우는 이자율 인상, 자국 통화 방어를 위한 외환시장 개입 등 정책여력이 남아 있었으나, 이탈리아나 영국처럼 이자율과 인플레이션이 높았던 국가는 정책여력이 거의 남아 있지 않았다. 아울러, 1992년 봄에 유로통화 가입을 위한 마스트리히트 조약에 대한 덴마크의 국민투표가 부결되면서, ERM 유지에 대한 시장의 회의론이 걷잡을 수 없이 확산되었다. 이에 따라, 거의 모든 유로통화가 ERM 밴드 하단에서 거래되었고, 결국 1992년 9월 13일 이탈리아가 자국통화 리라를 평가절하한 후에 ERM을 탈퇴하였다. 독일이 이탈리아 리라의 평가절하를 막기 위해 이미 시장에 240억 마르크를 쏟아 부은 후였다.

이 즈음에 파운드화는 2.79 도이치마르크에 거래되면서 밴드 최하단에 위치하고 있었다. 영국 중앙은행인 영란은행은 파운드화를 대량으로 매입하면서 파운드화 가치 하락을 방어하는 포지션을 구축하였다. 글로벌 매크로 전략의 헤지펀드는 영국의 경제여건이 파운드화의 가치를 유지할 능력이 안된다고 판단하고, 영국 파운드화에 대한 대규모의 short position을 구축했다. 특히, 조지 소로스의 퀀텀펀드는 막대한 레버리지를 동원하여 영국 파운드화를 공격하였다. 조지 소로스의 파운드화 short position은 nominal 금액으로 65억 파운드화로 당시 달러화로 환전하면 130억불에 이르는 천문학적인 숫자였다.[120] 조지 소로스의 포지션은 파운드화에 대한 short position 에만 국한되지 않았다. 파운드화가 결국에는 평가절하될 것이라고 판단한 그는, 이에 따른 영국 경제의 회복을 예상하면서 3.5억 파운드, USD로 7억불 규모의 영국 국내 주식을 매수하였다. 1992년 9월 16일, 영국 재무성은 정책금리를 10%에서 12%로 올렸다. 시장의 공격이 멈추지 않

---

120) David Litterick, "Billionaire who broke the Bank of England," The Telegraph, Sep 13, 2002

자, 오후에는 12%에서 다시 15%로 올렸다. 하루에 정책금리를 두 차례나 올리는 영화 같은 일이 벌어졌다. 역시 시장의 공격은 멈추지 않았다. 9월 16일 저녁 7시, 당시 영국 총리 John Major는 ERM을 탈퇴한다고 공식 발표하였다.

결국 조지 소로스의 view는 적중했다. 당시 영국의 경제상황으로는 영국 파운드화 가치를 ERM 밴드내에서 유지할 능력이 없었던 것이다. 가입할 때부터 독일보다 3배나 높은 인플레이션을 겪고 있는 영국의 통화 파운드가 독일 마르크보다 약 3배나 고평가 되어 거래될 수 있다는 것은 누가 봐도 넌센스였다. 더구나, 실업률이 10%를 넘는 상황에서 이자율을 올려 통화가치를 유지한다는 것도 논리적으로 가능한 이야기가 아니었다. 유일한 방어선이 영란은행의 파운드 매입이었는데, 소로스가 해야 할 일은 오로지 막대한 레버리지로 파운드화에 대한 short position만 취하면 되는 일이었다. 영란은행의 유일한 실수는 소로스의 자금동원능력을 과소평가하였다는 것이다. 그는 외환 포지션에서만 10억 파운드를 벌었다. 주식 long position에서는 얼마를 벌었는지 알려지지 않았다.

이 사건으로 인해 영국 보수당 정부는 회복 불가능한 타격을 입고 몰락했다. 1979년부터 3년 연속 집권에 성공했던 보수당 정부는, 검은 수요일 이후 지속적인 지지율 하락을 겪으며 1997년 토니 블레어가 이끄는 노동당에 대패해 재집권에 실패했다. 이후 2005년 총선까지 3연패를 하였고, 2010년 총선에서 다수석을 차지했으나 과반수 획득에는 실패하여 자유민주당과 연립정부를 구성하고 있다. 소로스가 이끄는 글로벌 매크로 전략의 헤지펀드가 한 국가의 정치 지평을 바꾸어 놓았다고 이야기하면 지나친 것일까?

5) CTA

원래 Commodity Trading Advisor란 여러 사람으로부터 자금을 모집하여 상품선물에 투자하는 신탁인 Commodity Pool Operators (CPO)를 운영하는 투자운영자를 의미한다.[121] 이러한 상품선물투자자의 투자전략은 주로 과거 추세를 기초로 미래 추세를 예측하여 투자하는 방식으로 이루어졌는데, 이를 헤지펀드가 차용하면서 이 전략을 CTA (Commodity Trading Advisory) 전략이라고 불렀다. CTA 전략은 글로벌 매크로 전략의 일환으로 출발하였으며, 원자재 선물시장의 가격 추세에 대한 방향성 베팅이 그 시작이다. 예컨대 급작스런 중동정세의 악화로 원유의 현물가격이 상승하면 원유의 선물 곡선이 근월물에서 급등하는

---

121) 보통 투자운영자(investment manager)는 펀드의 운영과 투자 전체를 총괄하는 이를 의미하며, 투자자문사(investment advisor)는 펀드의 투자관련 모든 활동을 책임지면서 펀드 운영과 관련된 활동은 별도의 주체가 책임지고 수행하는 경우를 의미한다.

백워데이션 모양을 취한다. 이 때 원유에 대한 투기적 거래자가 근월물에 대한 long position 을 취하고 있었다면 이를 매각함으로써 이득을 취할 수 있을 것이다. 원자재 선물 베팅으로 시작한 CTA 전략은 주식선물, 이자율 선물, 통화 선물 등으로 거래 대상을 확대시켜 오늘에 이르렀다.

CTA 전략은 앞서 언급한 글로벌 매크로 전략의 일환으로 시작되었으며, 1970년 F. Helmut Weymar가 뉴저지의 프린스턴에서 설립한 Commodities Corporation이 구사한 전략이 그 효시라고 한다.[122] Commodities Corporation은 철저히 모델에 근거한 콴토 전략을 회사내 주요 전략으로 보유하고 있었는데, 이 콴토 전략이 주로 원자재 시장을 대상으로 적용되었는바, 후일 이 전략을 구사한 이들을 Commodity Trading Advisor로 부르면서 CTA가 확산되었다. 이 회사는 자신의 콴토 모델을 Technical Computer System(TCS)라고 불렀는데, Frank Vannerson이라는 이가 처음으로 만들었다고 한다. Commodities Corporation은 콴토 모델 말고도 일반적인 매크로 전략을 회사의 또 다른 전략부서로 운영하고 있었는데, 후에 Caxton Corporation을 설립한 Bruce Kovner, Tudor Investment Corporation을 설립한 Paul Tudor, Moore Capital Management를 설립한 Louis Bacon 등의 전설적인 글로벌 매크로 매니저들을 배출하기도 하였다.

CTA는 예컨대 원자재 선물곡선에 대한 투기적 거래에서 필요한 매매 시점을 주로 모델을 통해서 포착한다.[123] 매매시점을 판단하는 signal과 보유기간의 주기에 따라서 CTA는 단기, 중기, 장기 CTA로 구분된다. 즉, 통상 일주일 이내의 daily basis로 거래를 하는 CTA를 단기로 분류하고, 3~4주 단위로 signal을 포착하여 매매를 하는 중기 CTA, 2~3개월 이상의 단위로 signal을 포착하고 매매하는 CTA를 장기로 분류한다. CTA 펀드를 선정하기 전에는 글로벌 매크로 동향에 따라서 작동하는 모델에 따라 성과의 차이가 크게 나므로, "매매기간"에 대한 사전 확인이 반드시 필요하다.

통상적인 CTA 모델 개발 절차는 우선 헤지펀드 내 researcher들이 자신의 아이디어를 바탕으로 새로운 모델을 구축한다. 모델 구축을 위해서 사전에 헤지펀드는 목표 변동성과 목표 수익률을 부여하게 되는데, 주어진 목표 수준 내에서 모델이 구축된다. 구축된 모델에 대

---

122) Andrew Rozanov, 앞의 책

123) 모델은 크게 3가지로 대별된다. 첫째, 가격의 추세가 평균으로 회귀한다는 mean reversion 전략, 둘째, 특정 사건이 발생하였을 때 가격의 변화를 추적하는 momentum 전략, 셋째, 특정 자산의 가격추세가 지속된다는 trend following 전략이 그것이다. 모델이 아니라 개인적인 판단에 따라서 매매시점을 포착하기도 하지만 이는 전체 CTA 펀드의 10%도 되지 않는다.

해서는 여러 방식의 test를 수행하는데, 어떤 헤지펀드는 시뮬레이션 방법을 통해 모델을 테스트하고 어떤 헤지펀드는 회사내 전문가들 그룹의 토론을 거치기도 한다. 한편 이와 같은 테스트 과정에서 실제 시장에서 거래가 실행 가능하도록 특정 요소들이 부가되어 모델이 조금씩 수정되기도 한다. 이처럼 전체적인 테스트를 거친 후에는 내부 투자심의회에 상정되게 되는데, 투자심의회에서 통과된 이후에는 최소한의 자금만으로 모델을 실제 적용하고 성과를 모니터링하면서 점차적으로 투하자금을 늘려나간다. 투하자금 투입 이후에는 모델에 대한 모니터링을 수행하게 되는데, 모델의 성과가 좋지 않을 때는 투자하자금을 줄이거나 모델을 수정하거나 아예 모델을 폐기하기도 한다. 필자가 보기에는 모델의 성과가 좋지 않을 경우 모델을 수정하거나 폐기하지 않고 투하자금을 줄이는 방식으로 대응하는 것은 바람직하지 않다고 본다. 왜냐하면 이미 모델의 설명력이 떨어졌다는 것은 α 창출력이 그만큼 떨어졌다는 뜻인데, 이를 수정하거나 폐기하지 않고 그대로 모델을 사용하는 것은 시장의 변화를 충분히 따라가지 못할 가능성이 매우 높기 때문이다. 따라서 CTA 전략을 구사하는 헤지펀드를 선정할 경우에는 모델의 지속적인 수정 및 폐기를 수행하는 매니저들을 중심으로 선정하는 것이 바람직하다고 본다.

실제로 2012년부터 2014년 현재까지 전세계적으로 CTA의 성과가 좋지 않았다. 이는 모델에 따른 시장의 설명력이 떨어지고 FRB나 ECB가 발표하는 정책효과에 따라 글로벌 시장의 변동성이 인위적으로 억제되었기 때문이다. 특히, CTA의 매수·매도 시그널은 일반적으로 해당 자산의 추세곡선에 후행하게 된다. 시그널의 전환에 따라 매수, 매도 포지션을 전환하였는데 자산의 중기 추세를 바꾸기 위해 그 시점에 정책이 개입하게 되면 전환된 포지션에서 손실이 나오면서 "뒷북"을 치게 되는 결과가 나올 수 있다. 예컨대, 2~3개월 단위의 signal을 포착하는 장기 CTA의 경우에는 2012년부터 지금까지 정책효과에 따른 시장움직임과 거의 완전히 반대의 포지션을 취함으로써 막대한 손실을 입었다.[124] 장기 CTA의 경우에는 시장의 추세가 정책효과로 인해 바뀌었다고 하더라도 최소한 2~3개월 동안은 signal을 관찰하면서 보유포지션을 전환하지 않으므로 손실을 보더라도 모델이 지시하는 대로 포지션을 유지해야 한다. 보유기간 평균 일주일 내외의 단기 CTA 전략의 헤지펀드도 2013년 5월부터 10월

124) 예컨대 2012년 6월 29일, 지지부진하던 유럽의 재정위기 이슈를 해결하기 위해 모인 EU 정상회담에서 유로안정화기금(ESM)의 역내은행 직접지원, 구제기금을 위기 국가의 국채매입에 직접 투입하겠다는 시장 안정화 조치가 발표되자, 위험자산의 가격이 폭등하고 채권시장이 급격한 약세로 돌아섰다. 이날 하루에 WTI 원유는 9.4% 폭등하였다. CTA 전략을 구사하는 거의 모든 헤지펀드가 이날 하루에 5% 이상의 대규모 손실을 기록하였다.

243

까지, 시가와 종가는 거의 같지만 장중에 가격이 급격하게 변동하는 이른바, 톱니바퀴 움직임(Whipsaw)이 발생하면서 막대한 손실을 입었다. 특히 장중의 톱니바퀴 움직임이 2~3개월 동안 하향 추세를 시현한 자산에 포지션을 취하였다면, 단기 CTA 전략 중 trend following 전략을 구사하지 않는 헤지펀드에게는 치명타가 되었다. 만약 헤지펀드 매니저가 이 모델을 수정하거나 폐기하지 않고 계속 고수하게 되면 헤지펀드의 손실은 너무나 자명하게 되는 것이다. 최근에는 CTA 전략을 구사하는 많은 헤지펀드가 동일 시장에 뛰어들어 모델 상호간 경쟁이 심해지면서, 모델의 설명력이 갈수록 떨어지는 이른 바 α-decay 현상이 갈수록 심화되고 있는 것도 또 하나의 중요한 원인이다. 따라서 최근에는 CTA 전략을 구사하는 헤지펀드가 넘쳐나는 시장이 아닌, 경쟁자가 적은 새로운 시장을 찾아서 모델을 구축하여 CTA 전략을 구사하는 헤지펀드의 성과가 돋보이는 추세가 강화되고 있다.[125]

　CTA 전략은 주식, 채권, 원자재, 통화 등의 자산군을 대상으로 변동성을 일정 비율 이하로 통제하기 위한 일종의 방어 포트폴리오를 구성한다. 예컨대 전통적인 시장환경 하에서는 주식이 상승하면 채권시장이 침체(bearish)되고 주식시장이 침체되면 채권시장이 상승(bullish)하는 등, 자산간 낮은 상관관계 혹은 역의 상관관계를 이용하여, 자산간 배분비중을 조정함으로써 변동성을 일정 수준이하로 통제하는 것이 가능하였다. 그러나, 최근 시장 환경이 risk on/risk off 국면으로 전환되면서 자산간 상관관계가 매우 높아졌다. 예컨대, 주식시장이 폭락하면 덩달아 채권가격도 폭락하는 식이다. 이는 시장 전체의 불확실성이 높아지고 시스템 위험이 높아지면서, 시장 전체의 쏠림현상이 강화되는 데 따른 것이다. 이에 따라 CTA 전략의 변동성 수치 자체가 올라갔다. CTA 전략이 다른 전략에 비해 변동성이 10% 내외로 높은 상태인데다가, 최근의 금융환경 변화로 인해 CTA 전략의 변동성이 더 심화되는 결과가 초래된 것이다. 아울러 시장 자체의 동력에 따른 추세보다는 정책적 개입에 의한 변동성이 시장을 지배함에 따라 과거 데이터를 바탕으로 한 추세전략의 효율성이 갈수록 저하되고 있다. 현재의 시장환경이 이와 같은 risk on/risk off 현상의 일상화와 정책적 개입의 효과가 극대화되는 것이라면 CTA 전략을 적극적으로 헤지펀드 포트폴리오에 편입하는 것은 바람직하지 않다. 만약 다변화 차원에서 편입이 꼭 필요한 것이라면 보유기간을 다양화거나 다른 CTA와 차별적인 시장을 주요 활동 무대로 한 CTA 전략을 소규모로 편입하는 것은 고려해 볼만하다.

　반면 CTA 전략의 장점은 주요 포트폴리오의 대상인 주식, 이자율, 원자재 및 통화관련 선

---

125) 이의 대표적인 CTA 헤지펀드가 MAN 그룹의 AHL Evolution이다.

물 포지션의 유동성이 매우 높다는 것이다. 이는 모델에 따른 순간적인 시장의 진입과 탈퇴가 시스템에 따라 결정되어야 하므로, 유동성이 높지 않으면 이와 같은 순간적인 진입 및 탈퇴 전략이 불가능하다는데 그 원인이 있다. 예컨대 모델에 따라 진입할 가격이 A 가격 근처였다면 시장에 큰 충격을 주지 않고, A 가격 근처에 진입할 수 있어야 한다. 만약 A 가격 근처에 진입하지 못한다면(이를 통상 slippage라 부른다), 모델의 설명력이 떨어지고 탈퇴 전략에 심각한 영향을 미치게 될 가능성이 높다. 따라서 수 백만분의 1초 동안 거래를 성사시키기 위한 trading platform과 맞춤형 소프트웨어 개발도 CTA 전략의 헤지펀드에게는 매우 중요한 인프라가 되겠다.

나아가 유사시 헤지펀드 회사 내 IT 인프라를 복구하기 위한 Disaster Recovery 또한 매우 중요한 인프라이다. 보통 2~3개의 복제 시스템을 여러 개의 도시에 분산시켜서 어떤 이유로 한 시스템이 작동하지 않을 경우, 다른 시스템이 이를 대신하여 거래를 수행할 수 있도록 하여야 한다. CTA 전략이 가진 또 하나의 전통적 장점은 2008년과 같이 시장전체가 공포에 가까운 자유낙하를 할 때 CTA가 자산하락에 적절한 베팅 포지션을 잡고 있었다면 다른 전략과 달리 이익을 취할 가능성이 높다는 점이다. 이 점에서 CTA 전략은 시장의 급격한 하락으로 인한 포트폴리오 전체의 하락을 일부분이나마 헤지할 수 있는 전략이라고 보면 된다. 하지만 이와 같은 CTA 전략의 전통적 장점은 최근 시장 환경의 변화로 과거 수준과 비슷하게 나타날 가능성은 그렇게 높지 않다고 본다. 따라서 2014년 이후에는 CTA 전략을 헤지펀드 포트폴리오에 편입시키기 위한 고민이 갈수록 깊어지는 것 같다.

CTA 중 가장 규모가 큰 펀드를 운용하는 운용사는 Winton이다. 1997년에 설립되었으며 영국 런던에 본사가 있다. 런던 외에도 옥스퍼드, 홍콩, 쮜리히 등에 사무실이 있다. Winton은 연기금(25%), 국부펀드(15%), FoFH(6%)보다 투자은행(33%)이 최대 투자자라는 특징이 있다. 임직원 수는 2014년 4월말 기준으로 임직원은 285명, AUM은 253억불이다. 임직원 285명 중 리서치 관련 인력이 124명으로 전체의 절반에 이른다. 리서치 인력은 런던과 옥스퍼드에 각 54명, 56명이 배치되어 있어 런던보다 옥스퍼드가 리서치의 중심 역할을 하고 있다. 모델 개발을 위해 계리학, 금융수학, 천문학, 천체 물리학 석박사 소지자들 위주의 과학자들 127명을 고용하고 있다. 모델 개발을 위한 초기 단계로 수십억 개의 시장 이벤트들을 모두 기록한 후, 데이터 에러 및 아웃라이어, 급작스러운 변동 등을 제거하여 데이터를 일정 양식으로 가공한다. 데이터가 가공된 이후에는 향후 변동성을 예측하기 위한 상관관계 및 패턴 확인 작업에 들어간다. 이 단계가 가장 핵심적인 과정이다. 이 과정이 끝나면 프로젝트, 팀, 본부 단에서 해당 모델에 대한 검증에 들어간다. 해당 모델이 적절하다고 판단되면 투자

심의회에 상정이 되어 실제 투자에 활용된다. 통상적인 보유 기간은 3개월 내외의 장기 CTA 전략을 구사한다. 실제 포트폴리오 구축에 적용된 이후에는 지속적인 모니터링이 수행되고 성과가 좋지 않을 경우 해당 모델은 수정되거나 제거된다. 하지만 모델이 제거되기 전까지는 통상 2~3년 내의 관찰기간을 거쳐야 한다. 2014년 3월 기준으로 최근 3년간 연변동성은 8% 내외로 다른 CTA 펀드에 비해 낮은 편이다. 다만, 최근 3년간 연수익률은 3.2%로 다른 CTA 펀드보다 수익률이 떨어지는 단점이 있다.

설립자이면서 CEO인 David Harding은 1987년에 CTA 회사인 Adam Harding & Lueck (AHL)을 공동으로 설립하면서 CTA 전략의 경험을 쌓아 나갔다.[126] AHL이 MAN 그룹에 인수되면서 David이 회사를 새롭게 설립한 곳이 Winton이다. David이 Winton 지분 55%가량 소유하고 17%는 임직원이 보유하고 있다. Winton은 전형적인 추세추종형 CTA로 출발하였고, 다른 CTA에 비해 보유기간이 3개월로 다소 길다. 투자 대상은 주가지수, 채권, 통화 및 원자재 선물이고 펀드의 변동성 목표는 10%이다. 타 CTA 펀드에 비해 최대하락률 수치가 양호하며 매년 성과가 일정하다는 장점이 있다. 2010년부터는 추세추종형 투자 외에 개별 주식에도 투자하는 비추세 추종형 전략을 가미하고 있다. 이는 사실상 Equity Market Neutral 전략과 동일하다는 점에서 전통적인 CTA 전략의 변형을 시도하는 것으로 보인다.

[표 52] AUM 기준 Top 10 헤지펀드(CTA)

순위	운용회사	본사 소재지	국가	$ bn AUM (2013.7월)
1	Winton	London	UK	25.30
2	Blue Crest	London	UK	15.00
3	MAN	London	UK	14.10
4	Transtrend	Rotterdam	Netherlands	7.90
5	Aspect	London	UK	6.23
6	Cantab	Cambridge	UK	4.60
7	QIM	Virginia	USA	4.20
8	Campbell	Maryland	USA	2.80
9	Millburn	Connecticut	USA	1.70
10	Amplitude	Grand Cayman	Cayman Islands	1.50

출처: 한국투자신탁운용

---

126) 이 설립자 중 Adam이 후에 설립한 회사가 또 다른 CTA 회사인 Aspect이다.

2014년 이후 이와 같은 cash equity 전략을 포함한 비추세 추종형 전략 비중을 높이고 있는데 2014년 3월 현재 40%를 차지한다. 비추세 추종전략에 대한 향후 투자성과가 주목된다.

6) Event Driven

Event Driven 전략이란 특정한 사건의 발단으로 인한 거래기회의 포착이 핵심이다. 특정 사건으로 분류되는 대표적인 사례들은 파산, 합병, 규제변화, 자사주 매입, 소송, 투자자변경, 혹자전환 등 매우 다양하다. 어떤 이는 activism을 event driven 전략의 하나로 분류하기도 한다. 특정 사건이 발생하면 시장가격이 균형가격에서 짧은 시간에 급격히 멀어지게 되므로 가격조정의 비효율성을 활용한 수익 확보전략을 추구하는 것이 가능하다. Event Driven 전략 중 가장 전통적인 거래전략은 기업 합병 차익거래(merger arbitration)이다. 인수기업의 주가는 내려가고 피인수기업의 주가는 올라가는 특성을 이용하여 M&A 발표를 전후로 인수기업 주식에 대해서는 숏 포지션, 피인수기업 주식에 대해서는 롱포지션을 구축한 후에 포지션을 청산하여 수익을 추구한다. 기업 합병 차익의 최초 고안자는 골드만 삭스의 파트너였던 구스타프 레비(Gustave Levy)라고 한다.[127] 하지만 기업인수 합병이 성행하기 전에는 적극적으로 구사된 전략은 아니었다고 한다. 기업 인수 합병의 물결은 1980년대 규제완화를 맞이하여 성행하기 시작했는데, 이 시기의 M&A 합병 차익 전략은 마이클 밀컨(Michael Milken), 이반 보에스키(Ivan F. Boesky), 데니스 레바인(Dennis Levine), 마틴 시걸(Martin Seagal) 등과 같은 걸출들을 탄생시켰다.[128] 이 시기에는 M&A 활동이 급격히 증가하면서 event driven 전략을 구사하는 헤지펀드들이 활발히 활동하였다. 주의할 것은 event driven 전략은 시장 전체의 방향성이 아니라 개별 주식의 특정 사건을 중심으로 포지션을 취하는 바, 전체 시장의 움직임에 영향을 덜 받는 α 전략을 추구하는 것이 일반적이라는 점이다. 결국 event driven 전략은 시장의 움직임과 관련성이 적은 개별 event를 확인하고 투자기회를 발굴하여 포착하는 것이 핵심적인 경쟁력이다. 아울러, 시장의 β 움직임에 영향을 최소화하기 위해 특정 사건을 예측하여 특정 주식에 long position이 많은 경우에는 전체 주식 인덱스 혹은 CDS 매수를 통해 short position을 취하여 전체 포트폴리오의 β를 축소하는 헤징전략을 추구한다.

127) Francois-Serge Lhabitant, Hedge Funds, 이든디자인, 2008.

128) Francois-Serge Lhabitant, 앞의 책. 특히 이반 보에스키는 올리버 스톤이 감독한 영화 Wall Street의 고든 게코의 실제 모델로 알려져 있다.

또 다른 예는 파산이다. 예를 들어 2002년 EnPro라는 기업은 개스킷, 베어링, 컴프레서 부품 등을 제작하는 회사인데, 계열사 중의 하나가 석면에 대한 배상소송에 직면하면서 2010년에 파산을 신청하였다. 해당 헤지펀드는 동 회사의 파산사건을 전후로 석면판례 검토, 예상 석면보상규모, 잠재적 세금 및 보험 영향 등을 종합적으로 분석한다. 해당 기업의 주가는 석면 소송으로 인한 파산이라는 "Event"로 인해 과다하게 저평가될 가능성이 매우 높다. 해당헤지 펀드 매니저의 분석결과 시장 가격이 지나치게 낮다고 판단되면 동 기업의 주식을 매입한다. 실제 이 기업은 2014년 1월 법원의 최종 배상액이 시장의 예상보다 낮게 나오면서 주가가 60불 근처에서 80불로 수직 상승하였다.[129] 실패 사례도 있다. 자동차 부품회사였던 Delphi는 GM을 최대 수요처로 하여 사업을 영위하고 있었다. 2008년 4월 당시 DIP 상태였던 Delphi는 채권자에게 만기 6개월 연장을 요청한 후 채권자가 합의하여 2008년 12월 31일로 채무기한이 연장되었다. 만약 이 당시 Delphi의 사업상태가 건전하고 DIP의 채권 전액을 보전해 준다는 특성이 있어 투자가 적절하다는 판단이 서면, DIP 대출에 par 대비 90 내외의 가격으로 진입할 수 있다. 2008년 DIP C 채권의 가격은 90 근방이었고, 실제로 이 시기에 다수 헤지펀드가 동 채권을 매입하였다. 문제는 2008년 9월 리먼 사태가 터지면서 2008년 10월 Delphi가 DIP 채권자에게 추가로 6개월 연장을 요청하고 2009년 3월에는 GM 및 Chrysler가 파산신청하면서 채권 가격이 20 밀로 급락하면서 발생했다. 이에 따라 많은 event driven 헤지펀드들이 동 포지션에서 손실을 경험한 것으로 알려져 있다.

한편 event driven의 본질적 특성상 개별 포트폴리오의 방향성에 따라 투자성과가 좌우되면서 변동성이 커지는 단점이 있다. 전체 주식 인덱스나 CDS 매수로는 event driven 자체가 보유한 변동성을 충분히 헤지하는 것이 불가능하다. 따라서 다른 전략에 비해 변동성이 높은 것이 특징이다. 보통 7~8%의 연변동성을 가지는데 변동성이 가장 적은 multi 전략이 3~4% 내외의 변동성을 가진다는 점을 감안하면 상대적으로 변동성이 크다. 하지만 1990년 1월부터 2014년 4월까지 S&P500의 변동성이 14.78% 임을 감안하면 event driven 역시 주식시장보다 적은 변동성이라는 헤지펀드의 특성을 그대로 가지고 있다. 이에 따라 event driven을 헤지펀드 포토폴리에 담을 경우에는 multi 전략을 구사하는 헤지펀드를 담는 것이 바람직할 수 있다.

---

129) 헤지펀드 매니저들은 이 경우 법원의 판결을 Catalyst라고 부른다.

[표 53] 헤지펀드와 주식의 수익, 변동성, Sharpe Ratio 비교

기간	연수익(%)		연변동성(%)		Sharpe Ratio	
	HFRI	S&P500	HFRI	S&P500	HFRI	S&P500
3 Year	2.44	13.82	5.36	12.42	0.45	1.11
5 Year	7.14	19.13	5.71	13.52	1.24	1.41
10 Year	5.57	7.66	6.37	14.68	0.63	0.41
1990.1~	10.82	9.42	6.86	14.78	1.09	0.41

2014.4.30. 기준

최근의 event driven은 M&A 이외에도 특별한 사건을 계기로 가격에 mispricing이 발생한 이른 바 special sits 전략을 포함한다. 이 경우는 주식, 채권, CDS, Mezzanine 등 거의 모든 자산형태가 관련되게 된다. 예컨대 Lehman의 파산으로 가격이 급격히 하락한 채권을 매수하거나 파산 절차에 돌입하여 재무건전성이 점차 회복될 것으로 예상되는 GM의 주식을 매입하는 전략이 그것이다.

Event driven 전략을 구사하는 대형 헤지펀드는 Lehman Brothers 포지션을 많이 보유하고 있다. Lehman은 지주회사와 많은 자회사들을 거느리고 있었는데, 지주회사 격인 Lehman Brothers Holding Inc. (LBH), 리먼의 유럽사업을 총괄하던 Lehman Brothers International Europe (LBIE) 등이 그것이다. 2008년 당시 이들 회사의 채권은 가치가 거의 "0"였다. 당시 리먼의 파산이 자산에 문제가 있었다기 보다는 일시적인 유동성 부족이라고 판단한 헤지펀드들은 이 회사의 채권을 거의 무상으로 대량 매입하였다. 당시 시장상황이 패닉에 가까운 상태였다는 점을 감안하면 리먼의 채권을 대량으로 매입하는 것은 웬만한 분석능력과 자신감 없이는 불가능할 것이라는 점이 일반인의 생각일 것이다.

하지만, event driven 전략을 구사하는 헤지펀드에게 리먼의 파산은 글자 그대로 "노다지"였다. 동 전략의 헤지펀드 매니저들은 이미 80년대 드렉셀번햄램버트(DBL)의 부도사건을 지켜본 이들이 많았다고 한다. 부도 당시 0이었던 채권가격이 몇 년 지나지 않아 par로 거래되는 실제 사례가 DBL이었으니, 이들에게 리먼의 파산은 그야말로 하늘에서 음식이 내리는 영화와 같은 상황이었다. 예컨대, 2008년 금융위기의 진원지였던 LBIE 채권은 파산 당시 가격이 거의 "0"이었으나, 2014년 현재 무담보 채무자에게도 스케줄에 따라 완전히 상환되고 있으며, 이를 모두 상환하고도 무려 50억 파운드, 달러로 80억불이나 되는 현금이 남아 있다고 한다.[130]

특히, 2014년 중반에는 개도국의 파산을 예측하며 포지션을 취하는 것도 유행이라고 한다. Event Driven 전략을 구사하는 T 헤지펀드의 경우 베네주엘라, 우크라이나, 아르헨티나 3개국을 "3 stooges" 라 부르며 CDS를 집중 매입하고 있다고 한다. 그들의 계산에 따르면 이들 국가의 부도확률은 30% 정도로 계산되고 있는데 시장에서 거래되는 CDS 가격은 부도확률을 15% 정도로 반영해서 거래되고 있다는 것이다. 실제로 아르헨티나는 2001년에 1,320억 달러 규모의 채권에 대해 원리금 지불을 유예하는 모라토리엄을 선언하였다. 그 후 2005년과 2010년, 채권 투자자들을 대상으로 원금의 71~75%를 탕감하고 아르헨티나 경제가 회복되면 가격이 올라가도록 설계하여 부도난 채권을 새로운 채권으로 교환해 주겠다고 제안하였다. 이에 투자자들 중 93%가 동의하였다. 2014년 5월에는 아르헨티나와 국제채권단 그룹인 '파리클럽'은 2014년 4월까지 남아있는 채무 총 97억 달러를 향후 5~7년 사이에 분할 상환한다는 방안에 합의하였다.

하지만, Oilfant fund, Aurelius Capital Management, Elliott Management의 NML Capital 등 미국의 일부 헤지펀드는 자신들의 채무액 13.3억불을 전액 변제하라며 채무재조정을 거부하면서 아르헨티나 정부를 상대로 미국 법원에 소송을 제기하였다. 당시 채권발행 계약의 준거법이 아르헨티나 국내법이 아니라 미국법이었기 때문에 가능했다. 동 헤지펀드들 주장의 핵심은 과거 부도난 채권에 대한 변제를 하지도 않고 새로운 국채의 이자를 지급하는 것은 말도 안 된다는 것이었다. 동 소송 이전에도 이 헤지펀드들은 아르헨티나 정부를 상대로 채무 전액변제를 강력히 요구하였는데, 심지어 Elliott Management는 2012년에 아프리카 가나 항에 정박하였던 아르헨티나의 군함을 실제 압류하기도 하였다. 웃지 못 할 일이지만, 이 사건 이후에 아르헨티나 대통령의 해외 출장은 자국의 전용 항공기가 아닌 영국의 전세 비행기를 통해 이루어졌다. 또 다른 압류 가능성 때문이었다. 하여튼 2014년 미국시간으로 6월 16일 미국 연방 대법원은 아르헨티나의 동 헤지펀드들에 대한 채무재조정 신청을 받아들이지 않는다고 판결하였다. 이는 아르헨티나가 6월 30일까지 동 헤지펀드업체들에게 13.3억불의 채무를 현금으로 변제해야 함은 물론이고, 채무재조정에 합의하지 않은 나머지 채권자들 채무액 150억불에 대해서도 변제를 해야 하는 상황임을 의미한다. 아르헨티나 외환보유고는 280억 달러로 사실상 아르헨티나 정부의 디폴트가 현실화될 가능성이 매우 높아졌다. 이날 하루 아르헨티나 5년 CDS 프리미엄은 1,744에서 2,349로 수직상승하였다. 다음 날에는 S&P가 아르헨티나 신용등급을 CCC-로 종전보다 두 단계 낮추었다. 전세계 최저이다. 3

---

130) Financial Times, March 5, 2014

Stooges에 투자한 헤지펀드 역시 많은 돈을 벌었을 것으로 추정된다.

아울러, 매크로 환경도 2011년 이후 채권의 spread가 tighten되면서 과거 국채 시장에 접근이 어려웠던 남미국가들, 몽고, 가나, 레바논 등이 국채를 많이 발행하였다. 하지만, 2014년 미국이 tapering을 시작하고 금리 인상 가능성을 언급하기 시작하자 부도 위험이 증가하여 발행채권의 리스크 프리미엄 역시 상승했다. 이와 같은 환경변화를 활용하여 투자 기회를 모색하는 것 역시 event driven 전략의 일환이다.

그 다음 주요 전략은 구조화된 금융상품으로, 주로 distressed 된 기업이나 그 실물자산, 그리고 부동산을 대상으로 구조화 상품을 만드는 경우가 많다. 이 점에서 PEF나 부동산 펀드의 distressed 전략과 겹치는 면이 많다. 일반적으로 이 경우에는 주요 투자대상이 주식, 채권과 같은 유동성이 높은 자산이 아니라 기업 실물자산, 부동산, 선박 등의 실물, 혹은 이를 바탕으로 한 신탁구조의 convertible preferred stock 등의 주식, mezzanine 등의 대출 및 ABS, CDO 등의 구조화된 자산 등 대체로 유동성이 낮은 자산이 많다. 구조화된 금융상품에서 헤지펀드의 역할은 2008년 금융위기 때 확인된 바가 있다. 특히 2008년 이전 CDO 시장은 투자은행과 헤지펀드가 양분하여 시장을 선점하고 있었는데, 2008년 이후에는 투자은행의 역할은 감소하고 대형 헤지펀드가 시장을 거의 독점하고 있는 실정이다.

예컨대 2008년 금융위기 이전까지 유럽 은행들은 2조 달러에 달하는 대규모의 기업 합성 CDO를 발행하여 판매하였다. 유럽 은행들은 이와 같은 CDO 거래를 위해 전담조직을 운영하기까지 하였다. 그러나 2008년 이후 은행에 대한 자본규제가 심화되자, 유럽 은행들은 CDO 신규발행을 중단하고 전담조직까지 폐쇄하게 된다. 이에 따라 전담조직이 보유하고 있던 기업 합성 CDO 포지션이 대량으로 시장에 매물로 출현하였는데, 이와 같은 매물의 대부분을 event driven 전략이나 크레딧 전략 전문 헤지펀드가 매수하게 된다. 대표적인 사례가 Credit Agricole이 보유한 기업채권 다발을 Blue Mountain이 인수한 사례가 있다. 헤지펀드는 동 CDO 채권을 deep discount로 할인해서 매입하고, 유럽은행은 이를 유동화하여 자본확충에 사용하게 된다.

2014년 8월말 현재 유럽에서 진행되는 금융권에 대한 규제강화 역시 event driven 전략의 헤지펀드들에게는 무한한 기회를 제공하고 있다. 특히, 기존의 유럽 은행 들이 보유하고 있는 부동산, 각종 악성 대출 등이 시장에 지속적으로 출현되고 있는데, 이러한 부실자산 중 상대적으로 건전한 자산을 싼 가격에 매입하려는 헤지펀드들의 경쟁이 치열한 상황이다. York Capital에 따르면 20여개 헤지펀드 매니저들이 현재 유럽에서 출회되는 매물을 대상으로 치열한 경쟁을 벌이고 있다고 한다.

마지막으로 ELS 전략 중에서도 기업에 대해 특별이 발생하는 사건을 계기로 long/short 포지션을 취하는 경우도 event driven으로 분류 가능하다.[131] 예컨대 필립스가 적자 부분이 발생하는 반도체 부문을 분사하겠다고 발표하는 경우 필립스에 대한 long 포지션을 잡는 것이 가능한데, 이런 전략이 바로 event driven ELS 혹은 special sits이다.

2014년말 현재 event driven 전략 중 가장 큰 규모를 자랑하는 헤지펀드 매니저는 미국의 Och-Ziff이다. Bridgewater ($83.3bn), JPMorgan Asset Management ($59.0bn), Brevan Howard ($40.0bn), BlueCrest ($32.6bn)와 더불어 글로벌 Top 5 헤지펀드 운용사이다. 2014년 6월 현재 AUM은 361억불에 이른다. 1994년 설립 당시 출판 재벌인 Ziff Family로부터 1억불의 초기 자금을 받아 Family Office의 자금관리로 시작하여 4년 만에 400% 성과를 시현하여 성장의 기초를 만들었다. Och-Ziff은 헤지펀드운용사 중 몇 안 되는 상장회사이다. 2007년 IPO를 통해 NYSE에 상장되어 거래되고 있으며, IPO 당시 주가는 $32로 상장했고 2008년 금융위기 때에는 $3.98까지 하락하였다. 2015년 1월말 주가는 $11불 내외이다.

OZ의 특징 중 하나는 매수를 추천한 애널리스트가 적절한 헤지 수단을 갖추도록 추천하도록 함으로써, 포트폴리오 구축 단계에서부터 리스크 관리가 철저하게 이루어지도록 강제하는 것이다. 보상체계는 개별 PM의 성과보다는 전략별/지역별 성과를 중시하도록 시스템화함으로써 팀워크가 뛰어나다. 상장기업으로서 투자자에 대한 투명성을 강조하여 주기적으로 운용 성과 등에 대한 자료를 제공하고, 투자자와의 정기 미팅을 추진하고 있다. 주요 운용 전략은 북미, 유럽, 아시아를 포함한 글로벌 지역의 주식, 선순위 담보부 채권, 메자닌 채권, 전환사채, 파생상품 등에 투자한다. 이 회사의 event driven 전략은 M&A와 전환사채 차익거래로부터 시작하였고, 현재는 부실채권, MBS, ABS와 같은 구조화채권, 특수상황 주식 롱숏 전략을 순차적으로 추가하여 동 전략 상호간에 액티브한 자산배분을 하는 멀티 전략으로 진화하고 있다. 2008년 금융위기 이후 부동산 관련 구조화채권 투자를 확대하고 있는 것이 특징이다. 자산의 보존을 최우선시하면서 다양한 지역 및 전략으로 분산된 포트폴리오를 구축하고 투자기회에 따라 각 전략별로 동적 자산배분을 수행한다. 레버리지 비율이 상대적으로 낮은 평균 150%를 유지하고, 멀티 전략이 가미되면서 연변동성이 다른 event driven 전략보다 낮은 4% 내외를 유지하고 있다.

현재 Och-Ziff의 사장은 Daniel S. Och이며 2013년 9월 기준으로 개인 자산 32억불의 미국 163번째 부호이다. 2013년 그의 소득은 4억불, 우리돈 4,000억 원이 넘는 것으로 알려졌

---

131) 이를 special situations 전략이라고도 한다.

다. 골드만삭스 출신으로 헤지펀드 업계의 거물로 무난하다는 평가를 받는 인물이다. 필자가 몇 번 면담하였을 때에도 원칙을 중시하고 항상 진지한 모습이 인상적이었다. 나이지리아에 설립한 JV가 FCPA 위반 가능성이 있다는 언론 보도에 실무진들이 적절히 대응하지 못하자, 필자에게 사과 이메일을 직접 보낼 만큼 진지하게 대응했던 기억이 있다.

[표 54] AUM 기준 Top 10 헤지펀드(Event Driven)

순위	운용회사	본사 소재지	국가	$ bn AUM (2014.6월)
1	Och-Ziff Capital Management	New York	USA	36.10
2	Elliott Management Corporation	New York	USA	23.30
3	Davidson Kempner Capital Mgmt	New York	USA	22.00
4	Paulson & Co.	New York	USA	20.33
5	Farallon Capital Management	California	USA	19.80
5	King Street Capital Management	New York	USA	19.80
7	Appaloosa Mgmt	New Jersey	USA	19.30
8	Canyon Capital Advisors	California	USA	17.80
9	York Capital Management	New York	USA	17.50
10	Value Act Capital Partners	California	USA	14.50

출처: Institutional Investor's Alpha